2025년도 제3차
변호사시험
모 의 시 험
기출문제집

공법 · 형사법 · 민사법

선택형

MGI 메가고시 연구소 대표 백현관

인해

PREFACE

모의시험은 다음 연도 변호사시험을 대비할 수 있는 가장 중요한 가늠자 역할을 수행 한다고 생각합니다. 이에 도서출판 인해는 최근 실시된(2025.10.17.~21) 제3차 모의시험(법전협 주관)에 대한 해설을 완성하여 『유니온 2025년도 제3차 변호사시험 모의시험 기출문제집』(선택형)을 출간하게 되었습니다. 그 특징을 간단하게 살펴보면 다음과 같습니다.

첫째, 변호사, 강사, 그리고 전문연구원들로 구성된 연구진이 반복된 집단토론과 교차검토를 통해 가장 신뢰할 수 있는 해설을 완성하였습니다.

둘째, 핵심쟁점을 보다 명확하게 파악할 수 있도록 MGI Point를 제시하였을 뿐만 아니라 논란의 여지가 있는 지문의 경우 종합적 해설을 제시함으로써 혼란을 최소화하였습니다.

셋째, 최근 제·개정된 법령을 기준(2025.10.)으로 근거 조문을 수록하였을 뿐만 아니라 표준판례 등 관련 판례를 정확히 제시하여 수험의 효과성을 극대화하였습니다.

모쪼록 본서를 통해 시험을 준비하는 모든 분들에게 합격의 영광이 있기를 간절히 바랍니다. '도서출판 인해' 역시 더 좋은 교재를 만들기 위하여 노력을 멈추지 않을 것임을 약속드립니다.

또한 이 책이 출간되기까지 세심하게 신경써주신 도서출판 인해 사장님과 예쁘게 편집해주신 이진희, 오나경, 김다솜 디자이너에게도 감사의 마음을 전합니다.

2025.10.

MGI 메가고시 연구소 대표 백현관

CONTENTS

선택형

공 법 ----- 009p

형사법 ----- 093p

민사법 ----- 167p

2025년도 제3차
변호사시험
모 의 시 험
기출문제집

공법 · 형사법 · 민사법

선택형

2025년도 제3차
변호사시험
모 의 시 험
기출문제집

선택형

공법

2025년도 제3차 변호사시험 모의시험
[공 법]

b a r e x a m i n a t i o n

문 1

현행 헌법에 관한 설명 중 옳지 않은 것은?

① 현행 헌법은 헌법 제10호로 1987년 10월 29일 개정되어 1988년 2월 25일부터 시행되었다.

② 현행 헌법은 대한민국임시정부의 법통을 계승한다는 것을 처음으로 규정하였다.

③ 현행 헌법은 헌법상 국정감사와 국정조사를 처음으로 함께 규정하였다.

④ 현행 헌법은 '자유민주적 기본질서에 입각한 평화적 통일정책을 수립하고 이를 추진' 할 것을 처음으로 규정하였다.

⑤ 현행 헌법은 국가가 '최저임금제를 시행할 의무' 및 '근로의 의무의 내용과 조건을 민주주의원칙에 따라 법률로 정할 의무'를 처음으로 규정하였다.

MGI Point 현행 헌법, 헌정사 ★

- 현행 헌법 ⇨ 헌법 제10호로 1987. 10. 29. 개정, 1988. 2. 25. 시행
- 현행 헌법상 최초 규정
  - 임시정부 법통 계승 규정
  - 국정감사·국정조사 함께 규정
  - 평화적 통일 정책 수립·추진 규정
  - 최저임금제 시행 의무 규정 ○ 근로의 의무의 내용과 조건을 민주주의원칙에 따라 법률로 정할 의무 최초 ×
- cf. 근로의 의무의 내용과 조건을 민주주의원칙에 따라 법률로 정할 의무 ⇨ 3공헌법(1962)에 처음 규정
- 국정감사와 국정조사 제도

	제1공화국	제2공화국	제3공화국	제4공화국	제5공화국	현행헌법
국정감사	○	○	○	×	×	○
국정조사	×	×	×	×	○	○

① (○) 헌법 제10호 1987. 10. 29. 전부개정. 헌법전문 "유구한 역사와 전통에 빛나는 우리 대한국민은 3·1운동으로 건립된 대한민국임시정부의 법통과 불의에 항거한 4·19민주이념을 계승하고, 조국의 민주개혁과 평화적 통일의 사명에 입각하여 정의·인도와 동포애로써 민족의 단결을 공고히 하고, 모든 사회적 폐습과 불의를 타파하며, 자율과 조화를 바탕으로 자유민주적 기본질서를 더욱 확고히 하여 정치·경제·사회·문화의 모든 영역에 있어서 각인의 기회를 균등히 하고, 능력을 최고도로 발휘하게 하며, 자유와 권리에 따르는 책임과 의무를 완수하게 하여, 안으로는 국민생활의 균등한 향상을 기하고 밖으로는 항구적인 세계평화와 인류공영에 이바지함으로써 우리들과 우리들의 자손의 안전과 자유와 행복을 영원히 확보할 것을 다짐하면서 1948년 7월 12일에 제정되고 8차에 걸쳐 개정된 헌법을 이제 국회의 의결을 거쳐 국민투표에 의하여 개정한다. 1987년 10월 29일", 헌법 부칙 제1조 이 헌법은 1988년 2월 25일부터 시행한다.

② (○) 대한민국임시정부의 법통계승은 현행헌법에서 처음으로 규정되었다(위 헌법 전문 참조).

▶ 주의 : 4·19민주이념의 계승은 3공헌법(1962) 규정 → 5공헌법(1980) 삭제 → 현행헌법(1987) 규정

> **비교** 헌법 제9호 1980. 10. 27. 전부개정. 헌법전문 "유구한 민족사, 빛나는 문화, 그리고 평화애호의 전통을 자랑하는 우리 대한국민은 3·1운동의 숭고한 독립정신을 계승하고 조국의 평화적 통일과 민족중흥의 역사적 사명에 입각한 제5민주공화국의 출발에 즈음하여 정의·인도와 동포애로써 민족의 단결을 공고히 하고, 모든 사회적 폐습과 불의를 타파하며, 자유민주적 기본질서를 더욱 확고히 하여 정치·경제·사회·문화의 모든 영역에 있어서 각인의 기회를 균등히 하고, 능력을 최고도로 발휘하게 하며, 자유와 권리에 따르는 책임과 의무를 완수하게 하여, 안으로는 국민생활의 균등한 향상을 기하고 밖으로는 항구적인 세계평화와 인류공영에 이바지함으로써 우리들과 우리들의 자손의 안전과 자유와 행복을 영원히 확보하는 새로운 역사를 창조할 것을 다짐하면서 1948년 7월 12일에 제정되고 1960년 6월 15일, 1962년 12월 26일과 1972년 12월 27일에 개정된 헌법을 이제 국민투표에 의하여 개정한다. 1980년 10월 25일"

③ (○) 현행 헌법은 국정감사와 국정조사를 처음으로 함께 규정하였다(헌법 제61조 제1항 참조).

> **헌법 제61조** ① 국회는 국정을 감사하거나 특정한 국정사안에 대하여 조사할 수 있으며, 이에 필요한 서류의 제출 또는 증인의 출석과 증언이나 의견의 진술을 요구할 수 있다.

④ (○) '평화적 통일'과 '자유민주적 기본질서'라는 헌법 전문의 문구는 헌법 제8호(1972, 유신헌법)부터 규정되었으나, '대한민국은 통일을 지향하며, 자유민주적 기본질서에 입각한 평화적 통일 정책을 수립하고 이를 추진한다.'는 조항은 현행 헌법에서 처음 규정하였다(헌법 제4조 참조). ▶ '대통령은 조국의 평화적 통일을 위한 성실한 의무를 진다.'는 조항도 헌법 제8호부터 규정되었다.

> **헌법 제4조** 대한민국은 통일을 지향하며, 자유민주적 기본질서에 입각한 평화적 통일 정책을 수립하고 이를 추진한다.

⑤ (✕) 최저임금제는 현행헌법에서 처음으로 규정한 것이 맞으나, '근로의 의무의 내용과 조건을 민주주의원칙에 따라 법률로 정할 의무'는 헌법 제6호(1962개정·1963시행, 3공헌법)에서 처음 규정하였다.

 정답 ⑤

▌문 2

25년 10월 모의시험

헌법개정에 관한 설명 중 옳지 않은 것은? (다툼이 있는 경우 판례에 의함)

① 헌법개정안은 대통령이 20일 이상 공고하고, 공고된 날로부터 60일 이내에 국회가 의결한 후, 30일 이내에 국민투표를 실시하여야 한다.

② 성문헌법과 양립할 수 없는 내용의 법률이 제정되는 경우라고 하더라도 그러한 법률은 위헌적인 법률로서, 헌법이 정한 규범통제의 대상이 될 뿐, 헌법을 개정하는 효력이 없다.

③ 헌법개정의 한계에 관한 규정을 두고 있지 않은 현행 헌법상으로는 과연 어떤 규정이 헌법핵 내지는 헌법제정규범으로서 상위규범이고, 어떤 규정이 단순한 헌법개정규범으로서 하위규범인지를 구별하는 것이 가능하지 아니하며, 달리 헌법의 각 개별규정 사이에 그 효력상의 차이를 인정하여야 할 아무런 근거도 찾을 수 없다.

④ 헌법은 헌법개정안에 대한 국민투표권자로서 국회의원선거권자를 예정하고 있으며, 국민투표를 거친 헌법개정안은 대통령이 즉시 공포함으로써 확정된다.

⑤ 헌법 제130조 제2항에 의한 헌법개정안에 대한 국민투표는 주권자인 국민이 최종적으로 그 승인 여부를 결정하는 절차이다.

| MGI Point | **헌법개정** | ★★ |

- 헌법개정안은 대통령이 20일 이상 공고 ⇨ 공고된 날로부터 60일 이내 국회가 의결 ⇨ 의결 후 30일 이내 국민투표 ⇨ 국회의원 선거권자 과반수의 투표와 투표자 과반수의 찬성 要 (=주권자인 국민이 최종적 승인여부 결정하는 절차)
- 성문헌법과 양립할 수 없는 내용의 법률 제정 ⇨ 위헌적 법률로서 헌법이 정한 규범통제의 대상 ○, 헌법 개정 효력 ×
- 현행 헌법상 개정의 한계 규정 없음 ⇨ 헌법 개별규정 간 제정(상위)규범·개정(하위)규범 구별 不可
- 헌법개정의 확정시기 ⇨ 대통령의 공포 시 × 국회의원선거권자 과반수의 투표와 투표자 과반수의 찬성을 얻은 때 ○

① (○) 헌법 제129조, 제130조 참조.

> 헌법 제129조 제안된 헌법개정안은 대통령이 20일 이상의 기간 이를 공고하여야 한다.
> 헌법 제130조 ① 국회는 헌법개정안이 공고된 날로부터 60일 이내에 의결하여야 하며, 국회의 의결은 재적의원 3분의 2 이상의 찬성을 얻어야 한다.
> ② 헌법개정안은 국회가 의결한 후 30일 이내에 국민투표에 붙여 국회의원선거권자 과반수의 투표와 투표자 과반수의 찬성을 얻어야 한다.

② (○) 우리 헌법상 헌법 개정은 국회재적의원 과반수 또는 대통령의 발의로 제안되고(제128조 제1항), 제안된 헌법개정안은 대통령의 20일 이상 기간의 공고를 거쳐(제129조) 국회에서 재적의원 3분의 2 이상의 찬성에 따른 국회의 의결을 거친 다음 국민투표에서 국회의원선거권자 과반수의 투표와 투표자 과반수의 찬성을 얻어 확정된다(제130조). 위와 같은 우리 헌법의 개정 절차에 의하면, 성문헌법의 개정은 헌법의 조문이나 문구를 수정, 삭제, 보완, 삽입하는 등의 명시적이고 직접적인 변경을 내용으로 하는 헌법개정안의 제출에 의하여야 하고, 하위규범인 법률의 형식으로, 일반적인 입법절차에 의하여 개정될 수는 없다. 따라서 성문헌법과 양립할 수 없는 내용의 법률이 제정되는 경우라고 하더라도, 그러한 법률은 위헌적인 법률로서 헌법이 정한 규범통제의 대상이 될 뿐 헌법을 개정하는 효력이 없다(헌재 2013.11.28. 2012헌마166).

③ (○) 헌법은 전문과 단순한 개별조항의 상호관련성이 없는 집합에 지나지 아니하는 것이 아니고 하나의 통일된 가치체계를 이루고 있으며 헌법의 제규정 가운데는 헌법의 근본가치를 보다 추상적으로 선언한 것도 있고 이를 보다 구체적으로 표현한 것도 있으므로, 이념적·논리적으로는 헌법규범상호간의 가치의 우열을 인정할 수 있을 것이다. 그러나 이 때 인정되는 헌법규범상호간의 우열은 추상적 가치규범의 구체화에 따른 것으로서 헌법의 통일적 해석을 위하여 유용한 정도를 넘어 헌법의 어느 특정규정이 다른 규정의 효력을 전면 부인할 수 있는 정도의 효력상의 차등을 의미하는 것이라고는 볼 수 없다. 더욱이 헌법개정의 한계에 관한 규정을 두지 아니하고 헌법의 개정을 법률의 개정과는 달리 국민투표에 의하여 이를 확정하도록 규정하고 있는(헌법 제130조 제2항) 현행의 우리헌법상으로는 과연 어떤 규정이 헌법핵 내지는 헌법제정규범으로서 상위규범이고 어떤 규정이 단순한 헌법개정규범으로서 하위규범인지를 구별하는 것이 가능하지 아니하며, 달리 헌법의 각 개별규정 사이에 그 효력상의 차이를 인정하여야 할 아무런 근거도 찾을 수 없다(헌재 1996.06.13. 94헌마118,95헌바39(병합)).

④ (X) 헌법개정의 확정시기는 대통령의 공포시가 아니라 국회의원선거권자 과반수의 투표와 투표자 과반수의 찬성을 얻은 때이다.

> 헌법 제130조 ③ 헌법개정안이 제2항의 찬성을 얻은 때에는 헌법개정은 확정되며, 대통령은 즉시 이를 공포하여야 한다.

⑤ (○) 위 헌법 제130조 참조, 헌법 제72조에 의한 중요정책에 관한 국민투표는 국가안위에 관계되는 사항에 관하여 대통령이 제시한 구체적인 정책에 대한 주권자인 국민의 승인절차라 할 수 있고, 헌법 제130조 제2항에 의한 헌법개정에 관한 국민투표는 대통령 또는 국회가 제안하고 국회의 의결을 거쳐 확정된 헌법개정안에 대하여 주권자인 국민이 최종적으로 그 승인 여부를 결정하는 절차이다(헌재 2007.06.28. 2004헌마644,2005헌마360(병합)).

정답 ④

문 3

헌법상 경제질서에 관한 설명 중 옳지 않은 것은? (다툼이 있는 경우 판례에 의함)

① 헌법 제119조 제1항은 헌법상 경제질서에 관한 일반조항으로서, 직업의 자유, 재산권의 보장, 근로3권과 같은 경제에 관한 기본권 및 비례의 원칙과 같은 법치국가원리에 의하여 비로소 헌법적으로 구체화되는 것이다.

② 입법자는 제반 사정을 두루 감안하여 경제영역에서의 국가목표를 이루기 위하여 가능한 여러 정책 중 필요하다고 판단되는 경제정책을 선택할 수 있고, 입법자의 그러한 정책판단과 선택은 그것이 현저히 합리성을 결여한 것이라고 볼 수 없는 한, 경제에 관한 국가적 규제·조정권한의 행사로서 존중되어야 한다.

③ 입법자는 주택 소유자의 해당 주택에 대한 사용·수익권의 행사 방법과 임대차계약의 내용 및 그 한계를 형성하는 규율을 할 수 있다고 하더라도, 「주택임대차보호법」상 임차인 보호 규정들이 임대인의 계약의 자유와 재산권을 침해하는지 여부를 심사함에 있어서는 보다 엄격한 심사기준을 적용하여야 할 것이다.

④ 헌법 제119조 제1항은 대한민국의 경제질서에 관하여, 제119조 제2항은 경제에 관한 국가의 규제와 조정에 관하여 규정한 조항으로, 「헌법재판소법」 제68조 제1항에 의한 헌법소원에서 이들 조항에 위반된다는 사정만으로 바로 청구인들의 기본권이 직접 현실적으로 침해된 것이라 할 수 없다.

⑤ 어떤 분야의 경제활동을 오로지 사인 간의 사적 자치에 완전히 맡기고 국가가 아무런 관여를 하지 않는다면, 공정한 경제질서가 깨어지고 경제주체 간 부조화가 일어나게 되어 헌법상의 자유경제질서의 기본원리에 반하는 결과가 초래될 수 있다.

MGI Point **경제질서** ★

- 헌법 제119조 제1항(경제적 자유와 창의) ⇨ 직업의 자유, 재산권의 보장, 근로3권과 같은 경제에 관한 기본권 및 비례의 원칙과 같은 법치국가원리에 의하여 비로소 헌법적으로 구체화 ○
- 헌법 제119조 제1항은 대한민국의 경제질서, 제2항은 경제에 관한 국가의 규제·조정에 관한 조항 ⇨ 제68조 제1항의 헌법소원에서 이들 조항에 위반된다는 사정만으로 바로 기본권이 직접 현실적으로 침해된 것 ×
- 입법자의 정책판단과 선택이 현저히 합리성을 결여한 것이라고 볼 수 없는 한 경제에 관한 국가적 규제·조정권한의 행사는 존중되어야 함
- 사회적 연관관계에 있는 경제적 활동을 규제하는 입법사항에 대하여는 보다 완화된 심사기준 적용
  ⇨ 「주택임대차보호법」상 임차인 보호 규정이 임대인의 계약의 자유와 재산권을 침해하는지 여부는 완화된 심사기준 적용
- 어떤 분야의 경제활동을 사적 자치에 완전히 맡기고 국가가 아무런 관여를 하지 않는다면, 공정한 경제질서 깨지고 경제주체 간 부조화가 일어나 헌법상의 자유경제질서의 기본원리에 반하는 결과 초래 可

> 헌법 제119조 ① 대한민국의 경제질서는 개인과 기업의 경제상의 자유와 창의를 존중함을 기본으로 한다.
> ② 국가는 균형있는 국민경제의 성장 및 안정과 적정한 소득의 분배를 유지하고, 시장의 지배와 경제력의 남용을 방지하며, 경제주체간의 조화를 통한 경제의 민주화를 위하여 경제에 관한 규제와 조정을 할 수 있다.

① (O) 헌법 제119조 제1항은 헌법상 경제질서에 관한 일반조항으로서 국가의 경제정책에 대한 하나의 헌법적 지침으로, 직업의 자유, 재산권의 보장, 근로3권과 같은 경제에 관한 기본권 및 비례의 원칙과 같은 법치국가원리에 의하여 비로소 헌법적으로 구체화되는 것이다(헌재 2001.06.28. 2001헌마132, 2023.02.23. 2020헌바11 등).

② (O) 입법자는 경제현실의 역사와 미래에 대한 전망, 목적달성에 소요되는 경제적·사회적 비용, 당해 경제 문제에 관한 국민 내지 이해관계인의 인식 등 제반 사정을 두루 감안하여 시장의 지배와 경제력의 남용 방지, 경제의 민주화 달성 등의 경제영역에서의 국가목표를 이루기 위하여 가능한 여러 정책 중 필요하다고 판단되는 경제정책을 선택할 수 있고, 입법자의 그러한 정책판단과 선택은 그것이 현저히 합리성을 결여한 것이라고 볼 수 없는 한 경제에 관한 국가적 규제·조정권한의 행사로서 존중되어야 한다(헌재 2003.07. 24. 2001헌가25).

③ (X) 계약의 자유나 재산권도 공익을 이유로 제한될 수 있지만, 헌법 제37조 제2항에 따라 공익실현을 위하여 필요한 정도를 넘어 지나치게 제한되어서는 안 된다는 비례원칙은 지켜져야 한다. 다만, 제한하는 내용이 개인의 본질적이고 핵심적인 자유영역에 속하는 사항인지, 사회적 연관관계가 큰 경제활동에 관한 사항인지에 따라 비례원칙 적용에 있어서 심사강도가 달라질 수 있는바, 사회적 연관관계에 있는 경제적 활동을 규제하는 입법사항에 대하여는 보다 완화된 심사기준이 적용된다. 주택은 인간의 생존을 위한 기본요소이자 주거생활의 터전이 되고, 인간의 삶의 기본적인 물질적 조건이라는 특수성을 가진다. 대부분의 국가들에서 시장경제질서를 원칙으로 하면서도, 주택시장에서 주택의 공급, 가격, 계약방식 등에 대한 정책적 개입 및 규제를 하고 있는 것도 이와 같은 주택의 특성을 고려한 것으로 볼 수 있다. 특히 주택 임대차관계에서 임차인의 보호가 주거안정의 보장과 관련하여 중요한 공익적 목적이 되는 점을 고려할 때 주택 재산권에 대하여서도 토지 재산권만큼은 아니라도 상당한 정도의 사회적 구속성이 인정된다 할 것이다. 나아가 주택 임대차계약의 갱신 여부, 계약내용 및 상대방 결정 등과 같은 계약의 자유로 보호되는 내용은 임대인 소유의 주택에 대한 사용·수익행위로서 일반적인 경제활동 영역에 속하는 것이고, 임차인 보호와 주거안정 보장의 측면에서 중요한 사회적 관련성을 갖는다. 따라서 입법자는 주택 소유자의 해당 주택에 대한 사용·수익권의 행사 방법과 임대차계약의 내용 및 그 한계를 형성하는 규율을 할 수 있다고 할 것이므로, 주택임대차법상 임차인 보호 규정들이 임대인의 계약의 자유와 재산권을 침해하는지 여부를 심사함에 있어서는 보다 완화된 심사기준을 적용하여야 할 것이다(헌재 2024.02.28. 2020헌마1343).

④ (O) 헌법 제119조 제1항은 대한민국의 경제질서에 관하여, 제2항은 경제에 관한 국가의 규제와 조정에 관하여 각 규정한 조항들이고 헌법 제126조는 사영기업의 국·공유화에 대한 제한을 규정한 조항으로서 경제질서에 관한 헌법상의 원리나 제도를 규정한 조항들인바, 헌법재판소법 제68조 제1항에 의한 헌법소원에 있어서 헌법상의 원리나 헌법상 보장된 제도의 내용이 침해되었다는 사정만으로 바로 청구인의 기본권이 직접 현실적으로 침해된 것이라고 할 수 없으며, 이 사건 법률조항이 헌법 제119조와 제126조에 위반되지 않는다는 것은 위에서 본 청구인들의 직업의 자유와 평등권 침해 여부에 대한 판단을 통해 이미 밝혀졌다(헌재 2008.07.31. 선고 2006헌마400).

⑤ (O) 심판대상조항은 타인을 공갈하여 재물 또는 재산상 이익을 취득하는 행위를 형사처벌하는 조항이다. 만약 어떤 분야의 경제활동을 오로지 사인 간의 사적 자치에 완전히 맡기고 국가가 아무런 관여를 하지 않는다면 공정한 경제질서가 깨어지고 경제주체 간 부조화가 일어나게 되어 헌법상의 자유경제질서의 기본원리에 반하는 결과가 초래될 수 있다. 특히 폭행이나 협박을 사용하여 타인에게 공포심을 야기하고, 그에 따른 타인의 하자 있는 의사에 기초하여 재물이나 재산상 이익을 취하는 행위를 사적 자치의 영역에서 이루어진다는 이유로 허용하게 되면, 피공갈자의 입장에서는 오히려 실질적인 의사결정의 자유, 즉 억압이나 강제되지 아니한 재산 처분행위의 자유가 박탈되는 결과가 초래될 수 있다. 따라서 결과적으로 정당하지 못한 재산 상태를 사후적으로 시정하는 것에 그치지 않고, 그러한 결과를 유발시킨 행위를 규제할 필요성이 크다고 할 것인바, 심판대상조항에서 그 규제의 수단으로 형사처벌을 선택한 것이 책임을 초과하는 제재라고 보기는 어렵다(헌재 2021.02.25. 2019헌바128,2020헌바275(병합)).

정답 ③

문 4

소급입법금지원칙과 신뢰보호원칙에 관한 설명 중 옳지 않은 것은? (다툼이 있는 경우 판례에 의함)

① 퇴직함으로써 「공무원연금법」상 퇴직연금수급권의 기초가 되는 급여의 사유가 이미 발생한 후에, 장래 이행기가 도래하는 퇴직연금수급권의 내용을 변경하는 규정을 입법하는 것은, 헌법 제13조 제2항에서 금지하는 소급입법에 해당하므로 원칙적으로 허용되지 않는다.

② 증여와 유증이 병존하는 경우 그 순서와 관련하여 유류분권리자가 유증을 먼저 반환받은 후 그것으로도 부족한 경우에 비로소 증여에 대하여 반환청구를 할 수 있도록 규정하고 있는 「민법」 제1116조는 유류분반환청구로부터 거래의 안전을 최대한 보호하기 위한 것이므로 불합리하다고 볼 수 없다.

③ 신뢰보호원칙은 헌법상 법치국가의 원칙으로부터 도출되는데, 그 내용은 법률의 제정이나 개정시 구법질서에 대한 당사자의 신뢰가 합리적이고도 정당하며 법률의 제정이나 개정으로 야기되는 당사자의 손해가 극심하여 새로운 입법으로 달성하고자 하는 공익적 목적이 그러한 당사자의 신뢰의 파괴를 정당화할 수 없다면, 그러한 새로운 입법은 허용될 수 없다는 것이다.

④ 자사고를 후기학교로 정하여 신입생을 일반고와 동시에 선발하도록 하는 것은, 고교서열화 및 입시경쟁 완화라는 공익은 매우 중대하고, 자사고를 전기학교로 유지할 경우 우수학생 선점 문제를 해결하기 곤란하여 고교서열화 현상을 완화시키기 어렵다는 점, 학교법인의 신뢰의 보호가치가 작다는 점을 고려하면 신뢰보호원칙에 위배되지 아니한다.

⑤ 법규나 제도의 존속에 대한 개개인의 신뢰가 그 법규나 제도의 개정으로 침해되는 경우에, 상실된 신뢰의 근거 및 종류와 신뢰이익의 상실로 인한 손해의 정도 등과 개정규정이 공헌하는 공공복리의 중요성을 비교교량하여 현존상태의 지속에 대한 신뢰가 우선되어야 한다고 인정될 때에는 규범정립자는 지속적 또는 과도적으로 그 신뢰보호에 필요한 조치를 취하여야 할 의무가 있다.

MGI Point 소급입법금지원칙, 신뢰보호원칙 ★★★

- 「공무원연금법」상 퇴직연금수급권의 내용 변경 입법 ⇨ 퇴직하여 퇴직연금수급권의 기초 사유 이미 발생 but 퇴직연금수급권은 장래 이행기가 도래 ⇨ 진정소급입법 × 소급입법에 의한 재산권 침해 문제 ×

- 「민법」 제1116조 증여에 대하여는 유증을 반환받은 후 청구 가능한 규정 ⇨ 유류분반환청구로부터 거래의 안전을 최대한 보호하기 위한 것이므로 합헌

- 신뢰보호원칙
  - 법치국가의 원리로부터 도출
  - 법령개정으로 인한 당사자 손해가 극심하여 당사자의 신뢰파괴를 정당화할 수 없는 경우 ⇨ 새로운 입법 허용 ×
  - 법규·제도에 대한 존속의 신뢰이익과 개정의 공익을 비교교량하여, 신뢰이익이 우선되어야 한다고 인정되는 경우 ⇨ 규범정립자는 지속적 또는 과도적으로 신뢰보호 필요조치 의무가 있음

- 자사고 동시선발 및 중복지원금지
  - 동시선발 조항, 중복지원금지 조항 ⇨ 교육제도 법정주의 위반 ×
  - 동시선발 조항(합헌) ⇨ 학교법인의 사학운영의 자유 침해 ×(기본권제한 한계 일탈 × 신뢰보호원칙 위반 ×), 학교법인의 평등권 침해 ×
  - 중복지원금지 조항(위헌) ⇨ 학생 및 학부모의 평등권 침해 ○

① (X) 이 사건 심판대상조항에 의하여 기존 퇴직연금 수급자의 경우에도 연금 외의 사업소득금액이나 근로
소득금액이 있고 소득월액이 전년도 평균임금월액을 초과한 때에는 퇴직연금 중 일부(1/2의 범위 내)의
지급이 정지되지만, 이는 청구인들이 이 사건 심판대상조항 시행일(2005. 7. 1.) 이후에 지급 받는 퇴직연
금부터 적용된다(법 부칙 제1조). 즉 이 사건 심판대상조항은 이미 발생하여 이행기에 도달한 퇴직연금
수급권의 내용을 변경함이 없이 이 사건 심판대상조항 시행 이후의 법률관계, 다시 말해 장래 이행기가 도
래하는 퇴직연금 수급권의 내용을 변경함에 불과하므로, 이미 종료된 과거의 사실관계 또는 법률관계에
새로운 법률이 소급적으로 적용되어 과거를 법적으로 새로이 평가하는 진정소급입법에는 해당하지 아니한다
(헌재 2008.02.28. 2005헌마872,918(병합)).

> 판례 행정처분은 그 근거 법령이 개정된 경우에도 경과규정에서 달리 정함이 없는 한 처분 당시 시행되는
> 법령과 그에 정한 기준에 의하는 것이 원칙이다. 개정 법령이 기존의 사실 또는 법률관계를 적용대상으로 하
> 면서 국민의 재산권과 관련하여 종전보다 불리한 법률효과를 규정하고 있는 경우에도 그러한 사실 또는 법
> 률관계가 개정 법령이 시행되기 이전에 이미 완성 또는 종결된 것이 아니라면 개정 법령을 적용하는 것이
> 헌법상 금지되는 소급입법에 의한 재산권 침해라고 할 수는 없다. 다만 개정 전 법령의 존속에 대한 국민의
> 신뢰가 개정 법령의 적용에 관한 공익상의 요구보다 더 보호가치가 있다고 인정되는 경우에 그러한 국민의
> 신뢰를 보호하기 위하여 그 적용이 제한될 수 있는 여지가 있을 따름이다. … 원고에 대한 이 사건 급여제한
> 처분은 퇴직연금수급권의 기초가 되는 급여의 사유가 이미 발생한 후에 그 퇴직연금수급권을 대상으로 하는
> 것이기는 하지만, 이 사건 급여환수처분과는 달리 신법이 발효되기 이전의 법률관계 즉, 이미 발생하여 이행
> 기에 도달한 퇴직연금수급권의 내용을 변경함이 없이 단지 신법이 발효된 이후의 법률관계 즉, 장래 이행기
> 가 도래하는 퇴직연금수급권의 내용만을 변경하는 것에 불과하여, 이미 완성 또는 종료된 과거의 사실 또는
> 법률관계에 새로운 법률을 소급적으로 적용하여 과거를 법적으로 새로이 평가하는 것이 아니므로 소급입법
> 에 의한 재산권 침해는 문제 되지 아니한다(대법원 2014.04.24. 선고 2013두26552 판결).

② (O) 민법 제1116조는 증여와 유증이 병존하는 경우 그 순서와 관련하여 유류분권리자가 유증을 먼저 반
환받은 후 그것으로도 부족한 경우에 비로소 증여에 대하여 반환청구를 할 수 있도록 규정하고 있다. 이는
증여가 상속개시에 앞서 유증보다 먼저 효력이 발생한 것이므로 수증자의 신뢰보호의 필요성이 수유자보
다 더 크다는 점을 고려하고, 유류분반환청구로부터 거래의 안전을 최대한 보호하기 위한 것이다. 따라서
민법 제1115조와 제1116조는 불합리하다고 볼 수 없다(헌재 2024.04.25. 2020헌가4등).

③ (O) 헌법상 법치국가의 원칙으로부터 신뢰보호의 원리가 도출된다. 법률의 개정시 구법질서에 대한 당사
자의 신뢰가 합리적이고도 정당하며 법률의 개정으로 야기되는 당사자의 손해가 극심하여 새로운 입법으
로 달성하고자 하는 공익적 목적이 그러한 당사자의 신뢰의 파괴를 정당화할 수 없다면 그러한 새 입법은
신뢰보호의 원칙상 허용될 수 없다. 이러한 신뢰보호원칙의 위배 여부를 판단하기 위하여는 한편으로는
침해받은 이익의 보호가치, 침해의 중한 정도, 신뢰가 손상된 정도, 신뢰침해의 방법 등과 다른 한편으로는
새 입법을 통해 실현하고자 하는 공익적 목적을 종합적으로 비교·형량하여야 한다(헌재 1995.06.29. 94헌
바39등).

> 판례 법령의 개정에 있어서 구 법령의 존속에 대한 당사자의 신뢰가 합리적이고도 정당하며, 법령의 개정으
> 로 야기되는 당사자의 손해가 극심하여 새로운 법령으로 달성하고자 하는 공익적 목적이 그러한 신뢰의 파
> 괴를 정당화할 수 없다면, 입법자는 경과규정을 두는 등 당사자의 신뢰를 보호할 적절한 조치를 하여야 하
> 며, 이와 같은 적절한 조치 없이 새 법령을 그대로 시행하거나 적용하는 것은 허용될 수 없는바, 이는 헌법
> 의 기본원리인 법치주의 원리에서 도출되는 신뢰보호의 원칙에 위배되기 때문이다. 이러한 신뢰보호 원칙의
> 위배 여부를 판단하기 위하여는 한편으로는 침해받은 이익의 보호가치, 침해의 중한 정도, 신뢰가 손상된 정
> 도, 신뢰침해의 방법 등과 다른 한편으로는 새 법령을 통해 실현하고자 하는 공익적 목적을 종합적으로 비
> 교·형량하여야 한다(대판 2006.11.16. 2003두12899 전합).

④ (○) 이 사건 동시선발 조항은 자사고의 우수 학생 선점 및 고교서열화를 완화하고 과열된 고등학교 입시 경쟁을 완화하기 위한 것이다. 전기학교로서의 자사고 제도가 대학 진학을 위한 학업능력이 우수한 학생을 선점하기 위한 목적으로 이용됨에 따라 자사고에 대한 우수 학생 쏠림 현상과 고교서열화 현상이 초래되었고, 일반고 및 일반고 학생들에 대한 차별문제가 심각해짐에 따라 우수 학생 선점 문제 및 고교서열화를 완화하고 입시경쟁을 억제하여야 할 필요성이 커졌음은 앞서 본 바와 같다. 고교서열화 및 입시경쟁 완화라는 공익은 매우 중대한 점, 자사고를 전기학교로 유지할 경우 우수 학생 선점 문제를 해결하기 곤란하여 고교서열화 현상을 완화시키기 어렵다는 점, 청구인 학교법인의 전기학교 유지에 대한 신뢰의 보호가치가 작다는 점을 고려하면, 청구인 학교법인의 신뢰가 공익보다 크다고 보기 힘들다. 따라서 이 사건 동시선발 조항은 신뢰보호원칙에 위배된다고 할 수 없다(헌재 2019.04.11. 2018헌마221).

▶ 사실관계 : 2018학년도까지의 고등학교 입시 일정에서는 자사고가 전기에 선발하는 고등학교 또는 학과에 포함되어 학생들이 전기에 자사고를 지원하고 불합격할 경우 후기에 선발하는 고등학교 또는 학과를 지원하는 것이 가능하였다. 그러나 2017. 12. 29. 초·중등교육법 시행령이 개정되면서 자사고를 (일반고와 동일하게) 후기학교로 정하고('동시선발 조항'), 자사고를 지원한 학생에게는 초·중등교육법 특수목적고등학교 및 자사고를 제외한 평준화지역의 후기학교에 중복지원하는 것을 금지하였다('중복지원금지 조항').

▶ 참고 : 청구인 학생 및 학부모는, 청구인 학교법인과 별개로 자사고가 전기학교로 유지될 것이라는 신뢰를 침해당하였다고 주장한다. 그러나 이 사건 동시선발 조항은 자사고 진학 준비에 어떠한 영향을 미친다고 보기 어렵고, 청구인 학생이 자사고가 전기학교일 경우만을 전제로 한 어떠한 입시준비행위가 있었다고 할 수 없으므로, 신뢰행위 자체가 존재하지 아니한다. 따라서 청구인 학생 및 학부모의 신뢰보호원칙 위반 주장은 더 나아가 살펴보지 아니한다.

⑤ (○) 헌법상의 법치국가원리의 파생원칙인 신뢰보호의 원칙은 국민이 법률적 규율이나 제도가 장래에도 지속할 것이라는 합리적인 신뢰를 바탕으로 이에 적응하여 개인의 법적 지위를 형성해 왔을 때에는 국가로 하여금 그와 같은 국민의 신뢰를 되도록 보호할 것을 요구한다. 따라서 법규나 제도의 존속에 대한 개개인의 신뢰가 그 법규나 제도의 개정으로 침해되는 경우에 상실된 신뢰의 근거 및 종류와 신뢰이익의 상실로 인한 손해의 정도 등과 개정규정이 공헌하는 공공복리의 중요성을 비교교량하여 현존상태의 지속에 대한 신뢰가 우선되어야 한다고 인정될 때에는 규범정립자는 지속적 또는 과도적으로 그 신뢰보호에 필요한 조치를 취하여야 할 의무가 있다. 이 원칙은 법률이나 그 하위법규 뿐만 아니라 국가관리의 입시제도와 같이 국·공립대학의 입시전형을 구속하여 국민의 권리에 직접 영향을 미치는 제도운영지침의 개폐에도 적용되는 것이다(헌법재판소 1997.07.16. 선고 97헌마38).

정답 ①

문 5

재산권에 관한 설명 중 옳은 것(○)과 옳지 않은 것(×)을 올바르게 조합한 것은? (다툼이 있는 경우 판례에 의함)

ㄱ. 민사법정이율을 연 5%로 고정하는 「민법」 조항은 불합리하게 과도한 이율을 정한 것이라고는 할 수 없으므로 과잉금지원칙에 위배되어 채무자의 재산권을 침해한다고 볼 수 없다.

ㄴ. 골프장 입장행위에 대하여 1명 1회 입장마다 1만 2천 원의 개별소비세를 골프장 경영자에게 부과하는 것은 골프장의 사정을 고려한 차등적 세율 설정과 같이 입법목적 달성을 위해 보다 덜 제한적인 다른 수단을 선택할 수 있는 점 등을 종합하면, 과잉금지원칙에 반하여 재산권을 침해한다.

ㄷ. 지역구국회의원선거 예비후보자의 기탁금 반환 사유로 예비후보자가 당의 공천심사에서 탈락하고 후보자등록을 하지 않았을 경우를 규정하지 않은 것은, 예비후보자의 무분

별한 난립으로 인한 폐단방지, 예비후보자의 성실성과 책임성을 담보하는 공익이 예비
후보자의 사익보다 우월하므로 예비후보자의 재산권을 침해하지 않는다.

ㄹ. 축산계열화사업자로부터 가축사육을 위탁받은 계약사육농가가 살처분된 가축에 대한
보상금을 지급받도록 규정한 「가축전염병 예방법」 조항은 가축의 소유자인 축산계열화
사업자의 재산권을 침해한다.

ㅁ. 사무장 병원의 개설을 금지한 「의료법」 조항을 위반하였다는 사실을 수사기관의 수사
결과로 확인한 경우 시장·군수·구청장으로 하여금 해당 의료급여기관이 청구한 의료급
여비용의 지급을 보류할 수 있도록 규정한 「의료급여법」 조항은 의료급여기관 개설자
의 재산권을 침해하지 않는다.

① ㄱ(×), ㄴ(×), ㄷ(○), ㄹ(×), ㅁ(○)
② ㄱ(○), ㄴ(×), ㄷ(×), ㄹ(○), ㅁ(×)
③ ㄱ(×), ㄴ(○), ㄷ(×), ㄹ(×), ㅁ(○)
④ ㄱ(○), ㄴ(×), ㄷ(○), ㄹ(×), ㅁ(×)
⑤ ㄱ(○), ㄴ(○), ㄷ(×), ㄹ(○), ㅁ(×)

MGI Point **재산권** ★★

■ 재산권 침해 ×
- 「민법」상 5%의 법정이율
- 골프장 입장행위에 대한 개별소비세 부과

■ 재산권 침해 ○
- 지역구국회의원선거 예비후보자의 기탁금 반환 사유로 예비후보자가 당의 공천심사에서 탈락하고 후보자등록을 하지 않았을 경우를 규정하지 않은 것
- 가축의 소유자가 축산계열화사업자인 경우에는, 축산계열화사업자로부터 가축사육을 위탁받은 계약사육농가가 살처분된 가축에 대한 보상금을 지급받도록 규정한 「가축전염병 예방법」 조항
- 「의료법」상 사무장병원 개설금지 위반이 수사로 확인되면, 시장·군수·구청장은 그 의료급여기관이 청구한 급여비 지급을 보류할 수 있도록 한 「의료급여법」 조항

ㄱ. (○) 법정이율은 다른 법률의 정함이나 당사자 사이의 약정이 없는 경우에만 적용된다. 이율에 관한 표준
규범을 정립한다는 입법목적을 효과적으로 달성하기 위해서는 법률이 일정한 이율을 사전에 고지하여 당
사자들에게 명확한 행위지침을 제시할 필요가 있다. 법정이율 고정제와 다른 방식으로 이러한 입법목적을
실현하면서 채무자의 재산권을 덜 제한하는 수단이 명백히 존재한다고 보기 어렵다. 2006년부터 2015년
까지 10년 동안의 법정이율과 평균금리의 평균 격차는 0.2% 정도인 것으로 파악되므로, 비록 현재 법정
이율이 시장이율보다 높다고 하더라도 그 격차가 과도하다고 단정하기는 어렵다. 따라서 민법 제379조는
채무자의 재산권을 침해하지 않는다(헌재 2017.05.25. 2015헌바421).

ㄴ. (×) 골프장 입장행위에 대한 개별소비세 부과는 세수확보는 물론 사치성 소비의 담세력에 상응하는 조세
부과를 통해 부가가치세의 역진성을 완화하고 과세의 형평성을 도모한다는 경제·사회 정책적 목적을 위한
것으로서 그 목적의 정당성과 방법의 적절성을 인정할 수 있고, 1인 1회 입장에 대한 12,000원이라는 세
율이 입법목적 달성에 필요한 정도를 넘는 자의적인 세율이라거나 골프장 이용객 수의 과도한 감소를 초
래할 정도라고 보이지 아니하며, 골프장의 운영형태 및 규모 등 제반사정에 비추어 사치성이 없다고 볼
수 있는 골프장 입장에 대하여는 개별소비세를 배제할 수 있는 길을 열어 놓고 있는 점에 비추어 침해의
최소성 원칙과 법익균형성원칙에 위반되지 아니하므로 과잉금지원칙을 위반하여 재산권을 침해한다고 할
수 없다(헌재 2012.02.23. 2011헌가8).

ㄷ. (X) 정당의 추천을 받고자 공천신청을 하였음에도 정당의 후보자로 추천받지 못한 예비후보자는 소속 정당에 대한 신뢰·소속감 또는 당선가능성 때문에 본선거의 후보자로 등록을 하지 아니할 수 있다. 이를 두고 예비후보자가 처음부터 진정성이 없이 예비후보자 등록을 하였다거나 예비후보자로서 선거운동에서 불성실하다고 단정할 수 없다. 심판대상조항으로 인해 정당 공천관리위원회의 심사에서 탈락한 예비후보자가 소속 정당을 탈당하고 본선거의 후보자로 등록한다면 오히려 무분별한 후보자 난립의 결과가 발생할 수도 있다. 예비후보자가 본선거에서 정당후보자로 등록하려 하였으나 자신의 의사와 관계없이 정당 공천관리위원회의 심사에서 탈락하여 본선거의 후보자로 등록하지 아니한 것은 후보자 등록을 하지 못할 정도에 이르는 객관적이고 예외적인 사유에 해당한다. 따라서 이러한 사정이 있는 예비후보자가 납부한 기탁금은 반환되어야 함에도 불구하고, 심판대상조항이 이에 관한 규정을 두지 아니한 것은 입법 형성권의 범위를 벗어난 과도한 제한이라고 할 수 있다. 이러한 예비후보자에게 그가 납부한 기탁금을 반환한다고 하여 예비후보자의 성실성과 책임성을 담보하는 공익이 크게 훼손된다고 할 수 없으므로, 그 공익은 심판대상조항이 이러한 예비후보자에게 기탁금을 반환하지 아니하도록 함으로써 그가 입게 되는 기본권 침해의 불이익보다 크다고 단정할 수 없다(헌재 2018.01.25. 2016헌마541).

ㄹ. (O) 가축의 살처분으로 인한 재산권의 제약은 가축의 소유자가 수인해야 하는 사회적 제약의 범위에 속하나, 권리자에게 수인의 한계를 넘어 가혹한 부담이 발생하는 예외적인 경우에는 이를 완화하는 보상규정을 두어야 하고, 그 방법에 관하여는 입법자에게 광범위한 형성의 자유가 부여된다. 그런데 심판대상조항에 따르면, 축산계열화사업자는 그가 입은 경제적 가치의 손실을 회복하는 데에 한계가 있으며, 이는 열세에 놓인 계약사육농가가 갖는 교섭력의 불균형을 시정하기 위하여 필요한 정도를 넘어서는 개입이다. 다만, 그렇다고 하여 살처분 보상금을 이전과 같이 가축의 소유자인 축산계열화사업자에게 일괄하여 지급하는 방식으로 회귀할 경우, 교섭력이 약한 일부 계약사육농가의 수급권 보호에 다시 상당한 지장이 생길 수 있다. 살처분 보상금을 가축의 소유자인 축산계열화사업자와 계약사육농가에게 개인별로 지급함으로써 대상 가축의 살처분으로 인한 각자의 경제적 가치의 손실에 비례한 보상을 실시하는 것은 입법기술상으로 불가능하지 않은 점을 고려하면, 축산계열화사업자가 가축의 소유자라 하여 살처분 보상금을 오직 계약사육농가에게만 지급하는 방식은 축산계열화사업자에 대한 재산권의 과도한 부담을 완화하기에 적절한 조정적 보상조치라고 할 수 없다. 따라서 심판대상조항은 조정적 보상조치에 관하여 인정되는 입법형성재량의 한계를 벗어나 가축의 소유자인 축산계열화사업자의 재산권을 침해한다(헌재 2024.05.30. 2021헌가3).

> 가축전염병 예방법(2018.12.31. 법률 제16115호로 개정된 것) 제48조(보상금 등) ① 국가나 지방자치단체는 다음 각 호의 어느 하나에 해당하는 자에게는 대통령령으로 정하는 바에 따라 보상금을 지급하여야 한다.
> 3. 제20조제1항 및 제2항 본문(제28조에서 준용하는 경우를 포함한다)에 따라 살처분한 가축의 소유자. 다만, 가축의 소유자가 축산계열화사업자인 경우에는 계약사육농가의 수급권 보호를 위하여 계약사육농가에 지급하여야 한다. ▶ 구 가축전염병 예방법(2018.12.31. 법률 제16115호로 개정되기 전의 것)에 없었던 단서조항이 심판대상조항임

ㅁ. (X) 지급보류처분은 잠정적 처분이고, 그 처분 이후 사무장병원에 해당하지 않는다는 사실이 밝혀져서 무죄판결의 확정 등 사정변경이 발생할 수 있으므로, 지급보류처분의 '처분요건'뿐만 아니라 위와 같은 사정변경이 발생할 경우 잠정적인 지급보류상태에서 벗어날 수 있는 '지급보류처분의 취소'에 관하여도 명시적인 규율이 필요하고, 그 '취소사유'는 '처분요건'과 균형이 맞도록 규정되어야 한다. 또한 사정변경사유가 발생할 경우 지급보류처분이 취소될 수 있도록 한다면, 이와 함께 지급보류기간동안 의료기관의 개설자가 수인해야 했던 재산권 제한상황에 대한 적절하고 상당한 보상으로서의 이자 내지 지연손해금의 비율에 대해서도 규율이 필요하다. 이러한 사항들은 심판대상조항으로 인한 기본권 제한이 입법목적 달성에 필요한 최소한도에 그치기 위해 필요한 조치들이지만, 현재 이에 대한 어떠한 입법적 규율도 없다. 따라서 심판대상조항은 과잉금지원칙에 반하여 의료급여기관 개설자의 재산권을 침해한다(헌재 2024.06.27. 2021헌가19).

정답 ②

문 6

양심의 자유에 관한 설명 중 옳지 않은 것은? (다툼이 있는 경우 판례에 의함)

① 대체복무요원의 복무기간을 36개월로 한 「대체역의 편입 및 복무 등에 관한 법률」 조항은 다른 종류의 병역 사이에 병역부담의 형평을 유지하기 위한 것으로, 대체복무요원의 양심의 자유를 침해한다고 볼 수 없다.

② 「민법」 제764조에 의한 사죄광고의 강제는 양심도 아닌 것이 양심인 것처럼 표현할 것의 강제로, 인간 양심의 왜곡·굴절이고 겉과 속이 다른 이중인격형성의 강요에 해당하므로 침묵의 자유의 파생인 양심에 반하는 행위의 강제금지에 저촉된다.

③ 북한과 관련된 일체의 찬양·고무·선전 또는 이에 동조하거나 그와 같은 행위를 할 목적으로 표현물을 제작·소지·반포 등을 하는 경우 이를 모두 형사처벌하는 것은, 행위자의 과거의 전력이나 평소의 행적을 통하여 추단되는 이념적 성향을 근거로 행위자를 처벌할 가능성을 열어두는 것으로, 해당 행위자의 양심의 자유를 침해한다.

④ 「국가보안법」 위반 및 「집회 및 시위에 관한 법률」 위반 수형자의 가석방 결정시 준법서약서를 제출하도록 한 「가석방심사 등에 관한 규칙」 조항은 준법서약의 내용상 서약자의 양심의 영역을 건드리는 것이 아니다.

⑤ 학교폭력 문제를 온전히 응보적인 관점에서만 접근할 수는 없고 가해학생의 선도와 교육이라는 관점도 함께 고려하여야 하므로, 가해학생에 대한 조치로 피해학생에 대한 서면사과를 규정한 「학교폭력예방 및 대책에 관한 법률」 조항은 가해학생의 양심의 자유를 침해한다고 보기 어렵다.

MGI Point 양심의 자유 ★★

■ **양심의 자유 침해 ×**
- 「대체역의 편입 및 복무 등에 관한 법률」상 대체복무요원의 복무기간을 36개월로 한 것
- 북한 관련 찬양·고무·선전 또는 동조하거나 그 목적으로 표현물을 제작·소지·반 등을 하는 경우 형사처벌
■ **양심의 영역 ×**
- 「가석방심사 등에 관한 규칙」상 「국보법」 및 「집시법」 위반 수형자의 가석방 결정시 준법서약서 제출 의무
■ **양심의 자유 침해 ○**
- 「민법」 제764조에 의한 사죄광고의 강제 ⇨ 침묵의 자유의 파생인 양심에 반하는 행위의 강제금지에 反
- 가해학생에 대한 조치로 피해학생에 대한 서면사과를 규정한 「학교폭력예방 및 대책에 관한 법률」 조항

---

① (○) 청구인들은 현역병 가운데 육군의 복무기간이 18개월인 것에 반하여, 기간조항이 대체복무요원의 복무기간을 36개월로 규정한 것은 대체복무요원에 대한 징벌적 처우로서 침해의 최소성에 어긋난다고 주장한다. (중략) 이와 같은 군사업무의 특수성과 이러한 군사적 역무가 모두 배제된 대체복무요원의 복무 내용을 비교해 볼 때, 기간조항이 설정한 복무기간이 현역병의 복무기간과 비교하여 도저히 대체역을 선택하기 어렵게 만든다거나 대체역을 선택하였다는 이유로 어떠한 징벌을 가하는 것이라고 보기 어렵다(헌재 2024.05.30. 2023헌마32등).

② (○) 사죄광고제도란 타인의 명예를 훼손하여 비행을 저질렀다고 믿지 않는 자에게 본심에 반하여 깊이 "사과한다." 하면서 죄악을 자인하는 의미의 사죄의 의사표시를 강요하는 것이므로, 국가가 재판이라는 권력작용을 통해 자기의 신념에 반하여 자기의 행위가 비행이며 죄가 된다는 윤리적 판단을 형성강요하여 외부에 표시하기를 명하는 한편 의사·감정과 맞지 않는 사과라는 도의적 의사까지 광포시키는 것이다. 따

라서 사죄광고의 강제는 양심도 아닌 것이 양심인 것처럼 표현할 것의 강제로 인간양심의 왜곡·굴절이고 겉과 속이 다른 이중인격형성의 강요인 것으로서 침묵의 자유의 파생인 양심에 반하는 행위의 강제금지에 저촉되는 것이며 따라서 우리 헌법이 보호하고자 하는 정신적 기본권의 하나인 양심의 자유의 제약(법인의 경우라면 그 대표자에게 양심표명의 강제를 요구하는 결과가 된다.)이라고 보지 않을 수 없다(헌재 1991.04. 01. 89헌마160).

③ (X) 이적표현물 제작 등 조항은 표현물의 제작·소지·반포·취득행위가 국가의 존립·안전이나 자유민주적 기본질서에 실질적 해악을 줄 명백한 위험성이 있는 경우에 한하여 적용되므로 그로 인한 기본권의 제한이 결코 지나치다고 볼 수 없다. 이적표현물의 소지·취득행위만으로도 그 표현물의 이적내용이 전파될 가능성을 배제하기 어렵고, 특히 최근 늘어나고 있는 전자매체 형식의 표현물들은 실시간으로 다수에게 반포가 가능하고, 이적표현물이 소지·취득한 사람의 의사와 무관하게 전파, 유통될 가능성도 배제할 수 없으므로, 이적표현물을 소지·취득하는 행위가 지니는 위험성이 이를 제작·반포하는 행위에 비해 결코 적다고 보기 어렵다. 따라서 이적표현물 제작 등 조항은 과잉금지원칙에 위배되어 표현의 자유 및 양심의 자유를 침해하지 아니한다(헌재 2024.02.28. 2023헌바381).

> **국가보안법(1991. 5. 31. 법률 제4373호로 개정된 것) 제7조(찬양·고무 등)** ① 국가의 존립·안전이나 자유민주적 기본질서를 위태롭게 한다는 정을 알면서 반국가단체나 그 구성원 또는 그 지령을 받은 자의 활동을 찬양·고무·선전 또는 이에 동조하거나 국가변란을 선전·선동한 자는 7년 이하의 징역에 처한다.
> ⑤ 제1항·제3항 또는 제4항의 행위를 할 목적으로 문서·도화 기타의 표현물을 제작·수입·복사·소지·운반·반포·판매 또는 취득한 자는 그 각 항에 정한 형에 처한다.

④ (○) 국법질서의 준수에 대한 국민의 일반적 의무가 헌법적으로 명백함을 감안할 때, 내용상 단순히 국법질서나 헌법체제를 준수하겠다는 취지의 서약을 할 것을 요구하는 이 사건 준법서약은 국민이 부담하는 일반적 의무를 장래를 향하여 확인하는 것에 불과하며, 어떠한 가정적 혹은 실제적 상황하에서 특정의 사유(思惟)를 하거나 특별한 행동을 할 것을 새로이 요구하는 것이 아니다. 따라서 이 사건 준법서약은 어떤 구체적이거나 적극적인 내용을 담지 않은 채 단순한 헌법적 의무의 확인·서약에 불과하다 할 것이어서 양심의 영역을 건드리는 것이 아니다(헌재 2002.04.25. 98헌마425).

⑤ (○) 이 사건 서면사과조항에 의하여 가해학생은 피해학생에게 서면사과를 해야 하는 의무를 부담하나, 서면의 형식으로 사과하는 것 외에 사과의 내용에 대하여는 가해학생의 자율성을 인정하고 있고, 이를 불이행하더라도 추가적인 조치나 불이익이 없다. 따라서 이 사건 서면사과조항에 의하여 가해학생의 양심의 자유나 인격권이 과도하게 제한된다고 보기 어렵다(헌재 2023.02.23. 선고 2019헌바93등).

정답 ③

문 7

표현의 자유에 관한 설명 중 옳지 않은 것은? (다툼이 있는 경우 판례에 의함)

① 장교가 군무와 관련된 고충사항을 집단으로 진정 또는 서명하는 행위를 금지하는 것은, 군무와 관련된 고충사항이 있는 경우 다른 방식으로 문제를 제기할 수 있는 방법들이 이미 마련되어 있는 점을 고려할 때 장교의 표현의 자유를 침해하지 않는다.

② 공연윤리위원회가 민간인으로 구성된 자율적인 기관이라고 할지라도, 법률에서 공연윤리위원회를 설치하도록 하고 행정권이 그 구성에 지속적인 영향을 미칠 수 있게 하였다면, 공연윤리위원회는 사전검열금지원칙에서 말하는 검열기관으로 볼 수 있다.

③ 공연한 방법으로 상관을 모욕한 사람을 처벌하는 것은, 군의 지휘체계에 구체적 위험을 초래하는 표현을 넘어 헌법상 보호받아야 할 표현까지 규제하므로 상관을 모욕한 군인의 표현의 자유를 침해한다.

④ 당선되거나 되게 하거나 되지 못하게 할 목적으로 공연히 사실을 적시하여 후보자가 되고자 하는 자를 비방한 자를 처벌하는 「공직선거법」 조항은, 후보자가 되고자 하는 자는 자발적으로 공론의 장에 뛰어든 사람으로서 자신에 대한 부정적인 표현을 어느 정도 감수하여야 한다는 점에서 비방한 자의 정치적 표현의 자유를 침해한다.

⑤ 테러단체 가입을 타인에게 선동하는 사람을 처벌하는 「테러방지법」 조항은, 피선동자에게 테러단체 가입의 결의를 유발하거나 증대시킬 위험성이 인정되는 표현행위만 규율하므로 선동하는 사람의 표현의 자유를 침해하지 않는다.

MGI Point **표현의 자유** ★★

■ 표현의 자유 침해 ×
- 장교가 군무와 관련된 고충사항을 집단으로 진정 또는 서명하는 행위를 금지하는 것
- 군형법상 상관모욕죄
- 테러단체 가입을 타인에게 선동하는 사람을 처벌하는 「테러방지법」 조항 ⇨ 피선동자에게 테러단체 가입의 결의를 유발하거나 증대시킬 위험성이 인정되는 표현행위만 규율 ⇨ 표현의 자유 침해 ×

■ 표현의 자유 침해 ○
- 당선되거나 되게 하거나 되지 못하게 할 목적으로 공연히 사실을 적시하여 후보자가 되고자 하는 자를 비방한 자를 처벌하는 「공직선거법」 조항 ⇨ 후보자가 되고자 하는 자는 부정적인 표현을 어느 정도 감수하여야 한다는 점에서 비방한 자의 정치적 표현의 자유를 침해 ○

■ 공연윤리위원회가 민간인 구성 자율기관이라고 할지라도, 법률상 설치되고 행정권이 그 구성에 지속적인 영향을 미칠 수 있게 하므로, 사전검열금지원칙의 검열기관 ○

---

① (○) 심판대상조항이 군무와 관련된 고충사항을 집단으로 진정하거나 서명하는 행위를 일률적으로 금지하고 있기는 하나, 장교는 군대 내부의 절차는 물론, 국가인권위원회 등을 통한 군대 외부의 절차를 통하여 군무와 관련된 고충사항을 해결할 수 있고, 이와 같은 행위는 군인복무기본법에서 폭넓게 보호되고 있다. 이러한 사정을 고려하면 심판대상조항은, 장교가 국민 전체의 봉사자로서 공공의 이익을 위하여 근무하도록 하고 군조직의 고도의 질서 및 규율을 유지하기 위하여, 필요한 범위 내에서 최소한의 제한을 하는 것이라고 볼 수 있다. 따라서 심판대상조항은 침해의 최소성에 반하지 않는다(헌재 2024.04.25. 2021헌마1258).

② (○) 가. 영화법 제12조 제1항, 제2항 및 제13조 제1항이 규정하고 있는 영화에 대한 심의제의 내용은 심의기관인 공연윤리위원회가 영화의 상영에 앞서 그 내용을 심사하여 심의기준에 적합하지 아니한 영화에 대하여는 상영을 금지할 수 있고, 심의를 받지 아니하고 영화를 상영할 경우에는 형사처벌까지 가능하도

록 한 것이 그 핵심이므로 이는 명백히 헌법 제21조 제1항이 금지한 사전검열제도를 채택한 것이다.

나. 검열을 행정기관이 아닌 독립적인 위원회에서 행한다고 하더라도 행정권이 주체가 되어 검열절차를 형성하고 검열기관의 구성에 지속적인 영향을 미칠 수 있는 경우라면 실질적으로 검열기관은 행정기관이라고 보아야 한다. 그러므로 공연윤리위원회가 민간인으로 구성된 자율적인 기관이라고 할지라도 영화법에서 영화에 대한 사전허가제도를 채택하고, 공연법에 의하여 공연윤리위원회를 설치토록 하여 행정권이 공연윤리위원회의 구성에 지속적인 영향을 미칠 수 있게 하였으므로 공연윤리위원회는 검열기관으로 볼 수밖에 없다(헌재 1996.10.04. 93헌가13등).

③ (X) 군이란 궁극적으로 무력에 의하여 국가를 수호하고 국토를 방위하여 국민의 생명과 재산을 보전함을 그 사명으로 하므로 군 본연의 사명을 다하기 위해서는 그에 상응하는 특수한 조직과 고도의 질서 및 규율을 필요로 한다. 군조직의 특성상 상관을 모욕하는 행위는 상관 개인의 인격적 법익에 대한 침해를 넘어 군기를 문란케 하는 행위로서 그로 인하여 군조직의 위계질서와 통수체계가 파괴될 위험성이 크다. 선례 조항은 상관에 대한 사회적 평가, 즉 외부적 명예의 보호에 더하여 군조직의 질서 및 통수체계를 확립하여 군의 전투력을 유지, 강화하고 이를 통한 국가의 안전보장과 국토방위를 목적으로 하는바, 그러한 입법목적은 정당하고, 상관에 대한 모욕행위를 형사처벌하는 것은 위와 같은 입법목적을 달성하기 위한 적합한 수단이다. 대법원은 단순한 결례나 무례의 수준을 넘어 상관에 대한 사회적 평가를 저하시킬 수 있는 경멸적 표현에 해당하여야만 모욕에 해당한다고 하여 그 처벌의 범위를 엄격하게 해석하고 있으므로 남용의 우려가 적다. …과잉금지원칙에 위반되어 표현의 자유를 침해하지 아니한다(헌재 2024.08.29. 2022헌가7등).

④ (○) 비방금지 조항은 후보자가 되고자 하는 자의 인격과 명예를 보호하고 선거의 공정을 보장하기 위한 것이다. 그런데 비방행위가 허위사실에 해당할 경우에는 허위사실공표금지 조항으로 처벌하면 족하고, 허위가 아닌 사실에 대한 경우 후보자가 되고자 하는 자는 스스로 반박함으로써 유권자들이 그의 능력과 자질 등을 올바르게 판단할 수 있는 자료를 얻을 수 있게 하여야 한다. 비방금지 조항 단서에 위법성 조각사유가 규정되어 있기는 하나, 일단 구성요건에 해당되는 행위를 한 사람은 수사나 형사소추의 위험에 놓이게 되고, 표현의 자유에 대한 위축효과가 발생할 수 있다. 한편, 비방금지조항이 없더라도 사실을 적시한 명예훼손은 형법 제307조 제1항에 따라 처벌하여 그 가벌성을 확보할 수 있고, 수사기관과 재판기관은 선거와의 관련성을 고려하여 수사와 재판을 신속하게 진행할 수 있다. 나아가 후보자가 되고자 하는 자는 자발적으로 공론의 장에 뛰어든 사람이므로, 자신에 대한 부정적인 표현을 어느 정도 감수하여야 한다. 이를 종합하면, 비방금지 조항은 과잉금지원칙에 위배되어 정치적 표현의 자유를 침해한다(헌재 2024.06.27. 2023헌바78).

⑤ (○) 가입선동조항은 테러단체의 가입을 선동하는 행위만을 처벌하고 있을 뿐 나아가 테러단체 또는 테러단체의 활동을 찬양·고무·선전·동조하는 행위를 처벌하는 것은 아니다. 다시 말하면 가입선동조항은 테러단체나 테러단체가 추구하는 목표에 대한 자신의 신념 내지 생각을 외부에 적극적으로 드러내는 찬양·고무·선전·동조행위를 처벌하는 것이 아니라, 피선동자의 테러단체 가입이 실행되는 것을 목표로 하여 피선동자에게 테러단체 가입을 결의·실행하도록 충동하고 격려하는 것에 한정된 행위를 처벌하는 것이다. …가입선동조항은 과잉금지원칙에 위반되지 아니한다(헌재 2025.01.23. 2019헌바317).

정답 ③

문 8

환경권에 관한 설명 중 옳은 것(○)과 옳지 **않은** 것(×)을 올바르게 조합한 것은? (다툼이 있는 경우 판례에 의함)

> ㄱ. 전국동시지방선거의 선거운동 시 확성장치를 사용할 수 있도록 허용하면서도 그 사용에 따른 소음의 규제기준을 두지 않는 것은, 적절하고 효율적인 최소한의 보호조치를 취하지 아니하여 국가의 기본권 보호의무를 과소하게 이행한 것으로, 확성장치 주변 거주자의 건강하고 쾌적한 환경에서 생활할 권리를 침해한다.
>
> ㄴ. '건강하고 쾌적한 환경에서 생활할 권리'를 보장하는 환경권의 보호대상이 되는 환경에는 자연환경뿐만 아니라 인공적 환경과 같은 생활환경도 포함되므로, 교도소장이 교도소 독거실 내 화장실 창문과 철격자 사이에 안전 철망을 설치한 행위는 해당 독거실 수용자의 환경권을 제한한다.
>
> ㄷ. 경유를 연료로 사용하는 자동차의 소유자로부터 환경개선부담금을 부과·징수하도록 정한 것은, 경유차가 유발하는 대기오염으로 인해 발생하는 경제적 비용을 환경오염 원인자인 경유차 소유자에게 부과함으로써 경유차 소유 및 운행의 자제를 유도하는 데 입법목적이 있고, 이는 헌법 제35조 제1항에 따라 국가에게 부여된 환경보전이라는 헌법적 과제실현을 위한 것으로, 그 정당성이 인정된다.
>
> ㄹ. 「장사 등에 관한 법률」에 규정된 지역에 해당하지 않는 경우 동물장묘업 등록에 있어 지역적 제한을 두고 있지 않은 사정만으로 환경권을 보호하기 위한 입법자의 의무를 과소하게 이행하였다고 평가할 수는 없다.

① ㄱ(○), ㄴ(×), ㄷ(×), ㄹ(○)
② ㄱ(○), ㄴ(×), ㄷ(○), ㄹ(×)
③ ㄱ(×), ㄴ(×), ㄷ(○), ㄹ(○)
④ ㄱ(○), ㄴ(○), ㄷ(×), ㄹ(×)
⑤ ㄱ(○), ㄴ(○), ㄷ(○), ㄹ(○)

MGI Point **환경권** ★★

- 사용시간과 사용지역에 따른 수인한도 내에서 확성장치의 소음 규제기준을 두지 아니한 공직선거법 규정
  ⇨ 국가의 기본권 보호의무를 과소하게 이행, 건강하고 쾌적한 환경에서 생활할 권리를 침해 ○
- 환경권의 보호대상이 되는 환경 ⇨ 자연환경뿐만 아니라 인공적 환경과 같은 생활환경도 포함
  ⇨ 교도소장이 교도소 독거실 내 화장실 창문과 철격자 사이에 안전 철망을 설치한 행위는 환경권 제한 ○ (침해 ×)
- 경유차 소유자에게 환경개선부담금을 부과·징수 ⇨ 대기오염 비용을 원인자에게 부과해 유차 소유 및 운행의 자제를 유도하는 데 입법목적 ○ ⇨ 국가의 환경보전 과제실현을 위한 것으로 정당성 인정 ○
- 「장사법」상 지역 외에, 동물장묘업에 지역적 제한 없다는 사정만으로 입법자의 환경권 보호 의무 과소 이행 ×

ㄱ. (○) 심판대상조항이 선거운동의 자유를 감안하여 선거운동을 위한 확성장치를 허용할 공익적 필요성이 인정된다고 하더라도 정온한 생활환경이 보장되어야 할 주거지역에서 출근 또는 등교 이전 및 퇴근 또는 하교 이후 시간대에 확성장치의 최고출력 내지 소음을 제한하는 등 사용시간과 사용지역에 따른 수인한도 내에서 확성장치의 최고출력 내지 소음 규제기준에 관한 규정을 두지 아니한 것은, 국민이 건강하고

쾌적하게 생활할 수 있는 양호한 주거환경을 위하여 노력하여야 할 국가의 의무를 부과한 헌법 제35조 제3항에 비추어 보면, 적절하고 효율적인 최소한의 보호조치를 취하지 아니하여 국가의 기본권 보호의무를 과소하게 이행한 것으로서, 청구인의 건강하고 쾌적한 환경에서 생활할 권리를 침해하므로 헌법에 위반된다(헌재 2019.12.27. 2018헌마730).

ㄴ. (○) '건강하고 쾌적한 환경에서 생활할 권리'를 보장하는 환경권의 보호대상이 되는 환경에는 자연환경 뿐만 아니라 인공적 환경과 같은 생활환경도 포함된다. 환경권을 구체화한 입법이라 할 수 있는 환경정책기본법 제3조에서도 환경을 자연환경과 생활환경으로 분류하면서, 생활환경에 대기, 물, 폐기물, 소음·진동, 악취, 일조(日照) 등 사람의 일상생활과 관계되는 환경을 포함시키고 있다. 청구인은 이 사건 설치행위로 인하여 독거실 내 일조, 조망, 채광, 통풍이 제한되고 있다고 주장하는바, 일조, 조망, 채광, 통풍 등은 생활환경으로서 환경권의 내용에 포함된다고 할 것이다. 수형자는 국민의 한 사람으로서 건강하고 쾌적한 환경에서 생활할 권리를 가지고, 수형자의 환경에 대한 권리 중 특히 구금시설 내에서의 환경에 대한 권리의 내용과 행사에 관하여는 형 집행법에서 정하고 있다. …청구인과 같은 수형자는 그 법적 지위의 특성상 일반인들과는 달리 강제로 격리되어 수용의 목적과 기능에 맞도록 설치된 구금시설에서 생활하여야 하나, 형 집행법 규정에 따라 '적정한 수준의 공간과 채광·통풍·난방을 위한 시설이 갖추어진 거실에서 건강하게 생활할 권리'를 가지고 있다고 할 수 있다. 결국 이 사건 설치행위는 수형자인 청구인의 '채광·통풍을 위한 시설이 갖추어진 거실에서 건강하게 생활할 권리'를 제한하고 있는바, 그것이 헌법 제37조 제2항의 과잉금지원칙을 위반하여 청구인의 기본권을 침해하는지 여부가 문제된다(헌재 2014.06.26. 2011헌마150). ▶ 환경권 제한 ○ 환경권 침해 ×

ㄷ. (○) 이 사건 법률조항의 입법목적은 경유차가 유발하는 대기오염으로 인해 발생하는 경제적 비용을 환경오염 원인자인 경유차 소유자에게 부과함으로써 경유차 소유 및운행의 자제를 유도하는 한편, 징수된 부담금으로 환경개선을 위한 투자재원을 합리적으로 조달하여, 궁극적으로 국가의 지속적인 발전의 기반이 되는 쾌적한 환경을 조성하는 데 이바지하기 위한 것이다(법 제1조 참조). 이러한 입법목적은 헌법 제35조 제1항에 따라 국가에게 부여된 환경보전이라는 헌법적 과제실현을 위한 것이므로 그 입법목적의 정당성이 인정된다(헌재 2022.06.30. 2019헌바440).

ㄹ. (○) 동물보호법, '장사 등에 관한 법률', '동물장묘업의 시설설치 및 검사기준' 등 관계규정에서 동물장묘시설의 설치제한 지역을 상세하게 규정하고, 매연, 소음, 분진, 악취 등 오염원 배출을 규제하기 위한 상세한 시설 및 검사기준을 두고 있는 등의 사정을 고려할 때, 심판대상조항에서 동물장묘업 등록에 관하여 '장사 등에 관한 법률' 제17조 외에 다른 지역적 제한사유를 규정하지 않았다는 사정만으로 청구인들의 환경권을 보호하기 위한 입법자의 의무를 과소하게 이행하였다고 평가할 수는 없다. 따라서 심판대상조항은 청구인들의 환경권을 침해하지 않는다(헌재 2020.03.26. 2017헌마1281).

정답 ⑤

| 문 9

공무담임권에 관한 설명 중 옳지 않은 것은? (다툼이 있는 경우 판례에 의함)

① 과거 3년 이내의 당원 경력을 법관 임용 결격사유로 정한 것은, 법관의 독립성과 중립성에 영향을 미칠 것으로 추단되는 경우에 법관의 자격을 제한하는 것이라는 점에서, 법관임용 응시자의 공무담임권을 침해하지 않는다.

② 아동·청소년이용음란물소지죄로 형을 선고받아 그 형이 확정된 사람은 일반직공무원으로 임용될 수 없도록 한 것은, 개별 범죄의 비난가능성 및 재범 위험성 등을 고려하여 상당한 기간 동안 임용을 제한하는 덜 침해적인 방법으로도 입법목적을 충분히 달성할 수 있으므로 해당 범죄자의 공무담임권을 침해한다.

③ 피성년후견인인 국가공무원은 당연퇴직한다고 정한 것은, 국가공무원이 피성년후견인이 되었다 하더라도 곧바로 당연퇴직되는 대신 휴직을 통한 회복의 기회를 부여받을 수 있다는 점에서 해당 공무원의 공무담임권을 침해한다.

④ 금고 이상의 형의 집행유예 판결을 받은 공무원에 대하여 당연히 퇴직하도록 하는 것은, 그러한 판결에 내포된 사회적 비난가능성과 공무원에게는 직무의 성질상 고도의 윤리성이 요구된다는 점에서 해당 공무원의 공무담임권을 침해하지 않는다.

⑤ 공무원이 감봉처분을 받은 경우 12월간 승급을 제한하는 것은 공무원의 호봉 상승을 지연시키는 것에 그치고, 이는 공무담임권의 보호영역에 해당하지 않으므로 해당 공무원의 공무담임권을 제한하지 않는다.

MGI Point **공무담임권**   ★★

■ **공무담임권 침해 ×**
 ▪ 금고 이상의 형의 집행유예 판결을 받은 공무원의 당연퇴직 ⇨ 판결에 내포된 사회적 비난가능성, 공무원 직무의 고도의 윤리성 요구 ⇨ 공무담임권 침해 ×

■ **공무담임권 제한 ×** ⇨ 공무원 감봉처분시 12월간 '승급' 제한은 공무담임권 제한 × (재산권 재산 ○)
 cf. 공무원 감봉처분시 12월간 '승진' 제한은 공무담임권 제한 ○

■ **공무담임권 침해 ○**
 ▪ 과거 3년 이내의 당원 경력을 법관 임용 결격사유로 정한 것
 ▪ 아청법상 음란물 소지죄 형 확정된 사람은 영구적으로 일반직 공무원 임용될 수 없도록 한 것
 ▪ 피성년후견인인 국가공무원의 당연퇴직 ⇨ 국가공무원이 피성년후견인이 되었다 하더라도 곧바로 당연퇴직되는 대신 휴직을 통한 회복의 기회를 부여받을 수 있음 ⇨ 공무담임권 침해 ○

---

① **(X)** [법정의견] 현행법상 공무담임권을 지나치게 제한하지 않으면서 법관(대법원장·대법관·판사)이 정치적 중립성을 준수하고 재판의 독립을 지킬 수 있도록 하는 제도적 장치는 이미 존재한다. 즉, 법관의 정당 가입 및 정치운동 관여 금지, 임기 보장, 탄핵제도, 제척·기피·회피제도, 심급제 등을 통해 법관의 정치적 중립과 재판의 독립을 제도적으로 보장하고, 재판의 객관성과 공정성이 유지되도록 하고 있다. 특히 대법원장과 대법관은 국회에서 인사청문 절차를 거치므로, 판사보다 더 엄격한 수준에서 정치적 중립성에 대한 검증이 이루어지고 있다. 가사 과거에 당원 신분을 취득한 경력을 규제할 필요성이 있더라도, 적극적으로 정치적 활동을 하였던 경우에 한하여 법관 임용을 제한할 수 있고, 이에 법원조직법은 관련 규정을 별도로 두고 있다. 그럼에도 불구하고, 심판대상조항과 같이 과거 3년 이내의 모든 당원 경력을 법관 임용 결격사유로 정하는 것은, 입법목적 달성을 위해 합리적인 범위를 넘어 정치적 중립성과 재판 독립에 긴밀한 연관성이 없는 경우까지 과도하게 공직취임의 기회를 제한한다. 따라서 심판대상조항은 과잉금지원칙에 반하여 청구인의 공무담임권을 침해한다(헌재 2024.07.18. 2021헌마460).

비교판례 [반대의견] 공정한 재판은 사법에 대한 국민의 신뢰에서 출발하므로, 입법자로서는 그 독립성과 중립성에 영향을 미칠 것으로 추단되는 경우에 일정 범위를 정하여 법률로 법관의 자격을 제한할 수 있다. 다만, 심판대상조항의 적용을 받는 법관에는 대법원장·대법관·판사가 모두 포함되는데, 대법원장·대법관과 달리 판사의 경우에는 그 임명 과정에 정치적 관여가 없고, 가사 판사가 과거 당원 경력으로 개별사건의 판결에 불공정한 영향을 미치더라도 이는 심급제도를 통해 상급심 재판으로 해소될 수 있다. 그러므로 사법에 대한 국민의 신뢰를 회복하기 위해 과거 당원 경력을 법관 임용 결격사유로 정할 필요성이 있더라도, 대법원장·대법관이 아닌 판사의 경우까지 그 결격사유의 적용대상에 포함시키는 것은 입법목적 달성을 위한 필요 최소한의 제한이라 보기 어렵다. 따라서 심판대상조항 중 '판사에 관한 부분'은 과잉금지원칙에 반하여 청구인의 공무담임권을 침해한다(헌재 2024.07.18. 2021헌마460).

② (○) 아동·청소년이용음란물소지죄로 형을 선고받아 확정된 자에 대하여 일반직공무원에 임용되는 것을 제한하는 것이 입법목적을 달성하는 데 적합한 수단이라고 하더라도, 범죄의 경중이나 재범의 위험성 등 구체적 사정을 고려하지 아니하고 직무의 종류에 상관없이 일반직공무원에 임용되는 것을 영구적으로 제한하고 있는 심판대상조항은 침해의 최소성에 위반된다. …아동·청소년이용음란물소지죄는 그 자체로는 아동·청소년을 직접 대상으로 하지 않는다는 점에서 아동·청소년을 직접 대상으로 하는 다른 성범죄들과 그 비난가능성이나 위험성의 면에서 차이가 있으므로, 이러한 측면을 전혀 고려하지 않고 아동·청소년이용음란물소지죄를 범하여 형이 확정되었다는 이유만으로 공무원이 되는 기회를 차단하는 것은 지나친 제한이라 아니할 수 없다. …심판대상조항은 과잉금지원칙에 위반되어 청구인들의 공무담임권을 침해한다(헌재 2023.06.29. 2020헌마1605,2022헌마1276(병합)).

③ (○) 국가공무원이 피성년후견인이 되었다 하더라도 곧바로 당연퇴직되는 대신 휴직을 통한 회복의 기회를 부여받을 수 있고, 이러한 절차적 보장에 별도의 조직이나 시간 등 공적 자원이 필요한 것도 아니다. …심판대상조항이 달성하고자 하는 공익은 우리 헌법상 사회국가원리에 입각한 공무담임권 보장과 조화를 이루는 정도에 한하여 중요성이 인정될 수 있다. 그런데 심판대상조항은 성년후견이 개시되지는 않았으나 동일한 정도의 정신적 장애가 발생한 국가공무원의 경우와 비교할 때 사익의 제한 정도가 과도하고, 성년후견이 개시되었어도 정신적 제약을 극복하여 후견이 종료될 수 있고, 이 경우 법원에서 성년후견 종료심판을 하고 있다는 사실에 비추어 보아도 사익의 제한 정도가 지나치게 가혹하다. 또한 심판대상조항처럼 국가공무원의 당연퇴직사유를 임용결격사유와 동일하게 규정하려면 국가공무원이 재직 중 쌓은 지위를 박탈할 정도의 충분한 공익이 인정되어야 하나, 이 조항이 달성하려는 공익은 이에 미치지 못한다. 따라서 심판대상조항은 과잉금지원칙에 반하여 공무담임권을 침해한다(헌재 2022.12.22. 2020헌가8).

④ (○) 가. 범죄행위로 형사처벌을 받은 공무원에 대하여 형사처벌사실 그 자체를 이유로 신분상 불이익처분을 하는 방법과 별도의 징계절차를 거쳐 불이익처분을 하는 방법 중 어느 방법을 선택할 것인가는 입법자의 재량에 속한다. 나. 공무원에 부과되는 신분상 불이익과 보호하려고 하는 공익이 합리적 균형을 이루는 한 법원이 범죄의 모든 정황을 고려한 나머지 금고 이상의 형에 대한 집행유예의 판결을 하였다면 그 범죄행위가 직무와 직접적 관련이 없거나 과실에 의한 것이라 하더라도 공무원의 품위를 손상하는 것으로 당해 공무원에 대한 사회적비난가능성이 결코 적지 아니할 것이므로 이를 공무원 임용결격 및 당연퇴직사유로 규정한 것을 위헌의 법률조항이라고 볼 수 없다(헌재 1997.11.27. 95헌바14등).

⑤ (○) 이 사건 법률조항 중 '승진임용'에 관한 부분 및 승진제한규정(이하 두 조항을 통틀어 '이 사건 승진조항'이라 한다)에 따르면 감봉의 징계처분을 받은 경우 그 집행이 끝난 날로부터 12월 동안 승진임용이 제한된다. 따라서 이 사건 승진조항은 공무담임권을 제한한다. … 승급은 일정한 재직기간의 경과 등에 따라 현재의 호봉보다 높은 호봉을 부여하는 것이므로, 이 사건 법률조항 중 '승급'에 관한 부분과 승급제한규정(이하 두 조항을 통틀어 '이 사건 승급조항'이라 한다)에 따라 승급이 12개월 동안 제한되면 정기승급에 따라 누릴 수 있었던 봉급 상승을 얻지 못하는 효과가 발생한다. 정근수당은 근무연수에 따라 매년 1월과 7월의 보수지급일에 지급되는데, 수당제한규정에 따르면 지급대상기간 중 징계처분을 받은 공무원은 정근수당을 지급받지 못하게 된다. 이처럼 이 사건 승급조항 및 수당제한규정의 효과는 공무원의 호봉 상

승이 지연되거나 수당 일부를 지급받지 못하는 것에 그치고, 이는 공무담임권의 보호영역에 해당하지 않으므로 공무담임권을 제한한다고 볼 수 없다. 다만, 공무원의 보수청구권은 법률 및 법률의 위임을 받은 하위법령에 의해 그 구체적 내용이 형성되면 재산적 가치가 있는 권리가 되어 재산권의 내용에 포함된다. … 이 사건 승진조항은 청구인의 공무담임권을 제한하고, 이 사건 승급조항 및 수당제한규정은 청구인의 재산권을 제한한다(헌재 2022.03.31. 2020헌마211). ▶ 감봉의 징계처분을 받은 경우 12월 동안 승진임용이 제한되는 '승진조항'은 공무담임권을 제한하지만, 감봉의 징계처분을 받은 경우 12월 동안 승급이 제한되는 '승급조항'은 공무담임권을 제한하지 않고, 재산권을 제한한다.

정답 ①

문 10

재판청구권에 관한 설명 중 옳은 것(○)과 옳지 않은 것(×)을 올바르게 조합한 것은? (다툼이 있는 경우 판례에 의함)

ㄱ. 「조세범 처벌절차법」에 따른 통고처분을 행정쟁송의 대상에서 제외시킨 것은, 「조세범 처벌절차법」에 따른 통고처분에 대하여 형사절차와 별도의 행정쟁송절차를 허용한다면 신속한 사건 처리를 저해할 수 있으므로, 해당 통고처분에 대해 행정쟁송을 제기하려는 자의 재판청구권을 침해하지 않는다.

ㄴ. 판단누락을 이유로 한 재심의 소 제기기간인 '판결이 확정된 뒤 재심의 사유를 안 날부터 30일'을 불변기간으로 정한 것은, 확정판결을 받은 당사자의 법적 불안상태가 장기간 계속되는 것을 방지하기 위한 것으로, 당사자의 재판청구권을 침해하지 않는다.

ㄷ. 공공단체인 한국과학기술원의 총장이 교원소청심사위원회의 결정에 대하여 「행정소송법」으로 정하는 바에 따라 소를 제기할 수 없도록 하는 것은, 교원의 인사를 둘러싼 분쟁을 신속하게 해결하기 위한 것으로, 한국과학기술원 총장의 재판청구권을 침해하지 않는다.

ㄹ. 상속개시 후 인지 또는 재판확정에 의하여 공동상속인이 된 자가 다른 공동상속인에 대해 그 상속분에 상당한 가액의 지급에 관한 청구권을 행사하는 경우에도 상속회복청구권에 관한 10년의 제척기간을 적용하도록 한 것은, 상속을 둘러싼 법률관계를 조기에 확정시키기 위한 것으로, 해당 공동상속인의 재판청구권을 침해하지 않는다.

ㅁ. 영상물에 수록된 '19세 미만 성폭력범죄 피해자'의 진술에 관하여 조사 과정에 동석하였던 신뢰관계인 내지 진술조력인의 법정진술에 의하여 그 성립의 진정함이 인정된 경우에 형사재판에서 증거능력을 인정할 수 있도록 한 것은, 성폭력범죄의 미성년 피해자가 법정 진술과정에서 받을 수 있는 심리적·정서적 충격 등 새로운 추가피해를 방지하기 위한 것으로, 해당 형사재판 피고인의 공정한 재판을 받을 권리를 침해하지 않는다.

① ㄱ(○), ㄴ(×), ㄷ(×), ㄹ(○), ㅁ(○)
② ㄱ(○), ㄴ(○), ㄷ(○), ㄹ(×), ㅁ(×)
③ ㄱ(○), ㄴ(○), ㄷ(×), ㄹ(×), ㅁ(○)
④ ㄱ(×), ㄴ(○), ㄷ(○), ㄹ(○), ㅁ(○)
⑤ ㄱ(×), ㄴ(×), ㄷ(○), ㄹ(×), ㅁ(×)

MGI Point **재판청구권** ★★

- **재판청구권 침해 ×**
  - 「조세범 처벌절차법」상 조세범 통고처분을 행정쟁송 대상에서 제외시킨 것
  - 「민소법」상 판단누락의 재심의 소 제기기간을 '판결 확정 후 재심의 사유를 안 날부터 30일'의 불변기간으로 정한 것
    ⇨ 확정판결 받은 당사자의 법적 불안상태 장기화 방지 위함 ⇨ 재판청구권 침해 ×
  - 한국과학기술원 총장이 교원소청위 결정에 대한 행정소송 제기 불가능 한 것
- **재판청구권 침해 ○**
  - 「민법」상 상속개시 후 인지 등으로 공동상속인이 된 자의 상속분 가액지급청구에, 상속회복청구권에 관한 10년 제척기간 적용한 것
  - 「형소법」19세 미만 성폭력범죄 피해자의 진술내용을 촬영한 영상물상 진술 ⇨ 신뢰 동석자의 법정진술로 성립의 진정 인정된 경우 원진술자(피해자)의 법정증언 없이 증거인정 하는 것은 공정한 재판을 받을 권리를 침해 ○

ㄱ. (○) 만약 통고처분에 대하여 형사제재와 별도로 행정쟁송을 제기할 수 있다고 한다면 절차의 중복과 복잡화 그리고 소송 진행·결과의 혼란과 모순을 초래하는 점이 적지 않을 것이기 때문에 통고처분은 행정쟁송의 대상으로 하지 않고 형사소송에서만 규율하는 것이 법의 취지라고 보아야 할 것이다. … 통고처분에 대하여 정면으로 행정쟁송을 인정할 것인지 아니면 현행법 규정과 같이 통고 불이행시 고발과정을 거쳐 형사재판을 받도록 할 것인지 아니면 피통고자가 이의제기를 하면 사건이 검찰로 이관되게 하여 검찰에서 처리하게 할 것인지(독일의 질서위반금 재결이나 프랑스의 일시불 벌금부과에 대하여 이의제기가 있으면 사건이 검찰로 이관된다) 여부는 통고처분의 제도적 의의와 법적성질, 행정소송과 형사소송과의 관계, 관세범죄의 성향과 그 나라의 형사사법 운용 실정 등을 종합적으로 고려하여 결정하여야 할 입법형성의 자유에 속하는 영역이다. 그러므로 통고처분에 대하여 어떠한 불복절차도 인정하지 않는 것과 같이 그 내용이 현저하게 불합리하여 재판청구권을 침해하거나 적법절차에 위배되는 정도에 이르지 않는 한 헌법에 위반되는 것이라고 할 수 없다(헌재 1998.05.28. 96헌바4등).

ㄴ. (○) 조속한 권리관계의 확정을 통하여 종국판결의 법적 안정성을 유지하고, 이미 확정판결을 받은 당사자의 법적 불안상태가 장기간 계속되는 것을 방지함과 아울러 사법자원의 효율적인 분배를 추구하기 위해서는 재심의 제기기간을 제한할 필요성이 있다. 이미 소를 제기하여 판결을 선고받은 당사자가 스스로 한 주장에 대한 판단이 누락된 것을 알았다면, 그로부터 30일 이내에 재심의 소를 제기할 것인지를 충분히 숙고하고 이를 준비할 수 있을 것으로 보인다. 나아가 당사자가 책임질 수 없는 사유로 재심 제기기간을 준수할 수 없었던 경우 추후보완이 허용되어 사유가 소멸된 때로부터 2주 내에 재심의 소를 제기할 수 있다. 따라서 심판대상조항은 이 입법재량의 범위를 일탈하여 민사소송 당사자의 재판청구권을 침해하지 않는다(헌재 2019.12.27. 2018헌바84).

ㄷ. (○) 심판대상조항이 교원이나 사립학교법 제2조에 따른 학교법인 또는 사립학교 경영자 등 당사자에게 교원소청심사결정에 불복하여 행정소송을 제기할 수 있도록 규정함으로써 위 제소권자 범위에서 제외되는 청구인에 대하여 행정소송을 제기하지 못하도록 한 것은, 한국과학기술원에 소속된 교원의 신분과 지위를 국·공립학교 교원의 그것과 같은 수준으로 보장하여 교원의 인사를 둘러싼 분쟁을 신속하게 해결하고 궁극적으로는 한국과학기술원의 설립취지를 효과적으로 실현하기 위한 것이다. … 결국, 심판대상조항이 한국과학기술원 총장을 국·공립학교 교원에 대한 징계 등 처분권자와 마찬가지로 교원소청심사결정에 대해 행정소송을 제기할 수 없도록 한 것은 …재판청구권을 침해한다고 할 수 없다(헌재 2022.10.27. 2019헌바117).

ㄹ. (X) '침해행위가 있은 날'부터 10년 후에 인지 또는 재판의 확정이 이루어진 경우에도 추가된 공동상속인이 상속분가액지급청구권을 원천적으로 행사할 수 없도록 하는 것은, '가액반환의 방식'이라는 우회적·절충적 형태를 통해서라도 인지된 자의 상속권을 뒤늦게나마 보상해 주겠다는 상속분가액지급청구권의 입법취지에 반하며, 추가된 공동상속인의 권리구제 실효성을 완전히 박탈하는 결과를 초래한다. 기존 공동상속인이 상속재산의 유지·증가에 특별히 기여하였다면 그 기여분은 상속재산에서 공제되므로 이를 통해

기존 공동상속인과 추가된 공동상속인의 이해관계가 조정될 수 있는 점, 민법은 인지청구의 소를 '망인의 사망을 안 날로부터 2년'으로 제한하고 상속분가액지급청구권의 행사도 '상속권의 침해를 안 날부터 3년'으로 제한하므로 인지재판을 바탕으로 한 상속분가액지급청구권의 행사가 무한정 늦춰지지 않도록 이중으로 제한하고 있는 점 등도 함께 고려할 필요성이 있다. 심판대상조항(상속개시 후 인지 또는 재판확정에 의하여 공동상속인이 된 자가 다른 공동상속인에 대해 그 상속분에 상당한 가액의 지급에 관한 청구권(상속분가액지급청구권)을 행사하는 경우에도 상속회복청구권에 관한 10년의 제척기간을 적용하도록 한 민법 제999조 제2항의 '상속권의 침해행위가 있은 날부터 10년' 중 제1014조에 관한 부분)은 입법형성의 한계를 일탈하여 청구인의 재산권과 재판청구권을 침해한다(헌재 2024.06.27. 2021헌마1588).

> **민법 제999조(상속회복청구권)** ① 상속권이 참칭상속권자로 인하여 침해된 때에는 상속권자 또는 그 법정대리인은 상속회복의 소를 제기할 수 있다.
> ② 제1항의 상속회복청구권은 그 침해를 안 날부터 3년, 상속권의 침해행위가 있은 날부터 10년을 경과하면 소멸된다.
> [단순위헌, 2021헌마1588, 2024. 6. 27, 민법(2002. 1. 14. 법률 제6591호로 개정된 것) 제999조 제2항의 '상속권의 침해행위가 있은 날부터 10년' 중 민법 제1014조에 관한 부분은 헌법에 위반된다.]
> **민법 제1014조(분할후의 피인지자 등의 청구권)** 상속개시후의 인지 또는 재판의 확정에 의하여 공동상속인이 된 자가 상속재산의 분할을 청구할 경우에 다른 공동상속인이 이미 분할 기타 처분을 한 때에는 그 상속분에 상당한 가액의 지급을 청구할 권리가 있다.

ㅁ. (X) 심판대상조항은 위 조항에 따라 촬영한 영상물에 수록된 미성년 피해자의 진술은 조사 과정에 동석하였던 신뢰관계인 등의 진술에 의하여 그 성립의 진정함이 인정된 경우에도 증거능력이 부여되도록 하여, 원진술자인 미성년 피해자의 법정진술 없이도 전문증거인 영상물에 수록된 미성년 피해자 진술을 성폭력범죄의 '본증'으로 사용될 수 있도록 정하고 있다. 이는 미성년인 성폭력범죄 피해자가 법정에 출석하여 증언함으로써 입을 수 있는 2차 피해를 방지하기 위해 전문법칙의 예외를 규정한 것으로, 원진술자의 법정출석을 전제로 하여서만 보장될 수 있는 피고인의 반대신문권 행사를 실질적으로 제한하는 의미를 갖는다. …피고인의 반대신문권을 보장하면서도 미성년 피해자를 보호할 수 있는 조화적인 방법을 상정할 수 있음에도, 영상물의 원진술자인 미성년 피해자에 대한 피고인의 반대신문권을 실질적으로 배제하여 피고인의 방어권을 과도하게 제한하는 심판대상조항은 피해의 최소성 요건을 갖추지 못하였다. …심판대상조항으로 달성하고자 하는 공익이 그로 인하여 제한되는 피고인의 사익보다 우월하다거나 중요하다고 쉽게 단정할 수 없으므로, 심판대상조항은 법익의 균형성 요건을 충족하지 못하였다. 심판대상조항은 과잉금지원칙을 위반하여 청구인의 공정한 재판을 받을 권리를 침해한다(헌재 2021.12.13. 2018헌바524).

정답 ②

문 11

근로의 권리에 관한 설명 중 옳지 않은 것은? (다툼이 있는 경우 판례에 의함)

① 근로의 권리에는 열악한 근로환경을 갖춘 사업장을 이탈하여 다른 사업장으로 이직함으로써 사적(私的)으로 근로환경을 개선하거나 해결하는 방법을 보장하는 것까지 포함된다고 볼 수는 없으므로, 외국인근로자의 사업장 변경 횟수 및 사유를 제한하는 것은 해당 외국인근로자의 근로의 권리를 제한하지 않는다.

② 4주간을 평균하여 1주간의 소정근로시간이 15시간 미만인 근로자, 즉 이른바 '초단시간근로자'를 퇴직급여제도의 적용대상에서 제외하는 것은, 초단시간근로자라 하더라도 근로시간을 기준으로 산정한 비율에 따라 퇴직급여액을 결정하는 방법으로 퇴직급여액에 대한 비례성을 담보할 수 있다는 점에서 해당 근로자의 근로의 권리를 침해한다.

③ 동물의 사육 사업 근로자를 「근로기준법」에서 정한 근로시간 및 휴일 규정의 적용대상에서 제외하는 것은, 축산업의 경우 가축의 양육 및 출하에 있어 기후 및 계절의 영향을 강하게 받아 근로시간 및 근로내용에 있어 일관성을 담보하기 어렵다는 점에서 해당 근로자의 근로의 권리를 침해하지 않는다.

④ 고용 허가를 받아 국내에 입국한 외국인근로자의 출국만기보험금을 출국 후 14일 이내에 지급하도록 하는 것은, 불법체류가 초래하는 여러 가지 문제를 고려할 때 불법체류 방지를 위해 그 지급시기를 출국과 연계시킬 수밖에 없으므로, 해당 외국인근로자의 근로의 권리를 침해하지 않는다.

⑤ 월급근로자로서 6개월이 되지 못한 자를 해고예고제도의 적용예외 사유로 규정하는 것은, 6개월 미만 근무한 월급근로자 또한 전직을 위한 시간적 여유를 갖거나 실직으로 인한 경제적 곤란으로부터 보호받아야 할 필요성이 있다는 점에서 해당 근로자의 근로의 권리를 침해한다.

MGI Point 근로의 권리 ★★

■ 근로의 권리 제한 ×
  ▪ 근로의 권리에 열악한 근로환경 사업장을 이탈·이직함으로써 사적(私的)으로 근로환경 개선·해결하는 방법을 보장 ×
    ⇨ 외국인근로자의 사업장 변경 횟수·사유 제한은 외국인들의 근로의 권리 제한 ×
■ 근로의 권리 침해 ×
  ▪ 주 15시간 미만 '초단시간근로자'에 퇴직급여 적용 제외
  ▪ 동물사육사업 근로자에 「근로기준법」상 근로시간·휴일 규정 적용 제외 ∵축산업은 기후, 계절 영향 강하게 받아 근로시간 및 근로내용에 있어 일관성을 담보하기 어려움
  ▪ 외국인근로자 출국만기보험금 '출국 후 14일 이내 지급' ∵불법체류 방지위해 지급시기를 출국과 연계 불가피
■ 근로의 권리 침해 ○
  ▪ 월급근로자로서 6개월 미만인 자 해고예고제도 적용 제외 ∵이직 위한 시간 여유, 경제적 곤란 보호 필요성 有

---

① (○) 근로의 권리를 구체화한 근로기준법이나 산업안전보건법 등 법령은 외국인근로자에게도 모두 적용되고, 사용자가 의무를 위반한 경우 외국인근로자가 그에 따른 법정 구제절차를 이용하는 데 아무런 제한이 없다. 나아가 헌법상 근로의 권리에, 열악한 근로환경을 갖춘 사업장을 이탈하여 다른 사업장으로 이직함으로써 사적(私的)으로 근로환경을 개선하거나 해결하는 방법을 보장하는 것까지 포함된다고 볼 수는 없다. 따라서 본안 심판대상조항들은 근로의 권리를 제한하지 않는다(헌재 2021.12.13. 2020헌마395).

② (X) 심판대상조항이 퇴직급여제도의 설정에 있어 4주간을 평균한 1주간의 소정근로시간을 기준으로 15시간 미만인 근로자를 그 적용대상에서 배제하고 있는 것은 퇴직급여제도의 성격 및 기능에 비추어 사용자의 부담을 경감하기 위한 기준을 설정한 것으로, 이것이 헌법상 용인될 수 있는 입법재량의 범위를 현저히 일탈한 것이라고 볼 수 없으므로, 헌법 제32조 제3항에 위배되는 것으로 볼 수 없다(헌재 2021.11.25. 선고 2015헌바334).

③ (○) [1인 기각의견] 축산업은 가축의 양육 및 출하에 있어 기후 및 계절의 영향을 강하게 받으므로, 근로시간 및 근로내용에 있어 일관성을 담보하기 어렵고, 축산업에 종사하는 근로자의 경우에도 휴가에 관한 규정은 여전히 적용되며, 사용자와 근로자 사이의 근로시간 및 휴일에 관한 사적 합의는 심판대상조항에 의한 제한을 받지 않는다. 현재 우리나라 축산업의 상황을 고려할 때, 축산업 근로자들에게 근로기준법을 전면적으로 적용할 경우, 인건비 상승으로 인한 경제적 부작용이 초래될 위험이 있다. 위 점들을 종합하여 볼 때, 심판대상조항이 입법자가 입법재량의 한계를 일탈하여 인간의 존엄을 보장하기 위한 최소한의 근로조건을 마련하지 않은 것이라고 보기 어려우므로, 심판대상조항은 청구인의 근로의 권리를 침해하지 않는다(헌재 2021.08.31. 2018헌바563). ▶ 기각 1인, 헌법불합치 5인, 각하 3인 의견으로 기각 주문이 있었던 결정례

> **[비교판례]** [5인 헌법불합치의견] 축산업은 주로 근로자의 육체 노동력에 의존하고, 일단 근로에 임하게 되면 장시간 근로가 불가피하다. 현재 우리나라 축산업은 지위가 불안정한 일용직 내지 임시직 근로자가 다수를 차지하는 구조를 가지고 있어, 사적 합의를 통하여 합리적인 근로조건을 정하기 어려운 상황이다. 위와 같은 점에서 축산업 근로자들에게 육체적·정신적 휴식을 보장하고 장시간 노동에 대한 경제적 보상을 해야 할 필요성이 요청됨에도 불구하고, 심판대상조항은 축산 사업장을 근로기준법 적용 제한의 기준으로 삼고 있어 축산업 근로자들의 근로 환경 개선과 산업의 발전을 저해하고 있다. 따라서 이 조항은 인간의 존엄을 보장하기 위한 최소한의 근로조건 마련에 미흡하여 청구인의 근로의 권리를 침해한다(헌재 2021.08.31. 2018헌바563).

④ (○) [1] 외국인에게 근로의 권리에 관한 기본권 주체성이 인정되는지 여부(적극) [2] 고용 허가를 받아 국내에 입국한 외국인근로자의 출국만기보험금을 출국 후 14일 이내에 지급하도록 한 '외국인근로자의 고용 등에 관한 법률'(2014. 1. 28. 법률 제12371호로 개정된 것) 제13조 제3항 중 '피보험자등이 출국한 때부터 14일 이내' 부분이 청구인들의 근로의 권리를 침해하는지 여부(소극) : 불법체류자는 임금체불이나 폭행 등 각종 범죄에 노출될 위험이 있고, 그 신분의 취약성으로 인해 강제 근로와 같은 인권침해의 우려가 높으며, 행정관청의 관리 감독의 사각지대에 놓이게 됨으로써 안전사고 등 각종 사회적 문제를 일으킬 가능성이 있다. 또한 단순기능직 외국인근로자의 불법체류를 통한 국내 정주는 일반적으로 사회통합 비용을 증가시키고 국내 고용 상황에 부정적 영향을 미칠 수 있다. 따라서 이 사건 출국만기보험금이 근로자의 퇴직 후 생계 보호를 위한 퇴직금의 성격을 가진다고 하더라도 불법체류가 초래하는 여러 가지 문제를 고려할 때 불법체류 방지를 위해 그 지급시기를 출국과 연계시키는 것은 불가피하므로 심판대상조항이 청구인들의 근로의 권리를 침해한다고 보기 어렵다(헌재 2016.03.31. 2014헌마367).

⑤ (○) "월급근로자로서 6월이 되지 못한 자"는 대체로 기간의 정함이 없는 근로계약을 한 자들로서 근로관계의 계속성에 대한 기대가 크다고 할 것이므로, 이들에 대한 해고 역시 예기치 못한 돌발적 해고에 해당한다. 따라서 6개월 미만 근무한 월급근로자 또한 전직을 위한 시간적 여유를 갖거나 실직으로 인한 경제적 곤란으로부터 보호받아야 할 필요성이 있다. 그럼에도 불구하고 합리적 이유 없이 "월급근로자로서 6개월이 되지 못한자"를 해고예고제도의 적용대상에서 제외한 이 사건 법률조항은 근무기간이 6개월 미만인 월급근로자의 근로의 권리를 침해하고, 평등원칙에도 위배된다(헌재 2015.12.23. 2014헌바3).

정답 ②

문 12

교육을 받을 권리에 관한 설명 중 옳은 것은? (다툼이 있는 경우 판례에 의함)

① 고등학교 퇴학일부터 검정고시 공고일까지의 기간이 6개월 이상이 되지 않은 사람은 고졸검정고시에 응시할 수 없도록 하는 것은, 고등학교 퇴학자의 고졸검정고시 응시 증가를 억제하여 정규 학교교육 과정의 이수를 유도함으로써 공교육의 내실화를 도모하고자 하는 것으로, 고등학교를 자퇴하고 검정고시에 응시하려는 자의 교육을 받을 권리를 침해하지 않는다.

② 학교폭력 가해학생에 대하여 취할 수 있는 조치로서 출석정지 조치를 정하고 그 기간의 제한을 두지 않는 것은, 피해학생의 보호에만 치중하여 가해학생에 대하여 무기한 내지 지나치게 장기간의 출석정지조치를 취하면 가해학생에게 가혹한 결과가 초래될 수 있다는 점에서 해당 학교폭력 가해학생의 교육을 받을 권리를 침해한다.

③ 학교교과 교습학원 및 교습소의 심야교습을 제한하는 것은, 학교 밖의 교육영역에서 부모의 판단보다 국가 내지 지방자치단체의 판단을 우선시하는 것으로, 자녀가 심야시간대에 학원교습을 받기를 원하는 학부모의 자녀교육권을 침해한다.

④ 의무교육의 무상성에 관한 헌법상 규정은 의무교육의 모든 비용을 조세로 해결해야 함을 의미하는 것은 아니므로, 초등학교 및 중학교 학교용지확보를 위하여 공동주택 수분양자들에게 학교용지부담금을 부과할 수 있도록 하는 것은 의무교육의 무상성을 선언한 헌법에 위반되지 않는다.

⑤ 검정고시로 고등학교 졸업학력을 취득한 자들의 교육대학입시 수시모집 지원을 제한하는 것은, 정규 고등학교 학교생활기록부가 있는지 여부, 공교육 정상화, 비교내신 문제 등을 고려한 합리적인 차별대우로, 해당 검정고시 출신자의 교육을 받을 권리를 침해하지 않는다.

MGI Point 교육을 받을 권리 ★★

■ 교육을 받을 권리 침해 ×
- 고등학교 퇴학일부터 공고일까지 6개월 미만인 자의 검정고시 응시 제한 ∵퇴학자의 응시 증가 억제, 공교육 내실화
- 학교폭력 가해학생에 대한 출석정지 조치에 기간의 제한을 두지 않는 것 ⇨ 학습의 자유 침해 ×
- 교습학원·교습소의 심야교습 제한 ⇨ 자녀가 심야시간대에 학원교습을 받기를 원하는 학부모의 자녀교육권 침해 ×

■ 교육을 받을 권리 침해 ○
- 검정고시 출신의 교대 수시모집 지원 제한

■ 학교용지부담금 부과
- 공동주택 수분양자 ⇨ 의무교육의 무상원칙 위반 ○, 평등원칙 위반 ○ (위헌)
- 개발사업자 ⇨ 의무교육의 무상원칙 위반 ×, 평등원칙 위반 ×, 재산권 침해 × (합헌)

---

① (○) 심판대상조항에 의하여 제한 받는 사익은 자신이 원하는 시기에 검정고시에 응시하여 고등학교졸업의 학력인정을 취득하려는 것에 불과하다. 반면 심판대상조항이 추구하는 공익은 고등학교 퇴학자의 고졸검정고시 응시 증가를 억제하여 정규 학교교육 과정의 이수를 유도함으로써 공교육의 내실화를 도모하고자 하는 것이므로, 심판대상조항에 의하여 달성하려는 공익은 이로써 제한받는 사익보다 훨씬 크다 할 것이다. 그렇다면 고졸검정고시 공고일 기준 고등학교를 퇴학한 이후 6개월 동안 고졸검정고시의 응시자격을 제한한 심판대상조항은 청구인들의 교육을 받을 권리를 침해한다고 볼 수 없다(헌재 2022.05.26. 2020헌마1512등).

② (X) 학교폭력의 심각성, 피해학생 및 가해학생에게 미치는 영향 등을 고려해 볼 때, 학교폭력을 행사하거나 이에 가담한 가해학생에 대하여 수개의 조치를 병과하거나 장기간의 출석정지조치를 하는 근거조항인 이 사건 징계조치 조항으로 인해 가해학생이 받게 되는 학교에서 교육받을 학습권의 제한 정도가, 학생의 인권 보호 및 건전한 사회구성원 육성 등 이 사건 징계조치 조항으로 달성하고자 하는 공익에 비하여 크다고 할 수 없다. 따라서 이 사건 징계조치 조항은 법익의 균형성 원칙에 위반되지 아니한다. 이 사건 징계조치 조항은 학습의 자유를 침해하지 아니한다(헌재 2019.04.11. 2017헌바140등).

③ (X) 야간자율학습은 학생·학부모의 희망에 따라 실시하여야 하고, 강제성을 지니지 않도록 운영되고 있으므로, 학생들은 그 의사에 따라 야간자율학습 대신 학원 등에서 교습을 받을 수 있다. 청구인들의 주장대로 야간자율학습이 사실상 강제적으로 운영되어 평일에는 학원 등에서 수강이 사실상 불가능하다고 하더라도, 이는 개별 학교의 학사운영 때문이지, 학원조례조항에서 직접 파생되는 문제는 아니다. 학원조례조항에 의한 청구인들의 인격의 자유로운 발현권, 자녀교육권 및 직업수행의 자유에 대한 제한이 그 입법목적 달성을 위하여 필요한 정도를 넘어 과도하다고 할 수 없다. 학생들이 자습하거나 휴식 또는 수면을 취하는 대신에 학원 등에서 22:00 또는 23:00부터 새벽까지 교습을 받는다고 해서 학업실력이 과연 얼마나 향상될 수 있을지 지극히 의문이다. 학원조례조항으로 인하여 제한되는 사익은 22:00 또는 23:00부터 다음 날 05:00까지 학원 등에서 교습이 금지되는 불이익에 불과한 반면, 학원조례조항이 추구하는 공익은 학생들의 건강과 안전, 자습능력의 향상, 학교교육 충실화, 부차적으로 사교육비 절감이다. 학원조례조항으로 인하여 제한되는 사익이 공익보다 중대한 것이라고 보기 어렵다. 학원조례조항이 비례의 원칙에 위반하여 청구인 학생의 인격의 자유로운 발현권, 청구인 학부모의 자녀교육권 및 청구인 학원운영자의 직업수행의 자유를 침해하였다고 할 수 없다(헌재 2016.05.26. 2014헌마374).

④ (X) 헌법재판소는 수분양자에 대한 학교용지부담금 부과는 위헌으로 보았으나, 개발사업자에 대한 학교용지부담금 부과는 합헌으로 보았다. 그러나 헌재 2013헌가28 결정에서, '학교용지 확보 등에 관한 특례법'(2007. 12. 14. 법률 제8679호로 개정된 것) 제5조 제1항 단서 제5호 중 '도시 및 주거환경정비법' 제2조 제2호 "나목"의 규정에 따른 "주택재개발사업"에 관한 부분이 현금청산의 대상이 되어 제3자에게 분양됨으로써 기존에 비하여 가구 수가 증가하지 아니하는 개발사업분을 학교용지부담금 부과 대상에서 제외하는 규정을 두지 아니한 것은 평등원칙에 위배된다고 판단하여 헌법불합치결정으로 잠정적용을 명한 사례가 있음에 주의한다.

> **판례** 공동주택의 수분양자들에게 부과는 위헌 : 의무교육에 필요한 학교시설은 국가의 일반적 과제이고, 학교용지는 의무교육을 시행하기 위한 물적 기반으로서 필수조건임은 말할 필요도 없으므로 이를 달성하기 위한 비용은 국가의 일반재정으로 충당하여야 한다. 따라서 적어도 의무교육에 관한 한 일반재정이 아닌 부담금과 같은 별도의 재정수단을 동원하여 특정한 집단으로부터 그 비용을 추가로 징수하여 충당하는 것은 의무교육의 무상성을 선언한 헌법에 반한다(헌재 2005.03.31. 2003헌가20).

> **판례** 개발사업자들에게 부과는 합헌 : [1] 의무교육의 무상성에 관한 헌법상 규정은 교육을 받을 권리를 보다 실효성 있게 보장하기 위해 의무교육 비용을 학령아동 보호자의 부담으로부터 공동체 전체의 부담으로 이전하라는 명령일 뿐 의무교육의 모든 비용을 조세로 해결해야 함을 의미하는 것은 아니므로, 학교용지부담금의 부과대상을 수분양자가 아닌 개발사업자로 정하고 있는 이 사건 법률조항은 의무교육의 무상원칙에 위배되지 아니한다. [2] 개발사업자는 개발사업을 통해 이익을 얻었다는 점에서 개발사업 지역에서의 학교시설 확보라는 특별한 공익사업에 대해 밀접한 관련성을 가지고 있을 뿐만 아니라 이에 대해 일정한 부담을 져야 할 책임도 가지고 있는바, 개발사업자에 대한 학교용지부담금 부과는 평등원칙에 위배되지 아니한다(헌재 2008.09.25. 2007헌가1).

> **비교판례** [1] 개발사업이 진행되는 지역에서 단기간에 형성된 취학 수요에 부응하기 위하여 학교를 신설 및 증축하는 것은 개발지역의 기반시설을 확보하려는 것이므로, 그 재정에 충당하기 위하여 개발사업의 시행자

에게 학교용지부담금을 부과하는 것은, 개발사업의 시행자가 위와 같은 학교시설 확보의 필요성을 유발하였기 때문이다. 학교시설 확보의 필요성은 개발사업에 따른 인구 유입으로 인한 취학 수요의 증가로 이어지므로, 주택재개발사업의 시행으로 공동주택을 건설하는 경우에는 신규로 주택이 공급되는 개발사업분만을 기준으로 학교용지부담금의 부과 대상을 정해야 한다. 따라서 심판대상조항이 주택재개발사업의 경우 학교용지부담금 부과 대상에서 기존 거주자와 토지 및 건축물의 소유자에게 분양하는 경우에 해당하는 개발사업분('조합원분양분')만 제외하고, 현금청산의 대상이 되어 제3자에게 분양됨으로써 기존에 비하여 가구 수가 증가하지 아니하는 개발사업분('현금청산분')을 제외하지 아니한 것은, 주택재개발사업의 시행자들 사이에 학교시설 확보의 필요성을 유발하는 정도와 무관한 불합리한 기준으로 학교용지부담금의 납부액을 달리 하는 차별을 초래하므로, 심판대상조항은 평등원칙에 위배된다. [2] 헌법재판소가 위헌결정을 선고하여 심판대상조항의 효력을 당장 상실시킨다면, 주택재개발사업에서 '기존 거주자와 토지 및 건축물의 소유자에게 분양하는 경우'의 개발사업분에 대해 학교용지부담금을 부과하지 않도록 한 근거 규정까지 효력을 잃게 됨으로써 그 입법목적을 달성하기 어려운 법적 공백 상태가 발생하므로, 심판대상조항은 새로운 입법에 의하여 그 위헌성이 제거될 때까지 잠정적으로 적용하기로 한다(헌재 2014.04.24. 2013헌가28).

⑤ (X) 이 사건 수시모집요강은 기초생활수급자 및 차상위계층, 장애인 등을 대상으로 하는 일부 특별전형에만 검정고시 출신자의 지원을 허용하고 있을 뿐 수시모집에서의 검정고시 출신자의 지원을 일률적으로 제한하여 실질적으로 검정고시 출신자의 대학입학 기회의 박탈이라는 결과를 초래하고 있다. 수시모집의 학생선발방법이 정시모집과 동일할 수는 없으나, 이는 수시모집에서 응시자의 수학능력이나 그 정도를 평가하는 방법이 정시모집과 다른 것을 의미하며, 수학능력이 있는 자들에게 동등한 기회를 주고 합리적인 선발 기준에 따라 학생을 선발하여야 한다는 점에서는 정시모집과 다르다고 할 수 없다. …대학은 고등학교에서 작성된 학교생활기록부가 없더라도 자기의견서, 추천서, 교직적성·인성검사, 심층면접 등 학교생활기록부를 대신할 다른 평가방법을 개발함으로써 응시자들에 대한 교사로서의 품성과 자질 등을 평가할 수 있다. …대학입학 제도에서 학교생활기록부를 활용하는 것이 공교육을 정상화하기 위한 하나의 수단이 될 수 있음을 인정하더라도, 학교라는 공교육 과정과는 별도로 동일한 학력을 인정하는 검정고시제도를 둔 이상, 공교육에서 이탈한 학생들을 수시모집에서 제외하는 방식으로 공교육의 정상화를 달성하려는 것은 바람직한 방법이라고 보기 어렵다. …피청구인들 대학이 지적하는 비교내신에 관한 문제는 검정고시 출신자의 수시모집 지원 때문이 아니라 비교내신의 산출방식에서 초래되는 것이므로, 대학으로서는 검정고시 출신자가 고등학교를 자퇴시 그 때까지의 학교생활기록부를 반영하거나, 비교내신을 잘 받기 위하여 검정고시를 여러 번 치른 경우 해당 성적을 모두 반영하도록 하는 등의 다양한 방안을 강구하여 그 형평성을 제고할 수 있다. … 이 사건 수시모집요강은 검정고시 출신자인 청구인들을 합리적인 이유 없이 차별하여 청구인들의 교육을 받을 권리를 침해한다고 할 수 있다(헌재 2017.12.28. 2016헌마649).

정답 ①

문 13

선택형
공법

대통령에 관한 설명 중 옳지 않은 것을 모두 고른 것은? (다툼이 있는 경우 판례에 의함)

ㄱ. 헌법 제72조가 대통령에게 국민투표의 실시 여부, 시기, 구체적 부의사항, 설문내용 등을 결정할 수 있는 임의적인 국민투표발의권을 독점적으로 부여하고 있다는 점을 고려할 때, 헌법 제72조는 가능하면 국민투표의 정치적 남용을 방지할 수 있도록 엄격하게 축소해석해야 한다.

ㄴ. 법률안 재의요구권은 대통령의 의회에 대한 권력통제수단으로서, 헌법상 부여된 대통령의 고유 권한이므로, 대통령은 의회와 국민에 의한 정치적 통제 하에서 법률안 재의요구권의 행사 이유나 행사 여부 등에 관하여 원칙적으로 폭넓은 판단 재량을 가진다.

ㄷ. 국회가 헌법재판소 재판관으로 선출한 사람이 헌법과 「헌법재판소법」에서 정한 자격요건을 갖추고 있다면, 단지 그 선출과정에 의회민주주의를 원칙으로 하는 헌법 및 「국회법」 등 법률을 위반한 하자가 있다는 이유로 대통령이 그 임명을 보류하고 재선출을 요구할 수는 없다.

ㄹ. 대통령은 헌법을 수호하고 실현하기 위한 모든 노력을 기울여야 할 뿐만 아니라, 법을 준수하여 현행법에 반하는 행위를 해서는 안 되며, 나아가 입법자의 객관적 의사를 실현하기 위한 모든 행위를 해야 한다.

ㅁ. 비상계엄 선포의 실체적 요건으로서 전시·사변 또는 이에 준하는 국가비상사태는 객관적인 위기상황을 의미하는 것으로서, 이러한 상황이 현실적으로 발생하였는지에 관하여 대통령에게 판단재량이 인정된다고 할 수는 없다.

① ㄱ, ㄴ
② ㄱ, ㄹ
③ ㄴ, ㄷ
④ ㄷ, ㅁ
⑤ ㄹ, ㅁ

MGI Point **대통령**   ★★

- 대통령에게 국민투표의 실시 여부·시기·부의사항 등을 결정할 수 있는 임의적 국민투표발의권을 독점적 부여(헌법 제72조) ⇨ 가능하면 국민투표의 정치적 남용을 방지할 수 있도록 엄격하게 축소해석해야 함
- 정책국민투표(헌법 제72조)는 남용 위험이 있어 엄격·축소해석해야 한다.
- 대통령의 법률안 재의요구권 ⇨ 헌법상 부여된 대통령 고유권한, 대통령은 의회와 국민의 정치적 통제 하에서, 행사 이유·여부 등에 관해 원칙적 폭넓은 판단재량 ○
- 대통령은 원칙적으로 국회 선출 재판관의 임명 거부 不可 ⇨ 예외 ① 그 재판관이 헌법과 헌재법상 자격요건을 갖추지 못한 경우, 또는 ② 그 선출과정에 헌법과 국회법등 법률위반 하자가 있는 경우 ⇨ 임명 보류·재선출 요구 可
- 대통령은 헌법을 수호하고 실현하기 위한 모든 노력을 기울여야 할 뿐만 아니라, 법을 준수하여 현행법에 반하는 행위를 해서는 안 되며, 나아가 입법자의 객관적 의사를 실현하기 위한 모든 행위를 해야 함
- 비상계엄 선포의 실체적 요건인 '전시·사변 또는 이에 준하는 국가비상사태'는 '객관적인 위기상황'을 말함 ⇨ 현실적 발생 여부는 대통령에게 판단재량 인정 ○ but 주관적 확신만으로 인정 ×

ㄱ. (O) 헌법 제72조는 "대통령은 필요하다고 인정할 때에는 외교·국방·통일 기타 국가안위에 관한 중요정책을 국민투표에 붙일 수 있다."고 규정하여 대통령에게 국민투표 부의권을 부여하고 있다. 헌법 제72조는

대통령에게 국민투표의 실시 여부, 시기, 구체적 부의사항, 설문내용 등을 결정할 수 있는 임의적인 국민투표발의권을 독점적으로 부여함으로써, 대통령이 단순히 특정 정책에 대한 국민의 의사를 확인하는 것을 넘어서 자신의 정책에 대한 추가적인 정당성을 확보하거나 정치적 입지를 강화하는 등, 국민투표를 정치적 무기화하고 정치적으로 남용할 수 있는 위험성을 안고 있다. 이러한 점을 고려할 때, 대통령의 부의권을 부여하는 헌법 제72조는 가능하면 대통령에 의한 국민투표의 정치적 남용을 방지할 수 있도록 엄격하고 축소적으로 해석되어야 한다(헌재 2004.05.14. 2004헌나1).

ㄴ. (○) 헌법 제53조 제2항은 법률안에 이의가 있을 때에는 대통령은 정해진 기간 내에 이의서를 붙여 국회로 환부하고 그 재의를 요구할 수 있다는 대통령의 법률안 재의요구권을 규정하면서, "법률안에 이의가 있을 때에는"이라고 일반적으로만 규정할 뿐, 구체적인 재의요구 사유에 관하여는 규정하고 있지 않다. 법률안 재의요구권은 대통령의 의회에 대한 권력통제수단으로 헌법상 부여 받은 대통령의 고유 권한이므로, 대통령은 의회와 국민에 의한 정치적 통제 하에서 법률안 재의요구권의 행사 이유나 행사 여부 등에 관하여 원칙적으로 폭넓은 판단 재량을 가진다(헌재 2025.03.24. 2024헌나9).

ㄷ. (✕) 헌법 제111조 제3항의 문언이나 그 취지에 비추어 보면, 헌법이 재판관 임명과 관련하여 청구인에게 부여한 선출권은 단순히 대통령의 재판관 임명권을 견제하는 것에 그치지 않고 헌법재판소를 구성할 권한을 의미하는 것으로 보아야 한다. 즉 청구인이 가지는 재판관 3인의 선출권은 헌법재판소 구성에 관한 독자적이고 실질적인 것으로서, 대통령은 청구인이 헌법 제111조 제3항에 따라 재판관으로 선출한 사람에 대하여 임의로 그 임명을 거부하거나 선별하여 임명할 수 없고, 다만 헌법 제111조 제2항과 헌법재판소법 제5조에서 정한 자격요건을 갖추지 못한 사람이 재판관으로 선출되거나 그 선출과정에 의회민주주의를 원칙으로 하는 헌법 및 국회법 등 법률을 위반한 하자가 있는 경우에 임명을 보류하고 재선출을 요구할 수 있다(헌재 2025.02.27. 2025헌라1).

ㄹ. (○) '헌법을 준수하고 수호해야 할 의무'가 이미 법치국가원리에서 파생되는 지극히 당연한 것임에도, 헌법은 국가의 원수이자 행정부의 수반이라는 대통령의 막중한 지위를 감안하여 제66조 제2항 및 제69조에서 이를 다시 한번 강조하고 있다. 이러한 헌법의 정신에 의한다면, 대통령은 국민 모두에 대한 '법치와 준법의 상징적 존재'인 것이다. 이에 따라 대통령은 헌법을 수호하고 실현하기 위한 모든 노력을 기울여야 할 뿐만 아니라, 법을 준수하여 현행법에 반하는 행위를 해서는 안 되며, 나아가 입법자의 객관적 의사를 실현하기 위한 모든 행위를 해야 한다. 행정부의 법존중 의무와 법집행 의무는 행정부가 위헌적인 것으로 간주하는 법률에 대해서도 마찬가지로 적용된다. 위헌적인 법률을 법질서로부터 제거하는 권한은 헌법상 단지 헌법재판소에 부여되어 있으므로, 설사 행정부가 특정 법률에 대하여 위헌의 의심이 있다 하더라도, 헌법재판소에 의하여 법률의 위헌성이 확인될 때까지는 법을 존중하고 집행하기 위한 모든 노력을 기울여야 한다(헌재 2004.05.14. 2004헌나1).

ㅁ. (✕) 비상계엄을 선포하려면 전시·사변 또는 이에 준하는 국가비상사태로 적과 교전 상태에 있거나 사회질서가 극도로 교란되어 행정 및 사법 기능의 수행이 현저히 곤란한 상황이 현실적으로 발생하여야 하는데(헌법 제77조 제1항 및 계엄법 제2조 제2항), 이에 관하여는 헌법에 따라 계엄 선포권을 부여받은 피청구인에게 일정 정도의 판단재량이 인정되는 것으로 보아야 한다. 그러나 피청구인에게 판단재량을 인정한다는 것이 객관적으로 위기상황이 아님에도 주관적 확신만 존재하면 비상계엄을 선포할 수 있다는 의미는 아니므로, 객관적으로 피청구인의 판단을 정당화할 수 있을 정도의 위기상황이 존재하여야 하고, 피청구인의 판단이 현저히 비합리적이거나 자의적인 경우에는 헌법 제77조 제1항 및 계엄법 제2조 제2항을 위반한 것으로 보아야 한다(헌재 2025.04.04. 2024헌나8).

정답 ④

문 14

선거관리위원회에 관한 설명 중 옳지 않은 것은? (다툼이 있는 경우 판례에 의함)

① 중앙선거관리위원회는 헌법과 「선거관리위원회법」에 의하여 행정부 등 외부기관의 부당한 간섭 없이 선거관리사무는 물론 인사·조직운영·내부규율 등에 관한 사무를 독립적으로 수행할 권한을 가진다.

② 1960년 제3차 개정헌법(헌법 제4호)에서 중앙선거위원회를 설치한 이래로 우리 헌법은 선거관리사무를 행정부로부터 기능적·조직적으로 분리하여 독립된 헌법기관에 부여하고 있다.

③ 각급선거관리위원회는 위원 과반수의 출석으로 개의하고 출석위원 과반수의 찬성으로 의결하며, 위원장은 표결권을 가지고 가부동수인 때에는 결정권을 가진다.

④ 중앙선거관리위원회가 공직선거의 개표에 투표지분류기 등을 이용하는 것은, 선거일의 지정, 선거인명부의 작성, 후보자 등록, 투·개표 관리, 당선인 결정 등 여러 행위를 포괄하는 선거관리 과정의 하나로서, 「헌법재판소법」 제68조 제1항에 의한 헌법소원심판의 대상이 되는 공권력행사에 해당한다.

⑤ 「공직선거관리규칙」은 중앙선거관리위원회가 헌법 제114조 제6항 소정의 규칙제정권에 의하여 「공직선거법」에서 위임된 사항과 대통령·국회의원·지방의회의원 및 지방자치단체의 장의 선거의 관리에 필요한 세부사항을 규정하기 위해 제정한 법규명령이다.

MGI Point **선거관리위원회** ★★

- 중선관위는 헌법과 「선관위법」에 의하여 행정부 등 외부기관의 부당한 간섭 없이 선거관리사무는 물론 인사·조직운영·내부규율 등에 관한 사무를 독립적으로 수행할 권한 ○
- 1960년 제3차 개정헌법(헌법 제4호)에서 중앙선거위원회를 설치한 이래로 우리 헌법은 선거관리사무를 행정부로부터 기능적·조직적으로 분리하여 독립된 헌법기관에 부여하고 있음
- 선거관리위원회의 의결정족수
  - 각급선거관리위원회는 위원 과반수의 출석으로 개의, 출석위원 과반수의 찬성으로 의결
  - 위원장은 표결권을 가지고 가부동수인 때에는 결정권 가짐
- 중선관위가 개표에 투표지분류기 등을 이용하는 것 ⇨ 공권력행사 ×
- 「공직선거관리규칙」은 중선관위의 규칙제정권에 의한 법규명령임

---

① (○) 청구인(=중앙선거관리위원회)의 헌법상 지위와 헌법 및 선거관리위원회법의 관련 규정들을 종합하여 보면, 청구인에게는 헌법과 선거관리위원회법에 의하여 행정부 등 외부기관의 부당한 간섭 없이 선거관리사무는 물론 인사·조직운영·내부규율 등에 관한 사무를 독립적으로 수행할 권한이 부여되어 있다고 할 것이다(헌재 2025.02.27. 2023헌라5).

② (○) 3·15 부정선거 등 불의에 항거한 4·19 혁명에 의하여 1960. 6. 15. 헌법 개정(제3차 개정헌법)이 이루어지면서 3·15 부정선거에 대한 반성적 조치 및 국민적 열망에 따라 민주적인 선거제도와 관련된 규정들이 헌법에 도입되었는데, 가장 핵심적인 내용은 선거관리사무와 그 주체를 정부와 기능적·조직적으로 분리하여 독립된 헌법기관에 맡긴 것이었다. 즉 제3차 개정헌법은 '제5장 정부'와 병립하는 '제6장 중앙선거위원회'를 별도로 편제하였고, 제6장에 '선거의 관리를 공정하게 하기 위하여 중앙선거위원회를 두고, 중앙선거위원회는 대법관 중에서 호선한 3인과 정당에서 추천한 6인의 위원으로 구성하며, 위원장은 대법관인 위원 중에서 호선'하도록 하는 규정을 마련하였다(제75조의2). …제3차 개정헌법 이래로 우리 헌법이 선거관리사무를 행정부로부터 기능적·조직적으로 분리하여 독립된 헌법기관인 선거관리위원회에 부여한

것은, 선거관리기구가 대의민주제에서 요청되는 독립적·중립적 선거관리라는 헌법적 과제를 제대로 수행하기 위해서는 외부 권력기관, 특히 대통령을 수반으로 하는 정부의 영향력을 제도적으로 차단할 필요가 있고, 이를 위해서는 선거관리사무를 행정부가 아닌 독립된 헌법기관에 맡겨야 한다는 헌법적 결단이 헌법체계에 반영된 결과라고 볼 수 있다(헌재 2025.02.27. 2023헌라5).

③ (○) 선거관리위원회법 제10조 참조.

> 선거관리위원회법 제10조(위원회의 의결정족수) ① 각급선거관리위원회는 위원과반수의 출석으로 개의하고 출석위원 과반수의 찬성으로 의결한다.
> ② 위원장은 표결권을 가지며 가부동수인 때에는 결정권을 가진다.

④ (X) 이 사건 개표 행위(=제20대 국회의원 선거 및 제19대 대통령 선거에서 투표지분류기 등을 이용하는 행위)는 선거일의 지정, 선거인명부의 작성, 후보자 등록, 투·개표 관리, 당선인 결정 등 여러 행위를 포괄하는 집합적 행위인 선거관리라는 일련의 과정에서 하나의 행위에 불과하고, 그 자체로는 국민의 권리의무에 영향을 미치지 아니하는 공권력 작용의 준비행위 또는 부수적 행위이다. 따라서 이 사건 개표 행위는 투표 결과를 집계하기 위한 단순한 사실행위에 불과하여 그 자체로 헌법소원심판의 대상이 되는 공권력행사에 해당한다고 볼 수 없으므로 이에 대한 심판청구는 부적법하다(헌재 2016.03.31. 2015헌마1056등).

⑤ (○) 공직선거관리규칙은 중앙선거관리위원회가 헌법 제114조 제6항 소정의 규칙제정권에 의하여 공직선거및선거부정방지법에서 위임된 사항과 대통령·국회의원·지방의회의원 및 지방자치단체의 장의 선거의 관리에 필요한 세부사항을 규정함을 목적으로 하여 제정된 법규명령이라고 할 것이나, 1995. 6. 27. 실시한 제1회 전국동시지방선거를 위하여 중앙선거관리위원회가 각급 선거관리위원회에 배포한 '개표관리요령'은 개표관리 및 투표용지의 유·무효를 가리는 업무에 종사하는 각급 선거관리위원회 직원 등에 대한 업무처리지침 내지 사무처리준칙에 불과할 뿐 국민이나 법원을 구속하는 효력은 없다(대판 1996.07.12. 96우16).

정답 ④

문 15

25년 10월 모의시험

국회의 의사절차에 관한 설명 중 옳은 것을 모두 고른 것은? (다툼이 있는 경우 판례에 의함)

ㄱ. 법률안 심의절차상 국회의원의 적법한 반대토론 신청이 있었으나 이를 허가하지 않은 채 심의절차를 진행하였더라도, 국회의장에게는 국회의 의사진행에 관한 폭넓은 권한이 부여되어 있으므로, 특별한 사정이 없는 한 국회의원의 법률안 심의·표결권을 침해한 것은 아니다.

ㄴ. 회의 내용의 비공개가 필요하다는 점에 대해 구성원들의 포괄적인 합의가 이루어져, 개별 회의에서 의사공개원칙의 예외에 관한 헌법 제50조 제1항 단서의 절차나 요건을 생략하고 비공개할 수 있도록 법률로 정하였다면, 이는 국회의 자율권의 한계 내에 있는 것으로, 헌법 제50조 제1항에 위배되지 아니한다.

ㄷ. 국회의장이 위원회의 위원을 선임·개선하는 행위는, 국회의 자율권에 근거하여 내부적으로 회의체 기관을 구성·조직하는 것으로서 다른 국가기관의 간섭을 받지 아니하고 광범위한 재량에 의하여 자율적으로 정할 수 있는 고유한 영역에 속한다.

ㄹ. 의장이 위원회에 회부하는 안건 또는 회부된 안건에 대하여 심사기간을 지정할 수 있는 사유에, 위원회 단계에서 교착상태에 빠진 쟁점안건에 대하여 국회 재적의원 과반수의 요구가 있는 경우를 포함하지 않은 것은 다수결원리와 의회민주주의 원리에 위반된다.

ㅁ. 국회의 의사절차와 내부조직을 정할 때, 국회 내 다수형성의 가능성을 높이고 의사결정의 능률성을 보장하는 것은 국회에 관한 헌법 규정들에서 도출되는 중대한 헌법적 이익이다.

① ㄱ, ㄷ   ② ㄴ, ㄹ
③ ㄷ, ㅁ   ④ ㄱ, ㄴ, ㅁ
⑤ ㄴ, ㄹ, ㅁ

MGI Point 국회의 의사절차 ★★

- 국회의원의 적법한 반대토론 신청이 있었으나 국회의장이 이를 허가하지 않은 채 심의절차 진행
  ⇨ 심의·표결권 침해 ○
- 의사공개원칙 예외에 관한 헌법 제50조 제1항 단서 ⇨ '각 회의마다' 출석의원 과반수 찬성 등 비공개 요건 필요
  ⇨ 법률로 비공개 요건 생략하고 비공개시 헌법 제50조 제1항에 위배 ○, 알권리 침해 ○
- 국회의장이 위원회의 위원을 선임·개선하는 행위 ⇨ 국회의 자율권에 근거하여 내부적으로 회의체 기관을 구성·조직하는 것 ⇨ 다른 국가기관의 간섭을 받지 아니하고 광범위한 재량에 의해 정할 수 있는 고유 영역 ○
- 국회의장의 직권상정(심사기간 지정) 지정 사유에, 교착상태의 쟁점안건에 국회 재적의원 과반수의 요구가 있는 경우를 포함하지 않은 것 ⇨ 다수결 원리, 의회민주주의 원리 위반 ✕
- 국회의 의사절차와 내부조직을 정할 때, 국회 내 다수형성의 가능성을 높이고 의사결정의 능률성을 보장하는 것은 국회에 관한 헌법 규정들에서 도출되는 중대한 헌법적 이익 ○

ㄱ. (X) 피청구인(=국회의장)은 청구인의 반대토론 신청이 적법하게 이루어졌음에도 이를 허가하지 않고 나아가 토론절차를 생략하기 위한 의결을 거치지도 않은 채 이 사건 법률안들에 대한 표결절차를 진행하였으므로, 이는 국회법 제93조 단서를 위반하여 청구인의 법률안 심의·표결권을 침해하였다(헌재 2011.08. 30. 2009헌라7).

ㄴ. (X) 심판대상조항은 정보위원회의 회의 일체를 비공개 하도록 정함으로써 정보위원회 활동에 대한 국민의 감시와 견제를 사실상 불가능하게 하고 있다. 또한 헌법 제50조 제1항 단서에서 정하고 있는 비공개사유는 각 회의마다 충족되어야 하는 요건으로 입법과정에서 재적의원 과반수의 출석과 출석의원 과반수의 찬성으로 의결되었다는 사실만으로 헌법 제50조 제1항 단서의 '출석위원 과반수의 찬성'이라는 요건이 충족되었다고 볼 수도 없다. 따라서 심판대상조항은 헌법 제50조 제1항에 위배되는 것으로 과잉금지원칙 위배 여부에 대해서는 더 나아가 판단할 필요 없이 청구인들의 알 권리를 침해한다(헌재 2022.01.27. 2018헌마1162등). ▶ ㄴ지문은 같은 판례의 반대의견

> 헌법 제50조 ① 국회의 회의는 공개한다. 다만, 출석의원 과반수의 찬성이 있거나 의장이 국가의 안전보장을 위하여 필요하다고 인정할 때에는 공개하지 아니할 수 있다.
> ②공개하지 아니한 회의내용의 공표에 관하여는 법률이 정하는 바에 의한다.

> 국회법 제54조의2(정보위원회에 대한 특례) ① 정보위원회의 회의는 공개하지 아니한다. 다만, 공청회 또는 제65조의2에 따른 인사청문회를 실시하는 경우에는 위원회의 의결로 이를 공개할 수 있다.
> [단순위헌, 2018헌마1162, 2022.01.27, 국회법(2018. 4. 17. 법률 제15620호로 개정된 것) 제54조의2 제1항 본문은 헌법에 위반된다.]

ㄷ. (O) 피청구인은 국회의장으로서 국회를 대표하고 의사를 정리하며, 질서를 유지하고 사무를 감독할 지위에 있고(국회법 제10조), 위원회 위원의 선임 및 개선은 이와 같은 국회의장의 직무 중 의사정리권한(議事整理權限)에 속하는 것이다. 그렇다면 국회의장이 위원회의 위원을 선임·개선하는 행위는 국회가 그 자율권에

근거하여 내부적으로 회의체 기관을 구성·조직하는 행위로서, 국회가 그 기능을 민주적이고 효율적으로 수행하기 위해서 다른 국가기관의 간섭을 받지 아니하고 광범위한 재량에 의하여 자율적으로 정할 수 있는 고유한 영역에 속한다. 그러므로 이 사건 개선행위가 청구인의 권한을 침해하는지 여부를 판단할 때 헌법이나 법률을 명백히 위반한 흠이 있는지를 심사하는 것으로 충분하다(헌재 2020.05.27. 선고 2019헌라1).

ㄹ. (X) 국회법 제85조 제1항에 국회 재적의원 과반수가 의안에 대하여 심사기간 지정을 요청하는 경우 국회의장이 그 의안에 대하여 의무적으로 심사기간을 지정하도록 규정하지 아니한 입법부작위(이하 '이 사건 입법부작위'라 한다)는 입법자가 재적의원 과반수의 요구에 의해 위원회의 심사를 배제할 수 있는 비상입법절차와 관련하여 아무런 입법을 하지 않음으로써 입법의 공백이 발생한 '진정입법부작위'에 해당한다. 따라서 이 사건 입법부작위의 위헌 여부와 국회법 제85조 제1항은 아무런 관련이 없고, 그 위헌 여부가 이 사건 심사기간 지정 거부행위에 어떠한 영향도 미칠 수 없다. 나아가 헌법실현에 관한 1차적 형성권을 갖고 있는 정치적·민주적 기관인 국회와의 관계에서 헌법재판소가 가지는 기능적 한계에 비추어 보더라도, 헌법재판소가 근거규범도 아닌 이 사건 입법부작위의 위헌 여부에 대한 심사에까지 나아가는 것은 부적절하므로 그 심사를 최대한 자제하여 의사절차에 관한 국회의 자율성을 존중하는 것이 바람직하다. 만일 이 사건 입법부작위의 위헌 여부를 선결문제로 판단하더라도, 헌법의 명문규정이나 해석상 국회 재적의원 과반수의 요구가 있는 경우 국회의장이 심사기간을 지정하고 본회의에 부의해야 한다는 의무는 도출되지 않으므로, 국회법 제85조 제1항에서 이러한 내용을 규정하지 않은 것이 다수결의 원리, 나아가 의회민주주의에 반한다고도 볼 수 없다. 이와 같이 이 사건 심사기간 지정 거부행위는 국회의원인 청구인들의 법률안 심의·표결권을 침해하거나 침해할 위험성이 없으며, 그 근거조항인 국회법 제85조 제1항 제3호나 이 사건 입법부작위의 위헌성을 이유로 이 사건 심사기간 지정 거부행위가 청구인들의 법률안 심의·표결권을 침해할 가능성 또한 인정되지 아니하므로 이 사건 심사기간 지정 거부행위에 대한 심판청구는 부적법하다(헌재 2016.05.26. 2015헌라1).

ㅁ. (O) 헌법은 국회가 200인 이상의 국회의원 중 다수의 의사에 따라 헌법상 권한을 행사하는 것을 예정하고 있다. 따라서 의결을 할 수 있는 다수를 형성하는 것은 국회가 그 기능을 수행하기 위해서 반드시 필요한 전제조건이다. 국회 내에서 의결을 할 수 있는 다수를 형성하기 위해서는 다양한 국회의원들의 의사를 몇 가지의 교집합으로 묶어내고, 이에 대해 다시 토의를 거치면서 점차 하나의 공적 견해로 수렴해 가는 과정이 필요하다. 그러므로 다수형성의 가능성을 높이고 국회 의사결정의 능률성을 확보하기 위해서 필요한 의사절차와 내부조직을 정하는 것은 앞서 살펴본 국회에 관한 헌법 규정들에서 도출되는 중대한 헌법적 이익이다(헌재 2020.05.27. 2019헌라3등).

정답 ③

문 16

감사원에 관한 설명 중 옳지 않은 것은? (다툼이 있는 경우 판례에 의함)

① 감사원이 조직상으로는 대통령에 소속된 기관이지만, 그 기능에 있어서 누구의 지시나 간섭도 받지 않고 독립적으로 업무를 수행해야 한다는 것은 감사원의 헌법상 기능과 감사제도의 본질로부터 요청되는 사항이다.

② 감사원장이 궐위되거나 사고로 인하여 직무를 수행할 수 없을 때에는 감사위원으로 최장기간 재직한 감사위원이 그 권한을 대행하나, 재직기간이 같은 감사위원이 2명 이상인 경우에는 연장자가 그 권한을 대행한다.

③ 헌법 제97조는 감사원에 '국가'를 대상으로 한 회계검사권과 '행정기관'을 대상으로 한 직무감찰권을 부여하고 있는바, 여기서 회계검사 대상인 '국가'에는 모든 국가기관이 포함된다.

④ 감사원 훈령을 개정하여 헌법상 대통령의 보좌기관인 국무총리에게 공익감사청구권을 부여하는 것은 감사의 개시 및 범위에 관한 독자적 판단권한을 제한하여 감사원의 직무상 독립 또는 정치적 중립성을 상실시키는 것이다.

⑤ 「정부조직법」 및 그 밖의 법률에 따라 설치된 행정기관의 사무와 그에 소속한 공무원의 직무는 특별한 사정이 없는 한 감사원의 직무감찰사항이며, 개별 공무원의 비위행위뿐만 아니라 공무원의 인사관리나 행정관리의 적부심사분석과 그 개선 등에 관한 사항도 감찰사항에 포함된다.

MGI Point 감사원 ★★

- 감사원은 조직상 대통령 소속 but 기능상 독립적 업무 수행 ⇨ 감사제도의 본질로부터 요청되는 사항
- 감사원장이 궐위되거나 사고로 인하여 직무를 수행할 수 없을 때 ⇨ 최장기간 재직 감사위원이 권한 대행
  ⇨ 재직기간이 같은 감사위원이 2명 이상인 경우에는 연장자가 권한 대행
- 헌법 제97조상 감사원의 권한
  - 회계검사권 ⇨ 국가 대상 ⇨ '국가'에는 모든 국가기관이 포함
  - 직무감찰권 ⇨ 행정기관 대상
- 감사원 훈령을 개정하여 국무총리에게 공익감사청구권 부여하는 것 ⇨ 감사원의 직무상 독립 또는 정치적 중립성 상실 ×
  (∵공익감사청구는 직권발동 촉구 의미일 뿐이고, 국무총리에게 감사청구권 부여는 오히려 공익성에 이로울 수 있음)
- 감사의 직무감찰사항 ⇨ 「정부조직법」 기타 법률에 따라 설치된 행정기관의 사무와 그에 소속한 공무원의 직무
  ⇨ 공무원의 인사관리나 행정관리의 적부심사분석과 그 개선 등에 관한 사항 포함 ○

---

① (○) 헌법 제97조는 "대통령 소속하에 감사원을 둔다."라고 규정하고 있고, 감사원법 제2조 제1항은 "감사원은 대통령에 소속하되, 직무에 관하여는 독립의 지위를 가진다."라고 규정하고 있다. 즉 감사원은 조직상으로는 대통령에 소속된 기관이지만, 그 기능에 있어서는 대통령을 포함하여 누구의 지시나 간섭도 받지 않고 독립적으로 업무를 수행하는 헌법기관이다. 이는 헌법에 의하여 부여된 감사원의 기능과 감사제도의 본질로부터 요청되는 사항이기도 하다(헌재 2025.03.13. 2024헌나2).

② (○) 감사원법 제4조 제3항 참조.

> **감사원법 제4조(원장)** ③ 원장이 궐위(闕位)되거나 사고(事故)로 인하여 직무를 수행할 수 없을 때에는 감사위원으로 최장기간 재직한 감사위원이 그 권한을 대행한다. 다만, 재직기간이 같은 감사위원이 2명 이상인 경우에는 연장자가 그 권한을 대행한다. <개정 2020.10.20>

③ (○) 헌법 제97조는 "국가의 세입·세출의 결산, 국가 및 법률이 정한 단체의 회계검사와 행정기관 및 공무원의 직무에 관한 감찰을 하기 위하여 대통령 소속하에 감사원을 둔다."라고 정하여, 피청구인(=감사원)에게 '국가'를 대상으로 한 회계검사권과 '행정기관'을 대상으로 한 직무감찰권을 부여하고 있다. 여기서 회계검사 대상인 '국가'에는 모든 국가기관이 포함된다고 볼 수 있지만, 직무감찰 대상이 되는 '행정기관'의 종류에 관하여 헌법은 구체적으로 정하고 있지 않다(헌재 2025.02.27. 2023헌라5).

④ (X) 피청구인(=감사원장 최○○)은 2022.06.27. 감사원 훈령인 '공익감사청구 처리규정'을 개정하여 국무총리에게 감사청구권을 부여하는 내용의 제3조의2를 신설하였다(이하 '이 사건 훈령 개정'이라 한다). … '공익감사청구 처리규정'은 상위법령의 위임 없이 제정된 것으로 이에 근거한 공익감사청구는 법규에 의하여 신청권이 부여된 경우라고 보기 어렵고, 다만 감사원의 직권 발동을 촉구하는 의미를 갖는 제도라고 볼 수 있다. 따라서 '공익감사청구 처리규정'으로 국무총리에게 공익감사청구권을 부여한다고 하더라도 법률에 근거한 국민감사청구권 등과 동등한 의미를 갖는다고 볼 수 없고, 국무총리의 공익감사청구가 있다고 하여 감사원이 무조건 감사에 착수하게 되는 것도 아니다. … 오히려 행정각부의 장에 더하여 국무총리에게 공익감사청구권을 인정하는 것은 감사의 적정성 및 공익성을 증진시키는 데 이로울 수 있다. 행정각부의 장에 의한 감사청구는 감사대상기관의 장이 스스로 자기 기관의 문제점에 대한 감사를 청구할 것을 예정하고 있으므로 감사청구에 소극적일 가능성이 높다. … 국무총리에게 공익감사청구권을 부여하는 것이 감사원의 직무상 독립이나 정치적 중립성을 상실시키는 것이라고까지 평가할 수는 없으므로 이 사건 훈령 개정은 감사원법 제2조 제1항에 반한다고 보기 어렵다(헌재 2025.03.13. 2024헌나2).

⑤ (○) 감사원법 제24조 제1항 제1호에 따르면, 정부조직법 및 그 밖의 법률에 따라 설치된 행정기관의 사무와 그에 소속한 공무원의 직무는 특별한 사정이 없는 한 감사원의 직무감찰사항이 된다. 감사원법은 감찰사항인 '사무'나 '직무'의 범위를 한정하고 있지 않기 때문에, 개별 공무원의 비위행위뿐만 아니라 공무원의 인사관리(근무평정)나 행정관리의 적부심사분석과 그 개선 등에 관한 사항도 모두 감찰사항에 포함된다고 해석된다(헌재 2008.05.29. 2005헌라3).

정답 ④

문 17

재판의 전제성에 관한 설명 중 옳지 않은 것은? (다툼이 있는 경우 판례에 의함)

① 위헌법률심판제청된 법률조항에 대해 이미 그 이전에 적용중지형 헌법불합치결정이 내려졌다면, 그 법률조항은 당해 사건에서 재판의 전제성이 인정되지 않는다.

② 유죄확정판결에 대한 재심개시결정이 있은 후 처벌의 근거조항에 대해 위헌법률심판제청이 이루어졌다면, 그 재심개시결정이 상급심에서 취소되더라도 해당 처벌의 근거조항에 대하여 재판의 전제성이 인정될 수 있다.

③ 긴급자동차를 이용한 환자이송을 업으로 하는 A회사의 직원 갑이 환자이송 중 속도 위반을 하여 과태료가 부과된 경우, A회사가 「질서위반행위규제법」에 따른 이의제기를 하지 않고 법원에 과태료 부과처분 취소의 소를 제기한 후, 그 소송 계속 중 과태료부과의 근거가 된 「도로교통법」 조항에 대해 위헌법률심판제청신청을 하였을 때, 그 「도로교통법」 조항은 당해 사건에서 재판의 전제성이 인정되지 않는다.

④ 위헌적 규정에 기한 보안감호처분이 집행됨으로써 정신적 고통을 겪었다며, 국가를 상대로 불법행위에 기한 손해배상청구소송을 하고, 그 소송 계속 중 해당 보안감호처분의 근거조항

에 대해 위헌법률심판제청신청을 한 경우, 그 보안감호처분 근거조항은 당해 사건에서 재판의 전제성이 인정되지 않는다.

⑤ 당해 사건 재판에서 승소판결을 받았다고 하더라도 그 판결이 확정되지 아니한 이상 상소절차에서 그 주문이 달라질 수 있으므로, 당해 사건에 적용되는 법률조항은 재판의 전제성이 인정된다.

MGI Point **재판의 전제성**   ★★

■ 위헌법률심판제청 결정 이전에 이미 적용중지형 헌법불합치결정이 내려진 경우 ⇨ 재판의 전제성 ×
■ 유죄확정판결에 대한 재심개시결정 후 처벌 근거법률 위헌법률심판제청 but 그 재심개시결정이 상급심에서 취소 ⇨ 재판의 전제성 ×
■ 「질서위반행위규제법」에 따른 이의제기를 하지 않고 법원에 과태료 부과처분 취소의 소 제기 ⇨ 행정소송 대상 아니므로 부적법 각하될 사안 ⇨ 과태료부과의 근거조항 위헌법률심판제청신청을 하면 재판의 전제성 ×
■ 보안감호처분이 위헌적 규정에 근거한 것이라는 이유로 국가 상대 불법행위 손해배상청구소송 제기, 그 소송 계속 중 처분의 근거조항에 위헌법률심판제청 신청 ⇨ 재판의 전제성 × (∵위헌결정 되더라도 공무원의 고의, 과실 ×)
■ 공무원의 처분에 대해 국가를 상대로 한 불법행위에 기한 손해배상청구소송 계속 중, 해당 공무원의 처분의 근거조항에 대해 위헌법률심판제청신청을 한 경우 ⇨ 그 보안감호처분 근거조항은 당해 사건에서 재판의 전제성이 인정되지 않는다.
■ 승소판결 받아도 확정되지 않은 이상 상소에서 주문이 달라질 수 있음 ⇨ 재판의 전제성 ○

---

① (○) 헌법불합치결정 당시에 법률조항의 위헌 여부가 쟁점이 되어 법원에 계속중인 사건에 대하여는 헌법불합치결정의 소급효가 미쳐, 위헌성이 제거된 개선입법이 적용될 뿐 종전의 법률조항은 적용되지 않으므로 그 위헌 여부는 재판의 전제성이 없다(헌재 2006.06.29. 2004헌가3)(김하열, 헌법소송법 제5판(2023), p.311). ▶ 재판의 전제성이 인정되기 위해서는 위헌여부가 문제되는 법률이 '당해 소송사건의 재판에 적용'되는 것이어야 한다. 그런데 적용중지 헌법불합치 결정이 있는 법률(구법)은, 결정 이전에 법원에 소송 계속 중인 사건에 대해서, '당해 소송사건의 재판에 적용'되지 않으므로(개선입법된 신법이 적용되므로), 재판의 전제성이 없다.

> **판례** [가] 헌법재판소가 어떠한 법률조항에 대하여 헌법불합치결정을 하여 입법자에게 그 법률조항을 합헌적으로 개정 또는 폐지하는 임무를 입법자의 형성 재량에 맡긴 이상, 그 개선입법의 소급적용 여부와 소급적용의 범위는 원칙적으로 입법자의 재량에 달린 것이기는 하지만, 그 헌법불합치결정의 취지나 위헌심판에서의 구체적 규범통제의 실효성 보장이라는 측면을 고려할 때, 적어도 헌법불합치결정을 하게 된 당해 사건 및 그 결정 당시에 법률조항의 위헌 여부가 쟁점이 되어 법원에 계속중인 사건에 대하여는 헌법불합치결정의 소급효가 미친다. [나] 헌법재판소가 2003. 12. 18. 2002헌바14등 사건에서 이 사건 법률조항에 대하여 헌법불합치결정을 선고한 바 있고 그 취지를 반영하여 2005. 1. 27. 개선입법이 이루어진 바 있는데, 제청신청인이 헌법불합치결정 전인 2003. 7. 15. 이미 위헌법률심판제청신청을 한 당해 사건에서 제청법원이 헌법불합치결정 후인 2004. 1. 15. 동일한 법률조항인 이 사건 법률조항에 대하여 위헌제청결정을 한 경우, 위헌법불합치결정의 소급효는 헌법불합치결정 당시에 이 사건 법률조항의 위헌 여부가 쟁점이 되어 법원에 계속 중인 당해 사건에도 미친다고 할 것이므로, 종전의 법률조항인 이 사건 법률조항이 당해사건에 그대로 적용될 수는 없고, 위헌성이 제거된 현행 사립학교법 규정이 적용되어야 한다. 따라서 제청법원의 심판제청은 심판의 대상이 된 법률조항이 재판의 전제성을 잃게 됨으로써 결국 심판제청의 이익이 없게 되어 부적법하다(헌재 2006.06.29. 2004헌가3). ▶ 2003. 7. 위헌법률심판제청 신청, 2003. 12. 이 사건 법률조항에 대한 헌법불합치결정, 2004. 위헌제청 결정, 2005. 개선입법

② (X) 확정된 유죄판결에서 처벌의 근거가 된 법률조항은 '재심의 청구에 대한 심판' 즉, 재심의 개시 여부를 결정하는 재판에서는 재판의 전제성이 인정되지 않고, 재심의 개시 결정이 확정된 이후의 '본안사건에 대한 심판'에 있어서만 재판의 전제성이 인정되므로, 재심개시결정 없이 위헌제청이 되거나 재심의 개시 결

정과 동시에 또는 그 이후에 위헌제청이 되었다고 하더라도 그 재심의 개시결정이 상급심에서 취소된 경우에는 원칙적으로 재판의 전제성이 인정되지 아니 한다(헌재 2016.03.31. 2016헌가2).

③ (○) 헌법재판소법 제68조 제2항에 의한 헌법소원심판청구에서 재판의 전제성이 충족되려면 당해 사건이 법원에 '적법'하게 계속될 것을 요하므로, 만일 당해 사건이 그 자체로 부적법한 것이어서 법률의 위헌 여부를 따져 볼 필요조차 없이 각하를 면할 수 없는 것일 때에는 재판의 전제성이 결여되어 부적법하다. … 이 사건 심판청구의 당해 사건인 과태료 부과처분의 당부는 질서위반행위규제법에 정해진 절차에 따라 해당 행정청에 대한 이의제기를 거쳐 과태료 재판절차에서 판단되어야 하므로, 이 사건 과태료 부과처분은 행정소송의 대상이 되는 행정처분이라고 할 수 없어 당해 사건이 부적법하여 각하를 면할 수 없으므로, 이 사건 심판청구는 재판의 전제성 요건을 흠결하여 부적법하다(헌재 2012.11.29. 2011헌바251).

④ (○) 위헌인 심판대상조항에 따라 보안감호처분을 집행한 행위가 불법행위라고 주장하면서 국가를 상대로 손해배상을 구하고 있다. 이 경우 재판의 전제성이 인정되는지 살펴본다. 일반적으로 법률이 헌법에 위반된다는 사정은 헌법재판소의 위헌결정이 있기 전에는 객관적으로 명백한 것이라고 할 수 없다. 그러므로 법률이 헌법에 위반되는지 여부를 심사할 권한이 없는 공무원으로서는 그 법률에 따를 수밖에 없는바, 나중에 헌법재판소가 그 법률에 대하여 위헌결정을 하였다고 하더라도 그에 따라 행위한 공무원에게 고의 또는 과실이 있다고 할 수 없다. 따라서 공무원의 고의 또는 과실이 인정되지 않는 이상 이를 전제로 하는 손해배상책임이 인정될 수 없다. 이러한 경우 법률의 위헌 여부에 따라 국가에 대한 손해배상책임을 청구하는 당해 사건 재판의 주문이 달라지거나, 재판의 내용과 효력에 관한 법률적 의미가 달라진다고 할 수 없다. 청구인에 대한 보안감호처분은 당시 시행 중이었던 심판대상조항에 따른 것이므로, 헌법재판소가 심판대상조항에 대하여 위헌결정을 한다고 하더라도, 그 위헌결정 전에 심판대상조항에 따라 행위한 공무원에게 고의 또는 과실이 있다고 할 수 없으므로 이를 전제로 하는 손해배상책임이 인정될 수 없다. 따라서 심판대상조항의 위헌 여부에 따라 국가에 대한 손해배상책임을 청구하는 당해 사건 재판의 주문이 달라지거나, 재판의 내용과 효력에 관한 법률적 의미가 달라진다고 할 수 없다. 그러므로 이 사건 심판청구는 재판의 전제성을 갖추지 못하였다(헌재 2024.05.30. 2021헌바303).

⑤ (○) 당해 사건 재판에서 청구인이 승소판결을 받아 그 판결이 확정된 경우 청구인은 재심을 청구할 법률상 이익이 없고, 심판대상조항에 대하여 위헌결정이 선고되더라도 당해 사건 재판의 결론이나 주문에 영향을 미칠 수 없으므로 그 심판청구는 재판의 전제성이 인정되지 아니하나, 당해 사건에 관한 재판에서 승소판결을 받았다고 하더라도 그 판결이 확정되지 아니한 이상 상소절차에서 그 주문이 달라질 수 있으므로, 파기환송 전 항소심에서 승소판결을 받았다는 사정만으로는 법률조항의 위헌 여부에 관한 재판의 전제성이 부정된다고 할 수 없다(헌재 2013.06.27. 2011헌바247).

정답 ②

문 18

「헌법재판소법」 제68조 제2항 헌법소원의 대상적격이 인정될 수 있는 것(○)과 인정될 수 <u>없는</u> 것(×)을 올바르게 조합한 것은? (다툼이 있는 경우 판례에 의함)

> ㄱ. '기소유예처분을 받은 피의자가 헌법소원심판청구를 통해 기소유예처분의 취소결정을 받고, 검사로부터 혐의없음의 불기소처분을 받은 경우 그 피의자에 대하여도 헌법소원 심판청구를 하는 데 소요된 비용을 보상하는 규정을 두어야 하는데, 이를 두지 않았다' 며 「형사소송법」 제194조의2 제1항에 대해 헌법소원을 제기한 경우
>
> ㄴ. '행정절차에서의 위법하거나 부당한 구금의 피해자에 대하여도 보상하는 규정을 두어야 하는데, 이를 두지 않았다'며 「형사보상 및 명예회복에 관한 법률」 제2조 제1항에 대해 헌법소원을 제기한 경우
>
> ㄷ. '노동위원회 구제명령에서 임금지급을 명하는 경우에도 그 지연손해금 산정에 적용될 법정이율에 관한 특례 규정을 두어야 하는데, 이를 두지 않았다'며 「소송촉진 등에 관한 특례법」 제3조 제1항에 대해 헌법소원을 제기한 경우
>
> ㄹ. '면책취소신청 기각결정에 대해서도 즉시항고를 허용하는 규정을 두어야 하는데, 이를 두지 않았다'며 「채무자 회생 및 파산에 관한 법률」 제627조에 대해 헌법소원을 제기한 경우

> <관련조항>
> **형사소송법 제194조2의**(무죄판결과 비용보상) ① 국가는 무죄판결이 확정된 경우에는 당해 사건의 피고인이었던 자에 대하여 그 재판에 소요된 비용을 보상하여야 한다.
>
> **형사보상 및 명예회복에 관한 법률 제2조**(보상 요건) ① 「형사소송법」에 따른 일반 절차 또는 재심(再審)이나 비상상고(非常上告) 절차에서 무죄재판을 받아 확정된 사건의 피고인이 미결구금(未決拘禁)을 당하였을 때에는 이 법에 따라 국가에 대하여 그 구금에 대한 보상을 청구할 수 있다.
>
> **소송촉진 등에 관한 특례법 제3조**(법정이율) ① 금전채무의 전부 또는 일부의 이행을 명하는 판결을 선고할 경우에 금전채무불이행으로 인한 손해배상액산정의 기준이 되는 법정이율은 그 금전채무의 이행을 구하는 소장 또는 이에 준하는 서면이 채무자에게 송달된 날의 다음날부터는 연 100분의 40 이내의 범위에서 「은행법」에 의한 금융기관이 적용하는 연체금리 등 경제여건을 감안하여 대통령령이 정하는 이율에 의한다.
>
> **채무자 회생 및 파산에 관한 법률 제627조**(면책결정 등에 관한 즉시항고) 면책 여부의 결정과 면책취소의 결정에 대하여는 즉시항고를 할 수 있다.

① ㄱ(○), ㄴ(×), ㄷ(×), ㄹ(×)
② ㄱ(×), ㄴ(○), ㄷ(×), ㄹ(×)
③ ㄱ(×), ㄴ(×), ㄷ(○), ㄹ(×)
④ ㄱ(×), ㄴ(×), ㄷ(×), ㄹ(○)
⑤ ㄱ(○), ㄴ(×), ㄷ(○), ㄹ(×)

MGI Point **입법부작위** ★★

- **진정입법부작위 = 68조 2항의 헌법소원 대상적격 ×**
  - 기소유예처분을 받은 피의자가 헌법소원심판청구를 통해 기소유예처분의 취소결정을 받고, 검사로부터 혐의없음의 불기소처분을 받은 경우 그 피의자에 대하여도 헌법소원심판청구를 하는 데 소요된 비용을 보상하는 규정을 두어야 하는데, 이를 두지 않았다'며 「형사소송법」 제194조의2 제1항에 대해 헌법소원을 제기한 경우
  - '행정절차에서의 위법하거나 부당한 구금의 피해자에 대하여도 보상하는 규정을 두어야 하는데, 이를 두지 않았다'며 「형사보상 및 명예회복에 관한 법률」 제2조 제1항에 대해 헌법소원을 제기한 경우
  - '노동위원회 구제명령에서 임금지급을 명하는 경우에도 그 지연손해금 산정에 적용될 법정이율에 관한 특례 규정을 두어야 하는데, 이를 두지 않았다'며 「소송촉진 등에 관한 특례법」 제3조 제1항에 대해 헌법소원을 제기한 경우
- **부진정입법부작위 = 68조 2항의 헌법소원 대상적격 ○**
  - '면책취소신청 기각결정에 대해서도 즉시항고를 허용하는 규정을 두어야 하는데, 이를 두지 않았다'며 「채무자 회생 및 파산에 관한 법률」 제627조에 대해 헌법소원을 제기한 경우

ㄱ. (X) 심판대상조항의 내용과 체계, 비용보상청구권의 입법취지 및 성격, 관련 규정과의 유기적·체계적 해석 등에 비추어 볼 때, 심판대상조항은 공소가 제기되어 법원의 무죄판결이 확정된 피고인에 대한 비용보상 제도를 입법사항으로 규율한다 할 것이고, 피의자에 대한 비용보상 제도까지 규율하고 있다고 볼 수 없다. 그러므로 심판대상조항(=형사소송법(2007. 6. 1. 법률 제8496호로 개정된 것) 제194조의2 제1항)에서 기소유예처분을 받았다가 헌법재판소의 취소결정을 받고 혐의없음의 불기소처분을 받은 피의자에 대한 경우를 비용보상의 대상으로 규정하지 아니한 것은 비용보상의 요건을 불완전·불충분하게 규정한 것이 아니라, 입법자가 처음부터 아무런 입법을 하지 않았다고 보는 것이 입법취지에 부합한다. 그에 대한 보상은 공소제기가 되어 무죄판결이 확정된 피고인에 대한 비용보상 제도와 별개의 법률에서 별도의 입법을 통한 보호가 필요한 영역이라 할 것이다. 결국 청구인이 심판대상조항에 대하여 위헌이라고 주장하는 실질은 진정입법부작위를 다투는 것에 있다고 할 것인데, 헌법재판소법 제68조 제2항에 의한 헌법소원에서는 진정입법부작위를 다투는 것 자체가 허용되지 아니하므로, 이 사건 심판청구는 부적법하다(헌재 2024.08.29. 2023헌바365).

ㄴ. (X) 성질상 '형사보상 및 명예회복에 관한 법률'이 적용되지 않는 행정작용에 의하여 신체의 자유가 침해된 자에 대하여 위 법과 동일한 정도의 보상을 내용으로 하는 새로운 입법을 하여 달라는 심판청구는 진정입법부작위를 다투는 것에 해당하고, 헌법재판소법 제68조 제2항에 의한 헌법소원에서 진정입법부작위를 다투는 것은 그 자체로 허용되지 않으므로, 청구인들의 이 부분 심판청구는 모두 부적법하다(헌재 2024. 01.25. 2020헌바475등).

ㄷ. (X) [가] 부당해고에 대하여 임금지급을 명하는 노동위원회의 구제명령에 적용될 지연손해금의 법정이율에 관하여 규정하고 있지 않은 이 사건 특례법조항과 이 사건 근로기준법조항이 평등권을 침해한다는 청구인의 주장에 따라 위헌결정이 선고되고 이를 반영한 법개정이 이루어진다고 하더라도, 개정법은 내용상 민사소송이 아닌 노동위원회의 부당해고 구제명령에 적용되는 것이어서 부당해고기간의 미지급임금에 대한 지연손해금 등의 지급을 구하는 당해 사건인 민사소송의 결과에는 영향을 미치지 못하므로, 이 사건 특례법조항과 이 사건 근로기준법조항은 재판의 전제성이 인정되지 아니한다. [나] 헌법재판소법 제68조 제2항에 의한 헌법소원심판은 '법률'의 위헌성을 적극적으로 다투는 제도이므로 '법률의 부존재' 즉, 진정입법부작위를 다투는 것은 그 자체로 허용되지 아니하는데, 청구인의 주장을 노동위원회의 구제명령에 적용될 지연손해금의 법정이율에 관하여 전혀 입법이 이루어지지 않은 진정입법부작위를 다투는 것으로 보더라도, 이를 헌법재판소법 제68조 제2항에 의한 헌법소원심판으로 다투는 것은 그 자체로 허용되지 아니한다(헌재 2013.11.28. 2011헌바270).

ㄹ. (O) 청구인은 위헌법률심판 제청신청서 및 이 사건 심판청구서에서, '개인회생절차'에서의 면책취소신청 기각결정에 대하여 즉시항고를 허용하지 아니한 것이 헌법에 위반된다고 주장하고 있다. 이는 실질적으로 채무자회생법 제627조가 개인회생절차의 면책절차 및 면책취소절차에 관한 법원의 재판 중 '면책결정, 면

책불허가결정 및 면책취소결정'에 대한 즉시항고를 허용하는 규정을 두면서도, '면책취소신청 기각결정'에 대하여는 즉시항고를 허용하는 규정을 두고 있지 아니한 입법의 불완전·불충분함, 즉 부진정입법부작위의 위헌성을 다투는 것으로 볼 수 있다. …심판대상조항이 면책취소신청 기각결정에 대하여 즉시항고권을 규정하지 아니하고 있다는 이유만으로 재판청구권에 관한 합리적인 입법형성권의 범위를 일탈하여 개인회생채권자의 재판청구권을 침해한다고 볼 수 없다(헌재 2017.07.27. 2016헌바212). ▶ 대상적격 등 적법요건을 인정하는 전제로 본안에서 합헌판단을 함

> **참조판례** 헌법재판소법 제68조 제2항에 의한 헌법소원은 '법률'의 위헌성을 적극적으로 다투는 제도이므로 '법률의 부존재' 즉, 입법부작위를 다투는 것은 그 자체로 허용되지 아니한다. 다만 법률이 불완전·불충분하게 규정되었음을 근거로 법률 자체의 위헌성을 다투는 취지로 이해될 경우에는 그 법률이 당해사건의 재판의 전제가 된다는 것을 요건으로 허용될 수 있다(헌재 2004.01.29. 2002헌바36).

정답 ④

문 19

25년 10월 모의시험

갑은 계부(繼父)인 을을 횡령 혐의로 고소하였으나, 검사는 을이 갑의 동거친족으로서 형면제 사유가 있다는 이유로 공소권 없음의 불기소처분을 하였다. 갑은 변호사 병에게 친족 간의 범행에 형면제를 규정한 「형법」 제328조 제1항의 위헌성을 다툴 수 있는 방법을 상담하였다 (단, 「형법」 제328조 제1항의 위헌성을 인정한 헌법재판소의 결정이 없었다고 전제할 것). 다음 대화에서 병의 설명 중 옳지 <u>않은</u> 것은? (다툼이 있는 경우 판례에 의함)

① 갑 : 법률의 위헌성을 다투기 위해 제가 헌법재판소에 소를 제기할 수 있는 방법이 있나요?
   병 : 개인이 법률의 위헌성을 다투는 방법으로는 두 가지가 있습니다. 하나는 「헌법재판소법」 제68조 제1항에 따른 헌법소원을 바로 제기하는 것이고, 다른 하나는 일단 법원에서 권리구제절차를 밟고 위헌제청신청을 해 본 다음, 만약 법원이 제청신청을 기각하면 「헌법재판소법」 제68조 제2항에 따라 헌법소원을 하는 것입니다.

② 갑 : 저의 경우 헌법소원을 바로 제기하는 게 가능할까요?
   병 : 법령에 대해 바로 헌법소원을 제기할 수 있으려면, 그 적법요건을 충족해야 하는데, 당신의 경우 일단 「형법」 제328조 제1항에 대한 헌법소원의 청구인적격(법적 관련성)이 인정되는 데에는 문제될 게 없을 것 같습니다.

③ 갑 : 청구인적격을 논외로 하면, 다른 문제는 없나요?
   병 : 그렇지는 않습니다. 「헌법재판소법」 제47조 제3항에서 형벌에 관한 법률조항은 위헌결정이 내려지면 소급하여 그 효력을 상실한다고 규정하고 있지만, 형면제에 관한 규정은 불처벌의 특례를 규정한 것이어서 위헌결정의 소급효가 미치지 않는다고 보아야 할 것입니다. 따라서 설령 헌법소원이 인용되어 위헌결정이 난다고 하더라도, 궁극적으로 피의자 을을 처벌할 수는 없을 것이기 때문에, 당신의 경우 권리보호이익이 부정될 가능성이 큽니다. 결국 「헌법재판소법」 제68조 제1항에 따른 헌법소원을 제기하더라도 부적법 각하될 것입니다.

④ 갑 : 만약 법원에서의 권리구제절차부터 거친 후, 위헌성을 다투려고 한다면, 어떠한 절차를 거쳐야 되나요?

병 : 먼저 검사의 불기소처분에 대해 항고를 거쳐 고등법원에 재정신청을 하고, 그 소송 계속 중 위헌법률심판제청을 신청하였는데도 법원이 이를 기각하면, 그때 「헌법재판소법」 제68조 제2항에 따라 헌법소원을 제기하는 절차를 밟게 됩니다.

⑤ 갑 : 만약 고등법원에서 재정신청을 기각한다면, 이에 불복하여 대법원에 즉시항고하면서 다시 위헌제청신청하는 것은 어떤가요?

병 : 이미 고등법원에서 「형법」 제328조 제1항에 대해 위헌제청신청을 하였다면, 그 상소심에서 다시 같은 조항에 대해 위헌제청신청을 할 수는 없습니다.

MGI Point 헌법소송 절차, 형법 제328조 제1항 헌법불합치 ★★

■ 법률소원
  ▪ 법률 자체에 의해 기본권 침해시 「헌법재판소법」 제68조 제1항 헌법소원 可
  ▪ 법원에 위헌제청신청 후 기각시 「헌법재판소법」 제68조 제2항 헌법소원 可
    ⇨ 형사피해자의 경우 재정신청 후 그 법원에 위헌제청신청 可
■ 형법 제328조 제1항 헌법불합치 사건 ⇨ 피해자의 재판절차진술권 침해
  ▪ 피해자 재판절차진술권 청구인적격 인정 ○
  ▪ 불처벌특례 규정이므로 위헌성 불소급 but 불기소처분 자체가 아닌 근거 법률에 대해서는 예외적 심판이익 ○
■ 하급심에서 위헌제청신청 했다면 ⇨ 상소심에서 다시 같은 조항에 위헌제청신청 不可

※ 빠르게 정답만을 고른다면, 형법 제328조 제1항이 헌법불합치 결정을 받았다는 사실을 안다면, 이는 본안의 판단으로 나아갔다는 의미이고, 부적법할 수 없다(문제와 같이 위 결정이 없었다고 전제하더라도, 교통사고처리특례법 불처벌특례의 위헌사건(90헌마110등)의 법리가 그대로 적용되는 것이므로 결론은 같게 된다). 따라서 ③은 옳지 않다.

① (○), ④ (○) 제68조 제1항의 헌법소원(헌마)의 대상인 '공권력의 행사'에 입법행위도 포함되므로, 법률 또는 법률조항 자체에 의하여 기본권을 침해받고 있는 경우에는 법률도 그 대상이 될 수 있다. 한편, 제68조 제2항의 헌법소원(헌바)을 위해서는 법원의 위헌제청신청 및 그 기각이 선행되어야 하는데, 피해자에게 선행 법원의 사건이 있을 수 없으므로, 불기소처분에 대하여 먼저 재정신청 등 권리구제절차를 거친 후에 그 소송 계속 중 불기소처분의 근거 법률인 형법 제328조에 대하여 위헌제청신청이 가능할 것이다. 실제 형법 제328조 제1항 헌법불합치 사건에서도, 헌마, 헌바 사건을 병합하여 모두 본안의 판단으로 나아갔다(아래 2020헌마468등 참조). ▸ 반면, 불기소처분의 근거 '법률'이 아닌, '불기소처분' 자체에 대한 헌법소원은 각하될 것이다(아래 선지③.의 참조판례인 90헌마110등 참조).

> **참조판례** [2020헌바341] (1) 청구인 A은 계부인 B을 횡령 혐의로 고소하였으나, ○○지방검찰청 검사는 2020. 3. 17. B에 대하여 청구인의 동거친족에 해당하여 형면제 사유가 있다는 이유로 공소권없음의 불기소처분을 하였다. (2) 청구인 A은 2020. 4. 9. 위 불기소처분에 대한 재정신청을 하고, 그 소송 계속 중 형법 제328조 제1항에 대하여 위헌법률심판제청신청을 하였으나, 2020. 5. 22. 각 신청은 모두 기각되었고, 청구인은 재정신청 기각결정에 불복하여 재항고하였으나 2021. 2. 5. 기각되었다. (3) 청구인 A은 2020. 6. 5. 헌법소원심판청구를 위한 국선대리인선임신청을 하여 2020. 6. 16. 국선대리인선정결정을 받고, 2020. 6. 26. 형법 제328조 제1항에 대하여 헌법소원심판을 청구하였다.
> [2024헌마146] (1) 청구인 C는 동생 M과 그 배우자 N을 청구인 C의 어머니인 망 D(2023. 6. 9. 사망) 명의의 예금을 횡령한 혐의로 고소하였으나, ○○경찰서장은 2023. 11. 16. M과 N이 망 D의 직계비속과 그 배우자로 형면제 사유가 있다는 이유로 M 등에 대한 불송치(공소권없음) 결정을 하였다. (2) 이에 청구인 C는 2024. 2. 7. 형법 제328조 제1항에 대하여 이 사건 헌법소원심판을 청구하였다.
> …심판대상조항은 형사피해자가 법관에게 적절한 형벌권을 행사하여 줄 것을 청구할 수 없도록 하는바, 이

는 입법재량을 명백히 일탈하여 현저히 불합리하거나 불공정한 것으로서 형사피해자의 재판절차진술권을 침해한다(헌재 2024.06.27. 2020헌마468, 2020헌바341, 2021헌바420, 2024헌마146(병합)).

② (○) 헌법재판소의 판례에 의하면 헌법소원이 적법하려면 청구인에 있어서 공권력에 의한 기본권침해의 자기성·현재성·직접성이 있어야 한다. 이 사건의 경우 피청구인들은 교통사고의 직접 피해자들인 청구인들이 제기한 고소사건에 대하여 사고차량이 종합보험 등에 가입되어 있음을 이유로 이 사건 법률조항을 재량의 여지없이 기계적으로 적용하여 위 각 불기소처분을 한 것이므로, 결국 청구인들은 이 사건 법률조항으로 말미암아 직접 헌법 제27조 제5항 소정의 형사피해자의 재판절차에서의 진술권을 현재 침해받았다고 할 것이다. 따라서 위 법률조항에 대한 이 사건 헌법소원은 자기성·현재성·직접성의 요건을 갖추었다고 할 것이다(헌재 1997.01.16. 90헌마110등). ▶ 교특법 불처벌특례 사건

형사피해자의 재판절차진술권의 취지는 법관이 형사재판을 함에 있어서 피해자의 진술을 청취하여 적절하고 공평한 재판을 하여야 한다는 것을 뜻할 뿐만 아니라 이에 더 나아가 형사피해자에게 법관으로 하여금 적절한 형벌권을 행사하여 줄 것을 청구할 수 있는 사법절차적 기본권을 적극적으로 보장하는 데에도 있다. 심판대상조항은 형사피해자의 의사 등에 관계없이 법원이 형을 면제하는 판결을 하도록 규정하므로 형사피해자의 재판절차진술권을 제한한다(헌재 2024.06.27. 2020헌마468등). ▶ 갑은 재판절차진술권이 제한되는 형사피해자로서 자기관련성이 인정되는 것을 전제로, 본안의 판단으로 나아간 것이다.

③ (X) 위헌결정의 불소급으로 인하여 피의자를 처벌할 수 없어 피해자의 주관적인 권리보호이익을 결여한다고 해도, 예외적으로 헌법적 해명이 긴요한 등 그 해명이 헌법적으로 중대한 경우에는 헌법소원의 심판이익을 인정할 수 있다. 실제 사안인 2020헌마468등 사건에서도 본안으로 나아갔고, 교특법 불처벌특례에 관한 90헌마110등 사건에서도 불기소처분의 근거조항인 '법률조항'에 대해서는 피해자의 재판진술권 침해 주장에 대한 심판이익을 인정하였다.

> **참조판례** **(1) 이 사건 각 불기소처분에 대한 각 심판청구** … 이 사건 법률조항인 특례법 제4조 제1항은 비록 형벌에 관한 것이기는 하지만 불처벌의 특례를 규정한 것이어서 … 이 사건 각 심판청구 중 불기소처분에 대한 부분은 주관적 권리보호의 이익이 없는 경우에 해당하여 모두 부적법하다고 할 것이다. **(2) 이 사건 법률조항에 대한 심판청구** … 이 사건의 경우 위 각 불기소처분의 근거가 된 이 사건 법률조항이 정작 위헌인 경우에도 위 각 불기소처분이 어차피 취소될 수 없다는 이유로 이에 대한 헌법적 해명을 하지 아니한다면, 향후 교통사고 피해자는 헌법소원을 제기할 수 없고, … 그때마다 그러한 불기소처분으로 인하여 교통사고 피해자들의 평등권과 형사피해자의 재판절차상의 진술권 등의 기본권이 침해될 것이 예상된다. 그러므로 이 사건 법률조항에 의하여 침해된 청구인들의 권리구제에는 직접 도움은 주지 못한다고 하더라도, 앞으로 무수히 반복되는 교통사고 피해자의 기본권구제를 위하여 이에 대한 헌법적 해명이 필요하다고 할 것이다. 따라서 개인의 기본권구제만이 아니라 헌법의 수호·유지를 그 임무로 하는 헌법재판소로서는 이 사건 헌법소원 중 위 불기소처분의 근거법령인 이 사건 법률조항에 대하여 예외적으로 심판을 할 이익 내지는 필요성이 있다고 할 것이다(헌재 1997.01.16. 90헌마110등).

⑤ (○) 헌법재판소법 제41조 제1항, 제68조 제2항 및 제69조 제2항의 규정에 의하면 당사자가 법률의 위헌 여부가 재판의 전제가 된다는 이유로 법원에 위헌여부심판의 제청신청을 하였다가 그 신청이 기각되면 14일 이내에 헌법소원심판을 제기하여야 하고, 당해 사건의 소송절차에서 동일한 사유로 다시 위헌여부심판의 제청신청을 할 수 없는 것이라고 할 것이고, 여기서 당해 사건의 소송절차란 상소심에서의 소송절차를 포함하는 것이다(대법원 2000.04.11. 98카기137).

정답 ③

문 20

탄핵심판제도에 관한 설명 중 옳지 않은 것은? (다툼이 있는 경우 판례에 의함)

① 탄핵사유로서 '헌법과 법률에 위배한 때'의 '법률'에는 형식적 의미의 법률과 이와 동등한 효력을 가지는 국제조약 및 일반적으로 승인된 국제법규, 그리고 법률 하위의 명령·규칙이 모두 포함된다.

② 「국회법」은 탄핵소추의 발의가 있을 때 그 사유 등에 대한 조사 여부를 국회의 재량으로 규정하고 있으므로, 국회가 탄핵소추사유에 대하여 별도의 조사를 하지 않았다고 하여 탄핵소추의결이 헌법이나 법률을 위반하였다고 볼 수 없다.

③ 탄핵소추의결서에 탄핵소추사유를 기재함에 있어서는 「형사소송법」상 공소사실과 같이 특정하도록 요구할 수는 없는바, 피청구인이 방어권을 행사할 수 있고 헌법재판소가 심판대상을 확정할 수 있을 정도로 사실관계를 구체적으로 기재하면 된다.

④ 국회의 탄핵소추의결 과정에서 법정 절차가 준수되고 피소추자의 헌법 내지 법률 위반행위가 일정한 수준 이상 소명되었다면, 설령 부수적으로 정치적 목적이나 동기가 내포되어 있다 하더라도 그러한 점만으로 탄핵소추권이 남용되었다고 볼 수 없다.

⑤ 국회가 탄핵심판을 청구한 뒤 별도의 의결절차 없이 소추사유를 추가하거나 기존의 소추사유와 동일성이 인정되지 않는 정도로 소추사유를 변경하는 것은 허용되지 아니한다.

MGI Point **탄핵심판제도** ★★

- 탄핵사유로서 '헌법과 법률에 위배한 때'의 '법률'에는 형식적 의미의 법률과 이와 동등한 효력을 가지는 국제조약 및 일반적으로 승인된 국제법규 포함 ○ 법률 하위의 명령·규칙 포함 ×
- 국회가 탄핵소추사유에 별도 조사를 하지 않았다고 하여 소추의결이 헌법이나 법률을 위반하였다고 볼 수 ×
- 탄핵소추의결서에 소추사유 기재에 형소법상 공소사실과 같은 특정을 요구할 수는 없음 ⇨ 피청구인이 방어권을 행사할 수 있고 헌법재판소가 심판대상을 확정할 수 있을 정도로 사실관계를 구체적으로 기재하면 됨
- 국회의 탄핵소추의결 과정에서 법정 절차가 준수되고 피소추자의 헌법·법률 위반행위가 일정수준 이상 소명 ⇨ 부수적으로 정치적 목적이나 동기가 내포되어 있다 하더라도 탄핵소추권 남용 ×
- 국회가 탄핵심판 청구 후 별도 의결절차 없이 소추사유를 추가하거나 기존 소추사유와 동일성이 인정되지 않는 정도로 소추사유 변경하는 것은 허용 ×

---

① (X) 헌법 제65조는 대통령이 '그 직무집행에 있어서 헌법이나 법률을 위배한 때'를 탄핵사유로 규정하고 있다. 여기에서 '직무'란 법제상 소관 직무에 속하는 고유 업무와 사회통념상 이와 관련된 업무를 말하고, 법령에 근거한 행위뿐만 아니라 대통령의 지위에서 국정수행과 관련하여 행하는 모든 행위를 포괄하는 개념이다. 또 '헌법'에는 명문의 헌법규정뿐만 아니라 헌법재판소의 결정에 따라 형성되어 확립된 불문헌법도 포함되고, '법률'에는 형식적 의미의 법률과 이와 동등한 효력을 가지는 국제조약 및 일반적으로 승인된 국제법규 등이 포함된다(헌재 2017.03.10. 2016헌나1). ▶ 법률 하위의 명령, 규칙은 포함하지 않는다.

② (○) 국회법 제130조 제1항은 탄핵소추의 발의가 있을 때 그 사유 등에 대한 조사 여부를 국회의 재량으로 규정하고 있으므로, 국회가 탄핵소추사유에 대하여 별도의 조사를 하지 않았다고 하여 탄핵소추의결이 헌법이나 법률을 위반하였다고 볼 수 없다(헌재 2004.05.14. 2004헌나1).

③ (○) 헌법 제65조 제1항이 정하고 있는 탄핵소추사유는 '공무원이 그 직무집행에 있어서 헌법이나 법률을 위배한' 사실이고, 여기에서 법률은 형사법에 한정되지 않는다. 그런데 헌법은 물론 형사법이 아닌 법률의 규정은 형사법과 같은 구체성과 명확성을 가지지 않은 경우가 많으므로 탄핵소추사유를 형사소송법상 공

소사실과 같이 특정하도록 요구할 수는 없다. 따라서 소추의결서에는 피청구인이 방어권을 행사할 수 있고 헌법재판소가 심판대상을 확정할 수 있을 정도로 사실관계를 구체적으로 기재하면 되는바, 탄핵소추사유도 그 대상 사실을 다른 사실과 명백하게 구분할 수 있을 정도의 구체적 사정이 기재되어 있으면 충분하다(헌재 2024.08.29. 2023헌나4).

④ (○) 국회의 탄핵소추안 의결 과정에서 필요한 법정절차가 준수되고 피소추자의 헌법 내지 법률 위반행위가 일정한 수준 이상 소명되었다면, 해당 탄핵소추의 주요한 목적은 위와 같은 위반에 대한 법적 책임을 추궁하고 동종의 위반행위가 재발하는 것을 예방함으로써 헌법을 수호하기 위한 것으로 보아야 하고, 설령 부수적으로 정치적 목적이나 동기가 내포되어 있다 하더라도 이를 들어 탄핵소추권이 남용되었다고 볼 수 없다(헌재 2025.01.23. 2024헌나1).

⑤ (○) 국회가 탄핵심판을 청구한 뒤 별도의 의결절차 없이 소추사유를 추가하거나 기존의 소추사유와 동일성이 인정되지 않는 정도로 소추사유를 변경하는 것은 허용되지 아니한다. 그런데 헌법재판소는 소추의결서에서 그 위반을 주장하는 '법규정의 판단'에 관하여는 원칙적으로 구속을 받지 않고 청구인이 그 위반을 주장한 법규정 외에 다른 관련 법규정에 근거하여 탄핵의 원인이 된 사실관계를 판단할 수 있으므로, 동일한 사실에 대하여 단순히 적용법조문을 추가·철회·변경하는 것은 '소추사유'의 추가·철회·변경에 해당하지 아니한다(헌재 2025.04.04. 2024헌나8).

정답 ①

문 21

부당결부금지의 원칙에 관한 설명 중 옳은 것을 모두 고른 것은? (다툼이 있는 경우 판례에 의함)

ㄱ. 재량행위는 법령에 특별한 근거규정이 없다고 하더라도 부관으로서 부담을 붙일 수 있으나 그러한 부담이 부당결부금지의 원칙에 위반되면 위법하므로, 행정청이 주택건설사업자에게 주택사업계획승인을 하는 것을 기화로 위 사업과 무관한 주택건설사업자 소유 토지를 기부채납하도록 하는 부관을 위 주택사업계획승인에 부가하였다면 이러한 부관은 무효이다.

ㄴ. 「행정기본법」은 행정청은 행정작용을 할 때 상대방에게 해당 행정작용과 실질적인 관련이 없는 의무를 부과해서는 아니 되지만, 공익 또는 제3자의 이익을 위하여 필요한 경우는 예외로 한다고 규정하고 있다.

ㄷ. 행정청이 수익적 행정행위를 하면서 이에 부가할 부담의 내용에 관하여 그 행정행위의 상대방과 협약을 체결하여 부담을 부가한 경우, 이러한 협약에 의한 부담에도 부당결부금지의 원칙이 적용된다.

ㄹ. 부당결부금지의 원칙은 처분에 부가된 부관에는 적용되나, 공법상 계약의 경우에는 적용되지 않는다.

① ㄱ
② ㄷ
③ ㄴ, ㄹ
④ ㄱ, ㄴ, ㄷ
⑤ ㄱ, ㄷ, ㄹ

| MGI Point | **부당결부금지의 원칙** | ★★ |

■ 지방자치단체장이 사업자에게 주택사업계획승인을 하면서 그 주택사업과는 아무런 관련이 없는 토지를 기부채납하도록 하는 부관을 주택사업계획승인에 붙인 경우 ⇨ 부당결부원칙 反 but 당연무효 ✕
■ 「행정기본법」상 부당결부금지원칙 예외 규정 ✕
■ 부당결부금지원칙의 적용 범위
　■ 협약의 형식 부담에 적용 ○
　■ 공법상 계약에 적용 ○

ㄱ. (✕) 수익적 행정행위에 있어서는 법령에 특별한 근거규정이 없다고 하더라도 그 부관으로서 부담을 붙일 수 있으나, 그러한 부담은 비례의 원칙, 부당결부금지의 원칙에 위반되지 않아야만 적법하다.
　　지방자치단체장이 사업자에게 주택사업계획승인을 하면서 그 주택사업과는 아무런 관련이 없는 토지를 기부채납하도록 하는 부관을 주택사업계획승인에 붙인 경우, 그 부관은 부당결부금지의 원칙에 위반되어 위법하지만, 지방자치단체장이 승인한 사업자의 주택사업계획은 상당히 큰 규모의 사업임에 반하여, 사업자가 기부채납한 토지 가액은 그 100분의 1 상당의 금액에 불과한 데다가, 사업자가 그 동안 그 부관에 대하여 아무런 이의를 제기하지 아니하다가 지방자치단체장이 업무착오로 기부채납한 토지에 대하여 보상협조요청서를 보내자 그 때서야 비로소 부관의 하자를 들고 나온 사정에 비추어 볼 때 부관의 하자가 중대하고 명백하여 당연무효라고는 볼 수 없다고 한 사례(대판 1997.03.11. 96다49650).

ㄴ. (✕) 행정기본법 제13조 참조. 예외 규정은 존재하지 않는다.

> **행정기본법 제13조(부당결부금지의 원칙)** 행정청은 행정작용을 할 때 상대방에게 해당 행정작용과 실질적인 관련이 없는 의무를 부과해서는 아니 된다.

ㄷ. (○) 수익적 행정처분에 있어서는 법령에 특별한 근거규정이 없다고 하더라도 그 부관으로서 부담을 붙일 수 있고, 그와 같은 부담은 행정청이 행정처분을 하면서 일방적으로 부가할 수도 있지만 부담을 부가하기 이전에 상대방과 협의하여 부담의 내용을 협약의 형식으로 미리 정한 다음 행정처분을 하면서 이를 부가할 수도 있다. … 고속국도 관리청이 고속도로 부지와 접도구역에 송유관 매설을 허가하면서 상대방과 체결한 협약에 따라 송유관 시설을 이전하게 될 경우 그 비용을 상대방에게 부담하도록 하였고, 그 후 도로법 시행규칙이 개정되어 접도구역에는 관리청의 허가 없이도 송유관을 매설할 수 있게 된 사안에서, 위 협약이 효력을 상실하지 않을 뿐만 아니라 위 협약에 포함된 부관이 부당결부금지의 원칙에도 반하지 않는다고 한 사례(대판 2009.02.12. 2005다65500). ▶ 협약에 포함된 부담이 부당결부금지에 위반되는지 여부를 심사한 판례

ㄹ. (✕) 공무원이 인·허가 등 수익적 행정처분을 하면서 상대방에게 그 처분과 관련하여 이른바 부관으로서 부담을 붙일 수 있다 하더라도, 그러한 부담은 법치주의와 사유재산 존중, 조세법률주의 등 헌법의 기본원리에 비추어 비례의 원칙이나 부당결부의 원칙에 위반되지 않아야만 적법한 것인바, 행정처분과 부관 사이에 실제적 관련성이 있다고 볼 수 없는 경우 공무원이 위와 같은 공법상의 제한을 회피할 목적으로 행정처분의 상대방과 사이에 사법상 계약을 체결하는 형식을 취하였다면 이는 법치행정의 원리에 반하는 것으로서 위법하다(대결 2009.12.10. 2007다63966). ▶ 공법상계약에서 부당결부금지원칙을 적용한 판례

정답 ②

문 22

「행정기본법」에 따른 행정에 관한 기간과 시행일, 나이의 계산 등에 관한 설명 중 옳은 것을 모두 고른 것은?

> ㄱ. 행정에 관한 나이는 다른 법령등에 특별한 규정이 있는 경우를 제외하고는 출생일을 산입하여 만(滿) 나이로 계산하고, 연수(年數)로 표시하되, 1세에 이르지 아니한 경우에는 월수(月數)로 표시할 수 있다.
>
> ㄴ. 행정청이 甲에게 영업정지 2개월의 행정처분을 하면서, 그 영업정지기간을 2025. 7. 1. 부터 2개월로 정하였다면, 2025. 9. 1. 24시에 甲에 대한 영업정지기간이 만료된다.
>   ※ 2025. 7. 1.은 화요일이고, 2025. 9. 2.은 화요일이며, 두 날짜 사이의 기간에 공휴일로는 광복절이 있다.
>
> ㄷ. 보건복지부장관이 2025. 9. 2. A고시를 개정하여 고시하면서 고시일로부터 5일 경과 후 시행하기로 정하였다면 그 고시는 2025. 9. 9. 0시에 시행된다.
>   ※ 2025. 9. 7.은 일요일이다.

① ㄱ
② ㄷ
③ ㄱ, ㄴ
④ ㄱ, ㄷ
⑤ ㄱ, ㄴ, ㄷ

MGI Point **행정기본법**   ★★

- 행정기본법 7조의2 ⇨ 행정에 관한 나이는 다른 법령등에 특별한 규정이 있는 경우를 제외하고는 출생일을 산입하여 만(滿) 나이로 계산하고, 연수(年數)로 표시하되, 1세에 이르지 아니한 경우에는 월수(月數)로 표시할 수 있다.
- 행정기본법 6조② ⇨ 국민의 권익을 제한하거나 의무를 부과하는 처분의 기간의 계산은 다음 각호에 따름(다만, 각호에 따르는 것이 국민에게 불리한 경우에는 적용×)
  1. 기간을 일·주·월·연으로 정한 경우 초일 산입
  2. 기간의 말일이 토요일·공휴일인 경우 기간은 그 날로 만료
- 행정기본법 제7조 ⇨ 법령등(훈령·예규·고시·지침 등 포함) 시행일을 정하거나 계산할 때에는 다음 각호에 따름
  1. 법령등 공포일(훈령·예규·고시·지침등은 고시·공고 등으로 발령한 날)부터 시행하는 경우 ⇨ 공포일=시행일
  2. 법령등 공포일~기간 경과일 부터 시행하는 경우 ⇨ 공포일 초일 불산입
  3. 법령등 공포일~기간 경과일 부터 시행하는 경우 ⇨ 그 기간의 말일이 토요일·공휴일인 경우 그 말일로 기간 만료

ㄱ. (○) 행정기본법 제7조의2 참조.

> 행정기본법 제7조의2(행정에 관한 나이의 계산 및 표시) 행정에 관한 나이는 다른 법령등에 특별한 규정이 있는 경우를 제외하고는 출생일을 산입하여 만(滿) 나이로 계산하고, 연수(年數)로 표시한다. 다만, 1세에 이르지 아니한 경우에는 월수(月數)로 표시할 수 있다. [본조신설 2022.12.27]

ㄴ. (X) 영업정지는 권익을 제한하는 처분이므로 초일을 산입한다(행정기본법 제6조 제2항 제1호). 따라서 2025. 8. 31. 24시에 영업정지기간이 만료된다(민법 제159조). 또한, 2025. 8. 31.이 토요일이라도 영업정지기간 만료일은 변하지 않는다(행정기본법 제6조 제2항 제2호). 한편, 그 사이 광복절이 있는지 여부는 무관하다.

> 행정기본법 제6조(행정에 관한 기간의 계산) ① 행정에 관한 기간의 계산에 관하여는 이 법 또는 다른 법령등에 특별한 규정이 있는 경우를 제외하고는 「민법」을 준용한다.
> ② 법령등 또는 처분에서 국민의 권익을 제한하거나 의무를 부과하는 경우 권익이 제한되거나 의무가 지속되는 기간의 계산은 다음 각 호의 기준에 따른다. 다만, 다음 각 호의 기준에 따르는 것이 국민에게 불리한 경우에는 그러하지 아니하다.
> 1. 기간을 일, 주, 월 또는 연으로 정한 경우에는 기간의 첫날을 산입한다.
> 2. 기간의 말일이 토요일 또는 공휴일인 경우에도 기간은 그 날로 만료한다.

ㄷ. (X) 고시일로부터 5일 경과 후 시행하기로 정하였다면, 초일을 산입하지 않는다(행정기본법 제7조 제2호). 따라서, 2025. 9. 2. 고시하였다면 2025. 9. 7.에 기간이 만료할 것이며, 이 때가 일요일이더라도 2025. 9. 7. 24시에 기간이 만료하고(행정기본법 제7조 제3호), 2025. 9. 8. 0시에 시행된다.

> 행정기본법 제7조(법령등 시행일의 기간 계산) 법령등(훈령·예규·고시·지침 등을 포함한다. 이하 이 조에서 같다)의 시행일을 정하거나 계산할 때에는 다음 각 호의 기준에 따른다. <개정 2025.3.18.>
> 1. 법령등을 공포한 날(훈령·예규·고시·지침 등은 고시·공고 등의 방법으로 발령한 날을 말한다. 이하 이 조에서 같다)부터 시행하는 경우에는 공포한 날을 시행일로 한다.
> 2. 법령등을 공포한 날부터 일정 기간이 경과한 날부터 시행하는 경우 법령등을 공포한 날을 첫날에 산입하지 아니한다.
> 3. 법령등을 공포한 날부터 일정 기간이 경과한 날부터 시행하는 경우 그 기간의 말일이 토요일 또는 공휴일인 때에는 그 말일로 기간이 만료한다.

정답 ①

문 23

사인의 공법행위에 관한 설명 중 옳은 것을 모두 고른 것은? (다툼이 있는 경우 판례에 의함)

> ㄱ. 단기복무하사관의 전역지원의 의사표시가 진의 아닌 의사표시라 하더라도 그 효력에 관한 「민법」 제107조 제1항 단서의 규정은 사인의 공법행위에는 적용되지 않으므로 무효로 보아야 한다.
> ㄴ. 행정기관의 내부 업무 처리 절차로서 신고의 수리를 규정한 경우 행정청이 수리하여야 신고의 효력이 발생한다.
> ㄷ. 법령에서 행정청에 일정한 사항을 통지함으로써 의무가 끝나는 신고를 규정하고 있는 경우, 요건을 갖춘 신고서가 접수기관에 도달한 때에 신고 의무가 이행된 것으로 본다.
> ㄹ. 「건축법」상 건축신고의 대상이 되는 건축행위를 하고자 하는 자는 적법한 요건을 갖춘 건축신고만 하면 건축을 할 수 있는 것이고 행정청의 수리처분 등 별단의 조처를 기다릴 필요가 없다고 할 것이므로, 건축신고의 수리 거부는 항고소송의 대상이 되는 처분에 해당하지 않는다.

① ㄴ   ② ㄷ
③ ㄱ, ㄷ   ④ ㄱ, ㄹ
⑤ ㄴ, ㄹ

MGI Point **사인의 공법행위** ★★

- 민법 107조1항 단서는 사인의 공법행위에는 적용 × ⇨ 표시된 대로 유효
- 행정기관의 내부 업무 처리 절차로서 신고 수리 규정한 경우 ⇨ 수리하여야 효력 발생하는 것 ×
- 법령에서 행정청에 일정한 사항을 통지함으로써 의무가 끝나는 신고를 규정하고 있는 경우
  ⇨ 요건을 갖춘 신고서가 접수기관에 도달한 때에 신고 의무가 이행된 것으로 봄
- 건축신고 반려행위 ⇨ 처분 ○

ㄱ. (X) 군인사정책상 필요에 의하여 복무연장지원서와 전역(여군의 경우 면역임)지원서를 동시에 제출하게 한 피고측의 방침에 따라 위 양 지원서를 함께 제출한 이상, 그 취지는 복무연장지원의 의사표시를 우선으로 하되, 그것이 받아들여지지 아니하는 경우에 대비하여 원에 의하여 전역하겠다는 조건부 의사표시를 한 것이므로 그 전역지원의 의사표시도 유효한 것으로 보아야 하고, 가사 전역지원의 의사표시가 진의 아닌 의사표시라고 하더라도 그 무효에 관한 법리를 선언한 민법 제107조 제1항 단서의 규정은 그 성질상 사인의 공법행위에는 적용되지 않는다 할 것이므로 그 표시된 대로 유효한 것으로 보아야 할 것이다(대판 1994.01.11. 93누10057).

ㄴ. (X) 행정기본법 제34조 참조.

> 행정기본법 제34조(수리 여부에 따른 신고의 효력) 법령등으로 정하는 바에 따라 행정청에 일정한 사항을 통지하여야 하는 신고로서 법률에 신고의 수리가 필요하다고 명시되어 있는 경우(행정기관의 내부 업무 처리 절차로서 수리를 규정한 경우는 제외한다)에는 행정청이 수리하여야 효력이 발생한다.

ㄷ. (○) 행정절차법 제40조 제2항 참조.

> 행정절차법 제40조(신고) ① 법령등에서 행정청에 일정한 사항을 통지함으로써 의무가 끝나는 신고를 규정하고 있는 경우 신고를 관장하는 행정청은 신고에 필요한 구비서류, 접수기관, 그 밖에 법령등에 따른 신고에 필요한 사항을 게시(인터넷 등을 통한 게시를 포함한다)하거나 이에 대한 편람을 갖추어 두고 누구나 열람할 수 있도록 하여야 한다.
> ② 제1항에 따른 신고가 다음 각 호의 요건을 갖춘 경우에는 신고서가 접수기관에 도달된 때에 신고 의무가 이행된 것으로 본다.
> 1. 신고서의 기재사항에 흠이 없을 것
> 2. 필요한 구비서류가 첨부되어 있을 것
> 3. 그 밖에 법령등에 규정된 형식상의 요건에 적합할 것

ㄹ. (X) 건축주 등은 신고제하에서도 건축신고가 반려될 경우 당해 건축물의 건축을 개시하면 시정명령, 이행강제금, 벌금의 대상이 되거나 당해 건축물을 사용하여 행할 행위의 허가가 거부될 우려가 있어 불안정한 지위에 놓이게 된다. 따라서 건축신고 반려행위가 이루어진 단계에서 당사자로 하여금 반려행위의 적법성을 다투어 그 법적 불안을 해소한 다음 건축행위에 나아가도록 함으로써 장차 있을지도 모르는 위험에서 미리 벗어날 수 있도록 길을 열어 주고, 위법한 건축물의 양산과 그 철거를 둘러싼 분쟁을 조기에 근본적으로 해결할 수 있게 하는 것이 법치행정의 원리에 부합한다. 그러므로 건축신고 반려행위는 항고소송의 대상이 된다고 보는 것이 옳다(대판 2010.11.18. 2008두167(전합)).

정답 ②

문 24

행정입법에 대한 사법적 통제에 관한 설명 중 옳은 것은? (다툼이 있는 경우 판례에 의함)

① 헌법 제107조 제2항의 명령·규칙심사의 대상이 되는 '규칙'이란 행정규칙을 의미한다.

② 별도의 집행행위 없이 직접 국민의 구체적인 권리의무나 법적 이익에 영향을 미치는 등의 법률상 효과를 발생하는 조례라 하더라도 그 자체로 항고소송의 대상인 처분에 해당한다고 볼 수는 없다.

③ 헌법재판소는 명령·규칙이 그 자체에 의하여 직접 기본권을 침해하는 경우에도 보충성의 원칙상 헌법소원의 대상이 될 수 없다고 한다.

④ 법률이 특정 개발사업에 관한 손실보상의무를 규정하면서 구체적인 손실보상의 절차와 방법 등을 대통령령으로 제정할 의무를 규정하고 있음에도 이를 제정하지 아니한 것은 부작위위법확인소송의 대상이 되는 부작위에 해당하지 않는다.

⑤ 법규명령의 위헌 또는 위법성이 계속 중인 재판의 선결문제로서 다투어지는 경우 위헌 또는 위법의 합리적인 의심이 있으면 수소법원은 그 재판절차를 정지하고 대법원에 그 위헌 또는 위법 여부의 심판을 제청하여야 한다.

MGI Point　행정입법에 대한 사법적 통제　★★

- 헌법 제107조 제2항 대법원의 명령·규칙심사 대상인 '규칙' ⇨ 법규명령 포함 ○　법규성이 없는 행정규칙 ×
- 별도의 집행행위 없이 직접 법률상 효과를 발생하는 조례 ⇨ 항고소송의 대상인 처분 ○ (처분적 조례)
- 명령·규칙이 그 자체에 의하여 직접 기본권을 침해하는 경우 ⇨ 헌법소원의 대상 可
- 행정입법부작위 ⇨ 부작위위법확인소송 대상 ×
- 명령, 규칙의 사법적 통제 주체 ⇨ 대법원을 최고법원으로 하는 각급법원 (수소법원 스스로 심사)

---

① (X) 헌법 제107조 제2항의 '명령'이란 법규명령을 의미하고, 자치법규인 조례와 규칙도 포함된다. '규칙'이란 중앙선거관리위원회 규칙, 대법원규칙, 국회규칙과 같이 법규명령인 것을 의미한다(아래 94누5694 참조). 행정규칙 중 법규성을 갖는 것은 헌법 제107조의 구체적 규범통제의 대상이 된다. 그러나, 법규성이 없는 행정규칙은 헌법 제107조의 통제대상이 아니다(아래 88재누55 참조)(박균성, 행정법강의 제17판(2020), p.141−142 참조).

> **참조판례** 피고가 앞서 본바와 같이 무효인 서울특별시행정권한위임조례의 규정에 근거하여 이 사건 처분을 한 것이므로, 이 사건 처분은 결과적으로 적법한 위임없이 권한없는 자에 의하여 행하여진 것과 마찬가지가 되어 그 하자가 중대하다고 할 것이나, 지방자치단체의 사무에 관한 조례와 규칙은 조례가 보다 상위규범이라고 할 수 있고, 또한 헌법 제107조 제2항의 "규칙"에는 지방자치단체의 조례와 규칙이 모두 포함되는 등 이른바 규칙의 개념이 경우에 따라 상이하게 해석되는 점등에 비추어 보면 이 사건 처분의 위임과정의 하자가 객관적으로 명백한 것이라고 할 수 없으므로, 이로 인한 하자는 결국 당연무효 사유는 아니라고 봄이 상당하다(대판 1995.08.22. 94누5694(전합)).
>
> **참조판례** 명령 또는 규칙이 법률에 위반한 경우에는 대법관 전원의 2/3이상의 합의체에서 심판하도록 규정한 법원조직법 제7조 제1항 제2호에서 말하는 명령 또는 규칙이라 함은 국가와 국민에 대하여 일반적 구속력을 가지는 이른바 법규로서의 성질을 가지는 명령 또는 규칙을 의미한다 할 것인바, 수산업에관한어업면허사무취급규정(수산청훈령 제434호)은 행정기관 내부의 행정사무처리기준을 정한 것에 불과하고 이른바 법규로서의 성질을 가지는 명령 또는 규칙이라 볼 수 없으므로 위 규정을 무효라고 판단한 이 사건 재심대상

판결이 대법원 전원합의체에서 이루어진 것이 아니라 하더라도 법률에 의하여 구성되지 아니한 판결이라고 할 수 없다(대판 1990.02.27. 88재누55).

② (X) 조례가 집행행위의 개입 없이도 그 자체로서 직접 국민의 구체적인 권리의무나 법적 이익에 영향을 미치는 등의 법률상 효과를 발생하는 경우 그 조례는 항고소송의 대상이 되는 행정처분에 해당한다(대판 1996.09.20. 95누8003).

③ (X) 헌법재판소법 제68조 제1항 후단 소정의 다른 법률에 의한 구제절차란, 소원의 목적물인 공권력의 행사 또는 불행사를 직접 대상으로 하여 그 효력을 다툴 수 있는 절차를 의미하는 것이지 최종 목적을 달성키 위하여 취할 수 있는 모든 우회적인 구제절차를 의미하는 것이 아니며, 이 사건에서 청구인으로서는 법원행정처장에게 법무사시험 실시를 요구하고 그 결과(거부처분이나 부작위)에 대하여 불복청구하는 행정심판이나 행정소송을 제기할 수 있을는지도 모르나 가사 그러한 구제절차가 인정된다고 하더라도 그러한 것은 우회적인 절차여서 신속한 권리구제를 받기란 기대하기 어려운 것이므로 이는 헌법재판소법 제68조 제1항 후단 소정의 구제절차에 해당되지 아니하고, 법령자체에 의한 직접적인 기본권침해여부가 문제되었을 경우 그 법령의 효력을 직접 다투는 것을 소송물로하여 일반 법원에 구제를 구할 수 있는 절차는 존재하지 아니하므로(일반법원에 명령·규칙을 직접 대상으로 하여 행정소송을 제기한 경우에 이것이 허용되어 구제된 예를 발견할 수 없다) 이 경우에는 다른 구제절차를 거칠 것 없이 바로 헌법소원심판을 청구할 수 있는 것이다(헌재 1990.10.15. 89헌마178).

④ (O) 추상적인 법령의 제정 여부 등이 부작위위법확인소송의 대상이 될 수 있는지 여부(소극) : 행정소송은 구체적 사건에 대한 법률상 분쟁을 법에 의하여 해결함으로써 법적 안정을 기하자는 것이므로 부작위위법확인소송의 대상이 될 수 있는 것은 구체적 권리의무에 관한 분쟁이어야 하고 추상적인 법령에 관하여 제정의 여부 등은 그 자체로서 국민의 구체적인 권리의무에 직접적 변동을 초래하는 것이 아니어서 그 소송의 대상이 될 수 없다(대판 1992.05.08. 91누11261).

⑤ (X) 행정입법에 대한 사법 통제의 주체는 각급 법원이며, 대법원은 최종심사권을 갖는다(박균성, 행정법 강의 제17판(2020), p.143 참조).

> **판례** 우리 헌법 제107조 제2항에 의하여 명령·규칙·처분의 위헌, 위법 심사권은 대법원을 최종심으로 하는 각급 법원에 부여되어 있는 이상, 구체적 사건에 있어서 당해 법률 또는 법률조항의 의미·내용과 적용범위가 어떠한 것인지를 정하는 권한 곧 법령의 해석·적용 권한은 전적으로 대법원을 최고법원으로 하는 법원에 전속하므로 법원이 스스로 재판의 전제되는 당해 시행령·규칙·처분의 위헌 여부를 판단하면 되는 것이고, 법률과 시행령이 결합하여 전체로서 하나의 완결된 법규적 효력을 가질 경우 당해 법률을 형식적 위헌심사의 대상으로 상정하고 실질적으로는 법률의 위임에 의한 시행령 등 하위법규의 위헌성을 문제삼아 위헌심판제청을 하는 것은 허용되지 아니한다 할 것이다(광주고법 결정 2001.03.15. 2001아2[확정]).

정답 ④

문 25

「행정기본법」상 인허가의제에 관한 설명 중 옳은 것을 모두 고른 것은? (다툼이 있는 경우 판례에 의함)

> ㄱ. 인허가의제를 받으려면 주된 인허가를 신청할 때 관련 인허가에 필요한 서류를 함께 제출하여야 하되, 불가피한 사유로 함께 제출할 수 없는 경우에는 주된 인허가 행정청이 별도로 정하는 기한까지 제출할 수 있다.
> ㄴ. 주된 인허가 행정청은 주된 인허가를 하기 전에 관련 인허가에 관하여 미리 관련 인허가 행정청과 협의하여야 한다.
> ㄷ. 주된 인허가 행정청으로부터 협의를 요청받은 관련 인허가 행정청은 관련 인허가에 필요한 심의, 의견 청취 등 절차를 거치지 아니하고는 협의에 응하여서는 아니된다.
> ㄹ. 주된 인허가 행정청이 주된 인허가를 하기 전에 관련 인허가에 관하여 미리 관련 인허가 행정청과 협의가 된 사항에 대해서는 주된 인허가를 받았을 때 관련 인허가를 받은 것으로 본다.
> ㅁ. 주된 인허가가 관련 인허가에 필요한 요건을 갖추지 못하였음을 이유로 거부된 경우 관련 인허가의 거부를 취소소송의 대상으로 하여 다툴 수 있다.

① ㄱ, ㄴ, ㄷ　　　　　　② ㄱ, ㄴ, ㄹ
③ ㄱ, ㄹ, ㅁ　　　　　　④ ㄴ, ㄷ, ㅁ
⑤ ㄷ, ㄹ, ㅁ

| MGI Point | **행정기본법상 인허가의제** | ★★ |

- 주된 인허가를 받았을 때 관련 인허가를 받은 것으로 봄
- 주된 인허가 신청시 관련 인허가 필요서류 함께 제출
  다만, 불가피한 사유로 함께 제출할 수 없는 경우 주된 인허가 행정청이 별도로 정하는 기한까지 제출 可
- 주된 인허가 행정청은 주된 인허가를 하기 전에 관련 인허가에 관하여 미리 관련 인허가 행정청과 협의하여야 함
- 협의를 요청받은 관련 인허가 행정청은 해당 법령을 위반하여 협의에 응해서는 ×
  다만, 관련 인허가에 필요한 심의, 의견 청취 등 절차는 법률에 명시적인 규정이 있는 경우에만 거침
- 주된 인허가가 관련 인허가에 필요한 요건을 갖추지 못하였음을 이유로 거부된 경우
  ⇨ 주된 인허가 거부가 취소소송의 대상 ○ 관련 인허가 거부 취소소송 대상 ×

ㄱ. (○), ㄴ. (○) 행정기본법 제24조 제2항(ㄱ), 제3항(ㄴ) 참조.

ㄷ. (X) 행정기본법 제24조 5항 참조. 관련 인허가 행정청은 해당 법령을 위반하여 협의할 수 없을 뿐이고, 심의, 의견청취 등 절차는 법률의 '명시적인 규정'이 있는 경우에만 거친다.

ㄹ. (○) 행정기본법 제24조 제1항, 제3항 참조.

> 행정기본법 제24조(인허가의제의 기준) ① 이 절에서 "인허가의제"란 하나의 인허가(이하 "주된 인허가"라 한다)를 받으면 법률로 정하는 바에 따라 그와 관련된 여러 인허가(이하 "관련 인허가"라 한다)를 받은 것으로 보는 것을 말한다.
> ② 인허가의제를 받으려면 주된 인허가를 신청할 때 관련 인허가에 필요한 서류를 함께 제출하여야 한다. 다만, 불가피한 사유로 함께 제출할 수 없는 경우에는 주된 인허가 행정청이 별도로 정하는 기한까지 제출할 수 있다.

③ 주된 인허가 행정청은 주된 인허가를 하기 전에 관련 인허가에 관하여 미리 관련 인허가 행정청과 협의하여야 한다.

④ 관련 인허가 행정청은 제3항에 따른 협의를 요청받으면 그 요청을 받은 날부터 20일 이내(제5항 단서에 따른 절차에 걸리는 기간은 제외한다)에 의견을 제출하여야 한다. 이 경우 전단에서 정한 기간(민원 처리 관련 법령에 따라 의견을 제출하여야 하는 기간을 연장한 경우에는 그 연장한 기간을 말한다) 내에 협의 여부에 관하여 의견을 제출하지 아니하면 협의가 된 것으로 본다.

⑤ 제3항에 따라 협의를 요청받은 관련 인허가 행정청은 해당 법령을 위반하여 협의에 응해서는 아니 된다. 다만, 관련 인허가에 필요한 심의, 의견 청취 등 절차에 관하여는 법률에 인허가의제 시에도 해당 절차를 거친다는 명시적인 규정이 있는 경우에만 이를 거친다.

ㅁ. (X) 행정청이 관련 인허가의 요건을 갖추지 못함을 이유로 주된 인허가를 거부하는 경우, 상대방은 주된 인허가의 거부처분에 대한 항고소송에서 주된 인허가의 사유뿐만 아니라 관련 인허가에 대한 사유에 대해서도 다투면 되는 것이고, 별개의 관련 인허가 거부처분이 실재하는 것은 아니므로, 그에 대한 항고소송을 별도로 제기할 수는 없다(하명호, 행정법 제6판(2024), p.148; 아래 99두10988 참조).

> **참조판례** 구 건축법(1999. 2. 8. 법률 제5895호로 개정되기 전의 것) 제8조 제1항, 제3항, 제5항에 의하면, 건축허가를 받은 경우에는 구 도시계획법(2000. 1. 28. 법률 제6243호로 전문 개정되기 전의 것) 제4조에 의한 토지의 형질변경허가나 농지법 제36조에 의한 농지전용허가 등을 받은 것으로 보며, 한편 건축허가권자가 건축허가를 하고자 하는 경우 당해 용도·규모 또는 형태의 건축물을 그 건축하고자 하는 대지에 건축하는 것이 건축법 관련 규정이나 같은 도시계획법 제4조, 농지법 제36조 등 관계 법령의 규정에 적합한지의 여부를 검토하여야 하는 것일 뿐, 건축불허가처분을 하면서 그 처분사유로 건축불허가 사유뿐만 아니라 형질변경불허가 사유나 농지전용불허가 사유를 들고 있다고 하여 그 건축불허가처분 외에 별개로 형질변경불허가처분이나 농지전용불허가처분이 존재하는 것이 아니므로, 그 건축불허가처분을 받은 사람은 그 건축불허가처분에 관한 쟁송에서 건축법상의 건축불허가 사유뿐만 아니라 같은 도시계획법상의 형질변경불허가 사유나 농지법상의 농지전용불허가 사유에 관하여도 다툴 수 있는 것이지, 그 건축불허가처분에 관한 쟁송과는 별개로 형질변경불허가처분이나 농지전용불허가처분에 관한 쟁송을 제기하여 이를 다투어야 하는 것은 아니며, 그러한 쟁송을 제기하지 아니하였어도 형질변경불허가 사유나 농지전용불허가 사유에 관하여 불가쟁력이 생기지 아니한다(대판 2001.01.16. 99두10988).

정답 ②

문 26

행정행위의 하자의 치유에 관한 설명 중 옳은 것을 모두 고른 것은? (다툼이 있는 경우 판례에 의함)

ㄱ. 하자 있는 행정행위의 치유는 행정행위의 성질이나 법치주의의 관점에서 본다면 원칙적으로는 허용될 수 없는 것이고, 행정행위의 무용한 반복을 피하고 당사자의 법적 안정성을 위해 이를 허용하는 때에도 국민의 권리와 이익을 침해하지 않는 범위에서 구체적 사정에 따라 합목적적으로 인정해야 한다.

ㄴ. 하자의 치유는 취소소송이 제기된 이후에는 허용될 수 없는바, 도로점용료 부과처분에 취소사유에 해당하는 하자가 있어 이에 대한 취소소송이 제기된 이후에 도로관리청이 흠 있는 부분에 해당하는 점용료를 감액하는 처분을 하는 것은 실기한 하자의 치유에 해당하므로 허용되지 않는다.

ㄷ. 환지처분이 일단 확정되어 효력을 발생한 후에는 이를 소급하여 시정하는 뜻의 환지변경처분이란 있을 수 없으므로, 환지절차를 새로 밟지 아니하고 한 환지변경처분 후에 이의를 유보함이 없이 그 환지변경처분에 따른 청산금을 교부받았다 하더라도 그 사정만으로 무효인 환지변경처분의 흠이 치유된다고 볼 수 없다.

ㄹ. 과세처분시 납세고지서에 과세표준, 세율, 세액의 산출근거 등이 누락된 경우에는 늦어도 과세처분에 대한 불복 여부의 결정 및 불복신청에 편의를 줄 수 있는 상당한 기간 내에 보정행위를 하여야 그 하자가 치유된다.

① ㄱ, ㄴ   ② ㄴ, ㄷ
③ ㄷ, ㄹ   ④ ㄱ, ㄴ, ㄹ
⑤ ㄱ, ㄷ, ㄹ

MGI Point **행정행위의 하자의 치유**   ★★

■ 하자 있는 행정행위의 치유는 원칙적 허용 × ⇨ 행정행위의 무용한 반복을 피하고 당사자의 법적 안정성을 위해 이를 허용하는 때에도, 국민의 권리와 이익을 침해하지 않는 범위에서 구체적 사정에 따라 합목적적으로 인정해야 함

■ 도로점용료 부과처분에 취소사유 하자 ⇨ 하자 부분 점용료 감액 처분은 당초 처분을 일부 취소하는 변경처분 ○ 하자의 치유 × ⇨ 취소소송 제기 후에도 허용 ○

■ 환지처분이 확정되어 효력을 발생한 후에는 소급 환지변경처분이란 있을 수 없음 ⇨ 환지절차를 새로 밟지 아니하고 한 환지변경처분은 무효 ⇨ 이의를 유보함이 없이 그 환지변경처분에 따른 청산금을 교부받았다 하더라도 하자 치유 ×

■ 과세처분시 납세고지서에 과세표준, 세율, 세액의 산출근거 등이 누락된 경우 ⇨ 늦어도 과세처분에 대한 불복 여부의 결정 및 불복신청에 편의를 줄 수 있는 상당한 기간 내에 보정행위를 하여야 그 하자가 치유

ㄱ. (○) 행정소송에서 행정처분의 위법 여부는 행정처분이 있을 때의 법령과 사실상태를 기준으로 하여 판단하여야 하고, 처분 후 법령의 개폐나 사실상태의 변동에 의하여 영향을 받지는 않는다고 할 것이고, 하자 있는 행정행위의 치유는 행정행위의 성질이나 법치주의의 관점에서 볼 때 원칙적으로 허용될 수 없는 것이고, 예외적으로 행정행위의 무용한 반복을 피하고 당사자의 법적 안정성을 위해 이를 허용하는 때에도 국민의 권리나 이익을 침해하지 않는 범위에서 구체적 사정에 따라 합목적적으로 인정하여야 한다(대판 2002.07.09. 2001두10684).

ㄴ. (X) 행정청은 행정소송이 계속되고 있는 때에도 직권으로 그 처분을 변경할 수 있고, 행정소송법 제22조 제1항은 이를 전제로 처분변경으로 인한 소의 변경에 관하여 규정하고 있다. 점용료 부과처분에 취소사유에 해당하는 흠이 있는 경우 도로관리청으로서는 당초 처분 자체를 취소하고 흠을 보완하여 새로운 부과처분을 하거나, 흠 있는 부분에 해당하는 점용료를 감액하는 처분을 할 수 있다. 한편 흠 있는 행정행위의 치유는 원칙적으로 허용되지 않을 뿐 아니라, 흠의 치유는 성립 당시에 적법한 요건을 갖추지 못한 흠 있는 행정행위를 그대로 존속시키면서 사후에 그 흠의 원인이 된 적법 요건을 보완하는 경우를 말한다. 그런데 앞서 본 바와 같은 흠 있는 부분에 해당하는 점용료를 감액하는 처분은 당초 처분 자체를 일부 취소하는 변경처분에 해당하고, 그 실질은 종래의 위법한 부분을 제거하는 것으로서 흠의 치유와는 차이가 있다. 그러므로 이러한 변경처분은 흠의 치유와는 성격을 달리하는 것으로서, 변경처분 자체가 신뢰보호 원칙에 반한다는 등의 특별한 사정이 없는 한 점용료 부과처분에 대한 취소소송이 제기된 이후에도 허용될 수 있다. 이에 따라 특별사용의 필요가 없는 부분을 도로점용허가의 점용장소 및 점용면적으로 포함한 흠이 있고 그로 인하여 점용료 부과처분에도 흠이 있게 된 경우, 도로관리청으로서는 도로점용허가 중 특별사용의 필요가 없는 부분을 직권취소하면서 특별사용의 필요가 없는 점용장소 및 점용면적을 제외한 상태

선택형

공법

로 점용료를 재산정한 후 당초 처분을 취소하고 재산정한 점용료를 새롭게 부과하거나, 당초 처분을 취소하지 않고 당초 처분으로 부과된 점용료와 재산정된 점용료의 차액을 감액할 수도 있다(대판 2019.01.17. 2016두56721,56738).

ㄷ. (○) [가] 환지처분이 일단 확정되어 효력을 발생한 후에는 이를 소급하여 시정하는 뜻의 환지변경처분이란 있을 수 없고, 그러한 환지변경의 필요가 있을 때에는 환지절차를 새로이 밟아야 하며 이를 밟지 아니하고 한 환지변경처분은 위법하다 할 것인바, 그와 같은 위법은 환지절차의 본질을 해한 것으로서 그 흠은 중대하고 명백하여 행정처분의 무효사유에 해당한다. [나] 환지변경처분 후에 이의를 유보함이 없이 변경처분에 따른 청산금을 교부받았다 하더라도 그 사정만으로 무효인 행정처분의 흠이 치유된다고 볼 수 없고 소권을 포기 또는 부제소합의를 하였다고 인정할 수 없다(대판 1992.11.10. 91누8227).

ㄹ. (○) 과세처분시 납세고지서에 과세표준, 세율, 세액의 산출근거 등이 누락된 경우에는 늦어도 과세처분에 대한 불복여부의 결정 및 불복신청에 편의를 줄 수 있는 상당한 기간내에 보정행위를 하여야 그 하자가 치유된다 할 것이므로, 과세처분이 있은지 4년이 지나서 그 취소소송이 제기된 때에 보정된 납세고지서를 송달하였다는 사실이나 오랜 기간(4년)의 경과로써 과세처분의 하자가 치유되었다고 볼 수는 없다(대판 1983.07.26. 82누420).

정답 ⑤

문 27
25년 10월 모의시험

처분의 이유제시에 관한 설명 중 옳지 않은 것을 모두 고른 것은? (다툼이 있는 경우 판례에 의함)

ㄱ. 행정청이 신청 내용을 모두 그대로 인정하는 처분을 하는 경우 처분시에 당사자에게 그 근거와 이유를 제시하지 않아도 되지만, 처분 후 당사자가 요청하는 경우에는 그 근거와 이유를 제시하여야 한다.

ㄴ. 일반적으로 당사자가 근거 규정 등을 명시하여 신청하는 인허가 등을 거부하는 처분을 함에 있어 당사자가 그 근거를 알 수 있을 정도로 상당한 이유를 제시한 경우에는 당해 처분의 근거 및 이유를 구체적 조항 및 내용까지 명시하지 않았더라도 그로 말미암아 그 처분이 위법한 것이 된다고 할 수 없다.

ㄷ. 처분서에 기재된 내용과 관계 법령 및 당해 처분에 이르기까지 전체적인 과정 등을 종합적으로 고려하여 처분 당시 당사자가 어떠한 근거와 이유로 처분이 이루어진 것인지를 알 수 있어서 그에 불복하여 행정구제절차로 나아가는 데에 지장이 없었다 하더라도 처분서에 처분의 근거와 이유가 구체적으로 명시되어 있지 않았다면 그 처분은 위법하다.

ㄹ. 신청에 따른 처분이 이루어지지 아니한 경우에는 아직 당사자에게 권익이 부여되지 아니하였으므로 특별한 사정이 없는 한 신청에 대한 거부처분은 직접 당사자의 권익을 제한하는 것은 아니어서 행정청에 그 근거와 이유를 제시하여야 할 의무가 있는 것은 아니다.

① ㄱ, ㄴ
② ㄱ, ㄷ
③ ㄴ, ㄹ
④ ㄱ, ㄷ, ㄹ
⑤ ㄴ, ㄷ, ㄹ

MGI Point **이유제시 의무** ★★

- **이유제시 불요 사항**
  - 1. 신청 내용을 모두 그대로 인정하는 처분 ⇨ 처분 후 당사자가 요청하는 경우에도 이유제시 不要
  - 2. 단순·반복적인 처분 또는 경미한 처분으로서 당사자가 그 이유를 명백히 알 수 있는 경우 3. 긴급히 처분을 할 필요가 있는 경우 ⇨ 처분 후 당사자가 요청하는 경우에는 이유제시 必要
- **거부처분도 이유제시 의무 ○**
- **일반적으로 당사자가 근거 규정 등을 명시하여 신청하는 인허가 등을 거부하는 처분을 함에 있어 당사자가 그 근거를 알 수 있을 정도로 상당한 이유를 제시한 경우 ⇨ 처분의 근거와 이유를 구체적 조항·내용까지 명시하지 않아도 위법 ×**
- **처분에 이르기까지의 전체적인 과정 등을 종합적으로 고려하여, 처분 당시 당사자가 근거, 이유 충분히 알 수 있어서 불복 및 행정구제절차로 나아가는 데에 지장이 없었다면 ⇨ 처분의 근거와 이유를 구체적 명시하지 않아도 위법 ×**

ㄱ. (X) 신청 내용을 모두 그대로 인정하는 처분의 경우에는(행정절차법 제23조 제1항 제1호), 처분 후 당사자가 요청하는 경우에는 그 근거와 이유를 제시하여야 하는 경우(제23조 제2항)에 해당하지 않는다.

> **행정절차법 제23조(처분의 이유 제시)** ① 행정청은 처분을 할 때에는 다음 각 호의 어느 하나에 해당하는 경우를 제외하고는 당사자에게 그 근거와 이유를 제시하여야 한다.
> 1. 신청 내용을 모두 그대로 인정하는 처분인 경우
> 2. 단순·반복적인 처분 또는 경미한 처분으로서 당사자가 그 이유를 명백히 알 수 있는 경우
> 3. 긴급히 처분을 할 필요가 있는 경우
> ② 행정청은 제1항제2호 및 제3호의 경우에 처분 후 당사자가 요청하는 경우에는 그 근거와 이유를 제시하여야 한다.

ㄴ. (○) 행정절차법 제23조 제1항은 행정청은 처분을 하는 때에는 당사자에게 그 근거와 이유를 제시하여야 한다고 규정하고 있는바, 일반적으로 당사자가 근거규정 등을 명시하여 신청하는 인·허가 등을 거부하는 처분을 함에 있어 당사자가 그 근거를 알 수 있을 정도로 상당한 이유를 제시한 경우에는 당해 처분의 근거 및 이유를 구체적 조항 및 내용까지 명시하지 않았더라도 그로 말미암아 그 처분이 위법한 것이 된다고 할 수 없다(대판 2002.05.17. 2000두8912).

ㄷ. (X) 행정절차법 제23조 제1항은 행정청이 처분을 하는 때에는 당사자에게 그 근거와 이유를 제시하도록 규정하고 있는바, 이는 행정청의 자의적 결정을 배제하고 당사로 하여금 행정구제절차에서 적절히 대처할 수 있도록 하는 데 그 취지가 있는 것이므로, 처분서에 기재된 내용과 관계 법령 및 당해 처분에 이르기까지의 전체적인 과정 등을 종합적으로 고려하여, 처분 당시 당사자가 어떠한 근거와 이유로 처분이 이루어진 것인지를 충분히 알 수 있어서 그에 불복하여 행정구제절차로 나아가는 데에 별다른 지장이 없었던 것으로 인정되는 경우에는, 처분서에 처분의 근거와 이유가 구체적으로 명시되어 있지 않았다고 하더라도 그로 말미암아 그 처분이 위법한 것으로 된다고 할 수는 없다(대판 2014.09.04. 2012두12570).

> **비교판례** 면허의 취소처분에는 그 근거가 되는 법령이나 취소권 유보의 부관 등을 명시하여야 함은 물론 처분을 받은 자가 어떠한 위반사실에 대하여 당해 처분이 있었는지를 알 수 있을 정도로 사실을 적시할 것을 요한다(대판 1990.09.11. 90누1786).

ㄹ. (X) 앞서 ㄴ. 판례에서 보았듯이 거부처분에 있어서도 처분의 근거와 이유제시 의무는 인정되고, 다만 이유제시의 정도에 관하여 문제될 뿐이다. ㄹ.은 거부처분이 사전통지대상인지 여부에 대한 설명이며, 처분의 근거와 이유 제시 의무에 대한 내용은 아니다(아래 2003두674 참조).

> **비교판례** 행정절차법 제21조 제1항은 행정청은 당사자에게 의무를 과하거나 권익을 제한하는 처분을 하는 경우에는 미리 처분의 제목, 당사자의 성명 또는 명칭과 주소, 처분하고자 하는 원인이 되는 사실과 처분의 내용 및 법적 근거, 그에 대하여 의견을 제출할 수 있다는 뜻과 의견을 제출하지 아니하는 경우의 처리방법, 의견제출기관의 명칭과 주소, 의견제출기한 등을 당사자 등에게 통지하도록 하고 있는바, 신청에 따른 처분

이 이루어지지 아니한 경우에는 아직 당사자에게 권익이 부과되지 아니하였으므로 특별한 사정이 없는 한 신청에 대한 거부처분이라고 하더라도 직접 당사자의 권익을 제한하는 것은 아니어서 <u>신청에 대한 거부처분</u>을 여기에서 말하는 '당사자의 권익을 제한하는 처분'에 해당한다고 할 수 없는 것이어서 처분의 사전통지대상이 된다고 할 수 없다(대판 2003.11.28. 2003두674).

정답 ④

문 28

25년 10월 모의시험

甲은 「공공기관의 정보공개에 관한 법률」에 따라 A공공기관에 제3자인 乙과 관련된 특정 정보를 사본 교부의 방법으로 공개하여 줄 것을 청구하였다. 이에 관한 설명 중 옳은 것은? (다툼이 있는 경우 판례에 의함)

① 甲이 공개를 청구한 정보가 이미 인터넷 등을 통하여 공개된 것으로 인터넷검색 등을 통하여 쉽게 알 수 있다는 사정만으로 A공공기관이 정보공개를 거부한 경우, 그러한 비공개결정은 정당화될 수 있다.

② 甲이 정보공개를 청구한 목적이 자신이 제기한 손해배상소송에 제출할 증거자료를 획득하기 위한 것이었고 해당 소송이 이미 종결되었다면 A공공기관의 정보공개거부에 대하여 소송으로 다툴 수 없다.

③ A공공기관이 甲이 신청한 사본 교부의 방법이 아닌 열람의 방법으로 정보를 공개하기로 결정한 경우, 甲은 이에 대하여 항고소송을 제기하여 다툴 수 있다.

④ 甲의 정보공개 청구 후 20일이 경과하도록 A공공기관의 정보공개 결정이 없는 경우 甲이 행정소송을 제기하려면 이의신청을 거쳐야 한다.

⑤ 자신과 관련된 정보의 공개청구 사실을 통지받은 乙은 A공공기관에 해당 정보를 공개하지 아니할 것을 요청할 수 있으나, 공개결정이 있더라도 이를 행정소송으로 다툴 수는 없다.

MGI Point 공공기관의 정보공개에 관한 법률 ★★

- 공개를 청구한 정보가 인터넷검색 등을 통하여 쉽게 알 수 있다는 사정만으로 비공개결정 정당화 ×
- 소송 증거자료 획득목적이고 해당 소송이 이미 종결되었어도 정보공개거부에 대하여 소송 可
- 청구인에게는 특정한 공개방법을 지정하여 정보공개를 청구할 수 있는 법령상 신청권 ○
  ⇨ 청구인이 신청한 공개방법 이외의 방법으로 공개하기로 하는 결정을 하였다면, 일부 거부처분 ○
  ⇨ 청구인은 그에 대하여 항고소송 可
- 정보공개 청구 후 20일이 경과하도록 정보공개 결정이 없는 때
  - 이의신청, 행정심판, 행정소송 可
  - 이의신청, 행정심판은 임의적 절차 (거치지 않고 바로 행정소송 可)
- 제3자에 관한 정보공개 청구시 제3자에게 통지 ⇨ 통지받은 제3자는 자신 관련정보 비공개 요청 可
  ⇨ 비공개 요청에도 불구하고 공개결정시 제3자는 이의신청, 행정심판, 행정소송 可

---

① (X) 국민의 정보공개청구권은 법률상 보호되는 구체적인 권리이므로, 공공기관에 대하여 정보의 공개를 청구하였다가 공개거부처분을 받은 청구인은 행정소송을 통하여 그 공개거부처분의 취소를 구할 법률상의 이익이 있고, 공개청구의 대상이 되는 정보가 이미 다른 사람에게 공개되어 널리 알려져 있다거나 인터

넷 등을 통하여 공개되어 인터넷검색 등을 통하여 쉽게 알 수 있다는 사정만으로는 소의 이익이 없다거나 비공개결정이 정당화될 수 없다(대판 2010.12.23. 2008두13101).

② (X) 정보공개청구권은 법률상 보호되는 구체적인 권리이므로 청구인이 공공기관에 대하여 정보공개를 청구하였다가 거부처분을 받은 것 자체가 법률상 이익의 침해에 해당한다고 할 것이고, 거부처분을 받은 것 이외에 추가로 어떤 법률상의 이익을 가질 것을 요구하는 것은 아니다 . … 구 정보공개법의 목적, 규정 내용 및 취지 등에 비추어 보면, 정보공개청구의 목적에 특별한 제한이 있다고 할 수 없으므로, 피고의 주장과 같이 원고가 이 사건 정보공개를 청구한 목적이 이 사건 손해배상소송에 제출할 증거자료를 획득하기 위한 것이었고 위 소송이 이미 종결되었다고 하더라도, 원고가 오로지 피고를 괴롭힐 목적으로 정보공개를 구하고 있다는 등의 특별한 사정이 없는 한, 위와 같은 사정만으로는 원고가 이 사건 소송을 계속하고 있는 것이 권리남용에 해당한다고 볼 수 없다(대판 2004.09.23. 2003두1370).

③ (O) 청구인에게는 특정한 공개방법을 지정하여 정보공개를 청구할 수 있는 법령상 신청권이 있다. 따라서 공공기관이 공개청구의 대상이 된 정보를 공개는 하되, 청구인이 신청한 공개방법 이외의 방법으로 공개하기로 하는 결정을 하였다면, 이는 정보공개청구 중 정보공개방법에 관한 부분에 대하여 일부 거부처분을 한 것이고, 청구인은 그에 대하여 항고소송으로 다툴 수 있다(대판 2016.11.10. 2016두44674).

④ (X) 공공기관의 정보공개에 관한 법률 제20조 제1항 참조. 이의신청(제18조 제1항)은 임의적 절차이다.

> **공공기관의 정보공개에 관한 법률**
> **제18조(이의신청)** ① 청구인이 정보공개와 관련한 공공기관의 비공개 결정 또는 부분 공개 결정에 대하여 불복이 있거나 정보공개 청구 후 20일이 경과하도록 정보공개 결정이 없는 때에는 공공기관으로부터 정보공개 여부의 결정 통지를 받은 날 또는 정보공개 청구 후 20일이 경과한 날부터 30일 이내에 해당 공공기관에 문서로 이의신청을 할 수 있다.
> **제19조(행정심판)** ① 청구인이 정보공개와 관련한 공공기관의 결정에 대하여 불복이 있거나 정보공개 청구 후 20일이 경과하도록 정보공개 결정이 없는 때에는 「행정심판법」에서 정하는 바에 따라 행정심판을 청구할 수 있다. 이 경우 국가기관 및 지방자치단체 외의 공공기관의 결정에 대한 감독행정기관은 관계 중앙행정기관의 장 또는 지방자치단체의 장으로 한다.
> ② 청구인은 제18조에 따른 이의신청 절차를 거치지 아니하고 행정심판을 청구할 수 있다.
> **제20조(행정소송)** ① 청구인이 정보공개와 관련한 공공기관의 결정에 대하여 불복이 있거나 정보공개 청구 후 20일이 경과하도록 정보공개 결정이 없는 때에는 「행정소송법」에서 정하는 바에 따라 행정소송을 제기할 수 있다.

⑤ (X) 공공기관의 정보공개에 관한 법률 제21조 제1항, 제2항 참조.

> **공공기관의 정보공개에 관한 법률**
> **제11조(정보공개 여부의 결정)** ③ 공공기관은 공개 청구된 공개 대상 정보의 전부 또는 일부가 제3자와 관련이 있다고 인정할 때에는 그 사실을 제3자에게 지체 없이 통지하여야 하며, 필요한 경우에는 그의 의견을 들을 수 있다.
> **제21조(제3자의 비공개 요청 등)** ① 제11조제3항에 따라 공개 청구된 사실을 통지받은 제3자는 그 통지를 받은 날부터 3일 이내에 해당 공공기관에 대하여 자신과 관련된 정보를 공개하지 아니할 것을 요청할 수 있다.
> ② 제1항에 따른 비공개 요청에도 불구하고 공공기관이 공개 결정을 할 때에는 공개 결정 이유와 공개 실시일을 분명히 밝혀 지체 없이 문서로 통지하여야 하며, 제3자는 해당 공공기관에 문서로 이의신청을 하거나 행정심판 또는 행정소송을 제기할 수 있다. 이 경우 이의신청은 통지를 받은 날부터 7일 이내에 하여야 한다.

정답 ③

문 29

행정조사에 관한 설명 중 옳지 않은 것은? (다툼이 있는 경우 판례에 의함)

① 「행정조사기본법」에 따르면, 정기조사 또는 수시조사를 실시한 행정기관의 장은 위법행위가 의심되는 새로운 증거를 확보한 경우 동일한 사안에 대하여 동일한 조사대상자를 재조사 할 수 있다.

② 「행정조사기본법」상 조사대상자의 자발적인 협조를 얻어 실시하는 행정조사는 법령등에서 행정조사를 규정하고 있지 않은 경우에도 실시할 수 있다.

③ 세무조사는 국가의 과세권을 실현하기 위한 행정조사의 일종으로 과세처분을 위한 과세관청의 질문조사권이 행하여지는 세무조사의 경우 납세자는 세무공무원의 과세자료 수집을 위한 질문에 대답하고 검사를 수인하여야 할 법적 의무를 부담한다.

④ 「식품위생법」상 '권한을 표시하는 증표 및 조사기간 등이 기재된 서류를 제시하여야 하는 경우'는 위 법에 따라 영업소에 출입하여 식품 등 또는 영업시설 등에 대하여 검사하거나, 식품 등의 무상 수거, 장부 또는 서류를 열람하는 등의 행정조사를 하려는 경우에 한정되는 것은 아니므로, 특별사법경찰관리로 지명된 공무원이 범죄수사를 위하여 음식점 등 영업소에 출입하여 증거수집 등 수사를 하는 경우에도 위 절차를 준수하여야 한다.

⑤ 관세법령에 따라 우편물 통관검사절차에서 이루어지는 우편물의 개봉, 시료채취, 성분분석 등의 검사는 수출입물품에 대한 적정한 통관 등을 목적으로 한 행정조사의 성격을 가지는 것으로서 수사기관의 강제처분이라고 할 수 없으므로, 우편물의 개봉, 시료채취, 성분분석 등의 검사가 압수·수색영장 없이 진행되었다 하더라도 특별한 사정이 없는 한 위법하다고 볼 수 없다.

MGI Point | **행정조사** ★★

■ 「행정조사기본법」상 정기조사 또는 수시조사를 실시한 행정기관의 장은 위법행위 의심 새로운 증거를 확보한 경우 ⇨ 동일한 사안에 대하여 동일한 조사대상자를 재조사 可

■ 「행정조사기본법」상 조사대상자의 자발적인 협조를 얻어 실시하는 행정조사는 법령등에서 행정조사를 규정하고 있지 않은 경우에도 실시 可

■ 세무조사는 과세권 실현 위한 행정조사의 일종 ○ ⇨ 과세관청의 질문조사권이 행하여지는 세무조사의 경우 납세자는 세무공무원의 과세자료 수집을 위한 질문에 대답하고 검사를 수인하여야 할 법적 의무를 부담 ○

■ 「식품위생법」상 '권한을 표시하는 증표 및 조사기간 등이 기재된 서류를 제시하여야 하는 경우' ⇨ 위 법에 따라 행정조사를 하려는 경우에 한정 ○ ⇨ 특사경으로 지명된 공무원이 범죄수사를 위하여 음식점 등 영업소에 출입하여 증거수집 등 수사를 하는 경우에는 위 절차 준수하지 않아도 위법 ×

■ 관세법령에 따라 우편물 통관검사절차에서 이루어지는 우편물의 개봉 등의 검사는 행정조사의 성격을 가지는 것으로서 수사기관의 강제처분 × ⇨ 압수·수색영장 없이 진행되었다 하더라도 특별한 사정이 없는 한 위법 ×

---

① (○) 행정조사기본법 제15조 제1항 단서 참조.

> **행정조사기본법 제15조(중복조사의 제한)** ① 제7조에 따라 정기조사 또는 수시조사를 실시한 행정기관의 장은 동일한 사안에 대하여 동일한 조사대상자를 재조사 하여서는 아니 된다. 다만, 당해 행정기관이 이미 조사를 받은 조사대상자에 대하여 위법행위가 의심되는 새로운 증거를 확보한 경우에는 그러하지 아니하다.

② (○) 행정조사기본법 제5조 단서 참조.

> 행정조사기본법 제5조 (행정조사의 근거) 행정기관은 법령등에서 행정조사를 규정하고 있는 경우에 한하여 행정조사를 실시할 수 있다. 다만, 조사대상자의 자발적인 협조를 얻어 실시하는 행정조사의 경우에는 그러하지 아니하다.

③ (○) 세무조사는 국가의 과세권을 실현하기 위한 행정조사의 일종으로서 국세의 과세표준과 세액을 결정 또는 경정하기 위하여 질문을 하고 장부·서류 그 밖의 물건을 검사·조사하거나 그 제출을 명하는 일체의 행위를 말하며, 부과처분을 위한 과세관청의 질문조사권이 행하여지는 세무조사의 경우 납세자 또는 그 납세자와 거래가 있다고 인정되는 자 등(이하 '납세자 등'이라 한다)은 세무공무원의 과세자료 수집을 위한 질문에 대답하고 검사를 수인하여야 할 법적 의무를 부담한다(대판 2017.03.16. 2014두8360).

④ (X) 식품위생법 제22조 제3항에 따라 '권한을 표시하는 증표 및 조사기간 등이 기재된 서류를 제시하여야 하는 경우'는 식품위생법 제22조 제1항 제2호에 따라 영업소에 출입하여 식품 등 또는 영업시설 등에 대하여 검사하거나, 식품 등의 무상 수거, 장부 또는 서류를 열람하는 등의 행정조사를 하려는 경우에 한정된다. 따라서 구 형사소송법 제197조, 구 사법경찰관리의 직무를 수행할 자와 그 직무범위에 관한 법률 제5조 제8호에 근거하여 특별사법경찰관리로 지명된 공무원이 범죄수사를 위하여 음식점 등 영업소에 출입하여 증거수집 등 수사를 하는 경우에는 식품위생법 제22조 제3항이 정한 절차를 준수하지 않았다고 하여 위법하다고 할 수 없다(대판 2023.07.13. 2021도10763).

⑤ (○) 이러한 규정들과 관세법이 관세의 부과·징수와 아울러 수출입물품의 통관을 적정하게 함을 목적으로 한다는 점(관세법 제1조)에 비추어 보면, 우편물 통관검사절차에서 이루어지는 우편물의 개봉, 시료채취, 성분분석 등의 검사는 수출입물품에 대한 적정한 통관 등을 목적으로 한 행정조사의 성격을 가지는 것으로서 수사기관의 강제처분이라고 할 수 없으므로, 압수·수색영장 없이 우편물의 개봉, 시료채취, 성분분석 등의 검사가 진행되었다 하더라도 특별한 사정이 없는 한 위법하다고 볼 수 없다. 한편 형사소송법 제218조는 검사 또는 사법경찰관은 피의자, 기타인의 유류한 물건이나 소유자, 소지자 또는 보관자가 임의로 제출한 물건을 영장 없이 압수할 수 있다고 규정하고 있고, 압수는 증거물 또는 몰수할 것으로 사료되는 물건의 점유를 취득하는 강제처분으로서, 세관공무원이 통관검사를 위하여 직무상 소지 또는 보관하는 우편물을 수사기관에 임의로 제출한 경우에는 비록 소유자의 동의를 받지 않았다 하더라도 수사기관이 강제로 점유를 취득하지 않은 이상 해당 우편물을 압수하였다고 할 수 없다(대판 2013.09.26. 2013도7718).

 ④

문 30

행정상 강제에 관한 설명 중 옳은 것을 모두 고른 것은? (다툼이 있는 경우 판례에 의함)

> ㄱ. "경찰관은 범죄행위가 목전에 행하여지려고 하고 있다고 인정될 때에는 이를 예방하기 위하여 관계인에게 필요한 경고를 하고, 그 행위로 인하여 사람의 생명·신체에 위해를 끼치거나 재산에 중대한 손해를 끼칠 우려가 있는 긴급한 경우에는 그 행위를 제지할 수 있다."는 「경찰관 직무집행법」 제6조에서 경찰관의 제지에 관한 부분은 범죄의 예방을 위한 경찰 행정상 즉시강제의 근거 조항이다.
>
> ㄴ. 「행정기본법」상 행정청은 의무자가 행정상 의무를 이행할 때까지 이행강제금을 반복하여 부과할 수 있지만, 의무자가 의무를 이행하면 새로운 이행강제금의 부과를 즉시 중지하여야 하고, 이미 부과한 이행강제금도 더 이상 징수할 수 없다.

ㄷ. 「행정기본법」은 직접강제와 즉시강제의 경우에 그 행정상 강제를 실시하기 위하여 현장에 파견되는 집행책임자가 그가 집행책임자임을 표시하는 증표를 보여 주어야 한다고 규정하고 있다.

ㄹ. 법령을 위반하여 건축되거나 설치된 것으로서 철거의무 내지 원상회복의무가 있다고 하더라도 그 의무를 대집행하기 위한 계고처분을 하려면 다른 방법으로는 이행의 확보가 어렵고 불이행을 방치함이 심히 공익을 해하는 것으로 인정될 때에 한하여 허용되고, 이러한 요건의 주장·증명책임은 행정청에 있다.

① ㄱ, ㄴ, ㄷ
② ㄱ, ㄴ, ㄹ
③ ㄱ, ㄷ, ㄹ
④ ㄴ, ㄷ, ㄹ
⑤ ㄱ, ㄴ, ㄷ, ㄹ

MGI Point 행정상 강제 ★★

■ 「경찰관직무집행법」 제6조 중 경찰관의 제지에 관한 부분 ⇨ 즉시강제의 근거 조항
■ 「행정기본법」상 이행강제금
  ▪ 행정청은 의무자가 행정상 의무를 이행할 때까지 반복 부과 可
  ▪ 이행시 새로운 이행강제금 부과 즉시 중지 but 이미 부과한 이행강제금은 징수 可
■ 「행정기본법」상 직접강제와 즉시강제 ⇨ 그 행정상 강제를 실시하기 위하여 현장에 파견되는 집행책임자가 그가 집행책임자임을 표시하는 증표를 보여 주어야 함
■ 대집행 계고처분
  ▪ 법령 위반 등으로 건물 철거의무나 원상회복의무 있더라도, 다른 방법으로는 이행의 확보가 어렵고 불이행을 방치함이 심히 공익을 해하는 것으로 인정될 때에 한하여 허용
  ▪ 이러한 요건의 주장·증명책임 ⇨ 행정청

ㄱ. (O) 경찰관직무집행법 제6조 제1항은 "경찰관은 범죄행위가 목전에 행하여지려고 하고 있다고 인정될 때에는 이를 예방하기 위하여 관계인에게 필요한 경고를 발하고, 그 행위로 인하여 인명·신체에 위해를 미치거나 재산에 중대한 손해를 끼칠 우려가 있어 긴급을 요하는 경우에는 그 행위를 제지할 수 있다."고 규정하고 있는데, 위 조항 중 경찰관의 제지에 관한 부분은 범죄의 예방을 위한 경찰 행정상 즉시강제 즉, 눈앞의 급박한 경찰상 장해를 제거하여야 할 필요가 있고 의무를 명할 시간적 여유가 없거나 의무를 명하는 방법으로는 그 목적을 달성하기 어려운 상황에서 의무불이행을 전제로 하지 아니하고 경찰이 직접 실력을 행사하여 경찰상 필요한 상태를 실현하는 권력적 사실행위에 관한 근거조항이다. 행정상 즉시강제는 그 본질상 행정 목적 달성을 위하여 불가피한 한도 내에서 예외적으로 허용되는 것이므로, 위 조항에 의한 경찰관의 제지 조치 역시 그러한 조치가 불가피한 최소한도 내에서만 행사되도록 그 발동·행사 요건을 신중하고 엄격하게 해석하여야 하고, 그러한 해석·적용의 범위 내에서만 우리 헌법상 신체의 자유 등 기본권 보장 조항과 그 정신 및 해석 원칙에 합치될 수 있다(대판 2008.11.13. 2007도9794).

ㄴ. (X) 행정기본법 제31조 제5항 참조. 이미 부과한 이행강제금은 징수하여야 한다.

> **행정기본법 31조(이행강제금의 부과)** ⑤ 행정청은 의무자가 행정상 의무를 이행할 때까지 이행강제금을 반복하여 부과할 수 있다. 다만, 의무자가 의무를 이행하면 새로운 이행강제금의 부과를 즉시 중지하되, 이미 부과한 이행강제금은 징수하여야 한다.

ㄷ. (○) 행정기본법 제32조 참조.

> 행정기본법 제32조(직접강제) ② 직접강제를 실시하기 위하여 현장에 파견되는 집행책임자는 그가 집행책임자임을 표시하는 증표를 보여 주어야 한다.

ㄹ. (○) 법령을 위반하여 건축되거나 설치된 것으로서 철거의무 내지 원상회복의무가 있다고 하더라도 그 의무를 대집행하기 위한 계고처분을 하려면 다른 방법으로는 이행의 확보가 어렵고 불이행을 방치함이 심히 공익을 해하는 것으로 인정될 때에 한하여 허용되고 이러한 요건의 주장·증명책임은 행정청에 있다(대판 1996.10.11. 96누8086).

정답 ③

문 31

국가 산하 A도경찰청 소속 경찰관 甲이 경찰 오토바이를 운전하여 순찰업무를 수행하던 중 주의의무를 소홀히 하여 민간인 乙이 운전하던 트럭과 충돌하는 사고가 발생하였다. 위 사고로 오토바이 뒷좌석에 동승하여 함께 순찰 중이던 의무경찰대원 丙이 6주간의 치료를 요하는 상해를 입었다. 위 사례에 관한 설명 중 옳은 것은? (다툼이 있는 경우 판례에 의함)

① 丙이 수행한 업무는 관내 순찰업무로서 전투·훈련 및 이에 준하는 직무행위가 아니라 일반적인 직무집행에 불과하므로 「국가배상법」 제2조 제1항 단서가 적용될 여지가 없다.

② 사고 발생에 관하여 甲에게 중과실이 인정되더라도 丙은 甲에 대하여 손해배상을 청구할 수 없다.

③ 丙이 다른 법령에 따른 보상을 받을 수 있는 경우라 하더라도 실제로 보상금 지급 청구권을 행사하고 있지 아니하다면 「국가배상법」에 따른 배상을 청구할 수 있다.

④ 丙이 국가배상을 청구하여 이미 배상금을 지급받은 경우, 「국가유공자 등 예우 및 지원에 관한 법률」상 보상금 등 보훈급여금을 청구하는 것은 허용되지 않는다.

⑤ 대법원 판례에 따르면, 丙에 대하여 국가와 공동불법행위의 책임이 있는 乙이 자신의 과실비율에 상응하는 배상액을 초과하여 丙에게 손해액 전액을 배상한 경우, 국가에 대하여 구상권을 행사하는 것은 허용되지 않는다.

MGI Point 국가배상법, 이중배상금지 ★★

■ 전투·훈련 및 이에 준하는 직무행위 외 일반적인 직무집행도 국가배상법 제2조 제1항 단서 적용 ○
■ 공무원 고의·중과실인 경우 ⇨ 공무원 개인도 불법행위 책임 ○
■ 다른 법령에 보상제도가 규정되어 있으면 실제로 그 권리를 행사하고 있는지 여부에 관계없이 국가배상법 제2조 제1항 단서 적용 ○
■ 국가배상을 청구하여 이미 배상금을 지급받은 후, 보훈급여금 청구 可
■ 이중배상금지규정과 민간인 공동불법행위자 : 민간인과 군인의 공동불법행위문제에 있어서 민간인이 피해자인 군인 등에게 자신의 귀책부분을 넘어서 배상한 경우 국가 등에게 구상권을 행사할 수 있는지 여부
  ▪ 헌법재판소 : 민간인의 구상권을 인정하지 않는 한 위헌(긍정적 입장)
  ▪ 대법원 : 민간인의 구상권 인정 × / 단, 민간인은 내부부담비율로 피해자에게 배상하면 足(분할채무)

① (X) 국가배상법 제2조 제1항 단서의 면책조항은 구 국가배상법(2005. 7. 13. 법률 제7584호로 개정되기 전의 것) 제2조 제1항 단서의 면책조항과 마찬가지로 전투·훈련 또는 이에 준하는 직무집행뿐만 아니라 '일반 직무집행'에 관하여도 국가나 지방자치단체의 배상책임을 제한하는 것이라고 해석하여, 위 면책 주장을 받아들인 원심판단을 정당하다고 한 사례(대판 2011.03.10. 2010다85942).

② (X) 헌법 제29조 제1항 본문은 공무원이 직무수행 중 불법행위로 타인에게 손해를 입힌 경우에 국가 등이 국가배상책임을 부담함을 규정하면서 단서로 "이 경우 공무원 자신의 책임은 면제되지 아니한다."라고 규정하여, 공무원 개인도 민사상 책임을 부담함을 분명히 선언하되 그 책임의 내용과 범위에 관하여는 헌법에 더 이상 규정하지 아니하고 있고 이를 직접 명시적으로 규정한 법률도 없으나, 헌법 제29조 제1항 및 국가배상법 제2조를 각 그 입법취지에 비추어 합리적으로 해석하면, 공무원이 공무집행상의 위법행위로 인하여 타인에게 손해를 입힌 경우에는 공무원에게 고의 또는 중과실이 있는 때에는 공무원 개인도 불법행위로 인한 손해배상책임을 진다고 할 것이지만, 공무원에게 경과실뿐인 때에는 공무원 개인은 손해배상책임을 부담하지 아니한다고 할 것이다(대판 1996.03.08. 94다23876).

③ (X) 국가배상법 제2조 제1항 단서 규정은 다른 법령에 보상제도가 규정되어 있고, 그 법령에 규정된 상이등급 또는 장애등급 등의 요건에 해당되어 그 권리가 발생한 이상, 실제로 그 권리를 행사하였는지 또는 그 권리를 행사하고 있는지 여부에 관계없이 적용된다고 보아야 하고, 그 각 법률에 의한 보상금청구권이 시효로 소멸되었다 하여 적용되지 않는다고 할 수는 없다. 공상을 입은 군인이 국가배상법에 의한 손해배상청구 소송 도중에 국가유공자등예우및지원에관한법률에 의한 국가유공자 등록신청을 하였다가 인과관계가 없어 공상군경 요건에 해당되지 않는다는 이유로 비해당결정 통보를 받고 이에 불복하지 아니한 후 위 법률에 의한 보상금청구권과 군인연금법에 의한 재해보상금청구권이 모두 시효완성된 경우, 국가배상법 제2조 제1항 단서 소정의 '다른 법령에 의하여 보상을 받을 수 있는 경우'라 하여 국가배상청구를 할 수 없다고 한 사례(대판 2002.05.10. 2000다39735).

④ (X) 군인·군무원·경찰공무원 또는 향토예비군대원(이하 '군인 등'이라 한다)이 전투·훈련 등 직무집행과 관련하여 공상을 입는 등의 이유로 보훈보상자법이 정한 보훈보상대상자 요건에 해당하여 보상금 등 보훈급여금을 지급받을 수 있을 때에는 국가배상법 제2조 제1항 단서에 따라 국가를 상대로 국가배상을 청구할 수 없다고 할 것이다. 이와 달리 전투·훈련 등 직무집행과 관련하여 공상을 입은 군인 등이 먼저 국가배상법에 따라 손해배상금을 지급받은 다음 보훈보상자법이 정한 보상금 등 보훈급여금의 지급을 청구하는 경우, 피고로서는 다음과 같은 사정에 비추어 국가배상법에 따라 손해배상을 받았다는 사정을 들어 보상금 등 보훈급여금의 지급을 거부할 수 없다고 보아야 한다(대판 2017.02.03. 2015두60075).

> **판례** 망인의 아버지인 원고를 비롯한 망인의 유가족들은 2010. 4. 6. 서울중앙지방법원 2010가합34109호로 대한민국을 상대로 손해배상을 청구하는 소를 제기하였고, 위 법원은 2010. 10. 13. 원고 일부승소 판결을 선고하여 그 무렵 확정되었으며, 이에 따라 망인의 유가족들은 대한민국으로부터 합계 111,015,460원을 수령하였다. 원고는 2012. 7. 2. 피고에게 국가유공자유족 등록신청을 하였고, 피고는 2013. 8. 20. '망인은 국가유공자의 요건에 해당하지는 않으나, 보훈보상대상자의 요건에 해당한다'는 이유로 원고를 보훈보상자법 제2조 제1항 제1호의 재해사망군경의 유족으로 결정하고 원고에게 보훈급여금을 지급하여 왔다. …원고는 보훈보상자법 제2조 제1항 제1호에 따른 재해사망군경의 유족으로 보상금 등 보훈급여금의 지급대상에 해당하므로, 설령 원고가 국가배상법에 따른 손해배상금을 지급받았다고 하더라도 보훈보상자법이 정한 요건에 해당하여 보훈급여금을 지급받을 수 있다. 따라서 국가배상법상 손해배상금을 지급받았다는 이유만으로 보훈급여금의 지급을 정지한 이 사건 처분은 위법하다(대판 2017.02.03. 2015두60075).

⑤ (O) 공동불법행위자 등이 부진정연대채무자로서 각자 피해자의 손해 전부를 배상할 의무를 부담하는 공동불법행위의 일반적인 경우와 달리 예외적으로 민간인은 피해 군인 등에 대하여 그 손해 중 국가 등이 민간인에 대한 구상의무를 부담한다면 그 내부적인 관계에서 부담하여야 할 부분을 제외한 나머지 자신의 부담부분에 한하여 손해배상의무를 부담하고, 한편 국가 등에 대하여는 그 귀책부분의 구상을 청구할 수

없다고 해석함이 상당하다 할 것이고, 이러한 해석이 손해의 공평·타당한 부담을 그 지도원리로 하는 손해배상제도의 이상에도 맞는다 할 것이다(대판 2001.02.15. 96다42420(전합)).

> **비교판례** 국가배상법 제2조 제1항 단서 중 군인에 관련되는 부분을, 일반국민이 직무집행 중인 군인과의 공동불법행위로 직무집행 중인 다른 군인에게 공상을 입혀 그 피해자에게 공동의 불법행위로 인한 손해를 배상한 다음 공동불법행위자인 군인의 부담부분에 관하여 국가에 대하여 구상권을 행사하는 것을 허용하지 않는다고 해석한다면, 이는 위 단서 규정의 헌법상 근거규정인 헌법 제29조가 구상권의 행사를 배제하지 아니하는데도 이를 배제하는 것으로 해석하는 것으로서 합리적인 이유 없이 일반국민을 국가에 대하여 지나치게 차별하는 경우에 해당하므로 헌법 제11조, 제29조에 위반되며, 또한 국가에 대한 구상권은 헌법 제23조 제1항에 의하여 보장되는 재산권이고 위와 같은 해석은 그러한 재산권의 제한에 해당하며 재산권의 제한은 헌법 제37조 제2항에 의한 기본권제한의 한계 내에서만 가능한데, 위와 같은 해석은 헌법 제37조 제2항에 의하여 기본권을 제한할 때 요구되는 비례의 원칙에 위배하여 일반국민의 재산권을 과잉제한하는 경우에 해당하여 헌법 제23조 제1항 및 제37조 제2항에도 위반된다(헌재 1994.12.29. 93헌바21 [한정위헌]).

> **정답** ⑤

문 32

甲은 공익사업의 사업구역 내외에 걸쳐 서로 연접하여 있는 일단(一團)의 토지 4필을 소유하고 있다. 사업시행자 乙은 「공익사업을 위한 토지 등의 취득 및 보상에 관한 법률」상 사업인정을 받은 후 甲 소유의 위 토지 중 사업 시행에 필요한 3필의 토지에 대한 협의매수를 시도하였으나 협의가 성립되지 아니하자, 관할 토지수용위원회에 수용재결을 신청하여 수용재결이 내려졌다. 위 토지수용으로 인하여 수용되지 않은 甲의 나머지 1필의 토지(이하 '이 사건 토지'라 한다)의 가격이 감소하게 되었다. 위 사례에 관한 설명 중 옳은 것을 모두 고른 것은? (다툼이 있는 경우 판례에 의함)

> ㄱ. 甲은 이 사건 토지의 가격 감소에 대하여 관계 법률에 따라 사업이 완료된 날 또는 사업완료의 고시가 있는 날부터 1년이 지난 후에는 손실보상을 청구할 수 없다.
> ㄴ. 甲은 관할 토지수용위원회의 재결을 거치지 않고도 乙을 상대로 공법상 당사자소송을 제기하여 이 사건 토지의 가격 감소에 대한 손실보상을 청구할 수 있다.
> ㄷ. 이 사건 토지에 대해 甲의 보상청구가 있는 경우, 토지의 가격 감소분과 필요한 공사의 비용을 합한 금액이 이 사건 토지의 가격보다 크다면 乙은 이 사건 토지를 매수할 수 있다.
> ㄹ. 만약 위 토지 수용으로 인하여 이 사건 토지를 종래의 목적에 사용하는 것이 현저히 곤란하게 되었다면, 甲은 乙과 이 사건 토지의 매수에 관한 협의가 성립되지 않는 경우 관할 토지수용위원회에 이 사건 토지의 수용을 청구할 수 있다.

① ㄱ, ㄴ, ㄷ
② ㄱ, ㄴ, ㄹ
③ ㄱ, ㄷ, ㄹ
④ ㄴ, ㄷ, ㄹ
⑤ ㄱ, ㄴ, ㄷ, ㄹ

| MGI Point | 잔여지 손실보상 | ★★ |

- 잔여지 가격감소 손실보상 청구 기간 ⇨ 사업이 완료된 날 또는 사업완료의 고시가 있는 날부터 1년
- 잔여지 가격감소 손실보상 불복 방법 ⇨ 토지수용위원회의 재결 거치고 그 재결에 불복할 수 있을 뿐, 곧바로 사업시행자를 상대로 잔여지 가격감소 등 손실보상 청구 不可
- 잔여지 소유자의 보상청구가 있는 경우, 잔여지의 가격 감소분과 필요한 공사의 비용을 합한 금액이 잔여지의 가격보다 크다면 ⇨ 사업시행자는 잔여지 매수 可
- 일부 수용으로 인해 잔여지를 종래의 목적에 사용하는 것이 현저히 곤란할 때 ⇨ 잔여지의 매수에 관한 협의가 성립되지 않는 경우 관할 토지수용위원회에 수용 청구 可

ㄱ. (○), ㄷ. (○) 토지보상법 제73조 제1항 본문, 제2항(ㄱ), 제1항 단서(ㄷ) 참조.

> 공익사업을 위한 토지 등의 취득 및 보상에 관한 법률 제73조(잔여지의 손실과 공사비 보상) ① 사업시행자는 동일한 소유자에게 속하는 일단의 토지의 일부가 취득되거나 사용됨으로 인하여 잔여지의 가격이 감소하거나 그 밖의 손실이 있을 때 또는 잔여지에 통로·도랑·담장 등의 신설이나 그 밖의 공사가 필요할 때에는 국토교통부령으로 정하는 바에 따라 그 손실이나 공사의 비용을 보상하여야 한다. 다만, 잔여지의 가격 감소분과 잔여지에 대한 공사의 비용을 합한 금액이 잔여지의 가격보다 큰 경우에는 사업시행자는 그 잔여지를 매수할 수 있다.
> ② 제1항 본문에 따른 손실 또는 비용의 보상은 관계 법률에 따라 사업이 완료된 날 또는 제24조의2에 따른 사업완료의 고시가 있는 날(이하 "사업완료일"이라 한다)부터 1년이 지난 후에는 청구할 수 없다.

ㄴ. (X) 공익사업법 제73조 및 같은 법 제34조, 제50조, 제61조, 제83조 내지 제85조의 규정 내용 및 입법 취지 등을 종합하여 보면, 토지소유자가 사업시행자로부터 공익사업법 제73조에 따른 잔여지 가격감소 등으로 인한 손실보상을 받기 위해서는 공익사업법 제34조, 제50조 등에 규정된 재결절차를 거친 다음 그 재결에 대하여 불복이 있는 때에 비로소 공익사업법 제83조 내지 제85조에 따라 권리구제를 받을 수 있을 뿐, 이러한 재결절차를 거치지 않은 채 곧바로 사업시행자를 상대로 손실보상을 청구하는 것은 허용되지 않는다고 봄이 상당하고, 이는 수용대상토지에 대하여 재결절차를 거친 경우에도 마찬가지라 할 것이다(대판 2012.11.29. 2011두22587).

> [참조판례] 원고들은 2014. 3. 14. 피고에게 이 사건 토지 중 위와 같이 편입되지 않고 남아 있는 부분인 보상내역표 중 잔여지 지번 및 면적란 기재 각 토지(이하 '이 사건 잔여지'라 한다)에 대하여 가격의 감소가 발생하였다는 이유로 이에 대한 보상을 청구하는 내용증명우편을 발송하였다. 이에 피고는 2014. 3. 24. 원고들에게 이 사건 잔여지의 가격이 감소하지 않았다는 이유로 보상이 불가하다고 회신하였다. 원고들은, 피고가 이 사건 잔여지에 대한 보상협의를 거부하자 2014. 5. 8. 중앙토지수용위원회에 보상재결을 신청하였다. 그러나 중앙토지수용위원회는 2015. 5. 21. 이 사건 토지 중 이 사건 편입 토지 부분이 협의취득되었다고 하더라도 이 사건 잔여지의 가치가 하락하였다고 인정하기 어렵다는 이유로 원고들의 손실보상청구를 기각하는 재결을 하였다. …토지보상법 제73조 제2항에서 규정한 '청구'란 사업시행자에 대한 손실보상 청구를 의미하는 것으로 해석함이 타당하고, 이를 관할 토지수용위원회에 대한 재결신청 또는 사업시행자를 상대로 손실보상을 구하는 소의 제기를 의미하는 것으로 해석할 수는 없다. …원고들은 이 사건 사업의 공사완료일인 2013. 3. 25.부터 1년이 도과하기 전인 2014. 3. 14. 사업시행자인 피고에게 잔여지 가격감소로 인한 손실보상을 청구하는 내용증명을 발송하고, 피고가 같은 달 24. 원고들에게 이를 거부하는 내용을 회신하였으므로, 원고들은 늦어도 피고가 위 회신을 원고들에게 보낸 2014. 3. 25. 피고에게 손실보상청구를 하였다고 봄이 상당하다. 따라서 이와 다른 전제에 선 피고의 위 본안전 항변은 이유 없다(서울행정법원 판결 2016.07.29. 2015구합67885).

> 공익사업을 위한 토지 등의 취득 및 보상에 관한 법률
> **제34조(재결)** ① 토지수용위원회의 재결은 서면으로 한다.
> **제50조(재결사항)** ① 토지수용위원회의 재결사항은 다음 각 호와 같다.
> 1. 수용하거나 사용할 토지의 구역 및 사용방법
> 2. 손실보상
> 3. 수용 또는 사용의 개시일과 기간
> 4. 그 밖에 이 법 및 다른 법률에서 규정한 사항
> ② 토지수용위원회는 사업시행자, 토지소유자 또는 관계인이 신청한 범위에서 재결하여야 한다. 다만, 제1항제2호의 손실보상의 경우에는 증액재결(增額裁決)을 할 수 있다.
> **제83조(이의의 신청)** ① 중앙토지수용위원회의 제34조에 따른 재결에 이의가 있는 자는 중앙토지수용위원회에 이의를 신청할 수 있다.
> **제84조(이의신청에 대한 재결)** ① 중앙토지수용위원회는 제83조에 따른 이의신청을 받은 경우 제34조에 따른 재결이 위법하거나 부당하다고 인정할 때에는 그 재결의 전부 또는 일부를 취소하거나 보상액을 변경할 수 있다.
> **제85조(행정소송의 제기)** ① 사업시행자, 토지소유자 또는 관계인은 제34조에 따른 재결에 불복할 때에는 재결서를 받은 날부터 90일 이내에, 이의신청을 거쳤을 때에는 이의신청에 대한 재결서를 받은 날부터 60일 이내에 각각 행정소송을 제기할 수 있다. 이 경우 사업시행자는 행정소송을 제기하기 전에 제84조에 따라 늘어난 보상금을 공탁하여야 하며, 보상금을 받을 자는 공탁된 보상금을 소송이 종결될 때까지 수령할 수 없다.
> ② 제1항에 따라 제기하려는 행정소송이 보상금의 증감(增減)에 관한 소송인 경우 그 소송을 제기하는 자가 토지소유자 또는 관계인일 때에는 사업시행자를, 사업시행자일 때에는 토지소유자 또는 관계인을 각각 피고로 한다.

ㄹ. (○) 토지보상법 제74조 제1항 참조.

> 공익사업을 위한 토지 등의 취득 및 보상에 관한 법률 **제74조(잔여지 등의 매수 및 수용 청구)** ① 동일한 소유자에게 속하는 일단의 토지의 일부가 협의에 의하여 매수되거나 수용됨으로 인하여 잔여지를 종래의 목적에 사용하는 것이 현저히 곤란할 때에는 해당 토지소유자는 사업시행자에게 잔여지를 매수하여 줄 것을 청구할 수 있으며, 사업인정 이후에는 관할 토지수용위원회에 수용을 청구할 수 있다. 이 경우 수용의 청구는 매수에 관한 협의가 성립되지 아니한 경우에만 할 수 있으며, 사업완료일까지 하여야 한다.

정답 ③

문 33

협의의 소의 이익에 관한 설명 중 옳은 것을 모두 고른 것은? (다툼이 있는 경우 판례에 의함)

ㄱ. 근로자가 부당해고 구제신청을 하여 해고의 효력을 다투던 중 정년에 이르러 원직에 복직하는 것이 불가능하게 되었더라도 해고기간 중의 임금 상당액을 지급받을 필요가 있는 경우에는 구제신청을 기각한 중앙노동위원회의 재심판정을 다툴 소의 이익이 있다.

ㄴ. 부령의 형식으로 정한 처분기준에서 제재적 행정처분을 받은 것을 가중사유로 삼아 장래의 제재적 행정처분을 하도록 정하고 있어 그 처분기준에서 정한 바에 따라 선행처분을 가중사유로 하는 후행처분을 받을 우려가 현실적으로 존재하는 경우에는 선행처분인 제재적 행정처분을 받은 상대방은 그 처분에서 정한 제재기간이 경과하여 그 효과가 소멸되었더라도 그 처분의 취소를 구할 법률상 이익이 있다.

ㄷ. 소송계속 중 행정처분이 기간의 경과 등으로 그 효과가 소멸한 때에도 그 행정처분과 동일한 사유로 위법한 처분이 반복될 위험성이 있어 행정처분의 위법성 확인 내지 불분명한 법률문제에 대한 해명이 필요한 경우에는 소의 이익을 인정할 수 있는데, 여기에서 '그 행정처분과 동일한 사유로 위법한 처분이 반복될 위험성이 있는 경우'는 '해당 사건의 동일한 소송 당사자 사이에서' 반복될 위험이 있는 경우만을 의미한다.

ㄹ. 양도소득세를 신고·납부한 후 관할 세무서장에게 그 양도소득세를 환급해 달라는 경정청구를 하였다가 거부처분을 받고, 조세심판원에 심판청구를 하였으나 각하결정을 받자, 그 각하재결의 취소를 구하는 소송을 제기한 사람이 관할 세무서장을 상대로 위 거부처분의 취소를 구하는 소송을 별도로 제기하였는데 그 거부처분취소소송에서 원고청구 기각판결이 확정된 경우, 각하재결취소소송은 거부처분취소소송과 소송대상이나 피고가 다르므로 이로써 각하재결의 취소를 구할 소의 이익이 없어지는 것은 아니다.

① ㄱ, ㄴ
② ㄱ, ㄷ
③ ㄷ, ㄹ
④ ㄱ, ㄴ, ㄹ
⑤ ㄱ, ㄴ, ㄷ, ㄹ

MGI Point **협의의 소의 이익** ★★

- 근로자가 부당해고 구제신청을 하여 해고의 효력을 다투던 중 정년에 이르러 원직에 복직하는 것이 불가능하게 된 경우 ⇨ 해고기간 중의 임금 상당액을 지급받을 필요가 있는 경우 구제신청을 기각한 중앙노동위 재심판정 다툴 소의 이익 ○

- 부령의 형식의 가중적 제재처분 기준 ⇨ 선행 제재처분이 장래 가중사유가 되는 처분기준이 있고 실제로 후행처분 위험이 현실적으로 존재하는 경우에는, 선행처분이 제재기간 경과로 효력 소멸하더라도 취소 소의 이익 ○

- 행정처분이 기간의 경과로 소멸한 때에도 동일한 사유로 위법한 처분이 반복될 위험성이 있어 해명이 필요한 경우 소의 이익 ○ ⇨ '그 행정처분과 동일한 사유로 위법한 처분이 반복될 위험성이 있는 경우'는 '해당 사건의 동일한 소송 당사자 사이에서' 반복될 위험이 있는 경우만을 의미 ✕

- 처분 효력이 기간 경과로 소멸해도 '그 행정처분과 동일한 사유로 위법한 처분이 반복될 위험'있는 경우 소의 이익 ○ ⇨ 위 반복 위험은 불분명한 법률문제 해명이 필요한 상황의 예시일 뿐, '동일 당사자 사이'만 한정 ✕

- 세무서장의 양도소득세 경정청구 거부처분에 조세심판원 각하재결을 받고 그 재결 취소소송 제기한 사람이, 별도로 세무서장 상대 경정청구 거부처분 취소소송제기 하였는데, 원고 패소 확정 ⇨ 재결 취소소송은 더 이상 소의 이익 ✕

ㄱ. (O) 부당해고 구제명령제도에 관한 근로기준법의 규정 내용과 목적 및 취지, 임금 상당액 구제명령의 의의 및 법적 효과 등을 종합적으로 고려하면, 근로자가 부당해고 구제신청을 하여 해고의 효력을 다투던 중 정년에 이르거나 근로계약기간이 만료하는 등의 사유로 원직에 복직하는 것이 불가능하게 된 경우에도 해고기간 중의 임금 상당액을 지급받을 필요가 있다면 임금 상당액 지급의 구제명령을 받을 이익이 유지되므로 구제신청을 기각한 중앙노동위원회의 재심판정을 다툴 소의 이익이 있다고 보아야 한다. ···종래 대법원이 근로자가 구제명령을 얻는다고 하더라도 객관적으로 보아 원직에 복직하는 것이 불가능하고, 해고기간에 지급받지 못한 임금을 지급받기 위한 필요가 있더라도 민사소송절차를 통하여 해결할 수 있다는 등의 이유를 들어 소의 이익을 부정하여 왔던 판결들은 금품지급명령을 도입한 근로기준법 개정 취지에 맞지 않고, 기간제근로자의 실효적이고 직접적인 권리구제를 사실상 부정하는 결과가 되어 부당하다(대판 2002.02.20. 2019두52386(전합)).

ㄴ. (O) 상위법령의 위임에 따라 제재적 처분기준을 정한 부령인 시행규칙은 헌법 제95조에서 규정하고 있는 위임명령에 해당하고, 그 내용도 실질적으로 국민의 권리·의무에 직접 영향을 미치는 사항에 관한 것이므로, 단순히 행정기관 내부의 사무처리준칙에 지나지 않는 것이 아니라 대외적으로 국민이나 법원을 구속하는 법규명령에 해당한다고 보아야 할 것이다. ···부령에서 정한 제재적 처분기준은 법규명령으로서 대외적 구속력을 인정해야 한다는 입장에서 본다면, 가중적 제재사유가 부령에 규정되어 있는 경우에도 이는 대외적으로 국민이나 법원을 구속하는 법규명령으로 보아야 할 것이고, 따라서 가중적 제재사유가 법률 또는 대통령령에 규정되어 있는 경우와 마찬가지로, 그 제재기간 경과 후에도 선행처분의 취소를 구할 법률상의 이익이 있다고 보아야 할 것이다(대판 2006.06.22. 2003두1684).

ㄷ. (X) 행정처분의 무효 확인 또는 취소를 구하는 소가 제소 당시에는 소의 이익이 있어 적법하였는데, 소송 계속 중 해당 행정처분이 기간의 경과 등으로 그 효과가 소멸한 때에 처분이 취소되어도 원상회복이 불가능하다고 보이는 경우라도, 무효 확인 또는 취소로써 회복할 수 있는 다른 권리나 이익이 남아 있거나 또는 그 행정처분과 동일한 사유로 위법한 처분이 반복될 위험성이 있어 행정처분의 위법성 확인 내지 불분명한 법률문제에 대한 해명이 필요한 경우에는 행정의 적법성 확보와 그에 대한 사법통제, 국민의 권리구제 확대 등의 측면에서 예외적으로 그 처분의 취소를 구할 소의 이익을 인정할 수 있다. 여기에서 '그 행정처분과 동일한 사유로 위법한 처분이 반복될 위험성이 있는 경우'란 불분명한 법률문제에 대한 해명이 필요한 상황에 대한 대표적인 예시일 뿐이며, 반드시 '해당 사건의 동일한 소송 당사자 사이에서' 반복될 위험이 있는 경우만을 의미하는 것은 아니다(대판 2020.12.24. 2020두30450).

ㄹ. (X) 갑이 자신의 토지 양도에 관한 양도소득세를 신고·납부한 후 양도차익을 산정할 수 없다는 이유로 양도소득세를 환급해 달라는 경정청구를 하였다가 관할 세무서장에게서 이를 거부한다는 통지를 받고, 조세심판원에 심판청구를 하였으나 각하결정을 받자 그 재결의 취소를 구하는 소송을 제기하였는데, 소송 계속 중 관할 세무서장을 상대로 위 거부통지의 취소를 구하는 소송을 별도로 제기하였다가 갑의 청구를 기각하는 판결이 확정된 사안에서, 갑이 조세심판원 재결을 전심절차로 하는 본안 소송에서 패소하여 판결이 확정된 이상, 조세심판원 재결의 취소를 구할 이익이 없어 그 취소를 구하는 소는 부적법하다고 한 사례(대판 2025.03.27. 2024두61018).

정답 ①

문 34

취소판결의 기속력에 관한 설명 중 옳은 것을 모두 고른 것은? (다툼이 있는 경우 판례에 의함)

ㄱ. 처분을 취소하는 확정판결은 그 사건의 당사자인 행정청을 기속하지만, 그 밖에 다른 행정청을 기속하는 것은 아니다.

ㄴ. 취소판결의 기속력은 판결의 주문에 포함된 것에 한하여 발생하고 판결 이유 중에 포함된 구체적 위법사유에 관한 판단에는 미치지 아니한다.

ㄷ. 확정판결에 의하여 거부처분이 취소되는 경우 그 처분을 행한 행정청은 처분의 상대방의 신청을 기다려 판결의 취지에 따라 다시 처분을 하여야 한다.

ㄹ. 거부처분이 확정판결에 의하여 취소되었음에도 행정청이 판결의 취지에 따른 처분을 하지 아니하는 경우, 제1심 수소법원은 당사자의 신청에 의하여 결정으로써 상당한 기간을 정하고 행정청이 그 기간 내에 이행하지 않는 경우 지연기간에 따라 일정한 배상을 할 것을 명하거나 즉시 손해배상을 할 것을 명할 수 있다.

ㅁ. 「행정소송법」 제34조에 따른 간접강제결정에서 정한 의무이행기한이 경과한 후에라도 확정판결의 취지에 따른 재처분의 이행이 있으면 특별한 사정이 없는 한 더 이상 배상금을 추심하는 것은 허용되지 않는다.

① ㄱ, ㄷ
② ㄴ, ㄷ
③ ㄹ, ㅁ
④ ㄱ, ㄴ, ㅁ
⑤ ㄱ, ㄷ, ㄹ, ㅁ

MGI Point **취소판결의 기속력** ★★

■ 취소판결의 기속력
 ▪ 그 사건 당사자인 행정청 기속 ○, 그 밖에 관계 행정청 기속 ○
 ▪ 판결의 주문 및 전제가 되는 처분 등의 구체적 위법사유에 관한 판단에도 미침
■ 거부처분에 대한 판결의 취지에 따른 재처분의무
 ▪ 상대방의 신청 기다릴 필요 × '이전의 신청'에 대해 재처분의무 ○
 ▪ 거부처분취소판결의 간접강제
  ⇨ 재처분의무 불이행시 제1심 수소법원은 당사자의 신청에 의하여 결정으로써 상당한 기간을 정하고 행정청이 그 기간 내에 이행하지 않는 경우 지연기간에 따라 일정한 배상을 할 것을 명하거나 즉시 손해배상할 것을 명할 수 있음
  ⇨ 간접강제결정에서 정한 의무이행기한이 경과한 후에라도 재처분 이행이 있으면 특별한 사정이 없는 한 더 이상 배상금을 추심하는 것은 허용 ×

ㄱ. **(X)** 행정소송법 제30조 제1항 참조.

> **행정소송법 제30조(취소판결등의 기속력)** ① 처분등을 취소하는 확정판결은 그 사건에 관하여 당사자인 행정청과 그 밖의 관계행정청을 기속한다.

ㄴ. **(X)** 취소 확정판결의 기속력은 판결의 주문 및 전제가 되는 처분 등의 구체적 위법사유에 관한 판단에도 미친다(대판 2016.03.24. 2015두48235).

ㄷ. **(X)** 거부처분이 취소되면 행정청은 판결의 취지에 따라 '이전의 신청'에 대하여 재처분할 의무가 있다. 즉, 새로운 신청을 기다릴 필요가 없다(행정소송법 제30조 제2항 참조).

> 행정소송법 제30조(취소판결등의 기속력) ② 판결에 의하여 취소되는 처분이 당사자의 신청을 거부하는 것을 내용으로 하는 경우에는 그 처분을 행한 행정청은 판결의 취지에 따라 다시 이전의 신청에 대한 처분을 하여야 한다.

ㄹ. (○) 행정소송법 제34조 제1항 참조.

> 행정소송법 제34조 (거부처분취소판결의 간접강제) ① 행정청이 제30조제2항의 규정에 의한 처분을 하지 아니하는 때에는 제1심수소법원은 당사자의 신청에 의하여 결정으로써 상당한 기간을 정하고 행정청이 그 기간내에 이행하지 아니하는 때에는 그 지연기간에 따라 일정한 배상을 할 것을 명하거나 즉시 손해배상을 할 것을 명할 수 있다.

ㅁ. (○) 행정소송법 제34조 소정의 간접강제결정에 기한 배상금은 거부처분취소판결이 확정된 경우 그 처분을 행한 행정청으로 하여금 확정판결의 취지에 따른 재처분의무의 이행을 확실히 담보하기 위한 것으로서, 확정판결의 취지에 따른 재처분의무내용의 불확정성과 그에 따른 재처분에의 해당 여부에 관한 쟁송으로 인하여 간접강제결정에서 정한 재처분의무의 기한 경과에 따른 배상금이 증가될 가능성이 자칫 행정청으로 하여금 인용처분을 강제하여 행정청의 재량권을 박탈하는 결과를 초래할 위험성이 있는 점 등을 감안하면, 이는 확정판결의 취지에 따른 재처분의 지연에 대한 제재나 손해배상이 아니고 재처분의 이행에 관한 심리적 강제수단에 불과한 것으로 보아야 하므로, 특별한 사정이 없는 한 간접강제결정에서 정한 의무이행기한이 경과한 후에라도 확정판결의 취지에 따른 재처분의 이행이 있으면 배상금을 추심함으로써 심리적 강제를 꾀할 목적이 상실되어 처분상대방이 더 이상 배상금을 추심하는 것은 허용되지 않는다 (대판 2004.01.15. 2002두2444).

정답 ③

문 35

처분사유의 추가·변경에 관한 설명 중 옳지 않은 것은? (다툼이 있는 경우 판례에 의함)

① 행정청은 사실심 변론을 종결할 때까지 당초의 처분사유와 기본적 사실관계가 동일한 범위 내에서 처분사유를 추가 또는 변경할 수 있다.

② 처분사유의 추가·변경의 판단기준이 되는 '기본적 사실관계의 동일성' 유무는 처분사유를 법률적으로 평가하기 이전의 구체적인 사실에 착안하여 그 기초가 되는 사회적 사실관계가 기본적인 점에서 동일한지에 따라 판단하는 것이 원칙이다.

③ 과세처분의 무효확인소송에서 소송물은 객관적인 조세채무의 존부확인이므로, 과세관청은 소송 중이라도 사실심 변론종결 시까지 해당 처분에서 인정한 과세표준 또는 세액의 정당성을 뒷받침하기 위하여 처분의 동일성이 유지되는 범위 내에서 처분사유를 교환·변경할 수 있다.

④ 사회적 사실관계의 기본적 동일성이 인정되더라도 기속행위가 재량행위로 변경되는 경우와 같이, 당초 처분의 내용을 변경할 필요성이 제기되는 경우 당초 처분의 내용을 그대로 유지한 채 근거법령만 추가·변경하는 것은 허용될 수 없다.

⑤ 거부처분에 대한 항고소송에서 행정청이 기존의 처분사유와 기본적 사실관계가 동일하지 않은 사유를 처분사유로 추가·변경하는 것은 처분의 상대방이 추가·변경된 처분사유의 실체적 당부에 관하여 해당 소송 과정에서 심리·판단하는 것에 명시적으로 동의하는 경우에도 허용될 수 없다.

MGI Point **처분사유의 추가·변경** ★★

■ '기본적 사실관계 동일' 범위내 처분사유 추가·변경 ⇨ 사실심 변론종결시까지

■ '기본적 사실관계의 동일성' 판단 기준
  ▪ 처분사유를 법률적으로 평가하기 이전의 구체적인 사실에 착안하여 그 기초가 되는 사회적 사실관계가 기본적인 점에서 동일한지에 따라 판단하는 것이 원칙
  ▪ 사회적 사실관계 같아도 처분의 내용 변경 필요성 있는 경우(ex.기속→재량) ⇨ 당초 처분의 내용을 그대로 유지한 채 근거법령만 추가·변경하는 것은 허용 ✕
  ▪ '거부처분' 항고소송에서 '상대방 명시적 동의'가 있는 경우의 예외 ⇨ 기본적 사실관계가 동일하지 않은 사유를 처분사유로 추가·변경한 것에 대하여, 처분상대방이 추가·변경된 처분사유의 실체적 당부에 관하여 해당 소송 과정에서 심리·판단하는 것에 명시적으로 동의하는 경우 허용 可

■ 과세처분의 무효확인소송에서 소송물은 '객관적인 조세채무의 존부확인' ⇨ 과세관청은 소송 중이라도 사실심 변론시까지 과세표준·세액의 정당성 뒷받침 위하여 처분의 동일성이 유지되는 범위 내에서 처분사유 교환·변경 可

① (O) 행정소송규칙 제9조 참조.

> 행정소송규칙 제9조(처분사유의 추가·변경) 행정청은 사실심 변론을 종결할 때까지 당초의 처분사유와 기본적 사실관계가 동일한 범위 내에서 처분사유를 추가 또는 변경할 수 있다.

② (O), ④ (O), ⑤ (X) [1] 행정처분의 적법성과 효력을 다투는 항고소송에서는 처분청이 당초 처분의 근거로 삼은 사유와 기본적 사실관계의 동일성이 인정되지 않는 별개의 사유를 주장하는 것은 원칙적으로 허용되지 않는다(이를 '처분사유 추가·변경 제한 법리'라고 한다). 여기서 기본적 사실관계의 동일성 유무는 처분사유를 법률적으로 평가하기 이전의 구체적인 사실에 착안하여 그 기초가 되는 사회적 사실관계가 기본적인 점에서 동일한지 여부에 따라 판단하는 것이 원칙이고(②), 행정청이 처분 당시에 제시한 구체적 사실을 변경하지 않는 범위 내에서 단지처분의 근거법령만을 추가·변경하거나 당초의 처분사유를 구체적으로 표시하는 것에 불과한 경우에는 새로운 처분사유를 추가하거나 변경하는 것이라고 볼 수 없다. 그러나 사회적 사실관계의 기본적 동일성이 인정되는 경우라고 하더라도 그에 대한 규범적 평가와 처분의 근거법령의 변경으로, 예를 들어 기속행위가 재량행위로 변경되는 경우와 같이, 당초 처분의 내용을 변경할 필요성이 제기되는 경우에는 해당 처분을 취소한 후 처분청으로 하여금 다시 처분절차를 거쳐 새로운 처분을 하도록 하여야 할 것이지 당초 처분의 내용을 그대로 유지한 채 근거법령만 추가·변경하는 것은 허용될 수 없다(④)고 보아야 한다. [2] 위와 같이 처분청이 기본적 사실관계의 동일성이 인정되지 않는 별개의 사실을 들어 처분사유로 주장하는 것이 허용되지 않는다고 해석하는 이유는 행정처분의 상대방의 방어권을 보장함으로써 실질적 법치주의를 구현하고 행정처분의 상대방에 대한 신뢰를 보호하고자 함에 그 취지가 있음을 고려하면, 처분청이 거부처분에 대한 항고소송에서 기존의 처분사유와 기본적 사실관계가 동일하지 않은 사유를 처분사유로 추가·변경한 것에 대하여 처분상대방이 추가·변경된 처분사유의 실체적 당부에 관하여 해당 소송 과정에서 심리·판단하는 것에 명시적으로 동의하는 경우에는, 법원으로서는 그 처분사유가 기존의 처분사유와 기본적 사실관계가 동일한지와 무관하게 예외적으로 이를 허용할 수 있다(⑤)(대판 2024.11.28. 2023두61349).

③ (O) 과세처분의 무효확인소송에서 소송물은 객관적인 조세채무의 존부확인이므로, 과세관청은 소송 중이라도 사실심 변론종결 시까지 해당 처분에서 인정한 과세표준 또는 세액의 정당성을 뒷받침하기 위하여 처분의 동일성이 유지되는 범위 내에서 처분사유를 교환·변경할 수 있다(대판 2023.06.29. 2020두46073).

정답 ⑤

문 36

소 변경에 관한 설명 중 옳지 않은 것은? (다툼이 있는 경우 판례에 의함)

① 법원은 취소소송을 당해 처분등에 관계되는 사무가 귀속하는 국가 또는 공공단체에 대한 당사자소송 또는 취소소송 외의 항고소송으로 변경하는 것이 상당하다고 인정할 때에는 청구의 기초에 변경이 없는 한 사실심의 변론종결시까지 원고의 신청에 의하여 결정으로써 소의 변경을 허가할 수 있다.

② 행정청이 취소소송의 대상인 처분을 소가 제기된 후 변경한 경우, 원고는 처분의 변경이 있음을 안 날로부터 60일 이내에 청구의 취지 또는 원인의 변경을 신청할 수 있다.

③ 원고가 고의 또는 중대한 과실 없이 항고소송으로 제기하여야 할 사건을 민사소송으로 잘못 제기한 경우 수소법원이 만약 그 항고소송에 대한 관할도 동시에 가지고 있는 경우라면, 항고소송으로서의 소송요건을 결하고 있음이 명백하여 항고소송으로 제기되었더라도 어차피 부적법하게 되는 경우가 아닌 이상 원고로 하여금 항고소송으로 소 변경을 하도록 하여 그 1심법원으로 심리·판단하여야 한다.

④ 법원은 당사자소송을 항고소송으로 변경하는 것이 상당하다고 인정할 때에는 청구의 기초에 변경이 없는 한 사실심의 변론종결시까지 원고의 신청에 의하여 결정으로써 소의 변경을 허가할 수 있다.

⑤ 「행정소송법」은 공법상 당사자소송을 민사소송으로 변경할 수 있다는 명문의 규정을 두고 있지 않고, 공법상 당사자소송과 민사소송은 서로 다른 소송절차에 해당하므로, 공법상 당사자소송을 민사소송으로 변경하는 것은 허용되지 아니한다.

MGI Point **소 변경** ★★

■ 소의 종류의 변경 (행정소송 간)
- 요건 ⇨ ① 청구의 기초에 변경이 없을 것(청구의 기초가 동일할 것), ② 소를 변경하는 것이 상당하다고 인정될 것, ③ 변경의 대상이 되는 소가 사실심에 계속되어있고, 사실심 변론종결 전일 것, ④ 새로운 소가 적법할 것, ⑤ 원고의 신청이 있을 것
- 항고소송간 변경 뿐만 아니라, 항고소송과 당사자소송간 변경 可
■ 행정청이 소제기 후 처분을 변경한 경우 ⇨ 원고는 '처분의 변경 있음 안 날'부터 60일 내 청구취지·원인 변경 신청 可
■ 소의 종류의 변경 (행정소송과 민사소송 간)
- 민사소송→항고소송 可 ⇨ 고의·중과실 없이 항고소송을 민사소송으로 잘못 제기했으나 수소법원이 항고소송 관할도 동시에 있는 경우, 명백한 항고소송 부적법 아닌 한 항고소송으로 소 변경 석명하여 그 1심법원으로 심리·판단해야 함
- 당사자소송→민사소송 可

---

① (○), ④ (○) 행정소송법 21조 제1항(①), 제42조(④) 참조.

소의 종류의 변경은 ① 청구의 기초에 변경이 없을 것(청구의 기초가 동일할 것), ② 소를 변경하는 것이 상당하다고 인정될 것, ③ 변경의 대상이 되는 소가 사실심에 계속되어있고, 사실심 변론종결 전일 것, ④ 새로운 소가 적법할 것, ⑤ 원고의 신청이 있을 것을 요건으로 한다(박균성, 행정법강의 제17판(2020), p.852 참조).

> **행정소송법 21조(소의 변경)** ① 법원은 취소소송을 당해 처분등에 관계되는 사무가 귀속하는 국가 또는 공공단체에 대한 당사자소송 또는 취소소송외의 항고소송으로 변경하는 것이 상당하다고 인정할 때에는 청구의 기초에 변경이 없는 한 사실심의 변론종결시까지 원고의 신청에 의하여 결정으로써 소의 변경을 허가할 수 있다.
> **행정소송법 제42조 (소의 변경)** 제21조의 규정은 당사자소송을 항고소송으로 변경하는 경우에 준용한다

② (○) 행정소송법 제22조 제1항, 제2항 참조.

> **행정소송법 제22조 (처분변경으로 인한 소의 변경)** ① 법원은 행정청이 소송의 대상인 처분을 소가 제기된 후 변경한 때에는 원고의 신청에 의하여 결정으로써 청구의 취지 또는 원인의 변경을 허가할 수 있다.
> ② 제1항의 규정에 의한 신청은 처분의 변경이 있음을 안 날로부터 60일 이내에 하여야 한다.

③ (○), ⑤ (X) (1)행정소송법 제8조 제2항은 행정소송에 관하여 민사소송법을 준용하도록 하고 있으므로, 행정소송의 성질에 비추어 적절하지 않다고 인정되는 경우가 아닌 이상 공법상 당사자소송의 경우도 민사소송법 제262조에 따라 청구의 기초가 바뀌지 아니하는 한도 안에서 변론을 종결할 때까지 청구의 취지를 변경할 수 있다. (2)한편 대법원은 여러 차례에 걸쳐 행정소송법상 항고소송으로 제기해야 할 사건을 민사소송으로 잘못 제기한 경우 수소법원으로서는 원고로 하여금 항고소송으로 소 변경을 하도록 석명권을 행사하여 행정소송법이 정하는 절차에 따라 심리·판단해야 한다고 판시해 왔다(③). 이처럼 민사소송에서 항고소송으로의 소 변경이 허용되는 이상, 공법상 당사자소송과 민사소송이 서로 다른 소송절차에 해당한다는 이유만으로 청구기초의 동일성이 없다고 해석하여 양자 간의 소 변경을 허용하지 않을 이유가 없다. (3)일반 국민으로서는 공법상 당사자소송의 대상과 민사소송의 대상을 구분하기가 쉽지 않고 소송 진행 도중의 사정변경 등으로 인해 공법상 당사자소송으로 제기된 소를 민사소송으로 변경할 필요가 발생하는 경우도 있다. 소 변경 필요성이 인정됨에도, 단지 소 변경에 따라 소송절차가 달라진다는 이유만으로 이미 제기한 소를 취하하고 새로 민사상의 소를 제기하도록 하는 것은 당사자의 권리 구제나 소송경제의 측면에서도 바람직하지 않다. 따라서 공법상 당사자소송에 대하여도 청구의 기초가 바뀌지 아니하는 한도 안에서 민사소송으로 소 변경이 가능하다고 해석하는 것이 타당하다(⑤)(대판 2023.06.29. 2022두44262).

> **판례** 행정소송법 제7조는 원고의 고의 또는 중대한 과실 없이 행정소송이 심급을 달리하는 법원에 잘못 제기된 경우에 민사소송법 제31조 제1항을 적용하여 이를 관할 법원에 이송하도록 규정하고 있을 뿐 아니라 관할 위반의 소를 부적법하다고 하여 각하하는 것보다 관할 법원에 이송하는 것이 당사자의 권리 구제나 소송경제의 측면에서 바람직하므로, 원고가 고의 또는 중대한 과실 없이 행정소송으로 제기하여야 할 사건을 민사소송으로 잘못 제기한 경우 수소법원으로서는 만약 그 행정소송에 대한 관할도 동시에 가지고 있는 경우라면, 행정소송으로서의 전심절차 및 제소기간을 도과하였거나 행정소송의 대상이 되는 처분 등이 존재하지도 아니한 상태에 있는 등 행정소송으로서의 소송요건을 결하고 있음이 명백하여 행정소송으로 제기되었더라도 어차피 부적법하게 되는 경우가 아닌 이상, 원고로 하여금 항고소송으로 소 변경을 하도록 하여 그 1심법원으로 심리·판단하여야 한다(③)(대판 1999.11.26. 97다42250).

정답 ⑤

문 37

다음 사례에 관한 설명 중 옳은 것은? (다툼이 있는 경우 판례에 의함)

경기도 B시에서 여객자동차운송사업을 하고 있는 甲은 시내버스 노선을 운행하면서 환승 요금할인을 시행한 데에 따른 손실을 보전해 달라며 경기도지사와 B시장에게 보조금 지급 신청을 하였다. B시장은 경기도지사에게 '甲이 환승할인 손실보전금을 적용받을 수 있게 해 달라'는 취지의 공문을 보냈으나, 경기도지사는 B시장에게 "당초 별도의 재정지원이 없는 조건으로 시내버스 모집공고를 하여 甲이 최종사업자로 선정되었던바, 환승할인지원금을 포함한 모든 공적부담에 대한 결손도 재정지원이 불가한 것으로 판단된다. 다만, 특별한 사정변경이 발생하는 경우에 한하여 정책적 고려를 할 수 있다."라는 내용의 회신공문을 보냈고, B시장은 甲에게 위와 같은 회신결과를 알리는 공문을 보냈다. 이에 甲은 다시 경기도지 사와 B시장에게 보조금 지급을 신청하였고, 경기도지사는 甲과 B시장에게 "甲의 보조금 지 급신청을 받아들일 수 없음은 기존에 회신한 바와 같고, B시에서는 적의 조치하여 주기 바 란다."라고 ⓐ통보하였다. B시장은 甲에게 보조금 지급은 물론 ⓑ아무런 회신도 하지 않았 다. 한편, 「경기도 여객자동차 운수사업 관리 조례」에 따르면 보조금 지급사무는 시장에게 위임되어 있다.

① 경기도지사의 ⓐ는 B시장의 사무에 대한 지도·감독권자로서 B시장에게 甲의 보조금 신청을 받아들일지 여부를 심사하여 甲에게 통지할 것을 촉구하는 것이므로 甲의 권리·의무에 직접 적인 영향을 주는 것이어서 항고소송의 대상이 되는 처분이다.

② 甲이 B시장의 ⓑ에 대해 다투려면, ⓑ를 묵시적 거부처분으로 보아 이에 대해 취소소송을 제기하거나, 회신하지 않은 점을 부작위로 보아 부작위위법확인소송을 제기할 수 있다.

③ 甲이 ⓑ에 대해 부작위위법확인소송을 제기할 경우 甲이 B시장에 대하여 어떠한 행정처분 을 하여줄 것을 요청할 수 있는 법규상 또는 조리상의 권리가 있어야 한다.

④ 「경기도 여객자동차 운수사업 관리 조례」상 보조금 지급사무는 B시장에게 위임되었으므로, ⓐ든 ⓑ든 이를 항고소송으로 다툰다면 피고적격은 모두 B시장에게 있다.

⑤ 甲이 ⓐ 또는 ⓑ를 다투는 항고소송에서 경기도 보조금 지급사무를 시장에게 위임한 「경기 도 여객자동차 운수사업 관리 조례」의 효력도 다투고자 한다면 별도의 조례무효확인소송을 제기하여야 한다.

MGI Point **여객자동차 운수사업 관리 조례** ★★

- 시내버스 한정면허를 받은 여객자동차 운송사업자의 보조금 지급신청에 대한 경기도지사의 회신 ⇨ 처분 ✕
- 위 회신에 대한 광명시장의 부작위 ⇨ 위법한 부작위 ○ 거부처분 ✕
- 부작위위법확인소송의 부작위 ⇨ 법규상 조리상 신청권 必要
- 항고소송의 피고적격 ⇨ 처분등을 행한 행정청
- 행정입법에 대한 사법적 통제
  - 간접적 통제 ⇨ 행정입법의 위법여부가 재판의 전제가 되면 항고소송 중 심사
  - 직접적 통제 ⇨ 명령·규칙에 대한 항고소송 원칙 ✕ 처분적 명령·규칙은 항고소송 대상 ○

① (X) 여객자동차 운송사업자 갑 주식회사가 시내버스 노선을 운행하면서 환승요금할인 및 청소년요금할인을 시행한 데에 따른 손실을 보전해 달라며 경기도지사와 광명시장에게 보조금 지급신청을 하였으나, 경기도지사가 갑 회사와 광명시장에게 '갑 회사의 보조금 지급신청을 받아들일 수 없음은 기존에 회신한 바와 같고, 광명시에서는 적의 조치하여 주기 바란다.'는 취지로 통보한 사안에서, 경기도 여객자동차 운수사업 관리 조례 제15조에 따른 보조금 지급사무는 광명시장에게 위임되었으므로 위 신청에 대한 응답은 광명시장이 해야 하고, 경기도지사는 갑 회사의 보조금 지급신청에 대한 처분권한자가 아니며, 위 통보는 경기도지사가 갑 회사의 보조금 신청에 대한 최종적인 결정을 통보하는 것이라기보다는 광명시장의 사무에 대한 지도·감독권자로서 갑 회사에 대하여는 보조금 지급신청에 대한 의견을 표명함과 아울러 광명시장에 대하여는 경기도지사의 의견에 따라 갑 회사의 보조금 신청을 받아들일지를 심사하여 갑 회사에 통지할 것을 촉구하는 내용으로 보는 것이 타당하므로, 경기도지사의 위 통보는 갑 회사의 권리·의무에 직접적인 영향을 주는 것이라고 할 수 없어 항고소송의 대상이 되는 처분으로 볼 수 없다고 한 사례(대판 2023.02. 23. 2021두44548). ▶ ⓐ는 항고소송의 대상인 처분이 아니다.

② (X) 원고는, 예비적 피고 광명시장에 대하여, 주위적으로는 피고 광명시장이 원고에게 보조금 신청에 대한 거부처분을 하였음을 전제로 그 거부처분의 취소를, 예비적으로는 피고 광명시장이 원고의 보조금 지급 신청에 대하여 응답하지 아니한 부작위의 위법확인을 구한다. 피고 광명시장이 원고의 보조금 신청에 대하여 아무런 응답을 하고 있지 않음은 앞서 본 바와 같으므로, 원고의 거부처분 취소 청구 부분은 존재하지 아니한 처분을 대상으로 한 것으로 부적법하다. 다만, 피고 광명시장은 구「경기도 여객자동차운수사업 관리 조례」제15조가 정한 보조금 지급 사무 권한자로서 위 보조금의 지급을 구하는 원고의 신청에 대하여 상당한 기간 내에 그 신청을 인용하는 적극적 처분을 하거나 각하 또는 기각하는 등의 소극적 처분을 하여야 할 법률상의 응답의무가 있다. 피고 광명시장이 원심 변론종결일인 2021. 4. 7.까지 원고의 신청에 응답하지 아니한 부작위는 그 자체로 위법하다(대판 2023.02.23. 2021두44548). ▶ ⓑ는 부작위위법확인소송의 대상인 부작위이며, 그 부작위는 위법하다. 그러나 이는 거부처분 취소소송의 대상인 거부처분에는 해당하지 않는다.

③ (O) 행정소송법 제4조 제3호가 정하는 부작위위법확인의 소는 행정청이 당사자의 법규상 또는 조리상의 권리에 기한 신청에 대하여 상당한 기간 내에 신청을 인용하는 적극적 처분 또는 각하거나 기각하는 등의 소극적 처분을 하여야 할 법률상 응답의무가 있음에도 불구하고 이를 하지 아니하는 경우 그 부작위가 위법하다는 것을 확인함으로써 행정청의 응답을 신속하게 하여 부작위 또는 무응답이라고 하는 소극적 위법상태를 제거하는 것을 목적으로 하는 제도이고, 이러한 소송은 처분의 신청을 한 자로서 부작위가 위법하다는 확인을 구할 법률상의 이익이 있는 자만이 제기 할 수 있는 것이므로, 당사자가 행정청에 대하여 어떠한 행정처분을 하여 줄 것을 요청할 수 있는 법규상 또는 조리상의 권리를 갖고 있지 아니하거나 부작위의 위법확인을 구할 법률상의 이익이 없는 경우에는 항고소송의 대상이 되는 위법한 부작위가 있다고 볼 수 없거나 원고적격이 없어 그 부작위위법확인의 소는 부적법하다(대판 2000.02.25. 99두11455).

④ (X) B시장에게 ⓑ에 대한 항고소송(부작위위법확인소송)의 피고적격은 있다(위 선지② 참조). 그러나 ⓐ는 항고소송의 대상인 '처분'이 아닌바(위 선지① 참조), '처분등(처분 및 재결)을 행한 행정청'이 누구인지를 의미하는 피고적격이 B에게(또는 A에게) 있다는 설시는 타당하지 않다.

> **행정소송법 제13조(피고적격)** ① 취소소송은 다른 법률에 특별한 규정이 없는 한 그 처분등을 행한 행정청을 피고로 한다. 다만, 처분등이 있은 뒤에 그 처분등에 관계되는 권한이 다른 행정청에 승계된 때에는 이를 승계한 행정청을 피고로 한다.

⑤ (X) 선지는 두 가지 측면에서 타당하지 않다. (1)행정입법에 대한 사법적 통제는, 구체적인 사건에 관한 재판에서 행정입법의 위법 여부가 전제문제(선결문제)가 되는 경우 당해 행정입법의 위법여부를 심사하는 부수적 통제(간접적 통제)도 가능하기 때문이다(박균성, 행정법강의 제17판(2020), p.141-142; 아래 2017두33985 참조). 즉, 항고소송 중 별도로 소송을 제기하지 않아도 재판의 전제가 인정된다면 조례의 위법을 다툴 수 있다. (2)처분적 명령·규칙에 대한 항고소송(직접적 통제)의 방법을 통하더라도, 조례가 항

고소송의 대상이 되기 위해서는 다른 집행행위의 매개 없이 그 자체로서 국민의 구체적 권리의무에 직접 영향을 미치는 등 처분성이 인정되어야 하는바, 사안의 조례는 조례무효확인소송의 대상이 되는 처분으로 보기 어렵다(아래 95누8003; 2021누47044 참조).

> **판례** 법원이 법률 하위의 법규명령, 규칙, 조례, 행정규칙 등(이하 '규정'이라 한다)이 위헌·위법인지를 심사하려면 그것이 '재판의 전제'가 되어야 한다. 여기에서 '재판의 전제'란 구체적 사건이 법원에 계속 중이어야 하고, 위헌·위법인지가 문제 된 경우에는 규정의 특정 조항이 해당 소송사건의 재판에 적용되는 것이어야 하며, 그 조항이 위헌·위법인지에 따라 그 사건을 담당하는 법원이 다른 판단을 하게 되는 경우를 말한다. 따라서 법원이 구체적 규범통제를 통해 위헌·위법으로 선언할 심판대상은, 해당 규정의 전부가 불가분적으로 결합되어 있어 일부를 무효로 하는 경우 나머지 부분이 유지될 수 없는 결과를 가져오는 특별한 사정이 없는 한, 원칙적으로 해당 규정 중 재판의 전제성이 인정되는 조항에 한정된다(대판 2019.06.13. 2017두33985).
>
> **판례** 일반적·추상적인 형태의 조례는 그 자체로 국민의 구체적인 권리의무에 직접적 변동을 초래하는 것이 아니므로 항고소송의 대상이 되는 행정처분에 해당하지 않고, 다만 조례가 집행행위의 개입 없이도 그 자체로 직접 국민의 구체적인 권리의무나 법적 이익에 영향을 미치는 등의 법률상 효과를 발생한 경우에는 항고소송의 대상이 되는 행정처분에 해당한다고 볼 수 있다(대판 1996.09.20. 95누8003 참조; 서울고법 판결 2021.11.18. 2021누47044).

정답 ③

문 38

25년 10월 모의시험

행정권한의 위임·위탁과 관련한 사례에 관한 설명 중 옳지 않은 것은? (다툼이 있는 경우 판례에 의함)

> A : 도매시장 개설자인 서울특별시장은 서울특별시 조례에 따라 서울특별시농수산식품공사에게 도매시장의 관리 권한을 위임하였다.
>
> B : 조달청장은 위탁집행형 준정부기관인 X로부터 수요물자 구매를 위한 계약체결을 위탁받아 이에 관한 입찰을 진행하였는데, 입찰을 방해한 부정당업자가 있어 입찰참가자격을 제한하고자 한다.
>
> C : 조달청장은 국토교통부장관으로부터 계약체결을 위탁받아 이에 관한 입찰을 진행하였는데, 입찰을 방해한 부정당업자가 있어 입찰참가자격을 제한하고자 한다.
>
> D : 법령에 따라 장관의 사무를 위임받은 도지사가 위임기관인 장관의 승인을 얻어 규칙을 제정하여 그 사무를 다시 시장에게 재위임하였다.

① A에서 도매시장 관리 사무가 자치사무이면 서울특별시장이 조례로 공공단체인 서울특별시농수산식품공사에게 도매시장 관리 권한을 위임한 것은 적법하다.

② B에서 '공기업·준정부기관이 필요하다고 인정하는 때 수요물자 구매나 시설공사 계약의 체결을 조달청장에게 위탁할 수 있다'고 규정한 「공공기관의 운영에 관한 법률」의 규정에는 입찰참가자격제한 처분의 수권 취지가 포함되어 있다고 볼 수 없으므로, 조달청장이 입찰참가자격제한을 하기 위해서는 별도의 수권 규정이 필요하다.

③ C에서 '중앙관서의 장은 그 소관의 계약에 관한 사무를 다른 관서에 위탁할 수 있다'고 규정한 「국가를 당사자로 하는 계약에 관한 법률」의 규정에는 입찰참가자격제한 처분의 수권 취지가 포함되어 있으므로, 조달청장은 입찰참가자격제한을 할 수 있다.

④ D에서 개별 법령에 재위임에 관한 규정이 없더라도 「정부조직법」 및 「행정권한의 위임 및 위탁에 관한 규정」이 정한 바에 따라 도지사는 위임받은 권한을 재위임할 수 있다.

⑤ D에서 위임기관인 장관의 승인이 있었는지 여부는 규칙의 유효요건이므로, 재위임의 효력이 다투어진 소송에서 법원은 장관의 승인이 있었는지를 직권으로 조사하여 재위임의 유효 여부를 판단하여야 한다.

▐ MGI Point ▐ 행정권한의 위임·위탁 ★★

- 서울특별시장이 조례로 공공단체인 서울특별시농수산식품공사에게 도매시장 관리(=자치사무) 권한 위임 ⇨ 적법
- '공기업·준정부기관이 필요하다고 인정하는 때 수요물자 구매나 시설공사 계약의 체결을 조달청장에게 위탁할 수 있다'고 규정한 「공공기관의 운영에 관한 법률」의 규정 ⇨ 입찰참가자격제한 처분의 수권 취지 포함, 업무위탁 근거규정
- '중앙관서의 장은 그 소관의 계약에 관한 사무를 다른 관서에 위탁할 수 있다'고 규정한 「국가를 당사자로 하는 계약에 관한 법률」의 규정 ⇨ 입찰참가자격제한 처분의 수권 취지 포함, 조달청장은 입찰참가자격제한 可
- 개별 법령에 재위임에 관한 규정이 없더라도 「정부조직법」 및 「행정권한의위임및위탁에관한규정」이 정한 바에 따라 시도지사는 시군구 장에 위임받은 권한 재위임 可
  ⇨ 기관위임사무는 위임기관의 승인을 받아 규칙 제정 必
  ⇨ 이때 위임기관의 승인 존부는 규칙의 유효요건 ⇨ 재위임의 효력이 다투어진 소송에서, 법원은 장관의 승인이 있었는지를 직권으로 조사하여 재위임의 유효 여부를 판단하여야 함

① (O) 지방자치법 제104조 제2항은 지방자치단체의 장은 조례나 규칙으로 정하는 바에 따라 그 권한에 속하는 사무의 일부를 관할 지방자치단체나 공공단체 또는 그 기관(사업소·출장소를 포함한다)에 위임하거나 위탁할 수 있다고 규정하고 있고, …그 업무 및 운영에 관하여 필요한 사항을 규정함을 목적으로 제정된 서울특별시농수산식품공사 설립 및 운영에 관한 조례(2012. 11. 1. 조례 제5373호로 개정되기 전의 것, 이하 '조례'라고 한다) 제16조에 의하면 피고 공사는 서울특별시가 건립 또는 관할하는 농수산물도매시장의 관리, 운영, 거래질서 유지와 도매시장의 중도매인에 대한 지도감독 등의 사업을 수행하도록 규정되어 있다. 위와 같은 지방자치법과 조례의 규정 내용 등을 종합하여 보면, 피고 공사는 서울특별시장으로부터 서울특별시가 개설한 이 사건 도매시장의 거래질서 유지, 유통 종사자에 대한 지도·감독 등에 관한 업무를 수행하기 위하여 지방공기업법에 따라 설립된 공기업으로서 지방자치법 제104조 제2항과 조례 제16조에 따라 서울특별시장으로부터 그 권한에 속하는 사무의 일부를 위임 또는 위탁받은 공공단체에 해당한다(대판 2018.07.11. 2014두2119).

② (X) 요청조달계약에 있어 조달청장은 수요기관으로부터 요청받은 계약 업무를 이행하는 것에 불과하므로, 조달청장이 수요기관을 대신하여 국가계약법 제27조 제1항에 규정된 입찰참가자격 제한 처분을 할 수 있으려면 그에 관한 수권의 근거 또는 수권의 취지가 포함된 업무 위탁에 관한 근거가 법률에 별도로 마련되어 있어야 한다. … 한편, 공공기관의 운영에 관한 법률(이하 '공공기관운영법'이라 한다) 제44조 제2항은 "공기업·준정부기관은 필요하다고 인정하는 때에는 수요물자 구매나 시설공사계약의 체결을 조달청장에게 위탁할 수 있다."라고 규정하고 있다. 그런데 이처럼 공공기관운영법에 계약 체결 업무의 위탁에 관하여 법률 규정을 별도로 두고 있는 취지는 조달청에서 운영하고 있는 전문적이고 체계적인 조달시스템을 완전하게 이용하도록 하기 위한 것인 점, 요청조달계약의 수요기관이 준정부기관인 경우 공공기관운영법 제39조 제2항에 따라 독자적인 입찰참가자격 제한 처분 권한을 보유하고 있는 점, 조달청장에게 계약 체결 업무가 전적으로 위탁된 이상 조달청장은 국가계약법에서 정한 제반 절차에 따라 위탁기관의 계약과 관련한

사무를 처리하여야만 하는 점 등을 종합하여 보면, 공공기관운영법 제44조 제2항은 국가계약법상의 입찰참가자격 제한 처분의 수권 취지가 포함된 업무 위탁에 관한 근거 규정에 해당한다(대판 2017.12.28. 2017두39433).

③ (○) 구 국가를 당사자로 하는 계약에 관한 법률 제6조 제3항은 "각 중앙관서의 장은 대통령령이 정하는 바에 의하여 그 소관에 속하는 계약에 관한 사무를 다른 관서에 위탁할 수 있다."라고 규정하고 있는데, ① 국가계약법에 계약 업무 위탁에 관하여 법률 규정을 별도로 두고 있는 취지는 조달청에서 운영하고 있는 전문적이고 체계적인 조달시스템을 완전하게 이용하도록 하기 위한 것인 점, ② 이 사건 요청조달계약의 수요기관은 중앙관서의 장으로서 위탁 전 독자적인 입찰참가자격 제한 처분 권한을 보유하고 있었던 점, ③ 중앙관서의 장으로부터 조달청장에게 계약업무가 전적으로 위탁된 이상, 조달청장은 국가계약법에서 정한 제반 절차에 따라 위탁기관의 계약과 관련한 사무를 처리하여야만 하는 점 등을 종합하여 보면, 국가계약법 제6조 제3항의 '계약에 관한 사무 위탁'에는 국가계약법에 정한 중앙관서의 장의 입찰참가자격 제한 처분 권한에 관한 수권도 당연히 포함되는 것으로 볼 수 있다. 이러한 법리와 관련 규정의 내용 및 취지에 비추어 보면, 중앙관서의 장인 경찰청장으로부터 국가계약법 제6조 제3항에 따라 요청조달계약의 형식으로 계약에 관한 사무를 위탁받은 피고(=조달청장)는 국가계약법 제27조 제1항에 의하여 원고들에 대하여 이 사건 처분을 할 수 있는 권한이 있다고 봄이 타당하다(대판 2017.10.12. 2016두40993).

④ (○) [가] 도시재개발법 제8조, 같은법시행령 제58조 제1항 제12호에 의하면 건설부장관의 권한에 속하는 도시재개발법 제41조의 규정에 의한 관리처분계획의 인가 등 처분권한은 시·도지사에게 위임되었을 뿐 시·도지사가 이를 구청장, 시장, 군수에게 재위임할 수 있는 근거규정은 없으나, 정부조직법 제5조 제1항과 이에 기한 행정권한의위임및위탁에관한규정 제4조에 재위임에 관한일반적인 근거규정이 있으므로, 시·도지사는 그 재위임에 관한 일반적인 규정에 따라 위임받은 위 처분권한을 구청장 등에게 재위임할 수 있다. [나] '가항의 관리처분계획의 인가 등에 관한 사무는 국가사무로서 지방자치단체의 장에게 위임된 이른바 기관위임사무에 해당하므로, 시·도지사가 지방자치단체의 조례에 의하여 이를 구청장 등에게 재위임할 수는 없고, 행정권한의위임및위탁에관한규정 제4조에 의하여 위임기관의 장의 승인을 얻은 후 지방자치단체의 장이 제정한 규칙이 정하는 바에 따라 재위임하는 것만이 가능하다(대판 1995.08.22. 94누5694(전합)).

⑤ (○) 정부조직법 제5조 제1항의 규정은 법문상 행정권한의 위임 및 재위임의 근거규정임이 명백하고 정부조직법이 국가행정기관의 설치, 조직과 직무범위의 대강을 정하는 데 목적이 있다고 하여 그 이유만으로 같은 법의 권한위임 및 재위임에 관한 규정마저 권한 위임 및 재위임 등에 관한 대강을 정한 것에 불과할 뿐 권한위임 및 재위임의 근거규정이 아니라고 할 수 없다고 할 것이므로, 도지사 등은 정부조직법 제5조 제1항에 기하여 제정된 행정권한의위임및위탁에관한규정에 정한 바에 의하여 위임기관의 장의 승인이 있으면 그 규칙이 정하는 바에 의하여 그 수임된 권한을 시장, 군수 등 소속기관의 장에게 다시 위임할 수 있다. 전항의 경우 권한재위임을 규정한 도의 규칙에 관하여 위임기관의 장의 승인이 있었는지의 여부는 규칙의 유효요건이므로 법원으로서는 이를 직권으로 조사하여 그 유효여부를 판단하여야 한다(대판 1990.06.26. 88누12158).

정답 ②

문 39

「지방자치법」상 주민소송에 관한 설명 중 옳은 것(○)과 옳지 않은 것(×)을 올바르게 조합한 것은? (다툼이 있는 경우 판례에 의함)

ㄱ. 지방자치단체와 그 장의 권한에 속하는 사무의 처리가 법령에 위반되거나 공익을 현저히 해친다고 인정되면 감사 청구를 한 주민은 그 감사 청구한 사항과 관련이 있는 위법한 행위나 업무를 게을리한 사실에 대하여 해당 지방자치단체를 피고로 하여 주민소송을 제기할 수 있다.

ㄴ. 행정처분인 행위의 취소 또는 변경을 요구하는 소송, 행정처분인 행위의 효력 유무 또는 존재 여부의 확인을 요구하는 소송은 주민소송으로 제기할 수 있으나, 행정처분인 행위의 전부나 일부를 중지할 것을 요구하는 소송은 주민소송으로 제기할 수 없다.

ㄷ. 주무부장관이나 시·도지사가 감사 청구를 수리한 날부터 60일이 지나도 감사를 끝내지 아니하여 주민소송을 제기하는 경우에는 해당 감사기간 종료통지를 받은 날부터 90일 이내에 제기하여야 한다.

ㄹ. 주민소송의 대상은 주민감사를 청구한 사항과 반드시 동일할 필요는 없고 주민감사를 청구한 사항과 관련이 있는 것으로 충분한데, 주민감사를 청구한 사항과 관련성이 있는지는 주민감사청구사항의 기초인 사회적 사실관계와 기본적인 점에서 동일한지에 따라 결정된다.

ㅁ. 도로 등 공물이나 공공용물을 특정 사인이 배타적으로 사용하도록 하는 점용허가가 도로 등의 본래 기능 및 목적과 무관하게 그 사용가치를 실현·활용하기 위한 것으로 평가되는 경우에는 주민소송의 대상이 되는 '재산의 취득·관리·처분에 관한 사항'에 해당한다.

① ㄱ(○), ㄴ(○), ㄷ(○), ㄹ(×), ㅁ(○)
② ㄱ(○), ㄴ(○), ㄷ(○), ㄹ(○), ㅁ(×)
③ ㄱ(×), ㄴ(○), ㄷ(×), ㄹ(○), ㅁ(○)
④ ㄱ(○), ㄴ(×), ㄷ(○), ㄹ(×), ㅁ(×)
⑤ ㄱ(×), ㄴ(×), ㄷ(×), ㄹ(○), ㅁ(○)

MGI Point **지방자치법상 주민소송** ★★

- ■ ㄱ. 지방자치단체와 그 장의 권한에 속하는 사무의 처리가 법령에 위반되거나 공익을 현저히 해친다고 인정되면 감사 청구를 한 주민은 그 감사 청구한 사항과 관련이 있는 위법한 행위나 업무를 게을리한 사실에 대하여 해당 지방자치단체를 피고로 하여 주민소송을 제기할 수 있다.
- ■ 주민소송의 종류
  - ▪ 행정처분인 행위의 취소 또는 변경을 요구하는 소송
  - ▪ 행정처분인 행위의 효력 유무 또는 존재 여부의 확인을 요구하는 소송
  - ▪ 행위의 전부나 일부를 중지할 것을 요구하는 소송 등
- ■ 주무부장관이나 시·도지사가 감사 청구를 수리한 날부터 60일이 지나도 감사를 끝내지 아니하여 주민소송을 제기하는 경우 ⇨ '해당 60일이 끝난 날'부터 90일 이내 제기
- ■ 주민소송 대상은 감사청구 사항과 반드시 동일할 필요 없고 관련성으로 足
  ⇨ 그 관련성은 기초 사회적 사실관계의 동일성으로 판단
- ■ 도로 등 공물이나 공공용물의 특정 사인에 대한 점용허가가 본래 기능과 무관한 사용가치 실현·활용으로 평가되는 경우
  ⇨ 주민소송 대상인 '재산의 취득·관리·처분에 관한 사항'에 해당 ○

ㄱ. (X) 주민소송의 피고는 지방자치단체가 아니라 지방자치단체의 장이다. 지방자치법 제22조 제1항 참조.

> **지방자치법 제22조(주민소송)** ① 제21조제1항에 따라 공금의 지출에 관한 사항, 재산의 취득·관리·처분에 관한 사항, 해당 지방자치단체를 당사자로 하는 매매·임차·도급 계약이나 그 밖의 계약의 체결·이행에 관한 사항 또는 지방세·사용료·수수료·과태료 등 공금의 부과·징수를 게을리한 사항을 감사 청구한 주민은 다음 각 호의 어느 하나에 해당하는 경우에 그 감사 청구한 사항과 관련이 있는 위법한 행위나 업무를 게을리한 사실에 대하여 해당 지방자치단체의 장(해당 사항의 사무처리에 관한 권한을 소속 기관의 장에게 위임한 경우에는 그 소속 기관의 장을 말한다. 이하 이 조에서 같다)을 상대방으로 하여 소송을 제기할 수 있다.

ㄴ. (X) 지방자치법상 주민소송의 종류에는 '행정처분인 행위의 취소 또는 변경을 요구하는 소송, 행정처분인 행위의 효력 유무 또는 존재 여부의 확인을 요구하는 소송'(지방자치법 제22조 제2항 제2호) 뿐만 아니라, 해당 행위를 계속하면 회복하기 어려운 손해를 발생시킬 우려가 있는 경우에는 행정처분인 행위의 전부나 일부를 중지할 것을 요구하는 소송(지방자치법 제22조 제2항 제1호)이 포함된다.

> **지방자치법 제22조(주민소송)** ② 제1항에 따라 주민이 제기할 수 있는 소송은 다음 각 호와 같다.
> 1. 해당 행위를 계속하면 회복하기 어려운 손해를 발생시킬 우려가 있는 경우에는 그 행위의 전부나 일부를 중지할 것을 요구하는 소송
> 2. 행정처분인 해당 행위의 취소 또는 변경을 요구하거나 그 행위의 효력 유무 또는 존재 여부의 확인을 요구하는 소송

ㄷ. (X) 주무부장관이나 시·도지사가 감사 청구를 수리한 날부터 60일이 지나도 감사를 끝내지 아니하여 주민소송을 제기하는 경우에는, 종료통지와는 무관하게 해당 60일이 끝난 날부터 90일 이내에 제기하여야 한다.. 지방자치법 제22조 제1항 제1호, 제4항 제1호 참조.

> **지방자치법 제22조(주민소송)** ① 제21조제1항에 따라 공금의 지출에 관한 사항, …을 상대방으로 하여 소송을 제기할 수 있다.
> 1. 주무부장관이나 시·도지사가 감사 청구를 수리한 날부터 60일(제21조제9항 단서에 따라 감사기간이 연장된 경우에는 연장된 기간이 끝난 날을 말한다)이 지나도 감사를 끝내지 아니한 경우
> ④ 제2항에 따른 소송은 다음 각 호의 구분에 따른 날부터 90일 이내에 제기하여야 한다.
> 1. 제1항제1호: 해당 60일이 끝난 날(제21조제9항 단서에 따라 감사기간이 연장된 경우에는 연장기간이 끝난 날을 말한다)

ㄹ. (○) 주민감사청구가 '지방자치단체와 그 장의 권한에 속하는 사무의 처리'를 대상으로 하는 데 반하여, 주민소송은 '그 감사청구한 사항과 관련이 있는 위법한 행위나 업무를 게을리한 사실'에 대하여 제기할

수 있는 것이므로, 주민소송의 대상은 주민감사를 청구한 사항과 관련이 있는 것으로 충분하고, 주민감사를 청구한 사항과 반드시 동일할 필요는 없다. 주민감사를 청구한 사항과 관련성이 있는지는 주민감사청구사항의 기초인 사회적 사실관계와 기본적인 점에서 동일한지에 따라 결정되는 것이며 그로부터 파생되거나 후속하여 발생하는 행위나 사실은 주민감사청구사항과 관련이 있다고 보아야 한다(대판 2020.07.29. 2017두63467).

ㅁ. (○) 도로 등 공물이나 공공용물을 특정 사인이 배타적으로 사용하도록 하는 점용허가가 도로 등의 본래 기능 및 목적과 무관하게 그 사용가치를 실현·활용하기 위한 것으로 평가되는 경우에는 주민소송의 대상이 되는 재산의 관리·처분에 해당한다(대판 2016.05.27. 2014두8490).

[정답] ⑤

문 40

국유재산의 사용관계에 관한 설명 중 옳은 것은? (다툼이 있는 경우 판례에 의함)

① 일반재산의 대부는 순전히 사경제주체로서 행하는 사법상의 행위가 아니라 관리청이 공권력을 가진 우월적 지위에서 행하는 행정처분에 해당한다.

② 행정재산의 사용·수익에 대한 허가는 특정인에게 행정재산을 사용할 수 있는 권리를 설정하여 주는 강학상 허가에 해당한다.

③ 「국유재산법」에 따르면 국유 일반재산의 관리·처분에 관한 사무를 위탁받은 자는 국유 일반재산의 대부료가 납부기한까지 납부되지 아니한 경우에는 「국세징수법」의 체납처분에 관한 규정을 준용하여 대부료를 징수할 수 있으므로, 특별한 사정이 없는 한 민사소송의 방법으로 그 대부료의 지급을 구하는 것은 허용되지 아니한다.

④ 행정재산이 아닌 일반재산의 무단점유자에 대한 변상금 부과는 관리청이 공권력을 가진 우월적 지위에서 행하는 행정처분이라고 할 수 없다.

⑤ 국가가 국유재산의 무단점유자를 상대로 변상금 부과·징수권의 행사와 별도로 국유재산의 소유자로서 민사상 부당이득반환청구의 소를 제기하는 것은 허용되지 않는다.

MGI Point **국유재산 사용** ★★

- 일반재산의 대부 행위 ⇨ 사법상 계약
- 행정재산의 사용·수익 허가 ⇨ 행정처분, 강학상 '특허'
- 일반재산의 대부료가 납부되지 아니한 경우에는 「국세징수법」상 체납처분 준용하여 대부료 징수 可
  ⇨ 대부료 민사소송 방법 징수 허용 ×
- 국유재산(일반재산 포함)의 무단점유자에 대한 변상금 부과 ⇨ 행정처분
  ⇨ 변상금 부과·징수권 행사와 별도로 민사상 부당이득반환청구 허용 ○

---

① (X) 구 국유재산법(1994.1.5. 법률 제4698호로 개정되기 전의 것) 제31조 제3항, 구 국유재산법시행령 (1993.03.06. 대통령령 제13869호로 개정되기 전의 것) 제33조 제2항의 규정에 의하여 국유잡종재산에 관한 관리 처분의 권한을 위임받은 기관이 국유잡종재산을 대부하는 행위는 국가가 사경제 주체로서 상대방과 대등한 위치에서 행하는 사법상의 계약이지 행정청이 공권력의 주체로서 상대방의 의사 여하에 불구하고 일방적으로 행하는 행정처분이라고 볼 수 없고, 국유잡종재산에 관한 사용료의 납입고지 역시 사법

상의 이행청구에 해당하는 것으로서 이를 항고소송의 대상이 되는 행정처분이라고 할 수 없다(대판 1995. 05.12. 94누5281). ▶ '잡종재산'은 국유재산법상 '일반재산'의 구 명칭이다.

> **국유재산법 제6조(국유재산의 구분과 종류)** ① 국유재산은 그 용도에 따라 행정재산과 일반재산으로 구분한다.
> ② 행정재산의 종류는 다음 각 호와 같다.
> 1. 공용재산: 국가가 직접 사무용·사업용 또는 공무원의 주거용(직무 수행을 위하여 필요한 경우로서 대통령령으로 정하는 경우로 한정한다)으로 사용하거나 대통령령으로 정하는 기한까지 사용하기로 결정한 재산
> 2. 공공용재산: 국가가 직접 공공용으로 사용하거나 대통령령으로 정하는 기한까지 사용하기로 결정한 재산
> 3. 기업용재산: 정부기업이 직접 사무용·사업용 또는 그 기업에 종사하는 직원의 주거용(직무 수행을 위하여 필요한 경우로서 대통령령으로 정하는 경우로 한정한다)으로 사용하거나 대통령령으로 정하는 기한까지 사용하기로 결정한 재산
> 4. 보존용재산: 법령이나 그 밖의 필요에 따라 국가가 보존하는 재산
> ③ "일반재산"이란 행정재산 외의 모든 국유재산을 말한다.

② (X) 공유재산의 관리청이 행정재산의 사용·수익에 대한 허가는 순전히 사경제주체로서 행하는 사법상의 행위가 아니라 관리청이 공권력을 가진 우월적 지위에서 행하는 행정처분으로서 특정인에게 행정재산을 사용할 수 있는 권리를 설정하여 주는 강학상 특허에 해당한다(대판 1998.02.27. 97누1105).

③ (○) 국유재산법 제42조 제1항, 제73조 제2항 제2호에 따르면, 국유 일반재산의 관리·처분에 관한 사무를 위탁받은 자는 국유 일반재산의 대부료 등이 납부기한까지 납부되지 아니한 경우에는 국세징수법 제23조와 같은 법의 체납처분에 관한 규정을 준용하여 대부료 등을 징수할 수 있다. 이와 같이 국유 일반재산의 대부료 등의 징수에 관하여는 국세징수법 규정을 준용한 간이하고 경제적인 특별구제절차가 마련되어 있으므로, 특별한 사정이 없는 한 민사소송의 방법으로 대부료 등의 지급을 구하는 것은 허용되지 아니한다(대판 2014.09.04. 2014다203588).

④ (X) 국유재산의 무단점유자에 대한 변상금 부과는 공권력을 가진 우월적 지위에서 행하는 행정처분이고(④), 그 부과처분에 의한 변상금 징수권은 공법상의 권리인 반면, 민사상 부당이득반환청구권은 국유재산의 소유자로서 가지는 사법상의 채권이다. 또한 변상금은 부당이득 산정의 기초가 되는 대부료나 사용료의 120%에 상당하는 금액으로서 부당이득금과 액수가 다르고, 이와 같이 할증된 금액의 변상금을 부과·징수하는 목적은 국유재산의 사용·수익으로 인한 이익의 환수를 넘어 국유재산의 효율적인 보존·관리라는 공익을 실현하는 데 있다. …이처럼 구 국유재산법(2009. 1. 30. 법률 제9401호로 전부 개정되기 전의 것, 이하 같다) 제51조 제1항, 제4항, 제5항에 의한 변상금 부과·징수권은 민사상 부당이득반환청구권과 법적 성질을 달리하므로, 국가는 무단점유자를 상대로 변상금 부과·징수권의 행사와 별도로 국유재산의 소유자로서 민사상 부당이득반환청구의 소를 제기할 수 있다(⑤). 그리고 이러한 법리는 구 국유재산법 제32조 제3항, 구 국유재산법 시행령(2009. 7. 27. 대통령령 제21641호로 전부 개정되기 전의 것) 제33조 제2항에 의하여 국유재산 중 잡종재산(현행 국유재산법상의 일반재산에 해당한다)의 관리·처분에 관한 사무를 위탁받은 한국자산관리공사의 경우에도 마찬가지로 적용된다(④)(대판 2014.07.16. 2011다76402(전합)).

정답 ③

MEMO

2025년도 제3차
변호사시험
모 의 시 험
기출문제집

선택형

형사법

2025년도 제3차 변호사시험 모의시험
[형사법]

b a r e x a m i n a t i o n

문 1

구성요건의 유형에 관한 설명 중 옳지 않은 것은? (다툼이 있는 경우 판례에 의함)

① 입찰방해죄는 위계 또는 위력, 기타의 방법으로 입찰의 공정을 해할 행위를 하면 충분하고 현실적으로 입찰의 공정을 해한 결과가 발생할 필요가 없으므로, 결과의 발생과 무관하게 실행행위만으로 구성요건이 충족되는 거동범에 해당한다.

② 거동범에서는 미수 중 범죄의 실행에 착수하였으나 행위를 종료하지 못한 '착수미수(미종료미수)'는 인정되지만, 범죄의 실행에 착수하여 행위는 종료하였으나 결과가 발생하지 아니한 '실행미수(종료미수)'는 인정되지 않는다.

③ 물건에 대한 방화로 '공공의 위험 발생'까지 요구되는 일반물건방화죄와 같은 구체적 위험범은 결과범에 해당하므로, 실행행위와 결과 간의 인과관계가 요구된다.

④ 교통이 불가능하거나 현저히 곤란한 상태가 발생하면 바로 기수가 되고 교통방해의 결과가 현실적으로 발생할 것을 요구하지 않는 일반교통방해죄는 행위 자체가 가지고 있는 일반적 위험성 때문에 행위 객체에 대한 구체적인 위험을 구성요건으로 요구하지 않는 추상적 위험범에 해당한다.

⑤ 학대죄는 기수에 도달하더라도 범행이 종결되는 것이 아니라 행위자의 지속적인 범행의사에 의해 구성요건의 실현이 계속되는 계속범이므로, 수십 회에 걸쳐서 계속되는 일련의 학대행위 중 위법성이 조각되는 부분을 따로 떼어 무죄의 판결을 할 수 없다.

MGI Point **구성요건** ★★

■ 입찰방해죄 ⇨ 추상적 위험범, 거동범 ○, 결과발생 不要
■ 거동범 ⇨ 착수미수 可, 실행미수 不可
■ 일반물건방화죄 ⇨ 구체적 위험범, 결과범 ○, 실행행위와 결과 간 인과관계 要
■ 일반교통방해죄 ⇨ 추상적 위험범 ○
■ 학대죄 ⇨ 계속범 × 상태범(즉시범) ○ ⇨ 수십회에 걸쳐서 계속되는 일련의 폭행행위가 있었다 하더라도 그 중 친권자로서의 징계권의 범위에 속하여 위 위법성이 조각되는 부분이 있다면 그 부분을 따로 떼어 무죄의 판결 可

---

① (○) 입찰방해죄는 위계 또는 위력 기타의 방법으로 입찰의 공정을 해하는 경우에 성립하는 위태범으로서 결과의 불공정이 현실적으로 나타나는 것을 필요로 하지 않고, 여기서 '입찰의 공정을 해하는 행위'란 공정한 자유경쟁을 방해할 염려가 있는 상태를 발생시키는 것, 즉 공정한 자유경쟁을 통한 적정한 가격형성에 부당한 영향을 주는 상태를 발생시키는 것으로, 그 행위에는 가격결정뿐 아니라 '적법하고 공정한 경쟁방법'을 해하는 행위도 포함되고, 지명경쟁입찰의 시행자인 법인의 대표자가 특정인과 공모하여 그 특정인이 낙찰자로 선정될 수 있도록 예정가격을 알려 주고 그 특정인은 나머지 입찰참가인들과 담합하여 입찰에

응하였다면 입찰의 실시 없이 서류상으로만 입찰의 근거를 조작한 경우와는 달리 현실로 실시된 입찰의 공정을 해하는 것으로 평가되어 입찰방해죄가 성립한다(대판 2007.05.31. 2006도8070). ▶ 침해범과 구체적 위험범은 대부분 결과범이고, 추상적 위험범은 대부분 거동범이다. 한편, 주거침입죄는 예외적으로 침해범이면서 동시에 거동범에 해당한다.

② (○) 거동범은 결과 발생을 요하지 않고, 구성요건의 행위를 한 것만으로도 기수가 성립하는 바, 범죄의 실행에 착수하여 행위는 종료하였으나 결과가 발생하지 아니한 '실행미수(종료미수)'는 인정되지 않는다. 그러나 주거침입죄의 미수범과 같이 범죄의 실행에 착수하였으나 행위를 종료하지 못한 '착수미수(미종료미수)'는 인정될 수 있다. 결과범에서는 실행미수도 인정될 수 있다.

> **판례** 예컨대 주거로 들어가는 문의 시정장치를 부수거나 문을 여는 등 침입을 위한 구체적 행위를 시작하였다면 주거침입죄의 실행의 착수는 있었다고 보아야 하고, 신체의 극히 일부분이 주거 안으로 들어갔지만 사실상 주거의 평온을 해하는 정도에 이르지 아니하였다면 주거침입죄의 미수에 그친다(대판 1995.09.15. 94도2561).

③ (○) 구체적 위험범은 구체적 위험의 발생이 구성요건적 결과로 규정된 범죄로서, 일반물건방화죄는 '공공의 위험 발생'을 요하는 구체적 위험범이며 또한 결과범이다. 따라서 실행행위와 공공의 위험 발생 결과 간 인과관계가 요구된다. ▶ 침해범은 행위와 결과 사이에 인과관계를 요하지 않지만, 거동범은 행위와 결과 사이에 인과관계를 요한다.

④ (○) 일반교통방해죄는 이른바 추상적 위험범으로서 교통이 불가능하거나 또는 현저히 곤란한 상태가 발생하면 바로 기수가 되고 교통방해의 결과가 현실적으로 발생하여야 하는 것은 아니다(대판 2018.01.24. 2017도11408).

⑤ (X) 학대죄는 자기의 보호 또는 감독을 받는 사람에게 육체적으로 고통을 주거나 정신적으로 차별대우를 하는 행위가 있음과 동시에 범죄가 완성되는 상태범 또는 즉시범이라 할 것이고 비록 수십회에 걸쳐서 계속되는 일련의 폭행행위가 있었다 하더라도 그 중 친권자로서의 징계권의 범위에 속하여 위 위법성이 조각되는 부분이 있다면 그 부분을 따로 떼어 무죄의 판결을 할 수 있다(대판 1986.07.08. 84도2922).

> **정답** ⑤

문 2

양벌규정에 관한 설명 중 옳지 않은 것은? (다툼이 있는 경우 판례에 의함)

① 양벌규정에서 직접 행위자가 아닌 법인은 국가형벌권 행사의 대상으로서 구성요건에서 정한 위반행위의 방지를 위한 주의와 감독의 해태 등을 근거로 별도의 형벌규정에 따라 법인의 직접책임 또는 자기책임에 기초하여 처벌되는 것이다.

② 양벌규정에서 법인의 사용인에는 법인과 정식 고용계약이 체결되어 근무하는 자뿐만 아니라 그 법인의 업무를 직접 또는 간접으로 수행하면서 법인의 통제·감독하에 있는 자도 포함된다.

③ 법인의 사용인이 객관적으로 법인의 업무를 위하여 행하는 것으로 인정할 수 있는 행위가 있어야 양벌규정에 의해 법인이 함께 처벌되는데, 사용인 등이 법인의 업무를 위한다는 의사를 가지고 행위 하는 것까지 요구되지는 않는다.

④ 법인격 없는 기관에 대하여 양벌규정을 적용할 것인지에 대해서 명시적인 규정을 두고 있지 않다면, 죄형법정주의의 원칙상 법인격 없는 기관을 양벌규정에 의하여 처벌할 수는 없다.

⑤ 법인이 설립되기 이전의 자연인의 행위는 법인에게 어떠한 선임감독상의 과실이 있다고 할 수 없으므로, 특별한 근거규정이 없는 한 법인이 설립되기 이전에 자연인이 한 행위에 대하여 양벌규정을 적용하여 법인을 처벌할 수는 없다.

MGI Point **양별규정** ★★

- 법인 대표자의 법규위반행위에 대한 법인의 책임 ⇨ 법인의 자기 책임 ○, 법인 자신의 법규위반행위로 평가될 수 있는 행위에 대한 법인의 직접책임 ○
- 법인의 사용인 ⇨ 법인의 업무를 직접 또는 간접으로 수행하면서 법인의 통제·감독하에 있는 자도 포함
- '법인의 업무에 관하여'
  - 객관적 요건 ⇨ 법인의 업무를 위하여 행하는 것으로 인정할 수 있는 행위
  - 주관적 요건 ⇨ 임직원 등의 법인의 업무를 위한다는 의사 要
- 법인격 없는 기관에 대하여 양별규정을 적용할 것인지에 대해 명시적 규정 要
- 특별한 근거규정이 없는 한, 법인 설립 이전 자연인의 행위에 양별규정 적용 不可

① (○) 법인은 기관을 통하여 행위하므로 법인이 대표자를 선임한 이상 그의 행위로 인한 법률효과는 법인에게 귀속되어야 하고 법인 대표자의 범죄행위에 대하여는 법인 자신이 자신의 행위에 대한 책임을 부담하여야 하는바, 법인 대표자의 법규위반행위에 대한 법인의 책임은 법인 자신의 법규위반행위로 평가될 수 있는 행위에 대한 법인의 직접책임으로서, 대표자의 고의에 의한 위반행위에 대하여는 법인 자신의 고의에 의한 책임을, 대표자의 과실에 의한 위반행위에 대하여는 법인 자신의 과실에 의한 책임을 부담하는 것이다. 따라서 이 사건 법률조항 중 대표자 관련 부분은 대표자의 책임을 요건으로 하여 법인을 처벌하므로 책임주의원칙에 반하지 아니한다(헌재 2011.10.25. 2010헌바307).

② (○) 정보통신망 이용촉진 및 정보보호 등에 관한 법률 제75조의 양별규정의 취지는 법인 등 업무주의 처벌을 통하여 벌칙 본조의 실효성을 확보하는 데 있는 것이므로, 여기에서 말하는 법인의 사용인에는 법인과 정식 고용계약이 체결되어 근무하는 자뿐만 아니라 그 법인의 업무를 직접 또는 간접으로 수행하면서 법인의 통제·감독 하에 있는 자도 포함된다. 이 경우 법인은 위반행위가 발생한 그 업무와 관련하여 법인이 상당한 주의 또는 관리·감독 의무를 게을리한 과실로 인하여 처벌되는 것인데, 구체적인 사안에서 법인이 상당한 주의 또는 감독을 게을리하였는지 여부는 당해 위반행위와 관련된 모든 사정 즉, 당해 법률의 입법취지, 처벌조항 위반으로 예상되는 법익 침해의 정도, 위반행위에 관하여 양별규정을 마련한 취지 등은 물론 위반행위의 구체적인 모습과 그로 인하여 실제 야기된 피해 또는 결과의 정도, 법인의 영업 규모 및 행위자에 대한 감독가능성이나 구체적인 지휘감독 관계, 법인이 위반행위 방지를 위하여 실제 행한 조치 등을 전체적으로 종합하여 판단하여야 한다(대판 2012.05.09. 2011도11264).

③ (X) 관세법 제196조에 따라 법인의 임직원 또는 피용자의 범칙행위에 의하여 법인을 처벌하기 위한 요건으로서 '법인의 업무에 관하여' 행한 것으로 보기 위하여는 객관적으로 법인의 업무를 위하여 하는 것으로 인정할 수 있는 행위가 있어야 하고, 주관적으로는 피용자 등이 법인의 업무를 위하여 한다는 의사를 가지고 행위함을 요하며, 위 요건을 판단함에 있어서는 법인의 적법한 업무의 범위, 피용자 등의 직책이나 직위, 피용자 등의 범법행위와 법인의 적법한 업무 사이의 관련성, 피용자 등이 행한 범법행위의 동기와 사후처리, 피용자 등의 범법행위에 대한 법인의 인식 여부 또는 관여 정도, 피용자 등이 범법행위에 사용한 자금의 출처와 그로 인한 손익의 귀속 여하 등 여러 사정을 심리하여 결정하여야 한다(대판 1997.02.14. 96도2699).

④ (○) 구 개인정보 보호법(2020. 2. 4. 법률 제16930호로 개정되기 전의 것, 이하 같다) 제71조 제2호는 같은 법 제18조 제1항을 위반하여 이용 범위를 초과하여 개인정보를 이용한 개인정보처리자를 처벌하도록 규정하고 있고, 같은 법 제74조 제2항에서는 법인의 대표자나 법인 또는 개인의 대리인, 사용인, 그 밖의 종업원이 그 법인 또는 개인의 업무에 관하여 같은 법 제71조에 해당하는 위반행위를 하면 그 행위자를 벌하는 외에 그 법인 또는 개인에게도 해당 조문의 벌금형을 과하도록 하는 양별규정을 두고 있다. 위 법 제71조 제2호, 제18조 제1항에서 벌칙규정의 적용대상자를 개인정보처리자로 한정하고 있기는 하나, 위 양별규정은 벌칙규정의 적용대상인 개인정보처리자가 아니면서 그러한 업무를 실제로 처리하는 자가 있을 때 벌칙규정의 실효성을 확보하기 위하여 적용대상자를 해당 업무를 실제로 처리하는 행위자까지

확장하여 그 행위자나 개인정보처리자인 법인 또는 개인을 모두 처벌하려는 데 그 취지가 있으므로, 위 양벌규정에 의하여 개인정보처리자 아닌 행위자도 위 별칙규정의 적용대상이 된다.

구 개인정보 보호법은 제2조 제5호, 제6호에서 공공기관 중 법인격이 없는 '중앙행정기관 및 그 소속 기관' 등을 개인정보처리자 중 하나로 규정하고 있으면서도, 양벌규정에 의하여 처벌되는 개인정보처리자로는 같은 법 제74조 제2항에서 '법인 또는 개인'만을 규정하고 있을 뿐이고, 법인격 없는 공공기관에 대하여도 위 양벌규정을 적용할 것인지 여부에 대하여는 명문의 규정을 두고 있지 않으므로, 죄형법정주의의 원칙상 '법인격 없는 공공기관'을 위 양벌규정에 의하여 처벌할 수 없고, 그 경우 행위자 역시 위 양벌규정으로 처벌할 수 없다고 봄이 타당하다(대판 2021.10.28. 2020도1942).

⑤ (○) 일반적으로 자연인이 법인의 기관으로서 범죄행위를 한 경우에도 행위자인 자연인이 그 범죄행위에 대한 형사책임을 지는 것이고, 다만 법률이 그 목적을 달성하기 위하여 특별히 규정하고 있는 경우에만 행위자를 벌하는 외에 법률효과가 귀속되는 법인에 대하여도 벌금형을 과할 수 있는 것인 만큼, 법인이 설립되기 이전에 어떤 자연인이 한 행위의 효과가 설립 후의 법인에게 당연히 귀속된다고 보기 어려울 뿐만 아니라, 양벌규정에 의하여 사용자인 법인을 처벌하는 것은 형벌의 자기책임원칙에 비추어 위반행위가 발생한 그 업무와 관련하여 사용자인 법인이 상당한 주의 또는 관리감독 의무를 게을리한 선임감독상의 과실을 이유로 하는 것인데, 법인이 설립되기 이전의 행위에 대하여는 법인에게 어떠한 선임감독상의 과실이 있다고 할 수 없으므로, 특별한 근거규정이 없는 한 법인이 설립되기 이전에 자연인이 한 행위에 대하여 양벌규정을 적용하여 법인을 처벌할 수는 없다고 봄이 타당하다(대판 2018.08.01. 2015도10388).

정답 ③

문 3

정당행위에 관한 설명 중 옳지 않은 것은? (다툼이 있는 경우 판례에 의함)

① 형법 제20조의 '사회상규에 위배되지 아니하는 행위'는 형법 제21조부터 제24조까지의 개별적 위법성조각사유가 인정되지 않고 법령이나 업무로 인한 행위로 포섭되기 어려운 경우 적용되는 일반적 위법성조각사유이다.

② 상관의 위법한 명령에 따라 범죄행위를 한 경우에는 상관의 명령에 따랐다고 하여 부하가 한 범죄행위의 위법성이 조각될 수는 없다.

③ 친권자가 스스로의 감정을 이기지 못하고 야구방망이로 때릴 듯이 자녀에게 "죽여 버린다."라고 말하여 협박하는 것은 그 자체로 자녀의 인격 성장에 장해를 가져올 우려가 커서 정당행위라고 볼 수 없다.

④ 호텔 내 주점의 임대인이 임차인의 차임 연체를 이유로 계약서상 규정에 따라 주점에 대하여 단전·단수를 조치한 경우, 약정 기간이 만료되지 않았고 임대차보증금도 상당한 액수가 남아있는 상태이더라도 계약해지의 의사표시와 경고를 한 후 단전·단수를 하였다면 정당행위로 볼 수 있다.

⑤ A의 갑작스러운 폭행으로 B가 넘어져 상해를 입었는데 A가 아무런 사과 없이 그대로 도주하려고 하자, B와 전혀 관계없는 甲과 乙이 A를 쫓아가 체포하면서 양팔로 A의 목을 감싸 안고 다리를 걸어 넘어뜨린 후 무릎과 양팔로 목, 어깨, 머리 등을 눌러 경찰관이 출동할 때까지 꼼짝하지 못하게 하여 3주간의 치료가 필요한 상해를 입혔더라도, 甲과 乙의 행위는 적법한 현행범인 체포행위로서 정당행위에 해당한다.

MGI Point   정당행위   ★★

- 형법 제20조의 '사회상규에 위배되지 아니하는 행위' ⇨ 일반적 위법성조각사유
- 상관의 위법한 명령에 따라 범죄행위를 한 경우 위법성 조각 不可
- 친권자가 야구방망이로 때릴 듯이 "죽여 버린다"고 한 경우 ⇨ 위법성 조각 不可
- 차임이나 관리비 연체한 적이 없는 임차인이 임대차계약의 종료 후 임대료와 관리비를 인상하는 내용의 갱신계약 여부에 관한 의사표시나 명도의무를 지체하고 있는 중 그 종료일로부터 16일 만에 임차인의 사무실에 대하여 단전조치를 취한 임대인의 행위 ⇨ 정당행위에 해당 ×
- 사인의 적법한 현행범인 체포 중 3주 상해 입혔더라도 정당성,상당성,균형성,긴급성,보충성 갖추면 정당행위 성립 可

① (O) 형법 제20조의 '사회상규에 위배되지 아니하는 행위'는 우리 형법의 독특한 규정으로, 구성요건에 해당하는 행위가 형식적으로 위법하더라도 사회가 내리는 공적 평가에 의하여 사회상규성이 인정된다면 그 행위를 실질적으로 위법한 것으로는 평가할 수 없다는 취지에서 제정 형법 시 도입되었다. '사회상규에 위배되지 아니하는 행위'는 형법 제21조부터 제24조까지의 개별적 위법성조각사유가 인정되지 않고, 법령이나 업무로 인한 행위로 포섭되기 어려운 경우 적용되는 일반적 위법성조각사유이다(대판 2023.05.18. 2017도2760).

② (O) 상관의 적법한 직무상 명령에 따른 행위는 정당행위로서 형법 제20조에 의하여 그 위법성이 조각된다고 할 것이나, 상관의 위법한 명령에 따라 범죄행위를 한 경우에는 상관의 명령에 따랐다고 하여 부하가 한 범죄행위의 위법성이 조각될 수는 없다(대판 1997.04.17. 96도3376(전합)).

③ (O) 친권자는 자를 보호하고 교양할 권리의무가 있고(민법 제913조) 그 자를 보호 또는 교양하기 위하여 필요한 징계를 할 수 있기는 하지만(민법 제915조) 인격의 건전한 육성을 위하여 필요한 범위 안에서 상당한 방법으로 행사되어야만 할 것인데, 원심이 확정한 사실관계에 의하면 스스로의 감정을 이기지 못하고 야구방망이로 때릴 듯이 피해자에게 "죽여 버린다."고 말하여 협박하는 것은 그 자체로 피해자의 인격 성장에 장해를 가져올 우려가 커서 이를 교양권의 행사라고 보기도 어렵다 할 것이다(대판 2002.02.08. 2001도6468).

④ (X) 차임이나 관리비를 단 1회도 연체한 적이 없는 피해자가 임대차계약의 종료 후 임대료와 관리비를 인상하는 내용의 갱신계약 여부에 관한 의사표시나 명도의무를 지체하고 있다는 이유만으로 그 종료일로부터 16일 만에 피해자의 사무실에 대하여 단전조치를 취한 피고인의 행위는 그 권리를 확보하기 위하여 다른 적법한 절차를 취하는 것이 매우 곤란하였던 것으로 보이지 않아 그 동기와 목적이 정당하다거나 수단이나 방법이 상당하다고 할 수 없고, 또한 그에 관한 피고인의 이익과 피해자가 침해받은 이익 사이에 균형이 있는 것으로도 보이지 않으므로, 같은 취지의 원심 판단은 정당하고, 이 사건 단전조치가 사회상규에 위배되지 아니하는 정당행위로서 무죄라는 상고이유의 주장도 받아들일 수 없다(대판 2006.04.27. 2005도8074).

⑤ (O) 청구인들이 자신들을 폭행하여 상해를 가하고 도주하는 피해자를 쫓아가 제압하는 과정에서 3주 상해를 가한 행위가, 사인의 현행범인 체포로서 위법성이 조각되는지 여부(적극) : 청구인들은 피해자의 갑작스러운 폭행으로 넘어져 상해를 입었고, 폭행을 가한 피해자는 아무런 사과 없이 그대로 도주하려고 하였으며, 청구인들은 피해자와는 전혀 모르는 사이로서 피해자가 도주할 경우 사후에 피해자를 체포할 가능성이 희박하여, 청구인들이 피해자를 쫓아가 붙잡는 과정에서 유형력을 행사하였다는 것인바, 청구인들의 행위는 현행범인 체포의 요건을 갖추었다. 또한, 피해자를 제압하면서 일행에게 경찰에 신고하도록 한 점에 비추어 동기나 목적이 정당하고, 피해자를 체포함에 있어 양팔로 목을 감싸 안고 다리를 걸어 넘어뜨린 후 무릎과 양팔로 피해자의 목, 어깨, 머리 등을 눌러 꼼짝하지 못하게 한 점은 다소 공격적인 행위로 볼 여지도 있으나, 피해자를 제압한 후 경찰이 출동할 때까지 약 5분간 위와 같은 행위를 하였고, 추가적인 폭행이 없었던 점에 비추어 수단이나 방법으로 상당하며, 청구인들도 피해자의 폭행으로 각각 약 3주간의 치료를 요하는 상해를 입은 점에 비추어 법익균형성도 충족되었고, 피해자의 인적사항이나 주소 등을 모르는 상태이어서 긴급성과 보충성요건도 충족하였다. 따라서 청구인들의 이 사건 행위는 적법한 현행범인 체포행위로서 정당행위에 해당하므로 위법성이 조각된다(헌재 2014.04.24. 2013헌마849[기소유예처분취소]).

참조판례 [1] 어떠한 행위가 위법성 조각사유로서의 정당행위가 되는지의 여부는 구체적인 경우에 따라 합목적적, 합리적으로 가려져야 할 것인바, 정당행위를 인정하려면 첫째 그 행위의 동기나 목적의 정당성, 둘째 행위의 수단이나 방법의 상당성, 셋째 보호법익과 침해법익의 권형성, 넷째 긴급성, 다섯째 그 행위 이외의 다른 수단이나 방법이 없다는 보충성의 요건을 모두 갖추어야 할 것이다. [2] 현행범인은 누구든지 영장없이 체포할 수 있으므로 사인의 현행범인 체포는 법령에 의한 행위로서 위법성이 조각된다고 할 것인데, 현행범인 체포의 요건으로서는 행위의 가벌성, 범죄의 현행성·시간적 접착성, 범인·범죄의 명백성 외에 체포의 필요성 즉, 도망 또는 증거인멸의 염려가 있을 것을 요한다. [3] 적정한 한계를 벗어나는 현행범인 체포행위는 그 부분에 관한 한 법령에 의한 행위로 될 수 없다고 할 것이나, 적정한 한계를 벗어나는 행위인가 여부는 결국 정당행위의 일반적 요건을 갖추었는지 여부에 따라 결정되어야 할 것이지 그 행위가 소극적인 방어행위인가 적극적인 공격행위인가에 따라 결정되어야 하는 것은 아니다. [4] 피고인의 차를 손괴하고 도망하려는 피해자를 도망하지 못하게 멱살을 잡고 흔들어 피해자에게 전치 14일의 흉부찰과상을 가한 경우, 정당행위에 해당한다고 본 사례(대판 1999.01.26. 98도3029).

정답 ④

문 4

부작위범에 관한 설명 중 옳지 않은 것은? (다툼이 있는 경우 판례에 의함)

① 범죄가 적극적 작위뿐만 아니라 소극적 부작위에 의하여도 실현될 수 있는 경우에 행위자가 자신의 신체적 활동이나 물리적·화학적 작용을 통하여 적극적으로 타인의 법익 상황을 악화시킴으로써 타인의 법익을 침해하기에 이르렀다면, 이는 작위에 의한 범죄로 봄이 원칙이고 작위에 의하여 악화된 법익 상황을 다시 되돌이키지 아니한 점에 주목하여 이를 부작위범으로 볼 것은 아니다.

② 금지규범 형태의 일반적 구성요건은 작위를 전제하여 이를 금지하는 것임에도 불구하고 부작위를 작위범과 동등하게 처벌하는 것은 죄형법정주의에 반할 위험성을 안고 있으므로, 부진정부작위범의 책임의 한계를 명확히 하기 위해서 '보증인지위'와 '행위 동가치성' 요건을 추가하여 범죄성립 여부를 검토한다.

③ 보증인지위는 부진정부작위범의 주체에 해당하는 요건이므로 구성요건요소에 속하나 보증인지위의 내용을 이루는 작위의무는 법적 의무로서 법질서에 관련되는 것이므로 위법성요소라고 보는 견해에 따르면, 보증인지위에 대한 착오는 구성요건의 착오로 보고, 보증의무에 대한 착오는 위법성의 착오로 보게 된다.

④ 부작위범 사이의 공동정범은 다수의 부작위범에게 공통된 의무가 부여되어 있어야 하지만, 그 의무를 공통으로 이행할 수 있을 것을 요건으로 하는 것은 아니다.

⑤ 공무원이 어떠한 위법 사실을 발견하고도 직무상 의무에 따른 적절한 조치를 하지 아니하고, 위법 사실을 적극적으로 은폐할 목적으로 허위공문서를 작성하여 행사한 경우는 작위범인 허위공문서작성 및 그 행사죄만이 성립하고 부작위범인 직무유기죄는 별도로 성립하지 않는다.

MGI Point **부작위범** ★★

- 행위자가 자신의 신체적 활동이나 물리적·화학적 작용을 통하여 적극적으로 타인의 법익 상황을 악화시켰다면 작위에 의한 범죄로 보아야 함
- 부진정부작위범의 특별요건 ⇨ 보증인지위, 행위정형의 동가치성
- 부진정부작위범의 성립요건에 관한 이분설
  - 보증인지위(구성요건요소)와 보증인의무(위법성요소) 구별
  - 보증인지위에 관한 착오 ⇨ 구성요건적 착오
  - 보증인의무에 관한 착오 ⇨ 위법성의 착오(금지착오)
- 부작위범의 공동정범 ⇨ 의무를 공통으로 이행할 수 있을 때만 성립 可
- 공무원이 위법사실에 대한 적절한 조치를 취하지 아니하고, 적극적으로 은폐할 목적으로 허위공문서를 작성, 행사한 경우
  ⇨ 작위범인 허위공문서작성 동행사죄만이 성립, 부작위범인 직무유기죄는 불성립

① (O) 어떠한 범죄가 적극적 작위에 의하여 이루어질 수 있음은 물론 결과의 발생을 방지하지 아니하는 소극적 부작위에 의하여도 실현될 수 있는 경우에, 행위자가 자신의 신체적 활동이나 물리적·화학적 작용을 통하여 적극적으로 타인의 법익 상황을 악화시킴으로써 결국 그 타인의 법익을 침해하기에 이르렀다면, 이는 작위에 의한 범죄로 봄이 원칙이고, 작위에 의하여 악화된 법익 상황을 다시 되돌이키지 아니한 점에 주목하여 이를 부작위범으로 볼 것은 아니며, 나아가 악화되기 이전의 법익 상황이, 그 행위자가 과거에 행한 또 다른 작위의 결과에 의하여 유지되고 있었다 하여 이와 달리 볼 이유가 없다(대판 2004.06.24. 2002도995).

② (O) 형법상 부작위범이 인정되기 위해서는 형법이 금지하고 있는 법익침해의 결과발생을 방지할 법적인 작위의무를 지고 있는 자가 그 의무를 이행함으로써 결과발생을 쉽게 방지할 수 있었음에도 불구하고 그 결과의 발생을 용인하고 이를 방관한 채 그 의무를 이행하지 아니한 경우에, 그 부작위가 작위에 의한 법익침해와 동등한 형법적 가치가 있는 것이어서 그 범죄의 실행행위로 평가될 만한 것이라면, 작위에 의한 실행행위와 동일하게 부작위범으로 처벌할 수 있고, 여기서 작위의무는 법령, 법률행위, 선행행위로 인한 경우는 물론, 기타 신의성실의 원칙이나 사회상규 혹은 조리상 작위의무가 기대되는 경우에도 인정된다 할 것이다(대판 2008.02.28. 2007도9354).

③ (O) 부진정부작위범의 성립요건에 대하여 보증인지위는 구성요건요소, 보증인의무는 위법성요소로 구별하는 이분설에 따르면, 보증인지위에 관한 착오는 구성요건적 착오가 되고, 보증인의무에 관한 착오는 위법성의 착오가 된다.

④ (X) 부작위범 사이의 공동정범은 다수의 부작위범에게 공통된 의무가 부여되어 있고 그 의무를 공통으로 이행할 수 있을 때에만 성립한다(대판 2008.03.27. 2008도89).

⑤ (O) 공무원이 어떠한 위법사실을 발견하고도 직무상 의무에 따른 적절한 조치를 취하지 아니하고 위법사실을 적극적으로 은폐할 목적으로 허위공문서를 작성, 행사한 경우에는 직무위배의 위법상태는 허위공문서작성 당시부터 그 속에 포함되는 것으로 작위범인 허위공문서작성, 동행사죄만이 성립하고 부작위범인 직무유기죄는 따로 성립하지 아니한다(대판 1999.12.24. 99도2240).

> **판례** 공무원이 신축건물에 대한 착공 및 준공검사를 마치고 관계서류를 작성함에 있어 그 허가조건 위배사실을 숨기기 위하여 허위의 복명서를 작성 행사하였을 경우에는 작위범인 허위공문서작성 동행사죄만이 성립하고 부작위범인 직무유기죄는 성립하지 아니한다(대판 1972.05.09. 72도722).

정답 ④

문 5

미수에 관한 설명 중 옳지 않은 것은? (다툼이 있는 경우 판례에 의함)

① 범인이 매개물에 불을 붙여 연소작용이 계속될 수 있는 상태에 이르렀다면, 그것이 곧바로 진화되는 등의 사정으로 인하여 목적물인 건조물 자체에는 불이 옮겨붙지 않았더라도 방화죄의 실행의 착수가 인정된다.

② 살인의 의사로 피해자의 목과 가슴을 칼로 여러 차례 찔렀는데 피해자가 가슴에서 많은 피를 흘리는 것을 보고 겁이 나서 범행을 중단한 것은 일반 사회통념상 범죄를 완수함에 장애가 되는 사정에 해당하여 중지미수의 자의성이 인정되지 않는다.

③ 범죄의 실행에 착수하여 실행행위는 마쳤으나 결과가 발생하지 아니한 실행미수(종료미수)에 있어서 중지미수가 인정되기 위해서는 단순한 부작위만으로 충분하지 않고 실행행위로 인한 결과의 발생을 적극적으로 방지하여야 한다.

④ 객관적 구성요건 요소인 범죄의 주체, 객체, 수단 등의 요소를 갖추지 못하여 처음부터 구성요건이 충족될 수 없다면 실행의 착수가 존재할 수 없으므로 개념상으로 미수범 성립이 가능하지 않다는 '구성요건의 흠결론'에 따르면, 살아 있는 사람을 시체로 오인하여 은닉하였더라도 시체은닉죄의 객체를 갖추지 못하여 시체은닉죄의 불능미수는 성립할 수 없다.

⑤ 소송비용을 편취할 의사로 소송비용의 지급을 구하는 손해배상청구의 소를 제기하였더라도 행위자가 주관적으로 인식한 사정을 놓고 일반인의 시각에서 객관적으로 판단하면 위험성이 인정되므로 불능미수에 해당한다.

MGI Point 미수 ★★

- 매개물을 통한 현존건조물방화죄의 실행의 착수시기(=범인이 그 매개물에 불을 켜서 붙였거나 또는 범인의 행위로 인하여 매개물에 불이 붙게 됨으로써 연소작용이 계속될 수 있는 상태에 이른 때)
- 겁이 나서 범행을 중단한 경우 ⇨ 자의에 의한 중지미수 ×
- 실행미수는 결과발생을 적극적으로 방지하여야 중지범으로 인정 ○
- 구성요건의 흠결론 ⇨ 객체, 수단 등 착오시 불가벌 ○, 불능미수 성립 ×
- 소송비용을 편취할 의사로 소송비용의 지급을 구하는 손해배상청구의 소를 제기한 경우 ⇨ 불능미수 ×

---

① (○) 매개물을 통한 점화에 의하여 건조물을 소훼함을 내용으로 하는 형태의 방화죄의 경우에, 범인이 그 매개물에 불을 켜서 붙였거나 또는 범인의 행위로 인하여 매개물에 불이 붙게 됨으로써 연소작용이 계속될 수 있는 상태에 이르렀다면, 그것이 곧바로 진화되는 등의 사정으로 인하여 목적물인 건조물 자체에는 불이 옮겨 붙지 못하였다고 하더라도, 방화죄의 실행의 착수가 있었다고 보아야 할 것이고, 구체적인 사건에 있어서 이러한 실행의 착수가 있었는지 여부는 범행 당시 피고인의 의사 내지 인식, 범행의 방법과 태양, 범행 현장 및 주변의 상황, 매개물의 종류와 성질 등의 제반 사정을 종합적으로 고려하여 판단하여야 한다(대판 2002.03.26. 2001도6641).

② (○) 피고인이 장롱 안에 있는 옷가지에 불을 놓아 건물을 소훼하려 하였으나 불길이 치솟는 것을 보고 겁이 나서 물을 부어 불을 끈 것이라면, 위와 같은 경우 치솟는 불길에 놀라거나 자신의 신체안전에 대한 위해 또는 범행 발각시의 처벌 등에 두려움을 느끼는 것은 일반 사회통념상 범죄를 완수함에 장애가 되는 사정에 해당한다고 보아야 할 것이므로, 이를 자의에 의한 중지미수라고는 볼 수 없다(대판 1997.06.13. 97도957).

③ (O) 착수미수는 실행행위 중지로 족하나(다수설), 실행미수는 결과발생을 적극적으로 방지하여야 중지범으로 인정된다.

④ (O) 불능미수에 관한 구성요건의 흠결이론(사실의 흠결이론)이란 객관적 구성요건요소 가운데 결과(인과관계)가 흠결된 경우에만 불능미수가 성립할 수 있으며, 그 이외의 구성요건요소(행위주체, 객체, 수단, 행위상황 등)가 흠결된 때에는 불가벌이 된다는 이론이다(이용배, 로스쿨 신체계 형법강의(2022), p.368 참조). 즉, 구성요건흠결론에 따르면 시체은닉죄의 객체는 '시체'이므로, '살아 있는 사람'은 시체은닉죄의 구성요건이 될 수 없어 실행의 착수가 존재할 수 없고, 따라서 불능미수는 성립할 수 없다. ▶ 구성요건의 흠결이론에 대해서는 결과발생이 불가능한 경우에도 일률적으로 미수범으로 처벌하는 독일에서 처벌범위를 줄이려는 취지의 이론이지만, 우리 형법 제27조는 수단과 대상의 착오(흠결)가 있는 경우에도 위험성이 있으면 불능미수범으로 처벌하고 있는 바, 구성요건의 흠결이론이 적용될 수 없다는 것이 통설적 견해이다(이용배, 같은 책, p.369 참조).

⑤ (X) 불능범의 판단 기준으로서 위험성 판단은 피고인이 행위 당시에 인식한 사정을 놓고 이것이 객관적으로 일반인의 판단으로 보아 결과 발생의 가능성이 있느냐를 따져야 하고(대판 1978.03.28. 77도4049 참조), 한편 민사소송법상 소송비용의 청구는 소송비용액 확정절차에 의하도록 규정하고 있으므로, 위 절차에 의하지 아니하고 손해배상금 청구의 소 등으로 소송비용의 지급을 구하는 것은 소의 이익이 없는 부적법한 소로서 허용될 수 없다고 할 것이다. 따라서 소송비용을 편취할 의사로 소송비용의 지급을 구하는 손해배상청구의 소를 제기하였다고 하더라도 이는 객관적으로 소송비용의 청구방법에 관한 법률적 지식을 가진 일반인의 판단으로 보아 결과 발생의 가능성이 없어 위험성이 인정되지 않는다고 할 것이다(대판 2005.12.08. 2005도8105). ▶ 참고로, 학계와 판례상 '불능범'이라는 용어가 혼용되고 있는 바, 불가벌을 뜻하는 불능범과 불능미수를 뜻하는 불능범을 구별할 것을 주의.

정답 ⑤

문 6
25년 10월 모의시험

공동정범과 간접정범에 관한 설명 중 옳지 않은 것을 모두 고른 것은? (다툼이 있는 경우 판례에 의함)

ㄱ. 범죄를 행위자의 반사회적 성격의 징표로 이해하는 행위공동설의 시각에서는, 과실범 간의 공동정범이나 고의범과 과실범 간의 공동정범도 성립할 수 있으며 범죄의 일부분만을 공동으로 한 경우에도 공동정범이 성립할 수 있다고 본다.

ㄴ. 다수의 사람이 특정한 범죄를 공동으로 하여 각자의 범죄를 실현하는 것이 공동정범이라고 보는 범죄공동설의 시각에서는, 고의범에서만 공동정범이 성립할 수 있다고 본다.

ㄷ. 범죄금액을 가중처벌의 기준으로 규정하고 있는 「특정경제범죄 가중처벌 등에 관한 법률」의 적용에 있어서는 모든 공동정범의 범죄금액을 합산한 금액을 기준으로 구성요건을 적용하는 것은 책임주의 원칙에 반하게 되어, 각 공동정범은 범죄금액을 정함에 있어서는 자신이 받은 이득액을 기준으로 한다.

ㄹ. 허위신고로 인한 부정수표단속법위반죄는 행위주체가 수표의 발행인으로 제한되어 있어서 발행인이 아닌 사람은 허위신고죄의 주체가 될 수 없지만, 허위신고의 고의가 없는 발행인을 이용하여 간접정범의 형태로 허위신고죄를 범할 수 있다.

ㅁ. 공문서의 작성권한이 있는 공무원의 직무를 보좌하는 甲이 그 직위를 이용하여 행사할 목적으로 허위의 내용이 기재된 문서 초안을 그 정을 모르는 상사(작성권한자)에게 제

출하여 결재하도록 하는 등의 방법으로 작성권한이 있는 공무원이 허위의 공문서를 작성하도록 한 경우, 甲에게는 허위공문서작성죄의 간접정범이 인정되고, 그와 공모한 공무원 신분이 없는 사람은 간접정범의 공동정범이 성립한다.

① ㄱ, ㄷ ② ㄴ, ㄷ
③ ㄷ, ㄹ ④ ㄷ, ㅁ
⑤ ㄹ, ㅁ

MGI Point **공동정범, 간접정범** ★★★

■ 행위공동설 ⇨ 과실범 간, 고의범과 과실범 간, 범죄의 일부분만을 공동으로 한 경우 공동정범 성립 可
■ 범죄공동설 ⇨ 공동하여 특정한 범죄를 실현하는 경우만을 공동정범으로 이해 ⇨ 과실범의 공동정범 부정
■ 특경법 이득액 계산 ⇨ 공동정범이 받은 이득액 합산 ○ / 자신이 받은 이득액 한정 ×
■ 허위신고로 인한 부정수표단속법위반죄 간접정범 형태 성립 不可
■ 공무원이 공문서 작성권자의 결재 ○ ⇨ 허위공문서작성죄의 간접정범 성립 ○ (이때 공범은 공무원신분자로 한정 ×)

ㄱ. (○) 공동정범을 전법률적·자연적 의미의 행위를 공동으로 행하여 범죄를 실행하는 경우로 보는 행위공동설은 과실범의 공동정범 뿐만 아니라 고의범과 과실범의 공동정범, 범죄의 일부분만을 공동으로 한 경우에도 공동정범을 인정할 수 있다고 한다(김성돈, 형법총론 제6판, p.614).

ㄴ. (○) 공동하여 특정한 범죄를 실현하는 경우만을 공동정범으로 이해하는 견해는 범죄공동설이다. 이때 특정한 범죄란 '고의를 공동으로 하는 특정한 범죄'를 뜻한다. 이 견해는 과실범의 공동정범, 과실범과 고의범의 공동정범을 부정한다(김성돈, 형법총론 제6판, p.615 참조).

ㄷ. (×) 다른 공범들과 순차 공모하여 상습으로 당좌수표와 어음 등을 유통시키고 이를 결제하지 아니하여 재산상 이익을 편취한 경우의 이득액은 공범 중 1인이 실제로 취한 이익만을 합산하여 산정할 것이 아니라 순차 공모의 최종공범이 피해자로부터 편취한 재물 또는 재산상 이익의 가액을 합산하여 산정하여야 한다(대판 1993.07.13. 93도1341).

ㄹ. (×) 부정수표단속법의 목적이 부정수표 등의 발행을 단속처벌함에 있고(제1조), 허위신고죄를 규정한 위법 제4조가 "수표금액의 지급 또는 거래정지처분을 면하게 할 목적"이 아니라 "수표금액의 지급 또는 거래정지처분을 면할 목적"을 요건으로 하고 있는데 수표금액의 지급책임을 부담하는 자 또는 거래정지처분을 당하는 자는 오로지 발행인에 국한되는 점에 비추어 볼 때 발행인 아닌 자는 위 법조가 정한 허위신고죄의 주체가 될 수 없고, 허위신고의 고의 없는 발행인을 이용하여 간접정범의 형태로 허위신고죄를 범할 수도 없다(대판 1992.11.10. 92도1342).

ㅁ. (○) 공문서의 작성권한이 있는 공무원의 직무를 보좌하는 자가 그 직위를 이용하여 행사할 목적으로 허위의 내용이 기재된 문서 초안을 그 정을 모르는 상사에게 제출하여 결재하도록 하는 등의 방법으로 작성권한이 있는 공무원으로 하여금 허위의 공문서를 작성하게 한 경우에는 간접정범이 성립되고 이와 공모한 자 역시 그 간접정범의 공범으로서의 죄책을 면할 수 없는 것이고, 여기서 말하는 공범은 반드시 공무원의 신분이 있는 자로 한정되는 것은 아니라고 할 것이다(대판 1992.01.17. 91도2837).

정답 ③

문 7

교사와 방조에 관한 설명 중 옳지 <u>않은</u> 것을 모두 고른 것은? (다툼이 있는 경우 판례에 의함)

ㄱ. 취거, 은닉 또는 손괴한 물건이 자기의 물건이 아니라면 권리행사방해죄가 성립할 수 없는데, 피교사자가 물건의 소유자가 아니어서 권리행사방해죄가 인정되지 않는 이상 이를 행하도록 유발한 사람에게 권리행사방해교사죄가 성립할 수 없다.

ㄴ. 마약범죄 등의 수사에서 수사기관이 신분을 숨긴 채 범죄를 교사한 후 그 실행을 기다려 범인을 체포하고 증거를 수집하는 '함정수사(함정교사)'에 있어서 피교사자의 미수를 의도한 수사기관에게는 정범의 기수 고의가 없기에 피교사자가 행한 범죄의 교사범이 성립하지 않는다.

ㄷ. 형법 제31조 제2항과 제3항의 교사의 미수와는 달리, 방조의 미수에 대해서는 형법에 처벌을 규정하지 않고 있어서 방조의 미수는 처벌되지 않는다.

ㄹ. 복제권의 침해를 방조하는 방조범에게는 정범의 복제권 침해행위에 대한 미필적 고의가 있는 것으로 충분하므로 정범의 복제권 침해행위가 실행되는 일시, 장소, 객체 등을 구체적으로 인식할 필요는 없으나, 정범이 누구인지는 확정적으로 인식해야 한다.

ㅁ. 방조범에서 방조는 정범의 실행행위를 돕는 수단이나 방식에는 제한이 없어서 정범에게 범행의 결의를 강화하도록 하는 것과 같은 무형적·정신적 행위까지도 포함하므로, 정범의 행위가 범죄실행의 예비단계에 그친 경우에도 방조범으로 처벌할 수 있다.

① ㄱ, ㄷ   ② ㄴ, ㄷ

③ ㄷ, ㄹ   ④ ㄷ, ㅁ

⑤ ㄹ, ㅁ

MGI .Point **교사와 방조**   ★★★

■ 교사자가 물건의 소유자가 아니어서 권리행사방해죄가 인정되지 않는 이상 권리행사방해교사죄 성립 不可

■ 미수의 교사 ⇨ 성립 ×

■ 방조의 미수 ⇨ 처벌 不可

■ 복제권의 침해를 방조하는 방조범에게는 정범이 누구인지 확정적 인식 不要

■ 무형적, 정신적 방조행위 ⇨ 포함 ○

■ 예비죄의 방조범 ⇨ 성립 ×

ㄱ. (O) 공소외 3이 자기의 물건이 아닌 이 사건 도어락의 비밀번호를 변경하였다고 하더라도 권리행사방해죄가 성립할 수 없고, 이와 같이 정범인 공소외 3의 권리행사방해죄가 인정되지 않는 이상 교사자인 피고인에 대하여 권리행사방해교사죄도 성립할 수 없다(대판 2022.09.15. 2022도5827).

ㄴ. (O) 교사자에게는 '이중의 고의'가 필요하므로, 교사자에게 기수의 고의가 없는 '미수의 교사'는 가벌성이 부정되고, 교사자에게 기수의 고의가 있는 '교사의 미수'(협의의 교사의 미수, 실패한 교사, 효과 없는 교사)는 가벌성이 인정된다(이용배, 로스쿨 신체계 형법강의(2022), p.435 참조). 미수의 교사의 대표적인 사례로 함정수사가 있는데, 1) 수사기관이 미수의 고의만을 가진 경우에는 교사자로서의 고의가 부정되므로 실체법상 불가벌에 해당한다. 2) 범인이 수사기관에 의해 교사된 범죄를 실현한 경우에는 수사기관은

방조범의 죄책을 진다는 견해(소수설), 교사범이 아닌 정범으로서의 과실범의 죄책을 진다는 견해(다수설) 등이 대립한다. 3) 수사기관이 확실한 검거만을 의도하는 경우(수사기관이 기수의 가능성을 인식, 인용한 경우)에는 미필적 고의를 인정할 수 있기 때문에 미수의 교사 문제가 아니어서 수사기관에 교사범이 성립한다. 판례는 대체로 기회제공형 함정수사에 대하여 수사방법으로서의 적법성 및 범죄에 대한 불가벌성을 인정해왔다. 다만, 이에 대해 실체법과 절차법의 논의가 명확히 구분되지 않은 점에 대한 비판이 있다(김성돈, 형법총론 제6판, p.674-675; 박상욱.김대휘 편집대표, 주석 형법총칙 II, 한국사법행정학회(2020), p.155-157; 임상규, 「미수의 교사와 함정수사」, 한국형사법학회(2010), p.259-261 참조).

▶ ㄴ.은 미수의 교사는 성립될 수 없다는 일반론 및 1)의 경우로 해결된다. 설령 2)의 경우라고 해도 학설상 '교사범은 성립하지 않는다.

> **참조판례** 본래 범의를 가지지 아니한 자에 대하여 수사기관이 사술이나 계략 등을 써서 범의를 유발케 하여 범죄인을 검거하는 함정수사는 위법함을 면할 수 없고, 이러한 함정수사에 기한 공소제기는 그 절차가 법률의 규정에 위반하여 무효인 때에 해당한다 할 것이지만, 범의를 가진 자에 대하여 단순히 범행의 기회를 제공하는 것에 불과한 경우에는 위법한 함정수사라고 단정할 수 없다(대판 2007.05.31. 2007도1903).

ㄷ. (O) 교사범에 관한 형법 제31조 제2항, 제3항은 종범에 있어서는 준용되지 아니하므로, '기도된 방조'는 방조의 미수가 될 수 없을 뿐만 아니라, 예비·음모로도 처벌될 수 없다 (정영일, 형법총론 제3판(2010년), p.432-433).

ㄹ. (X) 저작권법이 보호하는 복제권의 침해를 방조하는 행위란 정범의 복제권 침해를 용이하게 해주는 직접·간접의 모든 행위로서, 정범의 복제권 침해행위 중에 이를 방조하는 경우는 물론, 복제권 침해행위에 착수하기 전에 장래의 복제권 침해행위를 예상하고 이를 용이하게 해주는 경우도 포함하며, 정범에 의하여 실행되는 복제권 침해행위에 대한 미필적 고의가 있는 것으로 충분하고, 정범의 복제권 침해행위가 실행되는 일시, 장소, 객체 등을 구체적으로 인식할 필요가 없으며, 나아가 정범이 누구인지 확정적으로 인식할 필요도 없다(대판 2007.12.14. 2005도872).

ㅁ. (X) 형법상 방조행위는 정범의 실행행위를 용이하게 하는 직접, 간접의 모든 행위를 가리키는 것으로서 그 방조는 유형적, 물질적인 방조뿐만 아니라 정범에게 범행의 결의를 강화하도록 하는 것과 같은 무형적, 정신적 방조행위까지도 이에 해당한다(대판 1995.09.29. 95도456).
형법 32조 1항 소정 타인의 범죄란 정범이 범죄의 실현에 착수한 경우를 말하는 것이므로 종범이 처벌되기 위하여는 정범의 실행의 착수가 있는 경우에만 가능하고 형법 전체의 정신에 비추어 정범이 실행의 착수에 이르지 아니한 예비의 단계에 그친 경우에는 이에 가공하는 행위가 예비의 공동정범이 되는 경우를 제외하고는 종범의 성립을 부정하고 있다고 보는 것이 타당하다(대판 1976.05.25. 75도1549).

정답 ⑤

문 8
25년 10월 모의시험

다음 설명 중 옳지 않은 것은? (다툼이 있는 경우 판례에 의함)

① 사후적 경합범에 대해서 형을 감경함에 있어서는, 법률상 감경에 관한 형법 제55조 제1항이 적용되어 유기징역을 감경할 때는 그 형기의 2분의 1 미만으로는 감경할 수 없다.

② 선행범죄로 유죄의 확정판결을 받은 사람이 이후 후행범죄를 저질렀는데 유죄의 확정판결에 대하여 재심이 개시된 경우는 아직 판결받지 않은 후행범죄와 재심판결이 확정된 선행범죄 사이에는 사후적 경합범이 성립한다.

③ 상상적 경합은 가장 무거운 죄에 대하여 정한 형으로 처벌하는데, 이것은 여러 개의 죄명 중 가장 중한 법정형을 규정한 법조에 의하여 처단한다는 취지이고, 나아가 각 법조의 상한과 하한을 모두 중한 형의 범위 내에서 처단한다는 취지이다.

④ 상상적 경합 관계에 있는 죄 중 1죄에 대한 공소제기나 상소의 효과, 확정판결의 기판력은 다른 죄에 대하여도 미친다.

⑤ 상상적 경합 관계에 있는 죄 중 1죄는 다른 죄와 별개의 범죄이므로, 친고죄나 반의사불벌죄인 1죄에 대한 고소나 고소취소는 다른 죄에 영향을 미치지 않는다.

MGI Point **경합범** ★★★

■ 형법 제37조 후단 경합범에 대하여 형법 제39조 제1항에 의하여 형을 감경할 때 ⇨ 법률상 감경에 관한 형법 제55조 제1항이 적용되어 유기징역을 감경할 때에는 그 형기의 2분의 1 미만으로는 감경 不可

■ 유죄의 확정판결 받은 사람이 그 후 별개의 후행범죄 행한 후 유죄의 확정판결에 대하여 재심을 개시한 경우 ⇨ 후행범죄가 재심대상판결에 대한 확정 전에 범했더라도 후행범죄와 재심판결이 확정된 선행범죄 사이 사후적 경합범관계 ×

■ 상상적 경합 ⇨ 상한과 하한 모두 중한 형의 범위 내에서 처단

■ 상상적 경합 관계에 있는 죄 중 1죄에 대한 공소제기나 상소의 확정판결의 기판력은 다른 죄에 대하여도 미침

■ 상상적 경합 관계에 있는 죄 중 친고죄나 반의사불벌죄인 죄에 대한 고소나 고소취소 ⇨ 다른 죄에 영향 ×

---

① (○) 형법 제37조 후단 경합범(이하 '후단 경합범'이라 한다)에 대하여 형법 제39조 제1항에 의하여 형을 감경할 때에도 법률상 감경에 관한 형법 제55조 제1항이 적용되어 유기징역을 감경할 때에는 그 형기의 2분의 1 미만으로는 감경할 수 없다(대판 2019.04.18. 2017도14609(전합)).

② (X) 상습범으로 유죄의 확정판결을 받은 사람이 그 후 별개의 후행범죄를 저질렀는데 유죄의 확정판결에 대하여 재심이 개시된 경우, 후행범죄가 재심대상판결에 대한 재심판결 확정 전에 범하여졌다 하더라도 아직 판결을 받지 아니한 후행범죄와 재심판결이 확정된 선행범죄 사이에는 형법 제37조 후단에서 정한 경합범 관계(이하 '후단 경합범'이라 한다)가 성립하지 않는다(대판 2019.06.20. 2018도20698(전합)).

③ (○) 형법 제40조가 규정하는 1개의 행위가 수개의 죄에 해당하는 경우에는 「가장 중한 죄에 정한 형으로 처벌한다」 함은 그 수개의 죄명중 가장 중한 형을 규정한 법조에 의하여 처단한다는 취지와 함께 다른 법조의 최하한의 형보다 가볍게 처단할 수는 없다는 취지 즉, 각 법조의 상한과 하한을 모두 중한 형의 범위내에서 처단한다는 것을 포함하는 것으로 새겨야 할 것이다(대판 1984.02.28. 83도3160).

④ (○) 형법 제40조 소정의 상상적 경합 관계의 경우에는 그 중 1죄에 대한 확정판결의 기판력은 다른 죄에 대하여도 미치는 것이고, 여기서 1개의 행위라 함은 법적 평가를 떠나 사회 관념상 행위가 사물자연의 상태로서 1개로 평가되는 것을 의미한다 (대판 2007.02.23. 2005도10233).

⑤ (○) 형법 제40조의 소위 상상적 경합은 1개의 행위가 수개의 죄에 해당하는 경우에는 과형상 1죄로서 처벌한다는 것이고, 또 가장 중한 죄에 정한 형으로 처벌한다는 것은 경한 죄는 중한 죄에 정한 형으로 처단된다는 것이지, 경한 죄는 그 처벌을 면한다는 것은 아니므로, 이 사건에서 중한 강간미수죄가 친고죄로서 고소가 취소되었다 하더라도 경한 감금죄(폭력행위등처벌에 관한 법률 위반)에 대하여는 아무런 영향을 미치지 않는다 (대판 1983.04.26. 83도323).

정답 ②

문 9

누범에 관한 설명 중 옳지 않은 것은? (다툼이 있는 경우 판례에 의함)

① 누범이 성립하기 위해서는 전범의 선고형이 '금고' 이상의 형이어야 하고 선고된 금고 이상의 형은 '집행이 종료'되거나 '면제'되어야 하는데, 전범에 대한 집행유예 기간 중 후범을 범한 경우는 누범가중의 요건에 해당하지 않는다.

② 누범이 성립하기 위해서는 전범의 집행종료나 면제 후 3년 이내에 금고 이상의 형에 해당하는 범행이 있어야 하는데, 후범의 '법정형' 중 금고 이상의 형이 규정된 경우이면 후범에 정한 형 중 벌금형을 선택하더라도 누범가중의 대상이 된다.

③ 후범에 대한 판결선고 후에 누범이 발각된 경우는 선고한 형을 통산하여 다시 형을 정할 수 있으나, 다만 후범에 대하여 선고한 형의 집행이 종료되거나 면제된 후에 누범이 발각된 경우는 더 이상 누범가중이 불가능하다.

④ 누범가중의 사유가 되는 전과사실은 범죄사실에 해당하는 것이 아니라 양형사유에 불과한 것이므로, 공소장에 기재되어 있지 아니한 누범가중의 사유가 되는 전과사실을 인정하고 누범으로 처벌할 수 있다.

⑤ 사회방위, 범죄의 특별예방 및 일반예방 등의 목적을 달성하기 위하여 누범을 가중하여 처벌하는 것은 합리적 근거 있는 차별이므로 평등의 원칙에 반하지 않는다.

MGI Point **누범** ★★

- 전범에 대한 집행유예 기간 중 후범을 범한 경우 누범 가중 요건 해당 不可
- 후범에 정한 형 중 벌금형을 선택한 경우 누범가중 대상 不可
- 후범에 대하여 선고한 형의 집행이 종료되거나 면제된 후 누범이 발각된 경우 누범가중 不可
- 누범가중의 사유가 되는 전과사실 ⇨ 양형사유
- 누범 ⇨ 평등원칙에 반하지 ×

---

① (O) 금고 이상의 형에 대한 집행유예의 판결을 선고받아 그 유예기간 중에 있는 자는 그 기간 중에 죄를 범하였더라도 누범에 해당되지 아니한다(정영일, 형법총론 제3판(2010년), p.509).

② (X) 형법 제35조 제1항 소정의 '금고 이상에 해당하는 죄'라 함은 유기금고형이나 유기징역형으로 처단할 경우에 해당하는 죄를 의미하는 것으로서 법정형 중 벌금형을 선택한 경우에는 누범가중을 할 수 없다(대판 1982.09.14. 82도1702).

③ (O) 형법 제36조 참조.

> **형법 제36조(판결선고후의 누범발각)** 판결선고후 누범인 것이 발각된 때에는 그 선고한 형을 통산하여 다시 형을 정할 수 있다. 단, 선고한 형의 집행을 종료하거나 그 집행이 면제된 후에는 예외로 한다.

④ (O) 형사소송법상 법원은 검사의 공소사실의 범위를 넘어서 범죄 사실을 인정할 수는 없으나, 누범가중의 사유가 되는 피고인의 전과사실은 범죄사실에 해당하는 것이 아니라 양형사유에 불과한 것이므로, 원판결이 검사의 이 사건 피고인에 대한 공소장에 기재되어 있지 아니한 누범가중의 사유가 되는 전과사실을 인정하고 피고인을 누범으로 처벌하였다 하여도 거기에 어떤 위법 사유가 있다고 할 수 없는 것이다(대판 1971.12.21. 71도2004).

선택형 형사법

⑤ (O) 누범을 가중처벌하는 것은 전범에 대한 형벌의 경고적 기능을 무시하고 다시 범죄를 저질렀다는 점에서 누범에 대한 사회적 비난가능성이 높고, 누범이 증가하고 있는 추세를 감안하여 범죄예방 및 사회방위의 형사정책적 고려에 기인한 것이어서 합리적 근거 있는 차별이라 볼 것이다. 따라서 누범조항이 자의적이고 불균형한 처벌로서 평등원칙에 위반된다고 할 수 없다(헌재 2022.11.24. 2022헌아55).

정답 ②

문 10

상해와 폭행의 죄에 관한 설명 중 옳은 것은? (다툼이 있는 경우 판례에 의함)

① 특수폭행죄에서 '위험한 물건'이란 물건의 객관적 성질 및 사용방법에 따라 사람의 생명·신체에 해를 줄 수 있는 물건을 뜻하며, 상대방이 이를 인식하여야 특수폭행죄가 성립한다.

② 특수폭행죄에서 위험한 물건을 '휴대'함은 소지하는 것뿐만 아니라 '널리 이용'함의 의미를 포함하며, 그 범행과 무관하게 우연히 소지하게 된 경우까지 포함하는 것은 아니다.

③ 상습상해죄 또는 상습폭행죄의 '상습성'판단에 있어서는 형법 제264조에 열거된 상해 내지 폭행행위의 습벽뿐만 아니라, 이에 열거되지 아니한 재물손괴나 주거침입 등 다른 유형의 범죄까지 고려하여 결정한다.

④ 상해죄의 동시범 특례는 두 사람의 의사연락에 의한 행위의 결과가 누구의 행위에 의한 것인지 불분명할 경우에 적용되며, 반드시 같은 시각, 같은 장소에서 발생한 행위에만 적용되는 것은 아니다.

⑤ 강도상해죄에서 상해행위는 강도범행의 실행 중이거나 실행 직후의 단계에서 상해가 행하여져야 하며, 강도범행의 수단으로 한 폭행에 의하여 상해가 발생할 것을 요한다.

MGI Point 특수폭행, 상해   ★★★

- **특수폭행죄에서 '위험한 물건을 휴대'**
  - 「휴대」 : 소지(몸에 지니는 것) + 범행에 사용하려는 의도
  - 위험한 물건은 휴대하면 족하고, 그 존재를 상대방에게 인식시킬 필요 ×
- **자신이 흉기를 휴대한 사실을 알지 못한 경우** ⇨ 흉기휴대의 고의 ×
- **형법 제264조의 '상습'** ⇨ 규정에 열거된 상해 내지 폭행행위의 습벽을 말하는 것, 다른 유형의 범죄까지 고려 ×
- **공동가공의 의사가 존재하는 경우** ⇨ 형법 §263의 동시범 특례규정 적용 ×
- **강도상해** ⇨ 강도 실행 중·실행 직후·실행의 범의를 포기한 직후로서 사회통념상 범죄행위가 아직 완료되지 않은 단계에서 상해가 있으면 足, '강도범행의 수단으로 한 폭행'에 의한 상해일 것 요하지 ×

---

① (X) 범행 현장에서 범행에 사용하려는 의도로 흉기 등 위험한 물건을 소지하거나 몸에 지닌 경우, 피해자가 이를 인식하지 못하였거나 실제 범행에 사용하지 아니더라도 폭력행위 등 처벌에 관한 법률 제3조 제1항에 정한 '휴대'에 해당하는지 여부(적극) : 폭력행위 등 처벌에 관한 법률의 목적과 그 제3조 제1항의 규정 취지에 비추어 보면, 같은 법 제3조 제1항 소정의 '흉기 기타 위험한 물건을 휴대하여 그 죄를 범한 자'란 범행현장에서 '사용하려는 의도' 아래 흉기 기타 위험한 물건을 소지하거나 몸에 지니는 경우를 가리키는 것이고(대판 1990.04.24. 90도401 참조), 그 범행과는 전혀 무관하게 우연히 이를 소지하게 된 경우까지를 포함하는 것은 아니라 할 것이나, 범행 현장에서 범행에 사용하려는 의도 아래 흉기 등 위험한 물건을

소지하거나 몸에 지닌 이상 그 사실을 피해자가 인식하거나 실제로 범행에 사용하였을 것까지 요구되는 것은 아니라 할 것이다(대판 2007.03.30. 2007도914).

② (O) "흉기 기타 위험한 물건을 휴대하여 그 죄를 범한 자"란 범행현장에서 그 범행에 사용하려는 의도아래 흉기를 소지하거나 몸에 지니는 경우를 가리키는 것이지 그 범행과는 전혀 무관하게 우연히 이를 소지하게 된 경우까지를 포함하는 것은 아니다(대판 1990.04.24. 90도401).

③ (X) 상해죄 및 폭행죄의 상습범에 관한 형법 제264조는 "상습으로 제257조, 제258조, 제258조의2, 제260조 또는 제261조의 죄를 범한 때에는 그 죄에 정한 형의 2분의 1까지 가중한다."라고 규정하고 있다. 형법 제264조에서 말하는 '상습'이란 위 규정에 열거된 상해 내지 폭행행위의 습벽을 말하는 것이므로, 위 규정에 열거되지 아니한 다른 유형의 범죄까지 고려하여 상습성의 유무를 결정하여서는 아니 된다. 위 법리에 비추어 원심이 상습폭행죄의 상습성을 판단함에 있어 피고인의 재물손괴나 주거침입 전과까지 종합하여 판단하는 것에 위법이 없다는 취지로 이유 설시한 부분은 부적절하다(대판 2018.04.24. 2017도21663).

④ (X) 2인 이상이 상호의사의 연락없이 동시에 범죄구성요건에 해당하는 행위를 하였을 때에는 원칙적으로 각인에 대하여 그 죄를 논하여야 하나 그 결과 발생의 원인이 된 행위가 분명하지 아니한 때에는 각 행위자를 미수범으로 처벌하고(독립행위의 경합), 이 독립행위가 경합하여 특히 상해의 결과를 발생하게 하고 그 결과발생의 원인이 된 행위가 밝혀지지 아니한 경우에는 공동정범의 예에 따라 처단(동시범)하는 것이므로 공범관계에 있어 공동가공의 의사가 있었다면 이에는 동시범등의 문제는 제기될 여지가 없다(대판 1985.12.10. 85도1892).

⑤ (X) 형법 제337조의 강도상해죄는 강도범인이 강도의 기회에 상해행위를 함으로써 성립하므로 강도범행의 실행 중이거나 실행 직후 또는 실행의 범의를 포기한 직후로서 사회통념상 범죄행위가 완료되지 아니하였다고 볼 수 있는 단계에서 상해가 행하여짐을 요건으로 한다. 그러나 반드시 강도범행의 수단으로 한 폭행에 의하여 상해를 입힐 것을 요하는 것은 아니고 상해행위가 강도가 기수에 이르기 전에 행하여져야만 하는 것은 아니므로, 강도 범행 이후에도 피해자를 계속 끌고 다니거나 차량에 태우고 함께 이동하는 등으로 강도 범행으로 인한 피해자의 심리적 저항불능 상태가 해소되지 않은 상태에서 강도범인의 상해행위가 있었다면 강취행위와 상해행위 사이에 다소의 시간적·공간적 간격이 있었다는 것만으로는 강도상해죄의 성립에 영향이 없다(대판 2014.09.26. 2014도9567).

정답 ②

문 11
25년 10월 모의시험

성폭력범죄에 관한 설명 중 옳은 것은? (다툼이 있는 경우 판례에 의함)

① 형법 제302조의 위계에 의한 간음죄에서 피해자의 '오인, 착각, 부지'는 간음행위 자체에 대한 오인, 착각, 부지만을 의미하는 것이며, 간음행위와 불가분적 관련성이 인정되지 않는 다른 조건에 관한 오인, 착각, 부지를 의미하는 것은 아니다.

② 감금행위가 강간죄의 수단이 된 경우 감금죄는 강간죄에 흡수되지 않고 양죄는 실체적 경합의 관계이다.

③ 피해자와 영상 통화하면서 피해자가 샤워하고 옷을 입는 모습을 피해자 의사에 반해 휴대전화에 내장된 화면 녹화 기능을 이용해 녹화한 행위는 사람의 신체 그 자체를 직접 촬영한 것이 아니므로 성폭력범죄의처벌등에관한특례법위반(카메라등이용촬영)죄의 '촬영'행위에 해당하지 않는다.

④「성폭력범죄의 처벌 등에 관한 특례법」제4조 제1항에서 정한 특수강간의 실행에 착수하였으나 미수에 그친 경우, 이로 인하여 피해자가 상해를 입었다면 같은 법의 특수강간치상죄의 미수범이 성립한다.

⑤ 강제추행죄에서 폭행행위 자체가 곧바로 추행에 해당하는 경우에는 상대방의 의사를 억압할 정도의 것임을 요하지 않고 상대방의 의사에 반하는 유형력의 행사가 있는 이상 그 힘의 대소강약을 불문하지만, 폭행이 선행하는 경우에는 상대방의 항거를 곤란하게 하는 정도의 폭행이 요구된다.

| MGI Point | **성폭력범죄** | ★★★ |

- 피해자가 오인, 착각, 부지에 빠지게 되는 대상은 간음행위 자체일 수도 있고, 간음행위에 이르게 된 동기이거나 간음행위와 결부된 금전적·비금전적 대가와 같은 요소일 수도 있음
- 감금행위가 강간죄의 수단이 된 경우 ⇨ 감금죄, 강간미수죄 상상적 경합
- 성폭법 제14조 제1항의 촬영대상은 신체 그 자체를 직접 촬영하는 경우에 한정 ⇨ 화상채팅 중 휴대전화를 이용하여 피해자 의사에 반하여 촬영하였어도, 촬영대상은 피해자의 신체 이미지가 담긴 영상일 뿐 신체 그 자체는 아니므로 무죄
- 특수강간이 미수에 그쳤더라도 피해자가 상해를 입었다면 특수강간치상죄의 기수범 성립
- 폭행이 선행하는 경우에도 상대방의 의사에 반하는 유형력의 행사가 있는 이상 그 힘의 대소강약을 불문

① (X) 행위자가 간음의 목적으로 피해자에게 오인, 착각, 부지를 일으키고 피해자의 그러한 심적 상태를 이용하여 간음의 목적을 달성한 경우, 위계에 의한 간음죄가 성립한다. 피해자가 오인, 착각, 부지에 빠지게 되는 대상이 간음행위 자체 외에 간음행위에 이르게 된 동기이거나 간음행위와 결부된 금전적·비금전적 대가와 같은 요소일 수도 있다(대판 2020.08.27. 2015도9436)

② (X) 강간죄의 성립에 언제나 직접적으로 또 필요한 수단으로서 감금행위를 수반하는 것은 아니므로 감금행위가 강간미수죄의 수단이 되었다 하여 감금행위는 강간미수죄에 흡수되어 범죄를 구성하지 않는다고 할 수는 없는 것이고, 그때에는 감금죄와 강간미수죄는 일개의 행위에 의하여 실현된 경우로서 형법 제40조의 상상적 경합관계에 있다(대판 1983.04.26. 83도323)

③ (O) 성폭력처벌법 제14조 제1항의 촬영의 대상은 '성적 욕망 또는 수치심을 유발할 수 있는 다른 사람의 신체'라고 보아야 함이 문언상 명백하므로 위 규정의 처벌 대상은 '다른 사람의 신체 그 자체'를 카메라 등 기계장치를 이용해서 '직접' 촬영하는 경우에 한정된다(대판 2013.06.27. 2013도4279)

④ (X) 성폭력처벌법 제4조 제1항에서 정한 특수강간의 죄를 범한 경우뿐만 아니라 특수강간의 실행에 착수하였으나 미수에 그친 경우라고 하더라도, 이로 인하여 피해자가 상해를 입었으면 특수강간치상죄가 성립한다. 후자의 경우 특수강간치상죄의 기수범이 성립할 뿐, 성폭력처벌법 제15조가 다시 적용되어 특수강간치상죄의 미수범이 성립하는 것은 아니다. 성폭력처벌법 제15조에서 정한 제8조 제1항에 대한 미수범 처벌규정은 제8조 제1항에 특수강간치상죄와 함께 규정된 특수강간상해죄의 미수범, 즉 특수강간의 죄를 범하거나 미수에 그친 사람이 상해의 고의를 가지고 피해자에게 상해를 가하려다가 미수에 그친 경우에 적용될 뿐, 제8조 제1항에서 정한 특수강간치상죄에는 적용된다고 볼 수 없기 때문이다(대판 2008.04.24. 2007도10058; 대판 2025.03.20. 2023도10405(전합)).

⑤ (X) (가) 형법 및 성폭력범죄의 처벌 등에 관한 특례법(이하 '성폭력처벌법'이라 한다)은 강제추행죄의 구성요건으로 '폭행 또는 협박'을 규정하고 있는데, 대법원은 강제추행죄의 '폭행 또는 협박'의 의미에 관하여 이를 두 가지 유형으로 나누어, 폭행행위 자체가 곧바로 추행에 해당하는 경우(이른바 기습추행형)에는 상대방의 의사를 억압할 정도의 것임을 요하지 않고 상대방의 의사에 반하는 유형력의 행사가 있는 이상

그 힘의 대소강약을 불문한다고 판시하는 한편, 폭행 또는 협박이 추행보다 시간적으로 앞서 그 수단으로 행해진 경우(이른바 폭행·협박 선행형)에는 상대방의 항거를 곤란하게 하는 정도의 폭행 또는 협박이 요구된다고 판시하여 왔다(이하 폭행·협박 선행형 관련 판례 법리를 '종래의 판례 법리'라 한다). (나) 강제추행죄의 범죄구성요건과 보호법익, 종래의 판례 법리의 문제점, 성폭력범죄에 대한 사회적 인식, 판례 법리와 재판 실무의 변화에 따라 해석 기준을 명확히 할 필요성 등에 비추어 강제추행죄의 '폭행 또는 협박'의 의미는 다시 정의될 필요가 있다. 강제추행죄의 '폭행 또는 협박'은 상대방의 항거를 곤란하게 할 정도로 강력할 것이 요구되지 아니하고, 상대방의 신체에 대하여 불법한 유형력을 행사(폭행)하거나 일반적으로 보아 상대방으로 하여금 공포심을 일으킬 수 있는 정도의 해악을 고지(협박)하는 것이라고 보아야 한다(대판 2023.09.21. 2018도13877(전합)).

정답 ③

문 12

사기죄에 관한 설명 중 옳은 것만을 모두 고른 것은? (다툼이 있는 경우 판례에 의함)

ㄱ. 재물편취를 내용으로 하는 사기죄는 기망으로 인한 재물교부만으로는 성립할 수 없고, 피해자의 전체 재산상에 손해가 발생할 것이 요구된다.

ㄴ. 피기망자가 처분행위의 의미나 내용을 인식하지 못하였더라도, 피기망자의 작위 또는 부작위가 직접 재산상 손해를 초래하는 재산적 처분행위로 평가되고, 이러한 작위 또는 부작위를 피기망자가 인식하고 한 것이라면 처분행위에 상응하는 처분의사를 인정할 수 있다.

ㄷ. 특정 질병을 앓고 있는 사람이 보험회사가 정한 약관의 고지의무를 알면서도 이를 고지하지 않고 보험회사와 보험계약을 체결한 다음 바로 그 질병의 발병을 사유로 하여 보험금을 청구한 경우 사기죄의 기수시기는 회사가 보험금을 지급한 때이다.

ㄹ. 위 ㄷ의 보험사기 사건에서 만약 보험회사가 특정 질병을 앓고 있는 사람이 고지의무를 위반하여 보험계약을 체결한다는 사실을 알지 못한 데에 과실이 있다면 사기죄가 성립하지 않는다.

ㅁ. 법원을 기망하여 상대방으로부터 재산상 이익을 취득하는 소송사기의 고의와 불법이득의사를 가지고 소를 제기하였으나 패소판결을 받고 그 판결이 확정되면 사기죄의 미수에 해당하며, 공소시효의 기준인 범죄행위 종료시는 소송 종료 시이다.

① ㄱ, ㄴ, ㄹ   ② ㄱ, ㄷ, ㄹ

③ ㄱ, ㄷ, ㅁ   ④ ㄴ, ㄷ, ㅁ

⑤ ㄷ, ㄹ, ㅁ

> MGI Point **사기죄**   ★★★

- 전체 재산상에 손해 없다 해도 사기죄 성립에는 영향 없음
- 사기죄에서 처분의사는 착오에 빠진 피기망자가 어떤 행위를 한다는 인식이 있으면 충분하고, 그 행위가 가져오는 결과에 대한 인식 不要
- 보험금 청구 사안에서 사기죄 기수시기 ⇨ 회사가 보험금을 지급한 때
- 고지의무 위반하여 보험계약을 체결한다는 사실을 못한 데에 과실 있더라도 사기죄 성립에 영향 ×
- 소송사기미수죄에 있어 범죄행위의 종료시기 ⇨ 소송 종료 시

ㄱ. (X) 재물편취를 내용으로 하는 사기죄에 있어서는 기망으로 인한 재물교부가 있으면 그 자체로써 피해자의 재산침해가 되어 이로써 곧 사기죄가 성립하는 것이고, 상당한 대가가 지급되었다거나 피해자의 전체 재산상에 손해가 없다 하여도 사기죄의 성립에는 영향이 없다(대판 1982.06.22. 82도777)

ㄴ. (O) 사기죄에서 피기망자의 처분의사는 기망행위로 착오에 빠진 상태에서 형성된 하자 있는 의사이므로 불완전하거나 결함이 있을 수밖에 없다. 처분행위의 법적 의미나 경제적 효과 등에 대한 피기망자의 주관적 인식과 실제로 초래되는 결과가 일치하지 않는 것이 오히려 당연하고, 이 점이 사기죄의 본질적 속성이다. 따라서 처분의사는 착오에 빠진 피기망자가 어떤 행위를 한다는 인식이 있으면 충분하고, 그 행위가 가져오는 결과에 대한 인식까지 필요하다고 볼 것은 아니다(대판 2017.02.16. 2016도13362(전합)).

ㄷ. (O) 피고인의 보험계약 체결행위와 보험금 청구행위는 을 회사를 착오에 빠뜨려 처분행위를 하게 만드는 일련의 기망행위에 해당하고 을 회사가 그에 따라 보험금을 지급하였을 때 사기죄는 기수에 이른다(대판 2019.04.03. 2014도2754).

ㄹ. (X) 특정 질병을 앓고 있는 사람이 보험회사가 정한 약관에 그 질병에 대한 고지의무를 규정하고 있음을 알면서도 이를 고지하지 아니한 채 그 사실을 모르는 보험회사와 그 질병을 담보하는 보험계약을 체결한 다음 바로 그 질병의 발병을 사유로 하여 보험금을 청구하였다면 특별한 사정이 없는 한 사기죄에 있어서의 기망행위 내지 편취의 범의를 인정할 수 있고, 보험회사가 그 사실을 알지 못한 데에 과실이 있다거나 고지의무위반을 이유로 보험계약을 해제할 수 있다고 하여 사기죄의 성립에 영향이 생기는 것은 아니다 (대판 2007.04.12. 2007도967등 참조).

ㅁ. (O) 공소시효는 범죄행위가 종료한 때로부터 진행하는 것으로서, 법원을 기망하여 유리한 판결을 얻어내고 이에 터잡아 상대방으로부터 재물이나 재산상 이익을 취득하려고 소송을 제기하였다가 법원으로부터 패소의 종국판결을 선고받고 그 판결이 확정되는 등 법원으로부터 유리한 판결을 받지 못하고 소송이 종료됨으로써 미수에 그친 경우에, 그러한 소송사기미수에 있어서 범죄행위의 종료시기는 위와 같이 소송이 종료된 때라고 할 것이다 (대판 2000.02.11. 99도4459).

정답 ④

문 13

재산범죄에 관한 설명 중 옳은 것만을 모두 고른 것은? (다툼이 있는 경우 판례에 의함)

ㄱ. 불법원인급여물도 사기죄의 객체가 될 수 있으므로, 수익자가 도박자금으로 사용하기 위해서 기망을 통하여 급여자로 하여금 자신에게 도박자금을 빌려주도록 하였다면 사기죄가 성립한다.

ㄴ. 불법원인급여물에 대하여 민법상 반환청구의 허용 여부와는 독자적인 견지에서 형법적 불법을 판단하는 견해에 따르면, 불법원인급여물에 대한 횡령도 횡령죄가 성립할 수 있다.

ㄷ. 판례는 불법원인급여물에 대하여 기본적으로 횡령죄가 성립할 수 없다는 태도를 보이지만, 수익자의 불법성이 급여자의 불법성보다 현저히 큰 것에 반하여 급여자의 불법성은 미약한 경우 급여자의 부당이득반환청구가 허용되므로, 이때 급여자인 피해자가 불법원인으로 급여한 물건을 수익자가 영득하여 소비한 경우 횡령죄가 성립하는 것으로 본다.

ㄹ. 장물죄의 본질에 대한 위법상태유지설은 사법(私法)상 추구권과 관계없이 불법원인급여물에 대한 장물성을 부정한다.

① ㄱ, ㄴ
② ㄱ, ㄹ
③ ㄴ, ㄷ
④ ㄱ, ㄴ, ㄷ
⑤ ㄱ, ㄴ, ㄷ, ㄹ

MGI Point **재산범죄** ★★

- 수익자가 기망을 통하여 도박자금을 빌려주도록 한 경우 사기죄 성립 可
- 불법원인급여와 횡령죄
  - 민법 종속설(부정설) : 소유권 수익자 귀속 ⇨ 재물의 타인성 × ⇨ 횡령죄 성립 不可
  - 형법 독자성설(긍정설) : 소유권 여전히 급여자 ⇨ 재물의 타인성 ○ ⇨ 횡령죄 성립 可
  - 판례 : 원칙적 부정설, 수익자의 불법성이 현저히 큰 것에 반하여 급여자의 불법성은 미약한 경우 횡령죄 성립 可
- 장물죄의 본질
  - 추구권설 : 불법원인급여의 경우 급여자에게 반환청구권이 없으므로 장물성 ×
  - 위법상태유지설 : 불법원인급여물이라도 본범의 재산범죄에 의해 취득된 물건이라면 장물성 ○
  - 판례 : 추구권설 또는 결합설

ㄱ. (○) 민법 제746조의 불법원인급여에 해당하여 급여자가 수익자에 대한 반환청구권을 행사할 수 없다고 하더라도, 수익자가 기망을 통하여 급여자로 하여금 불법원인급여에 해당하는 재물을 제공하도록 하였다면 사기죄가 성립한다고 할 것인바, 피고인이 피해자 공소외인으로부터 도박자금으로 사용하기 위하여 금원을 차용하였더라도 사기죄의 성립에는 영향이 없다(대판 2006.11.23. 2006도6795)

ㄴ. (○) 불법원인급여(민법 제746조)는 불법의 원인으로 인하여 재산을 급여한 때에는 그 반환을 청구하지 못하는 것을 원칙으로 한다. 이 급여된 재물을 받은 자가 임의로 처분한 경우 횡령죄가 성립하는지 여부에 대해 학설은 대립한다. 1) 부정설(민법 종속설, 다수설)은 민법 제746조에 따라 급여자는 급여물에 대한 반환청구권을 상실하고, 소유권도 반사적으로 수익자에게 귀속되어, 급여물은 타인의 재물이 아니므로 횡령죄의 객체가 될 수 없다고 보아, 법질서 전체의 통일성을 근거로 횡령죄 성립을 부정한다. 2) 긍정설(형법 독자성설)은 형법은 민법과 독자적으로 규율되어야 하므로, 형법상 타인의 재물성을 민법상 반환청구권의 관점과 분리하여 판단하여 급여자에게 여전히 소유권이 있다고 보고, 수탁자의 신임관계와 보

관자 지위를 인정하여 횡령죄의 성립을 긍정한다. 3) 판례는 원칙적으로 부정설의 입장이나, 수익자의 불법성이 급여자의 불법성보다 현저히 큰 경우에는 예외적으로 긍정설의 입장이다(아래 ㄷ.).

ㄷ. (○) 민법 제746조 소정의 불법의 원인으로 인한 급여가 있으면, 그 불법원인이 수익자에게만 있는 경우이거나 수익자의 불법성이 급여자의 그것보다 현저히 큰 데 반하여 급여자의 불법성은 미약하여 급여자의 반환청구가 허용되지 않는다면 공평에 반하고 신의성실의 원칙에도 어긋나는 경우가 아닌 한 급여자는 그 원인행위가 법률상 무효임을 내세워 수익자에게 부당이득반환청구를 할 수 없고 또 급여한 물건의 소유권이 자기에게 있다고 하여 소유권에 기한 반환청구도 할 수 없어 결국 급여한 물건의 소유권이 수익자에게 귀속되므로, 그와 같은 불법원인급여물을 위임의 목적대로 사용하지 않고 수익자가 임의로 소비하더라도 횡령죄가 성립하지 않는다(대판 2007.08.23. 2006도9488).

> **판례** [1] 민법 제746조에 의하면, 불법의 원인으로 인한 급여가 있고, 그 불법원인이 급여자에게 있는 경우에는 수익자에게 불법원인이 있는지 여부, 수익자의 불법원인의 정도, 그 불법성이 급여자의 그것보다 큰지 여부를 막론하고 급여자는 불법원인급여의 반환을 구할 수 없는 것이 원칙이나, 수익자의 불법성이 급여자의 그것보다 현저히 큰 데 반하여 급여자의 불법성은 미약한 경우에도 급여자의 반환청구가 허용되지 않는다면 공평에 반하고 신의성실의 원칙에도 어긋나므로, 이러한 경우에는 민법 제746조 본문의 적용이 배제되어 급여자의 반환청구는 허용된다. [2] 포주가 윤락녀와 사이에 윤락녀가 받은 화대를 포주가 보관하였다가 절반씩 분배하기로 약정하고도 보관중인 화대를 임의로 소비한 경우, 포주와 윤락녀의 사회적 지위, 약정에 이르게 된 경위와 약정의 구체적 내용, 급여의 성격 등을 종합해 볼 때 포주의 불법성이 윤락녀의 불법성보다 현저히 크므로 화대의 소유권이 여전히 윤락녀에게 속한다는 이유로 횡령죄를 구성한다고 본 사례(대판 1999.09.17. 98도2036).

ㄹ. (✕) 장물죄의 본질(보호법익)에 관하여 견해는 대립한다. 1) 추구권설은 피해자의 사법상 추구권(반환청구권)의 보호를 장물죄의 본질이라고 본다. 따라서 이 견해에 따르면 불법원인급여의 경우 급여자에게 반환청구권이 없으므로 장물성이 부정된다. 2) 위법상태유지설은 본범에 의해 야기된 위법상태의 유지·강화를 방지하는 것을 장물죄의 본질로 본다. 이 견해에 따르면 불법원인급여물이라도 이미 발생된 본범의 재산범죄에 의해 취득된 물건이라면 장물성이 인정된다. 3) 결합설은 두 학설의 입장을 절충하여, 장물죄의 본질이 피해자의 사법상 추구권을 보호하는 동시에 위법한 재산상태를 유지하는 것을 방지하는 데 있다고 본다. 4) 판례 중에는 추구권설을 취한 것도 있고, 결합설을 취한 것도 있다.

> **참조판례** 형법상 장물죄의 객체인 장물이라 함은 재산권상의 침해를 가져 올 위법행위로 인하여 영득한 물건으로서 피해자가 반환청구권을 가지는 것을 말하고 본건 대지에 관하여 매수인 "갑"에게 소유권 이전등기를 하여 줄 임무가 있는 소유자가 그 임무에 위반하여 이를 "을"에게 매도하고 소유권이전등기를 경유하여 준 경우에는 위 부동산소유자가 배임행위로 인하여 영득한 것은 재산상의 이익이고 위 배임죄에 제공된 대지는 범죄로 인하여 영득한 것 자체는 아니므로 그 취득자 또는 전득자에게 대하여 배임죄의 가공여부를 논함은 별문제로 하고 장물취득죄로 처단할 수 없다(대판 1975.12.09. 74도2804). ▶ 추구권설
> **참조판례** 장물인 정을 모르고 보관하던 중 장물인 정을 알게 되었고, 위 장물을 반환하는 것이 불가능하지 않음에도 불구하고 계속 보관함으로써 피해자의 정당한 반환청구권 행사를 어렵게 하여 위법한 재산상태를 유지시킨 경우에는 장물보관죄에 해당한다(대판 1987.10.13. 87도1633). ▶ 결합설

정답 ④

문 14

배임의 죄에 관한 설명 중 옳은 것만을 모두 고른 것은? (다툼이 있는 경우 판례에 의함)

ㄱ. 사무처리에 대하여 피해자의 동의가 있으면 임무위배행위라 할 수 없지만, 이때 피해자의 동의가 사후에 있는 것으로는 배임행위의 성립을 부정할 수 없다.

ㄴ. 업무상배임죄는 부작위에 의해서도 성립할 수 있으며, 이때 실행의 착수로 볼 수 있기 위해서는 작위의무가 이행되지 않으면 사무처리의 임무를 부여한 사람이 재산권을 행사할 수 없으리라고 객관적으로 예견되는 등으로 구성요건적 결과 발생의 위험이 구체화한 상황에서 부작위가 이루어져야 하고, 부작위 당시 자신에게 주어진 임무를 위반한다는 점과 그 부작위로 인해 손해가 발생할 위험이 있다는 점을 인식하였어야 한다.

ㄷ. 甲이 A로부터 3억 원을 차용하면서 이 채무에 대한 담보로 자기 소유의 아파트에 A 명의의 1순위 근저당권을 설정해 주기로 약정하였음에도 이에 위반하여 B에게 2억 원을 채권최고액으로 하는 1순위 근저당권을 설정한 행위는 배임죄에 해당한다.

ㄹ. 배임수재죄의 주체인 '타인의 사무를 처리하는 자'의 사무는 재산권과 관련한 사무에 국한되지 않으며, '타인의 사무를 처리하는 자' 자신이 아닌 그 '타인'에게 재물 또는 재산상 이익을 취득하게 한 경우 배임수재죄가 성립한다.

① ㄱ, ㄴ   ② ㄱ, ㄷ

③ ㄴ, ㄷ   ④ ㄴ, ㄹ

⑤ ㄷ, ㄹ

> MGI Point **배임의 죄** ★★★
>
> ■ 배임죄에서 사후에 동의가 있다 하더라도 배임행위의 성립 부정 不可
> ■ 업무상배임죄는 부작위에 의해서도 성립 可
> ■ 채무자가 근저당권을 설정할 의무 ⇨ 자신의 사무 ⇨ 배임죄 성립 ×
> ■ (사무처리를 위임한)'그 타인'에게 재물 또는 재산상의 이익을 취득하게 한 경우 ⇨ 배임수재죄 성립 ×

ㄱ. (O) 배임죄에서 '임무에 위배하는 행위'란 처리하는 사무의 내용, 성질 등 구체적 상황에 비추어 법률의 규정, 계약의 내용 혹은 신의칙상 당연히 할 것으로 기대되는 행위를 하지 않거나 당연히 하지 않아야 할 것으로 기대되는 행위를 함으로써 본인과 사이의 신임관계를 저버리는 일체의 행위를 포함한다. 사무처리에 대하여 본인의 동의가 있는 때에는 임무위배행위라고 할 수 없으나, 이때 본인의 동의는 사무처리의 내용에 관하여 올바로 판단하고 진의로 동의를 한 경우를 말하는 것이고, 사후에 동의가 있는 것으로는 배임행위의 성립을 부정할 수 없다(대판 2015.06.11. 2012도1352).

ㄴ. (O) 업무상배임죄는 부작위에 의해서도 성립할 수 있다. 그러한 부작위를 실행의 착수로 볼 수 있기 위해서는 작위의무가 이행되지 않으면 사무처리의 임무를 부여한 사람이 재산권을 행사할 수 없으리라고 객관적으로 예견되는 등으로 구성요건적 결과 발생의 위험이 구체화한 상황에서 부작위가 이루어져야 한다. 그리고 행위자는 부작위 당시 자신에게 주어진 임무를 위반한다는 점과 그 부작위로 인해 손해가 발생할 위험이 있다는 점을 인식하였어야 한다(대판 2021.05.27. 2020도15529).

ㄷ. (X) 채무자가 금전채무를 담보하기 위한 저당권설정계약에 따라 채권자에게 그 소유의 부동산에 관하여 저당권을 설정할 의무를 부담하게 되었다고 하더라도, 이를 들어 채무자가 통상의 계약에서 이루어지는 이익대립관계를 넘어서 채권자와의 신임관계에 기초하여 채권자의 사무를 맡아 처리하는 것으로 볼 수 없다. 채무자가 저당권설정계약에 따라 채권자에 대하여 부담하는 저당권을 설정할 의무는 계약에 따라 부담하게 된 채무자 자신의 의무이다. 따라서 채무자가 제3자에게 먼저 담보물에 관한 저당권을 설정하거나 담보물을 양도하는 등으로 담보가치를 감소 또는 상실시켜 채권자의 채권실현에 위험을 초래하더라도 배임죄가 성립한다고 할 수 없다(대판 2020.06.18. 2019도14340(전합)).

ㄹ. (X) 개정 형법 제357조의 보호법익 및 체계적 위치, 개정 경위, 법문의 문언 등을 종합하여 볼 때, 개정 형법이 적용되는 경우에도 '제3자'에는 다른 특별한 사정이 없는 한 사무처리를 위임한 타인은 포함되지 않는다고 봄이 타당하다. 그러나 배임수재죄의 행위주체가 재물 또는 재산상 이익을 취득하였는지는 증거에 의하여 인정된 사실에 대한 규범적 평가의 문제이다. 부정한 청탁에 따른 재물이나 재산상 이익이 외형상 사무처리를 위임한 타인에게 지급된 것으로 보이더라도 사회통념상 그 타인이 재물 또는 재산상 이익을 받은 것을 부정한 청탁을 받은 사람이 직접 받은 것과 동일하게 평가할 수 있는 경우에는 배임수재죄가 성립될 수 있다(대판 2021.09.30. 2019도17102).

> **참조판례** 형법 제357조 제1항의 배임수재죄는 타인의 사무를 처리하는 자가 그 임무에 관하여 부정한 청탁을 받고 재물 또는 재산상의 이익을 취득한 경우에 성립하고, 같은 조 제2항의 배임증재죄는 제1항의 재물 또는 이익을 공여한 경우에 성립하는 것으로서, 법문상 '타인'의 사무를 처리하는 자가 그 임무에 관하여 부정한 청탁을 받았다고 하더라도 자신이 아니라 그 '타인'에게 재물 또는 재산상의 이익을 취득하게 한 경우에는 위 죄가 성립하지 않는다고 할 것이다(대판 2008.04.24. 2006도1202). ▶ 형법 제357조 제1항 개정 전(재물 또는 재산상의 이익 취득자에 '제3자'가 추가되기 전) 판례

정답 ①

문 15

25년 10월 모의시험

통화의 죄에 관한 설명 중 옳지 <u>않은</u> 것은? (다툼이 있는 경우 판례에 의함)

① 외국의 화폐가 국내은행에서 환전이 가능하고 국내 일부지역에서 상품지급수단으로 사용된다 하더라도 지급수단이 아닌 외국환매매거래의 대상으로서 상품에 유사한 것에 불과하다면 형법 제207조 제2항의 내국에서 유통하는 외국의 화폐에 해당하지 않는다.

② 통화의 '변조'란 기존의 진정통화를 전제로 그것의 외관이나 동일성이 상실되지 않을 정도의 변경을 의미하며, 진정통화와의 동일성을 상실하게 할 정도라면 변조가 아닌 위조에 해당한다.

③ 자신의 신용력을 증명하기 위하여 타인에게 보일 목적으로 통화를 위조한 경우에는 통화위조죄의 행사할 목적이 인정된다.

④ 취득한 통화가 위조통화라는 사실을 행사 당시에 몰랐다면 위조통화취득후지정행사죄가 성립하지 않는다.

⑤ 위조통화를 행사하여 재물을 불법영득한 때에는 위조통화행사죄와 사기죄가 성립한다.

MGI Point **통화의 죄** ★

- 외국의 화폐가 '지급수단'이 아닌 외국환매매거래의 '대상'으로서 상품 유사한 것에 불과한 경우
  ⇨ 내국에서 '유통하는' 외국의 화폐 ×
- 진정통화와의 동일성을 상실하게 할 정도라면 변조 ×, 위조 ○
- 자신의 신용력을 증명하기 위하여 타인에게 보일 목적으로 통화를 위조한 경우 ⇨ 행사할 목적 ×
- 위조통화취득후지정행사죄 ⇨ 위조사실을 알지 못한 상태에서 취득, 그 사정을 알고 행사
- 위조통화를 행사하여 재물을 불법영득한 경우 ⇨ 위조통화행사죄, 사기죄 성립

① (○) 위조된 외국의 화폐, 지폐 또는 은행권이 강제통용력을 가지지 않는 경우에는 형법 제207조 제3항에서 정한 '외국에서 통용하는 외국의 화폐 등'에 해당하지 않고, 나아가 그 화폐 등이 국내에서 사실상 거래 대가의 지급수단이 되고 있지 않는 경우에는 형법 제207조 제2항에서 정한 '내국에서 유통하는 외국의 화폐 등'에도 해당하지 않으므로, 그 화폐 등을 행사하더라도 형법 제207조 제4항에서 정한 위조통화행사죄를 구성하지 않는다(대판 2013.12.12. 2012도2249).

형법 제207조 제2항 소정의 내국에서 '유통하는'이란, 같은 조 제1항, 제3항 소정의 '통용하는'과 달리, 강제통용력이 없이 사실상 거래 대가의 지급수단이 되고 있는 상태를 가리킨다. … 이 사건 스위스 화폐의 진폐가 국내은행에서 환전할 수 있다 하더라도 이는 지급수단이 아니라 은행이 매도가격과 매수가격의 차액 상당의 이득을 얻기 위하여 하는 외국환매매거래의 대상으로서 상품과 유사한 것에 불과하다 할 것이므로 이를 가리켜 국내에서 유통되고 있다고 보기는 어렵고, 이태원 등 관광지에서 지급수단으로 사용된다고 하더라도 이는 관광객과 상인 사이에 상인이 정한 일정한 환율로 계산하여 사용될 뿐 아니라 다시 타인에게 이전됨이 없이 은행에서 환전되는 것으로서 이러한 경우 역시 상인은 이 사건 스위스 화폐를 은행에서의 매수환율보다 낮은 가격에 매수하여 은행에 매도함에 따른 차익을 목적으로 이를 취득한 것으로서 지급수단 이라기보다는 은행에서 환전하는 경우와 마찬가지로 외국환거래의 대상으로 봄이 상당하여, 이 사건 스위스 화폐의 진폐는 내국에서 '유통하는' 화폐라고 볼 수 없다(대판 2003.01.10. 2002도3340).

> 형법 제207조(통화의 위조 등) ① 행사할 목적으로 통용하는 대한민국의 화폐, 지폐 또는 은행권을 위조 또는 변조한 자는 무기 또는 2년 이상의 징역에 처한다.
> ② 행사할 목적으로 내국에서 유통하는 외국의 화폐, 지폐 또는 은행권을 위조 또는 변조한 자는 1년 이상의 유기징역에 처한다.
> ③ 행사할 목적으로 외국에서 통용하는 외국의 화폐, 지폐 또는 은행권을 위조 또는 변조한 자는 10년 이하의 징역에 처한다.
> ④ 위조 또는 변조한 전3항 기재의 통화를 행사하거나 행사할 목적으로 수입 또는 수출한 자는 그 위조 또는 변조의 각 죄에 정한 형에 처한다.

② (○) 통화의 '변조'란 기존의 진정통화를 전제로 그것의 외관이나 동일성이 상실되지 않을 정도의 변경을 의미하며, 진정통화와의 동일성을 상실하게 할 정도라면 변조가 아닌 위조에 해당한다(조균석, 형법주해 Ⅶ – 각칙(4)(2023), p.17–18).

③ (X) 형법 제207조에서 정한 '행사할 목적'이란 유가증권위조의 경우와 달리 위조·변조한 통화를 진정한 통화로서 유통에 놓겠다는 목적을 말하므로, 자신의 신용력을 증명하기 위하여 타인에게 보일 목적으로 통화를 위조한 경우에는 행사할 목적이 있다고 할 수 없다 (대판 2012.03.29. 2011도7704).

④ (○) 본죄[위조변조통화지정행사죄]는 제207조에 기재한 위조 또는 변조된 대한민국이나 외국의 통화를 그 위조 또는 변조사실을 알지 못한 상태에서 취득한 다음, 그 사정을 알고 행사함으로써 성립하는 범죄이다(조균석, 형법주해 Ⅶ – 각칙(4)(2023), p.44–45).

> 형법 제210조(위조통화 취득 후의 지정행사) 제207조에 기재한 통화를 취득한 후 그 사정을 알고 행사한 자는 2년 이하의 징역 또는 500만원 이하의 벌금에 처한다.

⑤ (O) 통화위조죄에 관한 규정은 공공의 거래상의 신용 및 안전을 보호하는 공공적인 법익을 보호함을 목적으로 하고, 사기죄는 개인의 재산법익에 대한 죄이어서 양죄는 그 보호법익을 달리하고 있으므로 위조통화를 행사하여 재물을 불법영득한 때에는 위조통화행사죄와 사기죄의 양죄가 성립한다(대판 1979.07.10. 79도840).

정답 ③

문 16

문서의 죄에 관한 설명 중 옳지 않은 것은? (다툼이 있는 경우 판례에 의함)

① 자격모용사문서작성죄에서 주식회사의 대표 자격으로 계약하는 경우 대표자 자신을 위한 행위가 아니고 작성명의인인 회사를 위하여 법률행위를 한다는 것을 인식할 수 있을 정도의 표시가 있으면 대표관계의 표시라고 할 수 있으며, 문서행사의 상대방이 자격모용 사실을 알았다 하더라도 범죄 성립에 영향이 없다.

② 허위공문서작성죄의 '허위'란 표시된 내용과 진실이 부합하지 아니하여 그 문서에 대한 공공의 신용을 위태롭게 하는 경우로서, 행위자는 내용의 허위에 대하여 인식하여야 한다.

③ 공전자기록등부실기재죄의 구성요건인 '부실의 사실기재'는 당사자의 허위신고에 의하여 이루어져야 하므로, 허위 소명자료에 따른 가압류신청에 따른 가압류결정이 내려졌더라도 법원의 촉탁에 의한 가압류등기는 부실의 사실이 기재되었다고 볼 수 없어 공전자기록등부실기재죄가 성립하지 않는다.

④ 주식의 소유가 실질적으로 분산되어 있는 주식회사에서 총 주식의 대다수를 소유한 지배주주 1인이 실제의 소집절차와 결의절차를 거치지 아니한 채 주주총회의 결의가 있었던 것처럼 의사록을 허위로 작성하고 이에 따라 법인등기부를 변경등기한 때에는, 그 원인된 법률행위에 취소사유인 하자가 있을 뿐이므로 공정증서원본부실기재죄가 성립하지 않는다.

⑤ 사문서부정행사죄는 사용권한자와 용도가 특정되어 작성된 권리의무 또는 사실증명에 관한 타인의 사문서를 사용권한 있는 자가 정당한 용법에 반하여 부정하게 행사하는 경우에도 성립한다.

MGI Point **문서의 죄** ★★★

- **자격모용사문서작성죄**
  - 대표자 자신을 위한 행위가 아니고 회사를 위한다는 것을 인식할 수 있을 정도의 표시 있으면 대표관계의 표시 O
  - 문서행사의 상대방이 자격모용 사실을 알았다 하더라도 성립 O
- **허위공문서작성죄에서 '허위'** ⇨ 표시된 내용과 진실이 부합하지 아니하여 그 문서에 대한 공공의 신용을 위태롭게 하는 경우를 말하고, 행위자의 허위 인식 있으면 성립
- **법원의 촉탁에 의한 가압류 등기** ⇨ 공전자기록등부실기재죄 성립 ×
- **주식의 소유가 실질적으로 분산되어 있는 주식회사에서 허위로 의사록을 작성하고 이에 따라 법인등기부를 변경한 경우** ⇨ 부존재사유 ⇨ 공정증서원본부실기재죄 성립 O
- **사문서부정행사죄** ⇨ 사용권한자와 용도가 특정되어 작성된 권리의무 또는 사실증명에 관한 타인의 사문서를 사용권한 있는 자가 정당한 용법에 반하여 부정하게 행사하는 경우에도 성립 O

① (○) 자격모용사문서작성죄는 문서위조죄와 마찬가지로 문서의 진정에 대한 공공의 신용을 보호법익으로 하는 것으로, 행사할 목적으로 타인의 자격을 모용하여 작성된 문서가 일반인으로 하여금 명의인의 권한 내에서 작성된 문서라고 믿게 할 수 있는 정도의 형식과 외관을 갖추고 있으면 성립하므로, 주식회사의 대표 자격으로 계약을 하는 경우 피고인 자신을 위한 행위가 아니고 작성명의인인 회사를 위하여 법률행위를 한다는 것을 인식할 수 있을 정도의 표시가 있으면 대표관계의 표시라고 할 수 있다. 자격모용사문서작성죄에서의 '행사할 목적'이라 함은 그 문서가 정당한 권한에 기하여 작성된 것처럼 다른 사람으로 하여금 오신하도록 하게 할 목적을 말한다고 할 것이므로 사문서를 작성하는 자가 주식회사의 대표로서의 자격을 모용하여 문서를 작성한다는 것을 인식, 용인하면서 그 문서를 진정한 문서로서 어떤 효용에 쓸 목적으로 사문서를 작성하였다면, 자격모용에 의한 사문서작성죄의 행사의 목적과 고의를 인정할 수 있다. 작성자가 '행사할 목적'으로 자격을 모용하여 문서를 작성한 이상 문서행사의 상대방이 자격모용 사실을 알았다거나, 작성자가 그 문서에 모용한 자격과 무관한 직인을 날인하였다는 등의 사정이 있다고 하여 달리 볼 것은 아니다(대판 2022.06.30. 2021도17712). ▸ 자격모용사문서작성죄는 문서의 진정에 대한 공공의 신용을 보호법익으로 하므로, 문서행사의 상대방이 자격모용 사실을 알았다 하더라도 범죄 성립에 영향 없음.

② (○) 허위공문서작성죄에서 허위라 함은 표시된 내용과 진실이 부합하지 아니하여 그 문서에 대한 공공의 신용을 위태롭게 하는 경우를 말하는 것이고, 허위공문서작성죄는 허위공문서를 작성함에 있어 그 내용이 허위라는 사실을 인식하면 성립한다 할 것이다(대판 2013.10.24. 2013도5752).

③ (○) 공전자기록 등 불실기재죄(형법 제228조 제1항)의 구성요건인 '불실의 사실기재'는 당사자의 허위신고에 의하여 이루어져야 하므로, 법원의 촉탁에 의하여 등기를 마친 경우에는 그 전제절차에 허위적 요소가 있더라도 위 죄가 성립하지 않는다(대판 1983.12.27. 83도2442 참조).

④ (X) 공정증서원본에 기재된 사항이 부존재하거나 외관상 존재하더라도 무효에 해당하는 하자가 있는 경우, 공정증서원본불실기재죄가 성립한다. 공정증서원본에 기재된 사항이나 그 원인된 법률행위가 객관적으로 존재하고 거기에 취소사유 하자가 있는 경우에는 공정증서원본불실기재죄가 성립하지 않는다. 한편 총 주식을 한 사람이 소유한 이른바 1인 회사와 달리, 주식의 소유가 실질적으로 분산되어 있는 주식회사의 경우, 실제의 소집절차와 결의절차를 거치지 아니한 채 주주총회의 결의가 있었던 것처럼 주주총회 의사록을 허위로 작성한 것이라면, 설사 1인이 총 주식의 대다수를 가지고 있고 그 지배주주에 의하여 의결이 있었던 것으로 주주총회 의사록이 작성되어 있다 하더라도, 도저히 그 결의가 존재한다고 볼 수 없을 정도로 중대한 하자가 있는 때에 해당하여, 그 주주총회의 결의는 부존재하다고 보아야 한다(대판 2018.06.19. 2017도21783).

⑤ (○) [1] 형법 제236조 소정의 사문서부정행사죄는 사용권한자와 용도가 특정되어 작성된 권리의무 또는 사실증명에 관한 타인의 사문서 또는 사도화를 사용권한 없는 자가 사용권한이 있는 것처럼 가장하여 부정한 목적으로 행사하거나 또는 권한 있는 자라도 정당한 용법에 반하여 부정하게 행사하는 경우에 성립한다.
[2] 실질적인 채권채무관계 없이 당사자 간의 합의로 작성한 '차용증 및 이행각서'는 그 작성명의인들이 자유의사로 작성한 문서로 그 사용권한자가 특정되어 있다고 할 수 없고 또 그 용도도 다양하므로, 설령 피고인이 그 작성명의인들의 의사에 의하지 아니하고 위 '차용증 및 이행각서'상의 채권이 실제로 존재하는 것처럼 그 지급을 구하는 민사소송을 제기하면서 소지하고 있던 위 '차용증 및 이행각서'를 법원에 제출하였다고 하더라도 그것이 사문서부정행사죄에 해당하지 않는다고 본 사례(대판 2007.03.30. 2007도629)

정답 ④

문 17

무고의 죄에 관한 설명 중 옳지 않은 것은? (다툼이 있는 경우 판례에 의함)

① 乙이 허위사실이 포함된 甲 명의의 고소장을 작성하여 수사기관에 제출하고 수사기관에 대하여 고발인 진술을 하는 등 고발행위를 주도한 경우 乙은 무고죄의 주체가 된다.

② 무고행위는 허위의 사실을 신고하는 것이므로, 행위자가 그 신고내용이 허위라고 믿었으나 객관적 진실에 부합하는 사실을 신고하였다면 미수범으로 처벌된다.

③ 무고죄에서 행위자가 무고한 사건의 재판 또는 징계처분이 확정되기 전에 자백 또는 자수한 때에는 그 형을 감경 또는 면제하며, 이때 자백은 행위자가 자신의 무고 사건의 재판에서 피고인신문 중 행한 고백을 포함한다.

④ 사립학교 교원에 대한 학교법인의 징계처분을 받게 할 목적으로 국민권익위원회가 운영하는 국민신문고에 허위의 사실을 신고하였다면 무고죄가 성립하지 않는다.

⑤ 피무고자의 승낙을 받아 허위사실을 기재한 고소장을 제출하였더라도 무고죄의 성립에는 영향이 없다.

MGI Point　무고죄　★★

■ 외관상 타인 명의의 고소장을 대리하여 작성하였다 하더라도 명의를 대리한 자가 실제 고소의 의사를 가지고 고소행위를 주도한 경우 ⇨ 무고죄의 주체 ○

■ 무고죄 ⇨ 신고한 사실이 객관적 진실에 반하는 허위사실인 경우에 성립

■ 무고죄에서 '자백'의 의미 ⇨ 행위자가 자신의 무고 사건의 재판에서 피고인신문 중 행한 고백을 포함

■ 무고죄에서 '징계처분'의 의미 ⇨ 사립학교 교원에 대한 학교법인 등의 징계처분은 포함 ×

■ 무고죄에서 피무고자의 승낙이 있다 하더라도 무고죄 성립에 영향 ×

① (O) 비록 외관상으로는 타인 명의의 고소장을 대리하여 작성하고 제출하는 형식으로 고소가 이루어진 경우라 하더라도 그 명의자는 고소의 의사가 없이 이름만 빌려준 것에 불과하고 명의자를 대리한 자가 실제 고소의 의사를 가지고 고소행위를 주도한 경우라면 그 명의자를 대리한 자를 신고자로 보아 무고죄의 주체로 인정하여야 할 것이다 (대판 2007.03.30. 2006도6017).

② (X) 무고죄는 타인으로 하여금 형사처분 등을 받게 할 목적으로 신고한 사실이 객관적 진실에 반하는 허위사실인 경우에 성립되는 범죄로서, 신고자가 그 신고내용을 허위라고 믿었다 하더라도 그것이 객관적으로 진실한 사실에 부합할 때에는 허위사실의 신고에 해당하지 않아 무고죄는 성립하지 않는 것이며, 한편 위 신고한 사실의 허위 여부는 그 범죄의 구성요건과 관련하여 신고사실의 핵심 또는 중요내용이 허위인가에 따라 판단하여 무고죄의 성립 여부를 가려야 한다(대판 1991.10.11. 91도1950). ▶ '허위사실'이라는 객관적 구성요건이 부정되는 것이므로 기수는 물론 미수도 성립하지 않는다.

③ (O) 형법 제157조, 제153조는 무고죄를 범한 자가 그 신고한 사건의 재판 또는 징계처분이 확정되기 전에 자백 또는 자수한 때에는 그 형을 감경 또는 면제한다고 하여 이러한 재판확정 전의 자백을 필요적 감경 또는 면제사유로 정하고 있다. 위와 같은 자백의 절차에 관해서는 아무런 법령상의 제한이 없으므로 그가 신고한 사건을 다루는 기관에 대한 고백이나 그 사건을 다루는 재판부에 증인으로 다시 출석하여 전에 그가 한 신고가 허위의 사실이었음을 고백하는 것은 물론 무고 사건의 피고인 또는 피의자로서 법원이나 수사기관에서의 신문에 의한 고백도 자백의 개념에 포함된다(대판 2018.08.01. 2018도7293).

④ (O) 형법 제156조의 무고죄는 타인으로 하여금 형사처분 또는 징계처분을 받게 할 목적으로 공무소 또는 공무원에 대하여 허위의 사실을 신고함으로써 성립하는 범죄이다. 여기서 '징계처분'이란 공법상의 근무관

계 또는 이에 준하는 관계에 있는 자에 대하여 의무위반을 이유로 과하는 제재처분을 의미한다. 사립학교 교원에 대한 학교법인 등의 징계처분은 형법 제156조의 '징계처분'에 포함되지 않는다고 해석함이 옳다 (대판 2014.07.24. 2014도6377).

⑤ (○) 무고죄는 국가의 형사사법권 또는 징계권의 적정한 행사를 주된 보호법익으로 하고 다만, 개인의 부당하게 처벌 또는 징계받지 아니할 이익을 부수적으로 보호하는 죄이므로, 설사 무고에 있어서 피무고자의 승낙이 있었다고 하더라도 무고죄의 성립에는 영향을 미치지 못한다 할 것이고, 무고죄에 있어서 형사처분 또는 징계처분을 받게 할 목적은 허위신고를 함에 있어서 다른 사람이 그로 인하여 형사 또는 징계처분을 받게 될 것이라는 인식이 있으면 족한 것이고 그 결과발생을 희망하는 것까지를 요하는 것은 아니므로, 고소인이 고소장을 수사기관에 제출한 이상 그러한 인식은 있었다고 보아야 한다 (대판 2005.09.30. 2005 도2712).

정답 ②

문 18

공무집행방해죄에 관한 설명 중 옳지 않은 것은? (다툼이 있는 경우 판례에 의함)

① 본죄의 '협박'은 상대방에게 공포심을 일으킬 목적으로 해악을 고지하는 행위를 의미하는 것이며, 행위 당시의 여러 사정을 종합하여 볼 때 그 협박이 경미하여 상대방이 개의치 않을 정도라도 본죄의 협박에 해당한다.

② 본죄가 성립하기 위해서는 공무원의 적법한 직무집행이 요구되며, 직무집행의 적법성은 행위 당시의 구체적 상황에 기하여 객관적·합리적으로 판단하여야 하고 사후적으로 순수한 객관적 기준에서 판단할 것은 아니다.

③ 공무집행의 적법성에 대한 착오를 객관적 처벌조건으로 보는 경우, 적법성의 인식 유무는 고의의 성부에 영향을 미치지 않는다.

④ 본죄가 성립하기 위해서 행위 시 직무집행을 방해할 의사가 있어야만 하는 것은 아니다.

⑤ 본죄의 보호법익은 국가 또는 공공기관의 기능적 작용인 공무 그 자체이고 공무원은 행위 객체이나 죄수의 결정은 공무원의 수를 기준으로 하므로, 동일한 공무를 집행하는 수인의 공무원을 폭행하면 수개의 공무집행방해죄의 상상적 경합이 된다.

MGI Point **공무집행방해죄** ★★

■ 공무집행방해죄에서 '협박'의 정도 ⇨ 성질상 공무원의 직무집행을 방해할 만한 정도의 것
  ⇨ 공무원이 개의치 않을 정도의 것이라면 해당 ✕
■ 행위 당시의 구체적 상황에 기하여 객관적, 합리적으로 판단해야 ⇨ 사후적 ✕
■ 공무집행의 적법성을 객관적 처벌조건으로 보는 견해 ⇨ 적법성 인식유무는 고의 성부에 영향을 미치지 ✕
■ 직무집행을 방해할 의사 不要
■ 동일한 공무를 집행하는 수인의 공무원을 폭행한 경우 ⇨ 수개의 공무집행방해죄의 상상적 경합

---

① (✕) 공무집행방해죄에 있어서의 폭행·협박은 성질상 공무원의 직무집행을 방해할 만한 정도의 것이어야 하므로, 경미하여 공무원이 개의치 않을 정도의 것이라면 여기의 폭행·협박에는 해당하지 아니한다 (대판 2007.06.01. 2006도4449).

② (○) 공무집행방해죄는 공무원의 적법한 공무집행이 전제되어야 하고, 공무집행이 적법하기 위해서는 그 행위가 공무원의 추상적 직무 권한에 속할 뿐만 아니라 구체적으로 그 권한 내에 있어야 하며, 직무행위로서 중요한 방식을 갖추어야 한다. 추상적인 권한에 속하는 공무원의 어떠한 공무집행이 적법한지는 행위 당시의 구체적 상황에 기초를 두고 객관적 · 합리적으로 판단해야 하고, 사후적으로 순수한 객관적 기준에서 판단할 것은 아니다 (대판 2021.10.14. 2018도2993).

③ (○) 공무집행의 적법성을 객관적 처벌조건으로 보는 견해에 따르면, 객관적 처벌조건은 구성요건요소가 아니므로 적법성의 인식 여부는 고의의 성부에 영향을 미치지 않는다(조균석, 형법주해 Ⅴ - 각칙(2)(2023), p.395-396).

④ (○) 공무집행방해죄에서의 고의는 상대방이 직무를 집행하는 공무원이라는 사실, 그리고 이에 대하여 폭행 또는 협박을 한다는 사실을 인식하는 것을 그 내용으로 하고, 그 인식은 불확정적인 것이라도 소위 미필적 고의가 있다고 보아야 하며, 그 직무집행을 방해할 의사를 필요로 하지 않는다(대판 2012.05.24. 2010도11381).

⑤ (○) 동일한 공무를 집행하는 여럿의 공무원에 대하여 폭행·협박 행위를 한 경우에는 공무를 집행하는 공무원의 수에 따라 여럿의 공무집행방해죄가 성립하고, 위와 같은 폭행·협박 행위가 동일한 장소에서 동일한 기회에 이루어진 것으로서 사회관념상 1개의 행위로 평가되는 경우에는 여럿의 공무집행방해죄는 상상적 경합의 관계에 있다(대판 2009.06.25. 2009도3505).

 정답 ①

▌ 문 19

관할에 관한 설명 중 옳지 않은 것은? (다툼이 있는 경우 판례에 의함)

① 토지관할을 달리하는 수개의 제1심법원들에 관련 사건이 계속된 경우에 소속 고등법원이 같은 경우에는 그 고등법원이, 소속 고등법원이 다른 경우에는 대법원이 토지관할 병합심리 신청사건의 관할법원이 된다.

② 형사소송법 제5조에 정한 관련 사건의 관할은 고유관할사건 및 그 관련 사건이 반드시 병합 기소되거나 병합되어 심리될 것을 전제요건으로 하는 것은 아니다.

③ 항소심에서 공소장변경에 의하여 단독판사의 관할사건이 합의부 관할사건으로 된 경우에는 법원은 사건을 관할권이 있는 고등법원으로 이송하여야 한다.

④ 법원은 직권으로 관할을 조사하여야 하므로 피고인의 신청과 관계없이 토지관할을 조사하여 토지관할위반을 선고하여야 한다.

⑤ 형사소송법 제4조 제1항에 정한 토지관할 중 현재지는 공소제기 당시 피고인이 현재한 장소로서 임의에 의한 현재지뿐만 아니라 적법한 강제에 의한 현재지를 포함한다.

MGI Point 관할   ★

■ 토지관할을 달리하는 수개의 제1심법원들에 관련 사건이 계속된 경우 관할법원
  ▪ 소속 고등법원이 같은 경우 ⇨ 고등법원
  ▪ 소속 고등법원이 다른 경우 ⇨ 대법원
■ 형사소송법 제5조에 정한 관련 사건의 관할은, 이른바 고유관할사건 및 그 관련 사건이 반드시 병합기소되거나 병합되어
  심리될 것을 전제요건으로 하는 것은 ×
■ 항소심에서 공소장변경에 의하여 단독판사의 관할사건이 합의부 관할사건으로 된 경우 ⇨ 고등법원으로 이송해야 함
■ 피고인의 신청과 관계없이 토지관할을 조사하여 토지관할위반 선고 不可
■ '현재지'의 의미 ⇨ 임의에 의한 현재지 뿐만 아니라 적법한 강제의 의한 현재지 포함

① (○) 형사소송법 제6조는 '토지관할을 달리하는 수개의 관련 사건이 각각 다른 법원에 계속된 때에는 공통되는 직근상급법원은 검사 또는 피고인의 신청에 의하여 결정으로 1개 법원으로 하여금 병합심리하게 할 수 있다'고 규정하고 있다. 사물관할은 같지만 토지관할을 달리하는 수개의 제1심 법원(지원을 포함한다. 이하 같다)들에 관련 사건이 계속된 경우에 있어서, 형사소송법 제6조에서 말하는 '공통되는 직근상급법원'은 그 성질상 형사사건의 토지관할 구역을 정해 놓은 '각급 법원의 설치와 관할구역에 관한 법률' 제4조에 기한 [별표 3]의 관할구역 구분을 기준으로 정하여야 할 것인바, 형사사건의 제1심 법원은 각각 일정한 토지관할 구역을 나누어 가지는 대등한 관계에 있으므로 그 상급법원은 위 표에서 정한 제1심 법원들의 토지관할 구역을 포괄하여 관할하는 고등법원이 된다. 따라서 토지관할을 달리하는 수개의 제1심 법원들에 관련 사건이 계속된 경우에 그 소속 고등법원이 같은 경우에는 그 고등법원이, 그 소속 고등법원이 다른 경우에는 대법원이 위 제1심 법원들의 공통되는 직근상급법원으로서 위 조항에 의한 토지관할 병합심리 신청사건의 관할법원이 된다(대결 2006.12.05. 2006초기335(전합)).

② (○) 형사소송법 제5조에 정한 관련 사건의 관할은, 이른바 고유관할사건 및 그 관련 사건이 반드시 병합기소되거나 병합되어 심리될 것을 전제요건으로 하는 것은 아니고, 고유관할사건 계속 중 고유관할 법원에 관련 사건이 계속된 이상 그 후 양 사건이 병합되어 심리되지 아니한 채 고유사건에 대한 심리가 먼저 종결되었다고 하더라도 관련 사건에 대한 관할권은 여전히 유지된다고 볼 것이다 (박찬걸, 형사소송법(2020년), p.61-62).

③ (○) 법원조직법 제32조 제1항 제3호에 의하면 사형·무기 또는 단기 1년 이상의 징역 또는 금고에 해당하는 사건은 지방법원 또는 그 지원의 합의부가 제1심으로 심판권을 행사하는 것으로 규정되어 있다. 그리고 같은 법 제28조에는 고등법원은 지방법원 합의부의 제1심판결에 대한 항소사건을 심판하도록 규정되어 있으며, 형사소송법 제8조 제2항에는 단독판사의 관할사건이 공소장변경에 의하여 합의부 관할사건으로 변경된 경우에 법원은 결정으로 관할권이 있는 법원에 이송한다고 규정되어 있다. 위 관련 규정을 종합하여 보면, 항소심에서 공소장변경에 의하여 단독판사의 관할사건이 합의부 관할사건으로 된 경우에도 법원은 사건을 관할권이 있는 법원에 이송하여야 한다고 할 것이고, 항소심에서 변경된 위 합의부 관할사건에 대한 관할권이 있는 법원은 고등법원이라고 봄이 상당하다 (대판 1997.12.12. 97도2463).

④ (X) 법원은 직권으로 관할을 조사하여야 하고(형사소송법 제1조), 원칙적으로 피고사건이 법원의 관할에 속하지 아니한 때에는 판결로써 관할위반의 선고를 하여야 한다(제319조). 그러나 토지관할의 경우 예외가 인정되는 바, 법원은 피고인의 신청이 없으면 토지관할에 관하여 관할 위반의 선고를 하지 못한다(제320조 제1항).

⑤ (○) 형사소송법 제4조 제1항은 '토지관할은 범죄지, 피고인의 주소, 거소 또는 현재지로 한다'라고 정하고, 여기서 '현재지'라고 함은 공소제기 당시 피고인이 현재한 장소로서 임의에 의한 현재지뿐만 아니라 적법한 강제에 의한 현재지도 이에 해당한다(대판 2011.12.22. 2011도12927).

정답 ④

문 20

친고죄와 반의사불벌죄에 관한 설명 중 옳은 것(○)과 옳지 않은 것(×)을 올바르게 조합한 것은? (다툼이 있는 경우 판례에 의함)

> ㄱ. 피해자의 고소가 없이 친고죄로 기소된 후 제1심이나 항소심에서 공소사실의 동일성이 인정되는 범위 내에서 비친고죄로 공소장변경이 허용된 경우에는 공소제기의 흠이 치유되며, 반의사불벌죄의 경우에도 동일하다.
>
> ㄴ. 반의사불벌죄는 친고죄의 고소불가분에 관한 규정을 준용하고 있지 아니하므로 반의사불벌죄에는 공범자 사이의 불가분 원칙이 적용되지 아니한다.
>
> ㄷ. 항소심에서 공소장변경에 의하여 또는 법원의 직권에 의하여 비친고죄를 친고죄로 인정하고, 항소심에 이르러 비로소 고소인이 고소를 취소하였다면, 친고죄에 대한 고소취소로서의 효력을 인정할 수 있다.
>
> ㄹ. 반의사불벌죄에서 성년후견인은 명문의 규정이 없는 한 의사무능력자인 피해자를 대리하여 피고인 또는 피의자에 대하여 처벌을 희망하지 않는다는 의사를 결정하거나 처벌을 희망하는 의사표시를 철회하는 행위를 할 수 없지만, 성년후견개시심판에서 정하는 바에 따라 성년후견인이 가정법원의 허가를 얻어 소송행위를 할 때에는 그러하지 아니하다.

① ㄱ(○), ㄴ(○), ㄷ(×), ㄹ(○)
② ㄱ(○), ㄴ(○), ㄷ(×), ㄹ(×)
③ ㄱ(○), ㄴ(×), ㄷ(×), ㄹ(×)
④ ㄱ(×), ㄴ(○), ㄷ(○), ㄹ(○)
⑤ ㄱ(×), ㄴ(×), ㄷ(○), ㄹ(○)

MGI Point **친고죄, 반의사불벌죄** ★★★

- 피해자 고소 없이 친고죄로 기소된 후 공소사실의 동일성이 인정되는 범위 내에서 비친고죄로 공소장변경이 허용된 경우 공소제기의 흠 치유, 반의사불벌죄의 경우에도 동일
- 반의사불벌죄에서 공범자 사이 불가분 원칙 적용 ×
- 항소심에 이르러 고소취소를 하였다면 고소취소 효력 ×
- 반의사불벌죄에서 성년후견인은 피해자를 대리하여 처벌불원의사표시 결정 또는 처벌희망의사표시를 철회 할 수 ×
  ⇨ 가정법원의 허가를 얻었다 하더라도 마찬가지

ㄱ. (○) 친고죄에서 피해자의 고소가 없거나 고소가 취소되었음에도 친고죄로 기소되었다가 그 후 당초에 기소된 공소사실과 동일성이 인정되는 비친고죄로 공소장변경이 허용된 경우 그 공소제기의 흠은 치유되고, 친고죄로 기소된 후에 피해자의 고소가 취소되더라도 제1심이나 항소심에서 당초에 기소된 공소사실과 동일성이 인정되는 범위 내에서 다른 공소사실로 공소장을 변경할 수 있으며 이러한 경우 변경된 공소사실에 대하여 심리·판단하여야 하는데, 반의사불벌죄의 경우에도 동일한 법리가 적용된다(대판 2011.05. 13. 2011도2233).

ㄴ. (○) 형사소송법이 고소와 고소취소에 관한 규정을 하면서 제232조 제1항, 제2항에서 고소취소의 시한과 재고소의 금지를 규정하고 제3항에서는 반의사불벌죄에 제1항, 제2항의 규정을 준용하는 규정을 두면서도, 제233조에서 고소와 고소취소의 불가분에 관한 규정을 함에 있어서는 반의사불벌죄에 이를 준용하는

규정을 두지 아니한 것은 처벌을 희망하지 아니하는 의사표시나 처벌을 희망하는 의사표시의 철회에 관하여 친고죄와는 달리 공범자간에 불가분의 원칙을 적용하지 아니하고자 함에 있다고 볼 것이지, 입법의 불비로 볼 것은 아니다(대판 1994.04.26. 93도1689).

ㄷ. (X) 원래 고소의 대상이 된 피고소인의 행위가 친고죄에 해당할 경우 소송요건인 그 친고죄의 고소를 취소할 수 있는 시기를 언제까지로 한정하는가는 형사소송절차운영에 관한 입법정책상의 문제이기에 형사소송법의 그 규정은 국가형벌권의 행사가 피해자의 의사에 의하여 좌우되는 현상을 장기간 방치하지 않으려는 목적에서 고소취소의 시한을 확일적으로 제1심판결 선고시까지로 한정한 것이고, 따라서 그 규정을 현실적 심판의 대상이 된 공소사실이 친고죄로 된 당해 심급의 판결 선고시까지 고소인이 고소를 취소할 수 있다는 의미로 볼 수는 없다 할 것이어서, 항소심에서 공소장의 변경에 의하여 또는 공소장변경절차를 거치지 아니하고 법원 직권에 의하여 친고죄가 아닌 범죄를 친고죄로 인정하였더라도 항소심을 제1심이라 할 수는 없는 것이므로, 항소심에 이르러 비로소 고소인이 고소를 취소하였다면 이는 친고죄에 대한 고소취소로서의 효력은 없다(대판 1999.04.15. 96도1922).

ㄹ. (X) 반의사불벌죄에서 성년후견인은 명문의 규정이 없는 한 의사무능력자인 피해자를 대리하여 피고인 또는 피의자에 대하여 처벌을 희망하지 않는다는 의사를 결정하거나 처벌을 희망하는 의사표시를 철회하는 행위를 할 수 없다. 이는 성년후견인의 법정대리권 범위에 통상적인 소송행위가 포함되어 있거나 성년후견개시심판에서 정하는 바에 따라 성년후견인이 소송행위를 할 때 가정법원의 허가를 얻었더라도 마찬가지이다 (대판 2023.07.17. 2021도11126(전합)). ▶ 피고인이 자전거를 운행하던 중 전방주시의무를 게을리하여 보행인인 피해자 갑을 들이받아 중상해를 입게 하였다는 교통사고처리 특례법 위반(치상)의 공소사실로 기소되었고, 위 사고로 의식불명이 된 갑에 대하여 성년후견이 개시되어 성년후견인으로 갑의 법률상 배우자 을이 선임되었는데, 을이 피고인 측으로부터 합의금을 수령한 후 제1심 판결선고 전에 갑을 대리하여 처벌불원의사를 표시한 사안에서, 위 특례법 제3조 제2항에서 차의 운전자가 교통사고로 인하여 범한 업무상과실치상죄는 '피해자의 명시적인 의사'에 반하여 공소를 제기할 수 없도록 규정하여 문언상 그 처벌 여부가 '피해자'의 '명시적인 의사'에 달려 있음이 명백하므로, 을이 갑을 대신하여 처벌불원의사를 형성하거나 결정할 수 있다고 해석하는 것은 법의 문언에 반한다고 한 사례.

정답 ②

문 21

체포·구속적부심사에 관한 설명 중 옳지 않은 것은? (다툼이 있는 경우 판례에 의함)

① 불구속 상태에서 재판을 받다가 재판에 출석하지 아니하여 구속된 피고인은 구속적부심사를 청구할 수 있다.

② 체포·구속적부심에서 피의자에게 변호인이 없는 때에는 법원은 직권으로 국선변호인을 선정해야 한다.

③ 법원은 체포·구속적부심사청구 후 피의자에 대하여 검사의 공소제기가 있는 경우에도 체포·구속적부심사 청구에 대해 결정하여야 한다.

④ 체포·구속적부심사절차에서의 법원의 석방결정에 대하여 검사는 항고할 수 없지만, 구속된 피의자에 대한 보증금 납입을 조건으로 한 석방결정에 대하여 항고할 수 있다.

⑤ 체포·구속적부심문조서는 형사소송법 제315조 제3호의 '특히 신용할 만한 정황에 의하여 작성된 문서'로서 증거능력이 인정된다.

선택형 형사법

MGI Point 체포·구속적부심사 ★★

- 구속된 '피의자'가 구속적부심사 청구 可 but 구속된 '피고인'은 구속적부심사 청구 不可
- 법원은 적부심 청구 후 피의자에 대해 검사의 공소제기가 있는 경우에도 이에 대해 결정해야 함
- 체포·구속적부심사가 청구된 피의자에게 변호인이 없는 경우 법원은 직권으로 국선변호인 선정해야 함
- 체포·구속적부심사 결정에 대한 항고
  - 기각결정, (일반적인)석방결정 (214조의2 3,4항) ⇨ 항고 不可 (8항)
  - (구속된 피의자의)보증금납입조건부 석방결정 (5항) ⇨ 항고 可 (判)
- 체포·구속적부심문조서 ⇨ 315조 3호의 당연히 증거능력 있는 서류 ○

① (X) 체포되거나 구속된 피의자 또는 그 변호인, 법정대리인, 배우자, 직계친족, 형제자매나 가족, 동거인 또는 고용주는 관할법원에 체포 또는 구속의 적부심사를 청구할 수 있다(형사소송법 제214조의2 제1항).
▶ 구속적부심은 수사단계의 '피의자' 구속을 사후 통제하는 제도이고, '피고인'은 해당사항이 없다. 다만, 피고인 구속에 대해서는 구속취소 청구(제93조), 보석 청구(제94조) 등의 구제책이 있다. 한편, 피의자가 구속적부심사 청구 후 검사의 공소제기로 피고인으로 전환된 경우에도 법원은 적부심 청구에 대해 결정해야 한다(아래 ③).

② (O) 형사소송법 제214조의2 제10항, 형사소송규칙 제16조 제1항 참조.

> 형사소송법 제214조의2(체포와 구속의 적부심사) ⑩ 체포되거나 구속된 피의자에게 변호인이 없는 때에는 제33조를 준용한다.
> 형사소송규칙 제16조(공소가 제기되기 전의 국선변호인 선정) ① 법 제201조의2에 따라 심문할 피의자에게 변호인이 없거나 법 제214조의2에 따라 체포 또는 구속의 적부심사가 청구된 피의자에게 변호인이 없는 때에는 법원 또는 지방법원 판사는 지체 없이 국선변호인을 선정하고, 피의자와 변호인에게 그 뜻을 고지하여야 한다.

③ (O) 형사소송법 제214조의2 제4항 참조.

> 형사소송법 제214조의2(체포와 구속의 적부심사) ④ 제1항의 청구를 받은 법원은 청구서가 접수된 때부터 48시간 이내에 체포되거나 구속된 피의자를 심문하고 수사 관계 서류와 증거물을 조사하여 그 청구가 이유 없다고 인정한 경우에는 결정으로 기각하고, 이유 있다고 인정한 경우에는 결정으로 체포되거나 구속된 피의자의 석방을 명하여야 한다. 심사 청구 후 피의자에 대하여 공소제기가 있는 경우에도 또한 같다.

④ (O) 형사소송법 제214조의2 제3항과 제4항의 체포·구속적부심사청구에 대한 기각결정과 석방결정에 대해서 항고할 수 없음은, 같은 조 제8항의 명문의 규정으로 해결된다. 형사소송법 제214조의2 제5항의 보증금납입조건부 석방결정에 대해서는, 학설은 항고 허용설과 불허설이 대립하며, 판례는 허용설의 입장에 있다(아래 97모21; 이창현, 형사소송법 제9판, p.383-384 참조). ▶ 한편, 보증금납입조건부 석방결정은 '구속된' 피의자(심사청구 후 공소제기된 사람 포함)에 대하여만 적용되고, '체포된' 피의자에 대하여는 허용되지 않는다는 점은 별개의 쟁점이다.

> 형사소송법 제214조의2(체포와 구속의 적부심사) ③ 법원은 제1항에 따른 청구가 다음 각 호의 어느 하나에 해당하는 때에는 제4항에 따른 심문 없이 결정으로 청구를 기각할 수 있다.
> 1. 청구권자 아닌 사람이 청구하거나 동일한 체포영장 또는 구속영장의 발부에 대하여 재청구한 때
> 2. 공범이나 공동피의자의 순차청구(順次請求)가 수사 방해를 목적으로 하고 있음이 명백한 때
> ④ 제1항의 청구를 받은 법원은 청구서가 접수된 때부터 48시간 이내에 체포되거나 구속된 피의자를 심문하고 수사 관계 서류와 증거물을 조사하여 그 청구가 이유 없다고 인정한 경우에는 결정으로 기각하고, 이유 있다고 인정한 경우에는 결정으로 체포되거나 구속된 피의자의 석방을 명하여야 한다. 심사 청구 후 피의자에 대하여 공소제기가 있는 경우에도 또한 같다.
> ⑤ 법원은 구속된 피의자(심사청구 후 공소제기된 사람을 포함한다)에 대하여 피의자의 출석을 보증할 만한 보증금의 납입을 조건으로 하여 결정으로 제4항의 석방을 명할 수 있다. 다만, 다음 각 호에 해당하는 경우에는 그러하지 아니하다.
> ⑧ 제3항과 제4항의 결정에 대해서는 항고할 수 없다.

> 판례 형사소송법 제214조의2 제4항의 석방결정은 체포 또는 구속이 불법이거나 이를 계속할 사유가 없는 등 부적법한 경우에 피의자의 석방을 명하는 것임에 비하여, 같은 법 제214조의2 제5항의 석방결정은 구속의 적법을 전제로 하면서 그 단서에서 정한 제한사유가 없는 경우에 한하여 출석을 담보할 만한 보증금의 납입을 조건으로 하여 피의자의 석방을 명하는 것이어서 같은 법 제214조의2 제4항의 석방결정과 제5항의 석방결정은 원래 그 실질적인 취지와 내용을 달리 하는 것이고, 또한 기소 후 보석결정에 대하여 항고가 인정되는 점에 비추어 그 보석결정과 성질 및 내용이 유사한 기소 전 보증금 납입 조건부 석방결정에 대하여도 항고할 수 있도록 하는 것이 균형에 맞는 측면도 있다 할 것이므로, 같은 법 제214조의2 제5항의 석방결정에 대하여는 피의자나 검사가 그 취소의 실익이 있는 한 같은 법 제402조에 의하여 항고할 수 있다(대결 1997.08.27. 97모21 참조).

⑤ (○) 구속적부심문조서는 형사소송법 제311조이 정한 문서에는 해당하지 않는다 할 것이나, 특히 신용할 만한 정황에 의하여 작성된 문서라고 할 것이므로 특별한 사정이 없는 한, 피고인이 증거로 함에 부동의하더라도 형사소송법 제315조 제3호에 의하여 당연히 그 증거능력이 인정된다(대판 2004.01.16. 2003도5693).

정답 ①

문 22

25년 10월 모의시험

다음 중 A의 재정신청이 적법한 경우를 모두 고른 것은? (다툼이 있는 경우 판례에 의함)

ㄱ. 甲의 B에 대한 피의사실공표로 피해를 입은 A는 甲을 피공표자 B에 대한 피의사실공표(형법 제126조) 혐의로 고소하였으나, 검사가 혐의가 없다는 취지로 불기소처분을 하였다. B는 재정신청을 원하지 않는다는 의사를 표시하였음에도 A가 「검찰청법」에 따른 항고를 거쳐 적법한 기간 내에 재정신청을 한 경우

ㄴ. A는 甲을 사기 혐의로 고소하였으나, 검사가 혐의가 없다는 취지로 불기소처분을 하였다. A가 수사과정에서 甲으로부터 돈을 갚겠다는 약속을 받고 고소를 취소하였으나, 甲이 약속을 이행하지 아니하자 「검찰청법」에 따른 항고를 거쳐 적법한 기간 내에 재정신청을 한 경우

ㄷ. A는 甲을 직권남용 혐의로 고발하였으나, 검사가 혐의가 없다는 취지로 불기소처분을 하였다. A가 「검찰청법」에 따른 항고를 거쳐 적법한 기간 내에 재정신청을 한 경우

ㄹ. A는 甲을 횡령 혐의로 고소하였으나, 검사가 혐의가 없다는 취지로 불기소처분을 하였다. A가 「검찰청법」에 따라 항고하였으나 항고에 대한 검사의 처분이 행하여지지 아니하고 3개월이 경과하자 A가 재정신청을 한 경우

① ㄱ

② ㄴ

③ ㄱ, ㄴ

④ ㄴ, ㄹ

⑤ ㄷ, ㄹ

선택형 형사법

MGI Point | **재정신청** ★

■ 재정신청권자 및 재정신청 대상
  ▪ 재정신청권자 : 고소인 및 형법 제123조부터 제126조까지의 죄에 대한 고발인
    – 형법 제123조(직권남용), 제124조(불법체포·감금), 제125조(폭행·가혹행위), 제126조(피의사실공표)
  ▪ 다만, 형법 제126조 피의사실공표죄에 대하여는 피공표자의 명시한 의사에 반하여 재정신청 不可
  ▪ 고소·고발을 취소한자는 재정신청 不可
■ 검찰항고 전치주의
  ▪ 항고 신청 후 항고에 대한 처분이 행하여지지 아니하고 3개월이 경과한 경우 검찰항고 거칠 필요 ×

ㄱ. (X) 형법 제126조의 피의사실공표죄의 고발인은 재정신청권자에 해당하나, 피공표자의 명시한 의사에 반하여 재정신청을 할 수 없다(형사소송법 제260조 제1항 단서 참조).

> 형사소송법 제260조(재정신청) ① 고소권자로서 고소를 한 자(「형법」 제123조부터 제126조까지의 죄에 대하여는 고발을 한 자를 포함한다. 이하 이 조에서 같다)는 검사로부터 공소를 제기하지 아니한다는 통지를 받은 때에는 그 검사 소속의 지방검찰청 소재지를 관할하는 고등법원(이하 "관할 고등법원"이라 한다)에 그 당부에 관한 재정을 신청할 수 있다. 다만, 「형법」 제126조의 죄에 대하여는 피공표자의 명시한 의사에 반하여 재정을 신청할 수 없다.

ㄴ. (X) 재정신청권자는 대리인에 의하여도 재정신청를 할 수 있다(제264조 제1항). 그러나 고소 또는 고발을 취소한 자는 재정신청을 할 수 없다(이은모·김정환, 형사소송법 제9판(2023), p.426-427).

ㄷ. (O) 형법 제123조의 직권남용죄의 고발인은 재정신청권자에 해당한다(형사소송법 제260조 제1항 본문 참조). ▶ 형법 제123조(직권남용), 제124조(불법체포·감금), 제125조(폭행가혹행위), 제126조(피의사실공표죄)

ㄹ. (O) 재정신청을 하려면 원칙적으로 검찰청법 제10조에 따른 항고를 거쳐야 한다(검찰항고 전치주의). 다만, 항고 신청 후 항고에 대한 처분이 행하여지지 아니하고 3개월이 경과한 경우에는 검찰항고를 거치지 않고 바로 재정신청을 할 수 있다(형사소송법 제260조 제2항 제2호 참조).

> 형법 제260조(재정신청) ② 제1항에 따른 재정신청을 하려면 「검찰청법」 제10조에 따른 항고를 거쳐야 한다. 다만, 다음 각 호의 어느 하나에 해당하는 경우에는 그러하지 아니하다.
> 1. 항고 이후 재기수사가 이루어진 다음에 다시 공소를 제기하지 아니한다는 통지를 받은 경우
> 2. 항고 신청 후 항고에 대한 처분이 행하여지지 아니하고 3개월이 경과한 경우
> 3. 검사가 공소시효 만료일 30일 전까지 공소를 제기하지 아니하는 경우

정답 ⑤

문 23

25년 10월 모의시험

공소제기에 관한 설명 중 옳은 것만을 모두 고른 것은? (다툼이 있는 경우 판례에 의함)

ㄱ. 마약 판매행위로 공소가 제기된 후 마약 매매알선행위로 공소장변경허가신청서가 제출되어 법원이 변경신청을 허가하였으나 그 후 공소사실과 동일성이 없다는 이유로 공소장변경허가결정을 취소하자, 검사가 위 변경허가신청서로 마약 매매알선행위에 대한 공소장을 갈음한다고 하면서 기소유지의 진술을 하고 피고인과 변호인이 이의 없다고 진술하였다면, 마약 매매알선행위에 대한 공소제기 절차의 하자가 치유된다.

ㄴ. 공소장의 기재가 명확하지 아니한 경우 법원이 검사에게 공소사실 특정에 관한 석명의 기회를 부여하지 아니한 채 공소기각의 판결을 한 것은 위법하다.

ㄷ. 검사가 직무상 과실로 소추재량권을 이탈하여 공소를 제기하였다면 공소제기의 효력이 부인되므로 공소제기의 절차가 법률의 규정에 위반하여 무효인 경우에 해당하여 공소기각의 판결을 선고하여야 한다.

ㄹ. 범죄의 직접적인 동기가 아니라 할지라도 공소범죄사실과 밀접불가분의 관계에 있는 동기를 공소사실에 기재하는 것은 공소장일본주의 위반이 아니다.

① ㄱ
② ㄹ
③ ㄱ, ㄷ
④ ㄴ, ㄹ
⑤ ㄴ, ㄷ, ㄹ

MGI Point 공소제기 ★★

- 공소제기에 현저한 방식 위반의 경우 ⇨ 무효
  - 그러한 공소제기에 대하여 피고인 등이 이의 없이 변론에 응하더라도 ⇨ 하자 치유 ×
  - ex. 공소장변경허가 후 이를 취소하자, 검사가 공소장변경허가신청서를 공소장에 갈음하는 것으로 구두진술 한 경우
- 공소장의 기재가 명확하지 않은 경우 ⇨ 석명 必要
- 검사의 공소권남용 ⇨ 직무상 과실 ×, 자의적으로 공소권 행사 ○
- 범죄의 직접적인 동기가 아니더라도 공소범죄사실과 밀접 불가분의 관계에 있는 동기를 공소사실에 기재하는 것은 공소장일본주의 위반 ×

ㄱ. (X) [1] 형사소송법이 공소의 제기에 관하여 서면주의와 엄격한 요식행위를 채용한 것은 공소의 제기에 의해서 법원의 심판이 개시되므로 심판의 대상을 명확히 하고 피고인의 방어권 행사를 가능하게 하기 위한 것이다. 따라서 위와 같은 엄격한 형식과 절차에 따른 공소장의 제출은 공소제기라는 소송행위가 성립하기 위한 본질적 요소라고 할 것이므로, 공소의 제기에 있어서 현저한 방식위반이 있는 경우에는 공소제기의 절차가 법률의 규정에 위반하여 무효인 경우에 해당된다고 할 것이고, 위와 같은 절차위배의 공소제기에 대하여 피고인과 변호인이 이의를 제기하지 아니하고 변론에 응하였다고 하여 그 하자가 치유되지는 않는다. [2] 검사가 공판기일에서 피고인 등이 특정되어 있지 않은 공소장변경허가신청서를 공소장에 갈음하는 것으로 구두진술하고 피고인과 변호인이 이의를 제기하지 않은 사안에서, 이를 적법한 공소제기로 볼 수 없다고 본 사례. … 이 사건 알선행위에 대한 공소의 제기는 법 제254조에 규정된 형식적 요건을 갖추지 못한 이 사건 변경신청서에 기하여 이루어졌을 뿐만 아니라, 공소장부본 송달 등의 절차 없이 공판기일에서 이 사건 변경신청서로 공소장을 갈음한다는 검사의 구두진술에 의한 것이라서, 그 공소제기의 절차에는 법률의 규정에 위반하여 무효라고 볼 정도의 현저한 방식위반이 있다고 봄이 상당하고, 피고인과 변호인이 그에 대하여 이의를 제기하지 않았다고 하여 그 하자가 치유된다고 볼 수는 없으므로, 이 사건 알선행위 부분에 대한 공소사실에 대하여는 판결로써 공소기각의 선고를 하여야 한다(대판 2009.02.26. 2008도11813).

ㄴ. (O) 공소장의 기재사실 중 일부가 명확하지 아니한 경우에는 법원은 검사에게 석명을 구하여 만약 이를 명확하게 하지 아니한 때에 공소사실의 불특정을 이유로 공소를 기각함이 상당하다 할 것이므로 원심이 이에 이르지 아니하고 위와 같이 공소사실의 불특정을 이유로 공소기각의 판결을 하였음은 심리미진의 위법이 있다(대판 1983.06.14. 82도293).

ㄷ. (X) 검사가 자의적으로 공소권을 행사하여 피고인에게 실질적인 불이익을 줌으로써 소추재량권을 현저히 일탈하였다고 보여지는 경우에 이를 공소권의 남용으로 보아 공소제기의 효력을 부인할 수 있는 것이고, 여기서 자의적인 공소권의 행사라 함은 단순히 직무상의 과실에 의한 것만으로는 부족하고 적어도 미필적이나마 어떤 의도가 있어야 한다 (대판 2001.09.07. 2001도3026).

ㄹ. (O) 살인, 방화 등의 경우 범죄의 직접적인 동기 또는 공소범죄사실과 밀접불가분의 관계에 있는 동기를 공소사실에 기재하는 것이 공소장일본주의 위반이 아님은 명백하고, 설사 범죄의 직접적인 동기가 아닌 경우에도 동기의 기재는 공소장의 효력에 영향을 미치지 아니한다(대판 2007.05.11. 2007도748).

정답 ④

문 24

25년 10월 모의시험

공판절차에 관한 설명 중 옳지 않은 것은? (다툼이 있는 경우 판례에 의함)

① 「소송촉진 등에 관한 특례법」 제23조의 특례 규정에 따라 진행된 제1심의 피고인 불출석 재판에 대하여 검사만 항소하고 항소심도 불출석 재판으로 진행한 후에 제1심판결을 파기하고 선고한 유죄판결이 확정된 경우에도, 귀책사유 없이 제1심과 항소심의 공판절차에 출석할 수 없었던 피고인은 위 특례 규정이 정한 기간 내에 항소심 법원에 그 유죄판결에 대한 재심을 청구할 수 있다.

② 업무방해 혐의 중 유형력 행사 여부를 밝혀줄 수 있는 CCTV 영상 자료가 녹화되어 있는 CD에 대한 증거조사를 하지 아니한 채 피해자의 모호한 진술만을 토대로 유형력 행사의 점에 대해서까지 범죄사실의 증명이 있다고 판단한 것은 법원의 증거결정권의 내재적인 재량의 한계를 넘은 것에 해당한다.

③ 법원이 검사 또는 사법경찰관의 위촉에 응하여 감정을 수행한 감정인을 증인 또는 감정증인으로 소환하여 신문하는 경우에는, 감정인이 공판절차에서 전문적 학식과 경험에 의하여 얻은 자신의 의견이나 판단을 진술할 것이 명백하더라도 소환장을 송달받고 출석하지 않은 감정인에게 형사소송법 제151조 제1항에 따른 과태료를 부과할 수 있다.

④ 법원은 증인이 멀리 떨어진 곳 또는 교통이 불편한 곳에 살고 있거나 건강상태 등 그 밖의 사정으로 말미암아 법정에 직접 출석하기 어렵다고 인정하는 때에는 검사와 피고인 또는 변호인의 의견을 들어 비디오 등 중계장치에 의한 중계시설을 통하여 신문할 수 있다.

⑤ 공판준비기일을 필수적으로 거친 다음 국민참여재판으로 진행한 제1심법원에서 배심원이 만장일치의 의견으로 내린 무죄의 평결이 재판부의 심증에 부합하여 그대로 채택된 경우라면, 그 무죄판결에 대한 항소심에서의 추가적이거나 새로운 증거조사는 형사소송법과 형사소송규칙 등에서 정한 바에 따라 증거조사의 필요성이 분명하게 인정되는 예외적인 경우에 한정하여 실시하는 것이 바람직하다.

MGI Point **공판절차 종합문제** ★★

- 소촉법 23조의 '1심' 불출석재판에 검사만 항소하고, 항소심도 불출석으로 유죄 확정 시
  ⇨ 귀책사유 없는 피고인은 '항소심' 법원에 재심 청구 可 (소촉법 제23조의2 유추 적용 可)
- 형사사건의 실체를 규명하는 데 가장 직접적이고 핵심적인 증거인 CCTV 영상에 대한 증거조사를 하지 않고 피해자의 모호한 진술만으로 유형력 행사를 인정한 것은 법원의 증거결정권의 내재적 재량의 한계를 넘은 것 ○
- 감정인을 증인 또는 감정증인으로 소환하여 신문하는 경우라도, 감정인이 과거의 사실을 진술하는 지위에 있지 않고 전문적 학식과 경험에 의한 의견이나 판단을 진술하는 것이 명백한 경우 ⇨ 과태료 부가 不可
- 법원은 증인이 법정에 직접 출석하기 어렵다고 인정하는 때에는 중계장치에 의한 증계시설을 통하여 신문 可
- 국민참여재판으로 진행한 제1심법원에서 배심원이 만장일치 의견으로 내린 무죄평결이 그대로 채택된 경우 ⇨ 항소심에서 새로운 증거조사는 필요성이 분명하게 인정되는 예외적인 경우에 한하여 可

① (○) 소송촉진 등에 관한 특례법(이하 '소송촉진법'이라 한다) 제23조(이하 '특례 규정'이라 한다)와 소송촉진법 제23조의2 제1항(이하 '재심 규정'이라 한다)의 내용 및 입법 취지, 헌법 및 형사소송법에서 정한 피고인의 공정한 재판을 받을 권리 및 방어권의 내용, 적법절차를 선언한 헌법 정신, 귀책사유 없이 불출석한 상태에서 제1심과 항소심에서 유죄판결을 받은 피고인의 공정한 재판을 받을 권리를 실질적으로 보호할 필요성 등의 여러 사정들을 종합하여 보면, 특례 규정에 따라 진행된 제1심의 불출석 재판에 대하여 검사만 항소하고 항소심도 불출석 재판으로 진행한 후에 제1심판결을 파기하고 새로 또는 다시 유죄판결을 선고하여 유죄판결이 확정된 경우에도, 재심 규정을 유추 적용하여 귀책사유 없이 제1심과 항소심의 공판절차에 출석할 수 없었던 피고인은 재심 규정이 정한 기간 내에 항소심 법원에 유죄판결에 대한 재심을 청구할 수 있다(대판 2015.06.25. 2014도17252(전합)). ▶ 반대의견 : 재심 규정이 '특례 규정에 따라 유죄 판결을 받고 그 판결이 확정된 경우'에 재심을 청구할 수 있다고 규정하고, 나아가 재심의 관할법원을 '원판결 법원'이 아닌 '제1심 법원'으로 한정하고 있는 점에 비추어 보면, 재심 규정은 제1심의 피고인 불출석 재판에 의하여 유죄판결이 확정된 경우에만 제1심 법원에 재심을 청구하는 것을 허용하고 있을 뿐, 제1심에 이어 항소심도 피고인 불출석 재판으로 진행한 후 제1심판결을 파기하고 다시 유죄판결을 선고하여 확정된 경우에는 재심을 허용하지 않고 있음이 분명하다.

> **소송촉진 등에 관한 특례법 제23조(제1심 공판의 특례)** 제1심 공판절차에서 피고인에 대한 송달불능보고서(送達不能報告書)가 접수된 때부터 6개월이 지나도록 피고인의 소재(所在)를 확인할 수 없는 경우에는 대법원규칙으로 정하는 바에 따라 피고인의 진술 없이 재판할 수 있다. 다만, 사형, 무기 또는 장기(長期) 10년이 넘는 징역이나 금고에 해당하는 사건의 경우에는 그러하지 아니하다.
> **소송촉진 등에 관한 특례법 제23조의2(재심)** 제23조 본문에 따라 유죄판결을 받고 그 판결이 확정된 자가 책임을 질 수 없는 사유로 공판절차에 출석할 수 없었던 경우「형사소송법」제424조에 규정된 자는 그 판결이 있었던 사실을 안 날부터 14일 이내[재심청구인(再審請求人)이 책임을 질 수 없는 사유로 위 기간에 재심청구를 하지 못한 경우에는 그 사유가 없어진 날부터 14일 이내]에 제1심 법원에 재심을 청구할 수 있다.

② (○) 공판조서의 일부인 증거목록에 기재되어 있는 바와 같이 제1심은 위와 같이 CD가 첨부되어 있는 수사보고에 대한 증거조사를 형사소송법 제292조에서 정한 증거서류에 대한 증거조사 방식에 따라 제시 및 내용고지의 방법에 의하여 한 것으로 되어 있을 뿐, 형사소송법 제292조의3에서 정한 컴퓨터용 디스크에 대한 증거조사 방식에 따라 증거조사를 하지는 않았음이 명백하다. ⋯ 원심이 이 사건 범죄사실에 대하여 가장 관건이 되는 실체를 밝혀줄 수 있는 CCTV 영상 자료가 녹화되어 있는 CD에 대한 증거조사를 하지 아니한 채 피해자의 애매한 진술만을 토대로 폭행의 점에 대해서까지 범죄사실의 증명이 있다고 판단한 것은 법원의 증거결정권의 내재적인 재량의 한계를 넘은 것일 뿐만 아니라 피고인의 방어권을 침해하는 것이기도 하다. 결국 원심이 그 판시와 같은 이유만으로 이 사건 범죄사실이 인정된다고 판단한 것에는 증거재판주의 등을 위반한 위법이 있다고 할 것이다(대판 2011.11.10. 2011도11115).

선택형 형사법

> 형사소송법 제292조의3 (그 밖의 증거에 대한 조사방식) 도면·사진·녹음테이프·비디오테이프·컴퓨터용디스크, 그 밖에 정보를 담기 위하여 만들어진 물건으로서 문서가 아닌 증거의 조사에 관하여 필요한 사항은 대법원규칙으로 정한다.
> 형사소송규칙 제134조의8(음성·영상자료 등에 대한 증거조사) ③ 녹음·녹화매체 등에 대한 증거조사는 녹음·녹화매체 등을 재생하여 청취 또는 시청하는 방법으로 한다.

> **동지판례** 원칙적으로 증거의 채부는 법원의 재량에 의하여 판단할 것이지만, 형사사건의 실체를 규명하는 데 가장 직접적이고 핵심적인 증거는 법정에서 증거조사를 하기 곤란하거나 부적절한 경우 또는 다른 증거에 비추어 굳이 추가 증거조사를 할 필요가 없다는 등 특별한 사정이 없는 한 공개된 법정에서 그 증거방법에 가장 적합한 방식으로 증거조사를 하고, 이를 통해 형성된 유죄·무죄의 심증에 따라 사건의 실체를 규명하는 것이 형사사건을 처리하는 법원이 마땅히 취하여야 할 조치이고, 그것이 우리 형사소송법이 채택한 증거재판주의, 공판중심주의 및 그 한 요소인 실질적 직접심리주의의 정신에도 부합한다(대판 2019.11.28. 2015도12742).

③ (X) 증인은 법정에 출석하여 선서하고 자신이 경험한 사실을 진술하여야 하는 의무를 부담한다. 법원은 소환장을 송달받은 증인이 정당한 사유 없이 출석하지 아니한 경우에 당해 불출석으로 인한 소송비용을 증인이 부담하도록 명하고, 500만 원 이하의 과태료를 부과할 수 있으며(형사소송법 제151조 제1항 전문), 정당한 사유 없이 소환에 응하지 아니하는 경우에는 구인할 수 있다(형사소송법 제152조). 따라서 경험한 과거의 사실을 진술할 지위에 있지 않음이 명백한 감정인을 법원이 증인 또는 감정증인으로 소환한 경우, 감정인이 소환장을 송달받고 출석하지 않았더라도 그 불출석에 대한 제재로서 형사소송법 제151조 제1항에 따른 과태료를 부과할 수는 없다(대결 2024.10.31. 2023모358).

④ (O) 형사소송법 제165조의2 제2항.

> 형사소송법 제165조의2(비디오 등 중계장치 등에 의한 증인신문) ② 법원은 증인이 멀리 떨어진 곳 또는 교통이 불편한 곳에 살고 있거나 건강상태 등 그 밖의 사정으로 말미암아 법정에 직접 출석하기 어렵다고 인정하는 때에는 검사와 피고인 또는 변호인의 의견을 들어 비디오 등 중계장치에 의한 중계시설을 통하여 신문할 수 있다. <신설 2021.8.17>

⑤ (O) 국민참여재판제도를 도입한 배경과 취지, 실질적 직접심리주의의 의미와 정신, 형사재판 항소심 심급구조의 특성, 증거조사절차에 관한 형사소송법령의 내용 등에 비추어 볼 때, 공판준비기일을 필수적으로 거친 다음 국민참여재판으로 진행한 제1심법원에서 배심원이 만장일치의 의견으로 내린 무죄의 평결이 재판부의 심증에 부합하여 그대로 채택된 경우라면, 그 무죄판결에 대한 항소심에서의 추가적이거나 새로운 증거조사는 형사소송법과 형사소송규칙 등에서 정한 바에 따라 증거조사의 필요성이 분명하게 인정되는 예외적인 경우에 한정하여 실시하는 것이 바람직하다. 그럼에도 항소심이 위에서 언급한 점들에 관한 충분한 고려 없이 증거신청을 채택하여 증거조사를 실시한 다음 가령 제1심법원에서 이미 고려하였던 사정, 같거나 유사한 취지로 반복된 진술, 유무죄 판단에 관건적이라고 보기 어려운 부수적·지엽적 사정들에 주목하여 의미를 크게 둔 나머지 제1심법원의 판단을 쉽게 뒤집는다면, 그로써 증거의 취사 및 사실의 인정에 관한 배심원의 만장일치 의견의 무게를 존중하지 않은 채 앞서 제시한 법리에 반하는 결과가 될 수 있으므로 이를 경계할 필요가 있다(대판 2024.07.25. 2020도7802).

정답 ③

문 25

증거에 관한 설명 중 옳지 <u>않은</u> 것을 모두 고른 것은? (다툼이 있는 경우 판례에 의함)

> ㄱ. 피고인이 내용을 부인함에 따라 경찰에서 작성된 피고인에 대한 피의자신문조서의 증거능력을 인정할 수 없는 경우, 수사기관에 제출된 변호인의견서 중 피고인이 피의자였을 때 경찰에서와 같은 취지로 진술한 부분은 피고인이 법정에서 그 변호인의견서에 대하여 증거로 함에 동의하였다면, 증거로 할 수 있다.
>
> ㄴ. 수사기관이 아닌 대검찰청 소속 진술분석관이 피해자와 면담을 하고 제작한 영상녹화물은 형사소송법 제313조 제1항에 따라 증거능력을 인정할 수 있다.
>
> ㄷ. 수사기관이 수사과정에서 작성한 압수조서에 기재된 피고인의 진술 부분은 피고인 또는 변호인이 그 내용을 인정하는 때에는 증거로 할 수 있다.
>
> ㄹ. 수사기관이 참고인과의 전화통화 내용을 기재한 수사보고서는 전문증거로서 형사소송법 제311조·제312조·제315조·제316조의 적용 대상이 아니므로, 형사소송법 제313조의 서류에 해당하여야만 증거능력이 인정될 수 있으며, 형사소송법 제313조가 적용되기 위해서는 그 서류에 참고인의 서명 또는 날인이 있어야 한다.

① ㄱ, ㄴ
② ㄴ, ㄹ
③ ㄷ, ㄹ
④ ㄱ, ㄷ, ㄹ
⑤ ㄱ, ㄴ, ㄷ, ㄹ

MGI Point **전문증거** ★★★

- 피고인이 피의자였을 때 수사기관에 한 진술이 기재된 조서나 수사과정 작성 진술서 등의 증거능력을 인정할 수 없는 경우, 수사기관에 제출된 변호인의견서에 기재된 같은 취지의 피의자 진술 부분 ⇨ 피고인이 증거동의해도 증거능력 ×
- 대검 소속 진술분석관이 피해자와 면담하고 제작한 영상녹화물 ⇨ 증거능력 × ∵ 313조 1항 적용 ×, 312조 적용 ×
- 수사기관이 수사과정에서 작성한 압수조서에 기재된 피고인의 진술 부분 ⇨ 내용 인정시 증거능력 ○
- 수사기관이 참고인과의 전화통화 내용을 기재한 수사보고서 ⇨ 313조 1항

ㄱ. (X) 수사기관에 제출된 변호인의견서, 즉 변호인이 피의사건의 실체나 절차에 관하여 자신의 의견 등을 기재한 서면에 피의자가 당해사건 수사기관에 한 진술이 인용되어 있는 경우가 있다. 변호인의견서에 기재된 이러한 내용의 진술은 수사기관의 수사과정에서 작성된 '피의자의 진술이 기재된 신문조서나 진술서 등'으로부터 독립하여 증거능력을 가질 수 없는 성격의 것이고, '피의자의 진술이 기재된 신문조서나 진술서 등'의 증거능력을 인정하지 않는 경우에 변호인의견서에 기재된 동일한 내용의 피의자 진술 부분을 유죄의 증거로 사용할 수 있다면 피의자였던 피고인에게 불의의 타격이 될 뿐만 아니라 피의자 등의 보호를 목적으로 하는 변호인의 지위나 변호인 제도의 취지에도 반하게 된다. 따라서 피고인이 피의자였을 때 수사기관에 한 진술이 기재된 조서나 수사과정에서 작성된 진술서 등의 증거능력을 인정할 수 없다면 수사기관에 제출된 변호인의견서에 기재된 같은 취지의 피의자 진술 부분도 유죄의 증거로 사용할 수 없다. … 피고인이 제1심에서 이 사건 변호인의견서에 대하여 증거로 함에 동의하였다고 하더라도 위 진술 부분을 제외한 나머지 부분에 대하여서만 증거로 할 수 있을 뿐이다(대판 2024.05.30. 2020도16796).

ㄴ. (X) 검사가 피고인들의 성폭력범죄의 처벌 등에 관한 특례법 위반(친족관계에의한강간) 등 혐의를 수사하면서 아동인 피해자의 진술 내용에 대하여 대검찰청 과학수사부 소속 진술분석관에게 분석을 의뢰하였

고, 이에 따라 진술분석관이 피해자를 면담하고 그 내용을 녹화한 '피해자 진술분석 과정 영상녹화 CD' (이하 '영상녹화물'이라 한다)가 제작되어 증거로 제출됨으로써 그 증거능력이 문제 된 사안에서, 검사는 성폭력범죄의 처벌 등에 관한 특례법 제33조 제4항, 제1항에 의하여 진술분석관에게 피해자 진술의 신빙성 여부에 대한 분석을 의뢰한 점, 진술분석관은 사건 기록을 받아 검찰청 여성·아동조사실에서 피해자를 면담하였는데, 면담은 당시까지 수사기관이 사건에 대하여 조사한 내용에 관해 피해자에게 문답을 하는 방식으로 진행되었고, 면담 과정은 녹화되어 영상녹화물로 제작된 점 등 진술분석관의 소속 및 지위, 진술분석관이 피해자와 면담을 하고 영상녹화물을 제작한 경위와 목적, 진술분석관이 면담과 관련하여 수사기관으로부터 확보한 자료의 내용과 성격, 면담 방식과 내용, 면담 장소 등에 비추어 영상녹화물은 수사과정 외에서 작성된 것이라고 볼 수 없으므로 형사소송법 제313조 제1항에 따라 증거능력을 인정할 수 없고, 나아가 수사기관이 작성한 피의자신문조서나 피고인이 아닌 자의 진술을 기재한 조서가 아니고, 피고인 또는 피고인이 아닌 자가 작성한 진술서도 아니므로 형사소송법 제312조에 의하여 증거능력을 인정할 수도 없다는 이유로, 같은 취지에서 영상녹화물의 증거능력이 없다고 본 원심판단은 정당하다(대판 2024.03.28. 2023도15133등).

ㄷ. (○) 구 형사소송법(2020. 2. 4. 법률 제16924호로 개정되기 전의 것) 제312조 제3항에 의하면, 검사 이외의 수사기관이 작성한 피의자신문조서는 그 피의자였던 피고인 또는 변호인이 그 내용을 인정할 때에 한하여 증거로 할 수 있다. 피의자의 진술을 기재한 서류 내지 문서가 수사기관의 수사과정에서 작성된 것이라면 그 서류나 문서의 형식과 관계없이 피의자신문조서와 달리 볼 이유가 없으므로, 수사기관이 작성한 압수조서에 기재된 피의자였던 피고인의 자백 진술 부분은 피고인 또는 변호인이 내용을 부인하는 이상 증거능력이 없다. 한편 위 규정에서 '그 내용을 인정할 때'란 피의자신문조서의 기재 내용이 진술 내용대로 기재되어 있다는 의미가 아니고 그와 같이 진술한 내용이 실제 사실과 부합한다는 것을 의미하므로, 피고인이 공소사실을 부인하는 경우 수사기관이 작성한 피의자신문조서 중 공소사실을 인정하는 취지의 진술 부분은 그 내용을 인정하지 않았다고 보아야 한다(대판 2024.05.30. 2020도16796). ▶ 즉, 압수조서에 기재된 피고인의 진술 부분은 피의자신문조서와 마찬가지로 피고인 또는 변호인이 그 내용을 인정하는 때에는 증거능력이 있다.

> **참조판례** 피의자의 진술을 녹취 내지 기재한 서류 또는 문서가 수사기관의 수사과정에서 작성된 것이라면 그것이 진술조서, 진술서, 자술서 등의 형식을 취하였더라도 피의자신문조서로 볼 것이므로 공판정에서 그 내용을 부인하면 증거능력이 없다(대판 1983.07.26. 82도385).

ㄹ. (○) 외국에 거주하는 참고인과의 전화 대화내용을 문답형식으로 기재한 검찰주사보 작성의 수사보고서는 전문증거로서 형사소송법 제310조의2에 의하여 제311조 내지 제316조에 규정된 것 이외에는 이를 증거로 삼을 수 없는 것인데, 위 수사보고서는 제311조, 제312조, 제315조, 제316조의 적용대상이 되지 아니함이 분명하므로, 결국 제313조의 진술을 기재한 서류에 해당하여야만 제314조의 적용 여부가 문제될 것인바, 제313조가 적용되기 위하여는 그 진술을 기재한 서류에 그 진술자의 서명 또는 날인이 있어야 할 것이다(대판 1999.02.26. 98도2742).

정답 ①

문 26

전문증거에 관한 설명 중 옳지 않은 것은? (다툼이 있는 경우 판례에 의함)

① "A가 나(B)에게 '甲이 나(A)를 추행했다'라고 말했다."는 B의 법정진술이 A가 B에게 이러한 진술을 하였다는 것 자체에 대한 정황증거로 사용된다는 이유로 그 증거능력을 인정한 후 B의 진술을 A의 진술 내용의 진실성을 증명하는 간접사실로 사용하는 경우, B의 진술은 전문증거에 해당하지 않는다.

② 형사소송법 제312조 제3항은 검사 이외의 수사기관이 작성한 해당 피고인에 대한 피의자신문조서를 유죄의 증거로 하는 경우뿐만 아니라 검사 이외의 수사기관이 작성한 해당 피고인과 공범관계에 있는 다른 피고인이나 피의자에 대한 피의자신문조서를 해당 피고인에 대한 유죄의 증거로 채택할 경우에도 적용된다.

③ 위 ②의 법리는 공동정범이나 교사범, 방조범 등 공범관계에 있는 자들 사이에서뿐만 아니라, 양벌규정이 적용되는 법인 또는 개인과 행위자 사이의 관계에서도 마찬가지로 적용된다.

④ 피고인에게 불리한 증거인 증인이 주신문의 경우와 달리 반대신문에 대하여는 답변을 하지 아니하는 등 진술 내용의 모순이나 불합리를 그 증인신문 과정에서 드러내어 이를 탄핵하는 것이 사실상 곤란하였고, 그것이 피고인 또는 변호인에게 책임 있는 사유에 기인한 것이 아닌 경우라면, 특별한 사정이 존재하지 아니하는 이상, 실질적 반대신문권의 기회가 부여되지 아니한 채 이루어진 증인의 법정진술은 위법한 증거로서 증거능력을 인정할 수 없다.

⑤ 수사기관 아닌 자가 피고인의 진술을 기재한 서류를 피고인이 증거동의 하지 않은 이상 그 서류에 기재된 피고인의 진술 내용을 증거로 사용하려면 형사소송법 제313조 제1항 단서에 따라 공판준비 또는 공판기일에서 작성자의 진술에 의하여 그 서류에 기재된 피고인의 진술 내용이 피고인이 진술한 대로 기재된 것임이 증명되고 나아가 진술이 특히 신빙할 수 있는 상태하에서 행하여진 것임이 인정되어야 한다.

MGI Point **전문증거** ★★★

- 정황증거로 사용될 것이라는 것을 이유로 진술의 증거능력을 인정한 다음, 그 사실을 다시 진술 내용이나 그 진실성을 증명하는 간접사실로 사용하는 경우 ⇨ 그 진술은 전문증거에 해당
- 형사소송법 312조 3항은 공범관계에 있는 다른 피고인에 대한 유죄의 증거로 채택할 경우에도 적용
  ⇨ 이러한 법리는 양벌규정이 적용되는 관계에서도 적용
- 증인이 주신문에 답하고 반대신문에는 답하지 않는 등 진술의 모순·불합리를 증인신문 과정에서 탄핵하는 것이 사실상 곤란했고 피고인 측에 귀책사유가 없는 경우 ⇨ 증인의 법정진술은 증거능력 ×
- 피고인 진술기재서에서 피고인이 진정성립 부인할 경우 ⇨ 313조 1항 단서 ①작성자 진정성립 ②특신상태로 증거능력 인정 (判, 완화요건설)

---

① (X) 어떤 진술 내용의 진실성이 범죄사실에 대한 직접증거로 사용될 때는 전문증거가 되지만, 어떠한 내용의 진술을 하였다는 사실 자체에 대한 정황증거로 사용될 것이라는 이유로 진술의 증거능력을 인정한 다음 그 사실을 다시 진술 내용이나 그 진실성을 증명하는 간접사실로 사용하는 경우에 그 진술은 전문증거에 해당한다(대판 2021.02.25. 2020도17109).

② (○), ③ (○) 형사소송법 제312조 제3항은 검사 이외의 수사기관이 작성한 해당 피고인에 대한 피의자신문조서를 유죄의 증거로 하는 경우뿐만 아니라 검사 이외의 수사기관이 작성한 해당 피고인과 공범관계에

있는 다른 피고인이나 피의자에 대한 피의자신문조서를 해당 피고인에 대한 유죄의 증거로 채택할 경우에
도 적용된다(②). 이러한 법리는 공동정범이나 교사범, 방조범 등 공범관계에 있는 자들 사이에서뿐만 아
니라, 법인의 대표자나 법인 또는 개인의 대리인, 사용인, 그 밖의 종업원 등 행위자의 위반행위에 대하여
행위자가 아닌 법인 또는 개인이 양벌규정에 따라 기소된 경우, 이러한 법인 또는 개인과 행위자 사이의
관계에서도 마찬가지로 적용된다고 보아야 한다(③)(대판 2020.06.11. 2016도9367).

④ (○) 반대신문권의 보장은 피고인에게 불리한 주된 증거의 증명력을 탄핵할 수 있는 기회가 보장되어야
한다는 점에서 형식적·절차적인 것이 아니라 실질적·효과적인 것이어야 한다. 따라서 피고인에게 불리한
증거인 증인이 주신문의 경우와 달리 반대신문에 대하여는 답변을 하지 아니하는 등 진술 내용의 모순이
나 불합리를 증인신문 과정에서 드러내어 이를 탄핵하는 것이 사실상 곤란하였고, 그것이 피고인 또는 변
호인에게 책임 있는 사유에 기인한 것이 아닌 경우라면, 관계 법령의 규정 혹은 증인의 특성 기타 공판절
차의 특수성에 비추어 이를 정당화할 수 있는 특별한 사정이 존재하지 아니하는 이상, 이와 같이 실질적
반대신문권의 기회가 부여되지 아니한 채 이루어진 증인의 법정진술은 위법한 증거로서 증거능력을 인정
하기 어렵다. 이 경우 피고인의 책문권 포기로 그 하자가 치유될 수 있으나, 책문권 포기의 의사는 명시적
인 것이어야 한다. … 변호인의 피해자에 대한 나머지 반대신문을 위하여 증인신문절차를 속행하던 중 제1
심 제6회 공판기일까지 피해자가 출석하지 아니하자 그 이후부터 피해자에 대한 증인소환절차를 진행하지
아니한 채 제9회 공판기일에 변론을 종결하였으므로 피고인 또는 변호인의 반대신문권이 실질적으로 보장
된 것으로 볼 수 없다(대판 2022.03.17. 2016도17054).

⑤ (○) 피고인이 피고인의 진술을 기재한 서류를 증거로 할 수 있음에 동의하지 않은 이상 그 서류에 기재된
피고인의 진술 내용을 증거로 사용하려면 형사소송법 제313조 제1항 단서에 따라 공판준비 또는 공판기
일에서 작성자의 진술에 의하여 그 서류에 기재된 피고인의 진술 내용이 피고인이 진술한 대로 기재된 것
임이 증명되고 나아가 진술이 특히 신빙할 수 있는 상태하에서 행하여진 것임이 인정되어야 한다(대판
2022.04.28. 2018도3914). ▶ 제3자가 작성하여 피고인·피의자 또는 참고인의 진술을 기재한 서류(진술기재서)는 원칙적으로
'진술자'의 진정성립을 요한다(제313조 본문). 다만, 피고인의 진술을 기재한 서류에서는 '작성자'의 진정성립을 요한다는 제313조
제1항 단서의 의미에 대해 견해는 대립한다. 가중요건설은 ① 작성자의 진정성립 인정, ② 피고인의 특신상태, ③ 진술자(피고인)의
진정성립 인정이 피고인 진술기재서의 요건이라고 하고, 완화요건설은 ① 작성자의 진정성립 인정, ② 피고인의 특신상태가 요건이
라고 한다. 판례(2018도3914)는 완화요건설의 입장이다(이창현, 형사소송법 제9판(2023), p.940-941 참조).

> **정답** ①

문 27
25년 10월 모의시험

증거동의에 관한 설명 중 옳지 않은 것은? (다툼이 있는 경우 판례에 의함)

① 피고인이 출석한 공판기일에서 증거로 함에 부동의한다는 의견이 진술된 경우에는 그 후
피고인이 출석하지 아니한 공판기일에 변호인만이 출석하여 종전 의견을 번복하여 증거로
함에 동의하였다 하더라도 특별한 사정이 없는 한 변호인의 증거동의는 효력이 없다.

② 수사과정에서 공소사실을 부인한 피고인이 자신에 대한 피의자신문조서에 대하여 증거동의
를 한 경우에는 지적능력·판단능력 등과 같이 조서에 나타나기 어려운 피고인의 상태에 대
하여 적법한 증거조사를 거치지 않더라도 그중 일부만을 발췌하여 유죄 인정의 증거로 사
용할 수 있다.

③ 약식명령에 불복하여 정식재판을 청구한 피고인이 정식재판절차에서 2회 불출석하여 법원
이 피고인의 출석 없이 증거조사를 하는 경우에 형사소송법 제318조 제2항에 따른 피고인
의 증거동의가 간주되며, 간주의 대상인 증거동의가 증거조사가 완료되기 전까지 철회 또는

취소되지 않는 한, 피고인이 항소심에 출석하여 공소사실을 부인하면서 간주된 증거동의를 철회 또는 취소한다는 의사표시를 하더라도 증거능력이 상실되는 것은 아니다.

④ 진술증거의 임의성에 관하여 의심할 만한 사정이 나타나 있는 경우에는 법원은 직권으로 그 임의성 여부에 관하여 조사를 하여야 하고, 임의성이 인정되지 않는 진술증거는 피고인이 증거동의를 하더라도 증거능력이 없다.

⑤ 피고인이 공판기일에서 공소사실을 부인하였다면 검찰 피의자신문조서 중 공소사실을 인정하는 취지의 진술 내용을 인정하지 않은 것이므로, 공판조서의 일부인 증거목록에 피고인이 위 검찰 피의자신문조서에 동의한 것으로 기재되어 있더라도 그 검찰 피의자신문조서는 증거능력이 없다.

MGI Point **증거동의** ★★

- 피고인이 출석한 공판기일에서 증거로 함에 부동의한다는 의견이 진술된 경우 ⇨ 그 후 변호인만 출석한 공판기일에 종전 의견 번복 不可
- 지적능력 등 조서에 나타나기 어려운 피고인의 상태 ⇨ 증거조사 없이 일부만 발췌하여 유죄 증거로 사용 不可
- 증거동의 간주(형소법 318조 2항)
  ⇨ 약식명령에 대한 정식재판을 청구한 피고인이 2회 불출정하여 출정 없이 증거조사를 하는 경우 ⇨ 증거동의 간주 ○
  ⇨ 증거조사 완료 '전'까지 철회 또는 취소 可 ⇨ 항소심에 출석하여 간주된 증거동의 철회 또는 취소 不可
- 임의성이 인정되지 않는 경우 ⇨ 증거동의 하더라도 증거능력 ✕
- 공판기일에 피고인이 공소사실 부인한 경우 ⇨ 공판조서 일부인 증거목록에 '검찰 피신조서 동의'로 기재되어 있더라도, 피신조서는 증거능력 ✕

---

① (○) 형사소송법 제318조에 규정된 증거동의의 주체는 소송 주체인 검사와 피고인이고, 변호인은 피고인을 대리하여 증거동의에 관한 의견을 낼 수 있을 뿐이므로 피고인의 명시한 의사에 반하여 증거로 함에 동의할 수는 없다. 따라서 피고인이 출석한 공판기일에서 증거로 함에 부동의한다는 의견이 진술된 경우에는 그 후 피고인이 출석하지 아니한 공판기일에 변호인만이 출석하여 종전 의견을 번복하여 증거로 함에 동의하였다 하더라도 이는 특별한 사정이 없는 한 효력이 없다고 보아야 한다 (대판 2013.03.28. 2013도3).

② (✕) 수사기관이 작성한 진술조서는 수사기관이 피조사자에 대하여 상당한 시간에 걸쳐 이루어진 문답 과정을 그대로 옮긴 '녹취록'과는 달리 수사기관의 관점에서 조사결과를 요약·정리하여 기재한 것에 불과할 뿐만 아니라 진술의 신빙성 유무를 판단할 때 가장 중요한 요소 중 하나인 진술 경위는 물론 피조사자의 진술 당시 모습·표정·태도, 진술의 뉘앙스, 지적능력·판단능력 등과 같은 피조사자의 상태 등을 정확히 반영할 수 없는 본질적 한계가 있다. 따라서 피고인이 수사과정에서 공소사실을 부인하였고 그 내용이 기재된 피의자신문조서 등에 관하여 증거동의를 한 경우에는, 형사소송법에 따라 증거능력 자체가 부인되는 것은 아니지만, 전체적 내용이나 진술의 맥락·취지를 고려하지 않은 채 그 중 일부만을 발췌하여 유죄의 증거로 사용하는 것은 함부로 허용할 수 없다. 특히 지적능력·판단능력 등과 같이 본질적으로 수사기관이 작성한 진술조서에 나타나기 어려운 피고인의 상태에 대해서는 공판중심주의 및 실질적 직접심리주의 원칙에 따라 검사가 제출한 객관적인 증거에 대하여 적법한 증거조사를 거친 후 이를 인정하여야 할 것이지, 공소사실을 부인하는 취지의 피고인의 진술이 기재된 피의자신문조서 중 일부를 근거로 이를 인정하여서는 아니 된다(대판 2024.01.04. 2023도13081).

③ (○) 약식명령에 불복하여 정식재판을 청구한 피고인이 정식재판절차에서 2회 불출정하여 법원이 피고인의 출정 없이 증거조사를 하는 경우에 형사소송법 제318조 제2항에 따른 피고인의 증거동의가 간주된다. 그리고 약식명령에 불복하여 정식재판을 청구한 피고인이 정식재판절차의 제1심에서 2회 불출정하여 형

사소송법 제318조 제2항에 따른 증거동의가 간주된 후 증거조사를 완료한 이상, 간주의 대상인 증거동의는 증거조사가 완료되기 전까지 철회 또는 취소할 수 있으나 일단 증거조사를 완료한 뒤에는 취소 또는 철회가 인정되지 아니하는 점, 증거동의 간주가 피고인의 진의와는 관계없이 이루어지는 점 등에 비추어, 비록 피고인이 항소심에 출석하여 공소사실을 부인하면서 간주된 증거동의를 철회 또는 취소한다는 의사표시를 하더라도 그로 인하여 적법하게 부여된 증거능력이 상실되는 것이 아니다(대판 2010.07.15. 2007도5776).

④ (O) 진술증거의 임의성에 관하여 의심할 만한 사정이 나타나 있는 경우에는 법원은 직권으로 그 임의성 여부에 관하여 조사를 하여야 하고, 임의성이 인정되지 아니하여 증거능력이 없는 진술증거는 피고인이 증거로 함에 동의하더라도 증거로 삼을 수 없다(대판 2006.11.23. 2004도7900).

⑤ (O) 피고인이 제1심 법정 이래 공소사실을 계속 부인하는 경우, 증거목록에 피고인이 검사 작성의 피의자신문조서의 내용을 인정한 것으로 기재되어 있더라도 이는 착오 기재였거나 아니면 피고인이 그와 같이 진술한 사실이 있었다는 것을 내용인정으로 조서를 잘못 정리한 것으로 이해될 뿐, 이로써 위 피의자신문조서가 증거능력을 가지게 되는 것은 아니다(대판 2023.04.27. 2023도2102).

정답 ②

문 28

25년 10월 모의시험

상소에 관한 설명 중 옳지 않은 것은? (다툼이 있는 경우 판례에 의함)

① 항소심 판결이 선고된 사건에 대하여 피고인이 제기한 항소권회복청구는 항소권회복청구의 원인에 대한 판단에 나아갈 필요 없이 형사소송법 제347조 제1항에 따라 결정으로 이를 기각하여야 한다.

② 경합범 관계에 있는 공소사실 중 판결주문이 수 개일 때 피고인과 검사가 일부에 대하여만 상소한 경우, 피고인과 검사가 상소하지 않은 부분은 상소기간이 지남으로써 확정되고, 상소심에 계속된 사건은 상소된 부분에 대한 공소뿐이므로 상소심은 그 상소된 부분에 대하여만 심판하여야 한다.

③ 피고인이 항소심 선고 이전에 19세에 도달하여 제1심에서 선고한 부정기형을 파기하고 정기형을 선고하는 경우 항소심은 불이익변경금지 원칙상 제1심이 선고한 부정기형의 단기를 초과하는 징역형을 선고할 수 없다.

④ 상고심이 예비적 공소사실에 대한 원심판결이 잘못되었다는 이유로 원심판결을 전부 파기 환송한다면, 환송 후 원심은 예비적 공소사실은 물론 주위적 공소사실에 대하여도 이를 심리·판단하여야 한다.

⑤ 상고심은 항소법원 판결에 대한 사후심이므로 피고인이 항소심에서 항소이유로 주장하지 아니하거나 항소심이 직권으로 심판대상으로 삼은 사항 이외의 사유에 대하여는 이를 적법한 상고이유로 삼을 수 없다.

MGI Point: **상소** ★★★

- 항소심판결이 선고된 사건에 대한 항소권회복청구 ⇨ 형소법 347조 1항에 따라 결정으로 기각
- 판결문이 수개일 때 피고인과 검사가 일부에 대하여만 상소한 경우 상소하지 않은 부분 확정
- 피고인이 항소심 선고 이전에 19세에 도달한 경우 불이익변경금지 판단 기준 ⇨ 장기와 단기의 중간형 (단기형 ×)
- 상고심이 원심판결을 전부 파기환송한 경우 ⇨ 주위적, 예비적 공소사실 모두 심리·판단해야
- 상고이유 제한 법리 ⇨ 피고인이 항소심에서 항소이유로 주장하지 않거나, 항소심이 직권으로 심판대상으로 삼은 사항 이외의 사유에 대하여 적법한 상고이유로 삼을 수 ×

① (○) 제1심판결에 대하여 피고인 또는 검사가 항소하여 항소심판결이 선고되면 상고법원으로부터 사건이 환송되는 경우 등을 제외하고는 항소법원이 다시 항소심 소송절차를 진행하여 판결을 선고할 수 없으므로, 항소심판결이 선고되면 제1심판결에 대하여 당초 항소하지 않았던 자의 항소권회복청구도 적법하다고 볼 수 없다. 따라서 항소심판결이 선고된 사건에 대하여 제기된 항소권회복청구는 항소권회복청구의 원인에 대한 판단에 나아갈 필요 없이 형사소송법 제347조 제1항에 따라 결정으로 이를 기각하여야 한다(대결 2023.04.27. 2023모350).

② (○) 경합범 관계에 있는 공소사실 중 판결문이 수 개일 때 피고인과 검사가 일부에 대하여만 상소한 경우, 피고인과 검사가 상소하지 않은 부분은 상소기간이 지남으로써 확정되고, 상소심에 계속된 사건은 상소된 부분에 대한 공소뿐이므로 상소심은 그 상소된 부분에 대하여만 심판하여야 한다(대판 2019.03.21. 2017도16593-1).

③ (X) 제1심판결 선고 시 소년으로 부정기형을 선고받고 항소한 피고인이 항소심 선고 전 19세에 도달하여 부정기형을 파기하고 정기형을 선고하는 경우에 불이익 변경 여부를 판단하는 기준은 그 부정기형과 실질적으로 동등하다고 평가될 수 있는 정기형, 즉 부정기형의 장기와 단기의 정중앙에 해당하는 중간형이 되어야 한다(대판 2020.10.22. 2020도4140).

④ (○) 원래 주위적·예비적 공소사실의 일부에 대한 상고제기의 효력은 나머지 공소사실 부분에 대하여도 미치는 것이고, 동일한 사실관계에 대하여 서로 양립할 수 없는 적용법조의 적용을 주위적·예비적으로 구하는 경우에는 예비적 공소사실만 유죄로 인정되고 그 부분에 대하여 피고인만 상고하였다고 하더라도 주위적 공소사실까지 함께 상고심의 심판대상에 포함된다. 이때 상고심이 예비적 공소사실에 대한 원심판결이 잘못되었다는 이유로 원심판결을 전부 파기환송한다면, 환송 후 원심은 예비적 공소사실은 물론 이와 동일체 관계에 있는 주위적 공소사실에 대하여도 이를 심리·판단하여야 한다(대판 2023.12.28. 2023도10718).

⑤ (○) 상고심은 항소법원 판결에 대한 사후심이므로 항소심에서 심판대상이 되지 않은 사항은 상고심의 심판범위에 들지 않는 것이어서 피고인이 항소심에서 항소이유로 주장하지 아니하거나 항소심이 직권으로 심판대상으로 삼은 사항 이외의 사유에 대하여는 이를 상고이유로 삼을 수 없다(대판 2019.03.21. 2017도16593-1). ▶ 상고이유 제한 법리 ▶ 피고인들이 약사법 위반으로 기소되어 제1심에서 각각 벌금형을 선고받은 후 항소하지 않거나 양형부당만을 이유로 항소하였고 검사도 양형부당을 이유로 항소하였는데, 항소심에서 검사의 항소이유가 인용됨으로써 제1심판결이 파기되고 피고인들에 대해 각각 그보다 높은 형이 선고되자, 피고인들이 항소심에서 심판대상이 되지 않았던 채증법칙위반, 심리미진 및 법리오해의 새로운 사유를 상고이유로 삼아 상고한 사안에서, 피고인들의 위 상고이유 주장은 항소심에서 심판대상이 되지 아니한 사항이므로 적법한 상고이유가 아니라고 한 사례

정답 ③

┃ 문 29

준항고에 관한 설명 중 옳지 않은 것은? (다툼이 있는 경우 판례에 의함)

① 준항고는 검사 또는 사법경찰관의 직무집행지의 관할법원 또는 검사의 소속검찰청에 대응한 법원에 청구하여야 한다.

② 형사소송법 제417조의 준항고는 보통항고의 효력에 관한 규정을 준용하므로 항고의 실익이 있는 한 제기기간에 아무런 제한이 없다.

③ 공소제기 이전의 수사 단계에서는 압수물 환부·가환부에 관한 처분권한이 수사기관에 있으나 공소제기 이후의 단계에서는 그 권한이 수소법원에 있으므로, 공소제기 이후 단계에서는 검사가 행한 압수물 환부·가환부에 관한 처분에 대해서는 형사소송법 제417조의 준항고로 다툴 수 없다.

④ 준항고인이 불복의 대상이 되는 압수 등에 관한 처분을 한 수사기관을 제대로 특정하지 못한 경우에는 준항고의 제기가 법률상의 방식에 위반한 것이므로 결정으로 준항고를 기각하여야 한다.

⑤ 검사 또는 사법경찰관이 구금된 피의자를 신문할 때 피의자 또는 변호인으로부터 보호장비를 해제해 달라는 요구를 받고도 거부한 조치는 형사소송법 제417조에서 정한 '구금에 관한 처분'에 해당한다고 보아야 한다.

MGI Point **형소법 제417조의 준항고** ★★

- 관할법원 ⇨ 검사 또는 사경관의 직무집행지의 관할법원 or 검사의 소속검찰청에 대응한 법원
- 기간 ⇨ 417조의 준항고는 항고 실익이 있는 한 제기기간에 아무런 제한 ×
  cf. 416조의 준항고는 재판장의 고지 있는 날로부터 7일 이내
- 압수물의 환부·가환부에 관한 처분
  ⇨ 처분권한은 공소제기 전 수사기관, 공소제기 후 수소법원에 있음 ⇨ 공소제기 후 417조 준항고 不可
- 준항고인이 수사기관 특정 못했다는 이유만으로 준항고 기각 ×
- 검사 또는 사법경찰관이 구금된 피의자를 신문할 때 피의자 또는 변호인으로부터 보호장비를 해제해 달라는 요구를 받고도 거부한 조치 ⇨ '구금에 관한 처분' ○

---

① (○) 형사소송법 제417조 참조.

> **형사소송법 제417조(동전)** 검사 또는 사법경찰관의 구금, 압수 또는 압수물의 환부에 관한 처분과 제243조의2에 따른 변호인의 참여 등에 관한 처분에 대하여 불복이 있으면 그 직무집행지의 관할법원 또는 검사의 소속검찰청에 대응한 법원에 그 처분의 취소 또는 변경을 청구할 수 있다.

② (○) 형사소송법 제417조의 준항고에 관하여 같은 법 제419조는 같은 법 제409조의 보통항고의 효력에 관한 규정을 준용하고 있다. 따라서 형사소송법 제417조의 준항고는 항고의 실익이 있는 한 제기기간에 아무런 제한이 없다(대결 2024.03.12. 2022모2352).

③ (○) 수사기관의 압수물의 환부에 관한 형사소송법 제417조의 준항고는 검사 또는 사법경찰관이 수사 단계에서 압수물의 환부에 관하여 처분을 할 권한을 가지고 있을 경우에 그 처분에 불복이 있으면 준항고를 허용하는 취지라고 보는 것이 상당하다. 공소제기 이전의 수사 단계에서는 압수물 환부·가환부에 관한 처분권한이 수사기관에 있으나 공소제기 이후의 단계에서는 위 권한이 수소법원에 있으므로 검사의 압수물에 대한 처분에 관하여 형사소송법 제417조의 준항고로 다툴 수 없다 (대결 2024.03.12. 2022모2352).

④ (X) [1] 준항고인이 불복의 대상이 되는 압수 등에 관한 처분을 구체적으로 특정하기 어려운 사정이 있는 경우에는 법원은 석명권 행사 등을 통해 준항고인에게 불복하는 압수 등에 관한 처분을 특정할 수 있는 기회를 부여하여야 한다. [2] 형사소송법 제417조에 따른 준항고 절차는 항고소송의 일종으로 당사자주의에 의한 소송절차와는 달리 대립되는 양 당사자의 관여를 필요로 하지 않는다. 따라서 준항고인이 불복의 대상이 되는 압수 등에 관한 처분을 한 수사기관을 제대로 특정하지 못하거나 준항고인이 특정한 수사기관이 해당 처분을 한 사실을 인정하기 어렵다는 이유만으로 준항고를 쉽사리 배척할 것은 아니다(대결 2023.01.12. 2022모1566).

> 참조판례 형사소송법 제417조 소정의 준항고절차는 당사자주의에 입각한 소송절차와는 달리 대립되는 양 당사자의 관여를 필요로 하는 것이 아니므로 원심이 위 제417조 소정의 사법경찰관이 아닌 국가안전기획부장을 상대방으로 표시한 잘못이 있다고 하더라도 그것이 형사소송법 제415조의 재항고이유로 되는 위법사유가 된다고 볼 수 없다(대결 1991.03.28. 91모24).

⑤ (○) 형사소송법 제417조는 검사 또는 사법경찰관의 '구금에 관한 처분'에 불복이 있으면 법원에 그 처분의 취소 또는 변경을 청구할 수 있다고 규정하고 있다. 여기서 '구금에 관한 처분'이란 구금 그 자체뿐만 아니라 구금과 밀접한 관계가 있는 처분을 포함한다고 보아야 한다. 검사 또는 사법경찰관이 보호장비 사용을 정당화할 예외적 사정이 존재하지 않음에도 구금된 피의자에 대한 교도관의 보호장비 사용을 용인한 채 그 해제를 요청하지 않는 경우에, 검사 및 사법경찰관의 이러한 조치를 형사소송법 제417조에서 정한 '구금에 관한 처분'으로 보지 않는다면 구금된 피의자로서는 이에 대하여 불복하여 침해된 권리를 구제받을 방법이 없게 된다(대결 2020.03.17. 2015모2357).

정답 ④

문 30

재심에 관한 설명 중 옳은 것을 모두 고른 것은? (다툼이 있는 경우 판례에 의함)

ㄱ. 유죄의 확정판결 등에 대해 재심개시결정이 확정된 후 재심심판절차가 진행 중이라는 것만으로는 확정판결의 존재나 효력을 부정할 수 없고, 재심개시결정이 확정되어 법원이 그 사건에 대해 다시 심리를 한 후 재심의 판결을 선고하고 그 재심판결이 확정된 때에 종전의 확정판결이 효력을 상실한다.

ㄴ. 검사가 피의자신문 과정에서 자신의 의도대로 진술을 이끌어내기 위하여 피의자에게 검사의 생각을 주입하며 유도신문을 하는 등 진술의 임의성을 보장하지 못하고 사회통념상 현저히 합리성을 잃은 신문방법을 사용함으로써 위법하게 수사권을 남용한 경우에는 형사소송법 제420조 제7호의 '공소의 기초가 된 수사에 관여한 검사가 죄를 지은 것'에 해당한다.

ㄷ. 재심심판절차에서는 특별한 사정이 없는 한 검사가 재심대상사건과 별개의 공소사실을 추가하는 내용으로 공소장을 변경하는 것은 허용되지 않고, 재심대상사건에 일반 절차로 진행 중인 별개의 형사사건을 병합하여 심리하는 것도 허용되지 않는다.

ㄹ. 재심청구인은 형사소송법 제429조 제1항에 따라 재심청구를 취하할 수 있으나, 재심법원이 재심판결을 선고한 이후에는 재심청구의 취하가 허용되지 않는다.

① ㄱ, ㄴ

② ㄴ, ㄹ

③ ㄷ, ㄹ

④ ㄱ, ㄷ, ㄹ

⑤ ㄱ, ㄴ, ㄷ, ㄹ

MGI Point **재심** ★★

■ 종전 확정판결 효력 상실 ⇨ 재심개시결정 확정시 × 재심의 판결을 선고하고 그 재심판결이 확정된 때 ○

■ 검사가 피의자신문 과정에서 자신의 의도대로 진술을 이끌어내기 위하여 피의자에게 검사의 생각을 주입하며 유도신문을 한 경우 ⇨ 형소법 420조 7호 해당

■ 재심심판절차 ⇨ 특별한 사정이 없는 한 검사가 재심대상사건과 별개의 공소사실을 추가하는 내용으로 공소장을 변경하는 것은 허용 ×, 재심대상사건에 일반 절차로 진행 중인 별개의 형사사건을 병합하여 심리하는 것도 허용 ×

■ 재심청구는 취하 可(형소법 429조 1항), 재심판결 선고 이후에는 不可

ㄱ. (○) 재심 개시 여부를 심리하는 절차의 성질과 판단 범위, 재심개시결정의 효력 등에 비추어 보면, 유죄의 확정판결 등에 대해 재심개시결정이 확정된 후 재심심판절차가 진행 중이라는 것만으로는 확정판결의 존재 내지 효력을 부정할 수 없고, 재심개시결정이 확정되어 법원이 그 사건에 대해 다시 심리를 한 후 재심의 판결을 선고하고 그 재심판결이 확정된 때에 종전의 확정판결이 효력을 상실한다 (대판 2019.06.20. 2018도20698).

ㄴ. (○) 1. 형사소송법 제420조 제7호 관련 재항고이유에 관하여

직권남용권리행사방해죄는 공무원이 일반적 직무권한에 속하는 사항에 관하여 직권을 행사하는 모습으로 실질적, 구체적으로 위법·부당한 행위를 한 경우에 성립한다. 이 때 '직권의 남용'에 해당하는지 여부는, 구체적인 공무원의 직무행위가 본래 법령에서 그 직권을 부여한 목적에 따라 이루어졌는지, 직무행위가 행해진 상황에서 볼 때 필요성·상당성이 있는 행위인지, 직권행사가 허용되는 법령상의 요건을 충족했는지 등을 종합하여 판단하여야 한다. 그 판단의 대상이 검사의 수사권 행사라면, 수사는 수사의 목적을 달성할 필요가 있는 경우에 한하여 상당하다고 인정되는 방법에 의하여 이루어져야 한다는 수사원칙과 공익의 대표자로서 실체적 진실에 입각한 국가 형벌권의 실현을 위하여 공소를 제기하고 그 과정에서 피고인의 정당한 이익을 옹호하여야 한다는 검사의 의무도 함께 고려되어야 한다. 원심은 판시와 같은 이유를 들어, 검사가 피고인 1에 대한 3회 피의자신문 과정에서 자신의 의도대로 진술을 이끌어내기 위하여 피고인 1에게 검사의 생각을 주입하며 유도신문을 하는 등 진술의 임의성을 보장하지 못하고 사회통념상 현저히 합리성을 잃은 신문방법을 사용함으로써 위법하게 수사권을 남용하였다고 판단하였다. 기록에 비추어 살펴보면, 원심의 판단은 위에서 본 법리를 따른 것으로 정당하고 거기에 재판에 영향을 미친 헌법·법률·명령 또는 규칙 위반의 잘못이 없다(대결 2024.09.19. 2024모179).

> **형사소송법 제420조(재심이유)** 재심은 다음 각 호의 어느 하나에 해당하는 이유가 있는 경우에 유죄의 확정판결에 대하여 그 선고를 받은 자의 이익을 위하여 청구할 수 있다.
>
> 7. 원판결, 전심판결 또는 그 판결의 기초가 된 조사에 관여한 법관, 공소의 제기 또는 그 공소의 기초가 된 수사에 관여한 검사나 사법경찰관이 그 직무에 관한 죄를 지은 것이 확정판결에 의하여 증명된 때. 다만, 원판결의 선고 전에 법관, 검사 또는 사법경찰관에 대하여 공소가 제기되었을 경우에는 원판결의 법원이 그 사유를 알지 못한 때로 한정한다.

ㄷ. (○) 재심의 취지와 특성, 형사소송법의 이익재심 원칙과 재심심판절차에 관한 특칙 등에 비추어 보면, 재심심판절차에서는 특별한 사정이 없는 한 검사가 재심대상사건과 별개의 공소사실을 추가하는 내용으로 공소장을 변경하는 것은 허용되지 않고, 재심대상사건에 일반 절차로 진행 중인 별개의 형사사건을 병합하여 심리하는 것도 허용되지 않는다(대판 2019.06.20. 2018도20698).

ㄹ. (○) 재심청구인은 형사소송법 제429조 제1항에 따라 재심청구를 취하할 수 있으나, 재심법원이 재심판결을 선고한 이후에는 재심청구의 취하가 허용되지 않는다. …당해 절차의 개시를 구한 당사자도 선고된 판결에 대하여 불복이 있는 경우 상소절차를 통하여 이를 다툴 수 있을 뿐, 절차 개시의 청구를 취소 내지 취하하는 방법으로 이미 선고된 판결의 효력을 소멸시킬 수는 없다고 보아야 한다(대판 2024.04.12. 2023도13707).

정답 ⑤

문 31

큰 체격의 남성 甲은 2025. 6. 25. 01:00경 ○○파출소 앞 도로에서, '손님이 마음대로 타서 안 내린다'라는 취지의 방문신고를 받고 현장에 나온 경찰관 P1로부터 '승차거부와 관련하여서는 120번으로 민원을 접수하면 된다'라는 설명을 듣고도 사건을 접수해 달라고 항의하고, 갑자기 "아이 씨 좀 다르잖아"라고 크게 소리치며 차량이 통행 중인 도로를 등지고 있었던 작은 체격의 여성인 경찰관 P2에게 몸을 들이밀었다. 흥분한 甲이 P2를 실제로 도로 방향으로 미는 등 유형력을 행사할 경우 P2가 크게 다칠 위험이 있다고 판단한 경찰관 P3은 甲을 밀쳐내면서 甲의 행위를 제지하였다. 이에 화가 난 甲은 "왜 미는데 XX"이라고 욕설하면서 손으로 P3의 몸을 4회 밀쳤다. 甲은 공무집행방해의 혐의로 기소되었다. 이 사례에 관한 설명 중 옳지 않은 것은? (다툼이 있는 경우 판례에 의함)

① 甲에게 공무집행방해죄가 성립하기 위해서는 P3이 甲을 밀쳐내며 제지한 행위가 공무원의 추상적 직무권한에 속할 뿐만 아니라 구체적으로 그 권한 내에 있어야 하는데, P3이 甲을 급하게 밀쳐내는 방법으로 甲과 P2를 분리한 조치는 「경찰관 직무집행법」에서 정하는 범죄의 예방과 제지에 관한 적법한 공무에 해당한다.

② 자신을 밀어낸 P3의 행위를 위법하다고 오인하여 甲이 P3을 밀친 경우라면, 甲에게는 공무집행방해죄에 대한 위법성 조각사유의 전제사실에 대한 착오가 존재한다.

③ 甲을 공무집행방해의 현행범인으로 체포하기 위해서는 행위의 가벌성, 범죄의 현행성 · 시간적 접착성, 범인 · 범죄의 명백성 이외에 체포의 필요성 즉, 도망 또는 증거인멸의 염려가 있어야 한다.

④ 甲을 적법하게 현행범인으로 체포하는 범행현장에서 P2가 甲과 수사기관의 대화를 녹음하였다면, 이 녹음이 영장 없이 이루어졌다 하여 위법하다고 단정할 수 없다.

⑤ 甲을 현행범인으로 체포한 후 구속하고자 하는 경우 48시간 이내에 구속영장을 청구하여야 하고 그 기간 내에 구속영장을 청구하지 아니하는 때에는 즉시 석방하여야 한다.

> **MGI Point** **공무집행방해, 체포** ★★

- 적법한 공무집행의 의미
  - ⇨ 그 행위가 공무원의 추상적 권한에 속할 뿐 아니라 구체적 권한 내여야
  - ⇨ 극도로 흥분한 큰체격의 피고인이 작은 체격의 경찰관을 도로로 미는 등 유형력을 행사할 경우 크게 다칠 급박한 위험이 있는 상황에서 이를 제지하기 위해 다른 경찰관이 피고인을 밀친 경우 적법한 공무집행 ○
- 경찰관이 적법한 직무집행으로 자신을 밀친 조치가 위법하다고 오인하여 여러 차례 되밀친 경우 ⇨ 위전착 × (∵전제사실 자체에 관하여 피고인의 인식에 착오 없고, 다만 주관적 법적 평가 잘못되었을 여지 있을 뿐)
- 현행범인으로 체포하기 위하여는 행위의 가벌성, 범죄의 현행성·시간적 접착성, 범인·범죄의 명백성 이외에 체포의 필요성 즉, 도망 또는 증거인멸의 염려 必要
- 적법한 현행범인 체포하는 범행현장에서 상당한 방법으로 영장 없이 녹음 可
- 체포 후 구속하고자 하는 경우 48시간 이내에 구속영장 청구 必

① (○) 공무집행방해죄는 공무원의 적법한 공무집행이 전제되어야 하고, 공무집행이 적법하기 위해서는 그 행위가 공무원의 추상적 직무 권한에 속할 뿐만 아니라 구체적으로 그 권한 내에 있어야 하며, 직무행위로서 중요한 방식을 갖추어야 한다. 추상적인 권한에 속하는 공무원의 어떠한 공무집행이 적법한지는 행위 당시의 구체적 상황에 기초를 두고 객관적·합리적으로 판단해야 하고, 사후적으로 순수한 객관적 기준에서 판단할 것은 아니다. … 남성인 피고인(甲)은 여성 경찰관인 P2보다 더 큰체격을 가지고 있었으며, 극도로 흥분한 피고인이 P2를 실제로 도로 방향으로 밀 경우 P2가 크게 다칠 위험이 있었다. 이러한 상황에서 P3가 피고인을 급하게 밀쳐내는 방법으로 피고인과 P2을 분리한 조치는 경찰관직무집행법 제6조 제1항에 따른 '범죄의 예방과 제지'에 관한 적법한 공무집행에 해당한다(대판 2024.07.25. 2023도16951 참조).

② (X) 원심은, 피고인이 자신의 몸을 밀어낸 P3의 행위를 위법하다고 오인하여 P3를 밀친 것이므로 이는 위법성 조각사유의 전제사실에 대한 착오라고 판단하였다. 그러나 이 사건에서 위와 같은 행위로 나아가게 된 전제사실 자체에 관하여는 피고인의 인식에 어떠한 착오도 존재하지 않고, 다만 경찰관인 P3의 직무집행의 적법성에 대한 피고인의 주관적인 법적 평가가 잘못되었을 여지가 있을 뿐이다. 그러므로 피고인에게 위법성 조각사유의 전제사실에 대한 착오가 있었다고 보기 어렵다(대판 2024.07.25. 2023도16951 참조).
  ▶ 공무집행이 적법한데도 위법하다고 오인한 경우에는 형법 제16조가 적용되므로 그 오인에 정당한 이유가 있는 때에 한하여 벌하지 아니한다. … 피고인이 스스로 오인의 계기를 제공하지 않았거나 이러한 상황에서 일반적으로 기대되는 정도의 오인 회피 노력을 기울였다면 이 사건에 이르지 않았을 것으로 보인다. …설령 원심의 판단처럼 피고인에게 자신을 제지한 P3의 행위가 위법하다고 오인할 만한 정당한 이유가 있더라도, 이는 P3를 밀친 피고인의 최초 행위를 정당화할 근거가 될 수 있을지는 몰라도 그 이후 P3가 피고인에게 선제적으로 유형력을 행사하지 않았는데도 여러 차례에 걸쳐 먼저 P3를 밀치며 유형력을 계속 행사한 피고인의 행위까지 정당화하는 근거가 될 수는 없다.

③ (○) 현행범인으로 체포하기 위하여는 행위의 가벌성, 범죄의 현행성·시간적 접착성, 범인·범죄의 명백성 이외에 체포의 필요성 즉, 도망 또는 증거인멸의 염려가 있어야 하고, 이러한 요건을 갖추지 못한 현행범인 체포는 법적 근거에 의하지 아니한 영장 없는 체포로서 위법한 체포에 해당한다(대판 1999.01.26. 98도3029 , 대판 2017.04.07. 2016도19907).

④ (○) 수사기관이 적법한 절차와 방법에 따라 범죄를 수사하면서 현재 그 범행이 행하여지고 있거나 행하여진 직후이고, 증거보전의 필요성 및 긴급성이 있으며, 일반적으로 허용되는 상당한 방법으로 범행현장에서 현행범인 등 관련자들과 수사기관의 대화를 녹음한 경우라면, 위 녹음이 영장 없이 이루어졌다 하여 위법하다고 단정할 수 없다. 이는 설령 그 녹음이 행하여지고 있는 사실을 현장에 있던 대화상대방, 즉 현행범인 등 관련자들이 인식하지 못하고 있었더라도, 통신비밀보호법 제3조 제1항이 금지하는 공개되지 아니한 타인 간의 대화를 녹음한 경우에 해당하지 않는 이상 마찬가지이다. 다만 수사기관이 일반적으로 허용되는 상당한 방법으로 녹음하였는지는 수사기관이 녹음장소에 통상적인 방법으로 출입하였는지, 녹음의 내용이 대화의 비밀 내지 사생활의 비밀과 자유 등에 대한 보호가 합리적으로 기대되는 영역에 속하는지 등을 종합적으로 고려하여 신중하게 판단하여야 한다(대판 2024.05.30. 2020도9370).

⑤ (○) 형사소송법 제200조의2 제5항, 제213조의2 참조.

> 형사소송법 제200조의2(영장에 의한 체포) ⑤ 체포한 피의자를 구속하고자 할 때에는 체포한 때부터 48시간이내에 제201조의 규정에 의하여 구속영장을 청구하여야 하고, 그 기간내에 구속영장을 청구하지 아니하는 때에는 피의자를 즉시 석방하여야 한다.
> 형사소송법 제213조의2(준용규정) 제87조, 제89조, 제90조, 제200조의2제5항 및 제200조의5의 규정은 검사 또는 사법경찰관리가 현행범인을 체포하거나 현행범인을 인도받은 경우에 이를 준용한다.

정답 ②

문 32

甲, 乙, 丙은 친구 사이이다. 甲은 丙으로부터 사업자 명의를 빌려달라는 부탁을 받고 이를 승낙하여 丙으로 하여금 A기업이라는 상호로 건설업의 사업자등록을 하게 하였다. 그 후 명의대여자에 불과한 甲에게 부가세가 계속 부과되자, 甲, 乙, 丙은 사업자등록을 丙 명의로 변경하기 위한 수단으로 甲이 丙을 사문서위조 등으로 허위 고소하기로 하였다. 丙이 甲 명의의 도급계약서를 위조한 사실이 없음에도 경찰서 민원실에서 甲은 '丙이 甲의 사업자등록 명의를 임의로 사용하여 도급계약서를 위조하여 다른 업체와 계약을 체결하였으니 처벌하여 달라'는 취지의 고소장을 경찰관에게 제출하고, 동행한 乙은 같은 취지의 사실확인서를 고소장에 첨부하여 제출하였다. 이 사례에 관한 설명 중 옳지 않은 것은? (다툼이 있는 경우 판례에 의함)

① 丙이 자기 자신을 무고하기로 甲, 乙과 공모하고 이에 따라 무고행위에 가담하였다고 하더라도, 자신을 무고하는 행위는 무고죄의 구성요건에 해당하지 않아 丙을 무고죄의 공동정범으로 처벌할 수 없다.

② 무고죄는 일정한 신분의 유무에 따라 그 처벌 여부 및 정도를 달리하도록 정하고 있는 신분범에 해당하지 아니하고 그 주체도 제한이 없으므로, 丙에게 형법 제33조를 적용하는 등으로 공동정범의 죄책을 지우는 것은 죄형법정주의의 원칙에 반한다.

③ 甲의 사건과 乙의 사건이 병합심리 중인 경우, 甲이 공판정에서 피고인으로 행한 자백은 乙의 사건에 대하여 독립한 증거능력이 있다.

④ 甲의 사건과 乙의 사건이 병합심리 중인 경우, 甲의 진술은 乙에 대한 범죄사실을 인정하는 데 있어서 증거로 쓸 수 있고 그에 대한 보강증거의 여부는 법관의 자유심증에 맡긴다.

⑤ 甲이 공판 중 지병으로 사망한 경우, 경찰관이 작성한 甲에 대한 피의자신문조서는 乙이 공판정에서 그 조서의 내용을 부인하더라도 예외적으로 乙의 사건에서 증거능력이 인정된다.

MGI Point 무고, 공범의 진술과 증거능력 ★★

- 자기무고는 구성요건 × ⇨ 자기무고의 공동정범 × (cf. 공동무고는 타인 부분 한해 ○, 자기무고의 교사범 ○)
- 무고죄는 신분범 × ⇨ 33조 적용하여 공동정범 인정하는 것은 죄형법정주의 위반
- 공동피고인의 자백, 진술 모두 다른 공동피고인에 대하여 독립한 증거능력 ○ ⇨ 보강 여부는 법관의 자유심증
- 공동피고인에 대한 사경작성피신조서는 당해피고인이 내용부인하면 증거능력 ×

선택형 형사법

① (○) 형법 제156조에서 정한 무고죄는 타인으로 하여금 형사처분 또는 징계처분을 받게 할 목적으로 허위의 사실을 신고하는 것을 구성요건으로 하는 범죄이다. 자기 자신으로 하여금 형사처분 또는 징계처분을 받게 할 목적으로 허위의 사실을 신고하는 행위, 즉 자기 자신을 무고하는 행위는 무고죄의 구성요건에 해당하지 않아 무고죄가 성립하지 않는다. 따라서 자기 자신을 무고하기로 제3자와 공모하고 이에 따라 무고행위에 가담하였더라도 이는 자기 자신에게는 무고죄의 구성요건에 해당하지 않아 범죄가 성립할 수 없는 행위를 실현하고자 한 것에 지나지 않아 무고죄의 공동정범으로 처벌할 수 없다(대판 2017.04.26. 2013도12592). ▶ 자기와 타인이 공범이라고 신고한 공동무고의 경우에는 타인에 대한 부분에 한하여 무고죄가 성립한다(통설). 한편, 타인을 교사하여 자신에 대해 무고죄를 범하게 한 경우에 대해 견해는 대립하나 판례(2008도4852)는 무고죄의 교사범이 성립한다고 한다(노태악 편집대표, 주석 형법각칙 II, 한국사법행정학회(2024), p.236-237 참조).

> **비교판례** 형법 제156조의 무고죄는 국가의 형사사법권 또는 징계권의 적정한 행사를 주된 보호법익으로 하는 죄이나, 스스로 본인을 무고하는 자기무고는 무고죄의 구성요건에 해당하지 아니하여 무고죄를 구성하지 않는다. 그러나 피무고자의 교사·방조 하에 제3자가 피무고자에 대한 허위의 사실을 신고한 경우에는 제3자의 행위는 무고죄의 구성요건에 해당하여 무고죄를 구성하므로, 제3자를 교사·방조한 피무고자도 교사·방조범으로서의 죄책을 부담한다(대판 2008.10.23. 2008도4852).

② (○) 무고죄는 일정한 신분의 유무에 따라 그 처벌 여부 및 정도를 달리 하도록 정하고 있는 신분범에 해당하지도 아니하고, 그 주체에도 제한이 없으므로, 구성요건에 해당하지 아니하여 정범으로 처벌되지 아니하는 자기무고에 있어서의 피무고자에게 형법 제33조를 적용하는 등으로 공동정범의 죄책을 지우는 것은 죄형법정주의 원칙에 반하는 결과가 되어 부당하다(청주지법 2013.09.26. 2013노517). ▶ 2013도12592(선지① 판례의 원심)

③ (○) 공동피고인의 자백은 이에 대한 피고인의 반대신문권이 보장되어 있어 증인으로 심문한 경우와 다를 바 없으므로 독립한 증거능력이 있다(대판 1985.06.25. 85도691).

④ (○) 형사소송법 제310조의 피고인의 자백에는 공범인 공동피고인의 진술이 포함되지 아니하므로 공범인 공동피고인의 진술은 다른 공동피고인에 대한 범죄사실을 인정하는데 있어서 증거로 쓸 수 있고 그에 대한 보강증거의 여부는 법관의 자유심증에 맡긴다(대판 1985.03.09. 85도951).

⑤ (X) 당해 피고인과 공범관계에 있는 공동피고인에 대하여 검사 이외의 수사기관이 작성한 피의자신문조서는 그 공동피고인의 법정진술에 의하여 성립의 진정이 인정되더라도 당해 피고인이 공판기일에서 그 조서의 내용을 부인하면 증거능력이 부정된다(대판 2009.10.15. 2009도1889).

정답 ⑤

문 33

다음 사례에 관한 설명 중 옳지 <u>않은</u> 것은? (다툼이 있는 경우 판례에 의함)

> (1) 甲은 자신의 필로폰 투약혐의에 대한 수사가 이루어지자 연인 A와 헤어졌고, ㉠ 21시에 A와 화해를 시도하려고 무작정 A의 집에 갔으나 A가 부재 중임을 확인하고 남겨둔 자신의 짐을 찾다가 옷장 속에서 고급시계를 발견하자 충동적으로 이를 들고 나왔다.
> (2) 수사기관은 甲의 필로폰 투약혐의를 파악한 후 甲에 대한 체포영장 및 甲이 어머니 乙과 함께 거주하는 乙의 아파트를 수색·검증장소로 하는 압수·수색·검증영장을 발부받아, 체포영장을 집행하고, 같은 날 바로 甲과 함께 乙의 아파트로 이동하여, 甲만이 참여한 상황에서 압수·수색·검증영장을 집행하여 甲 소유의 필로폰 0.55g과 탁자 위에 놓여있던 ㉡ 乙 소유의 대마 0.62g을 발견하여 이를 압수하였다.

① 甲의 ㉠ 행위는 야간에 타인의 주거에 침입한 상태에서 절취한 것으로써 야간주거침입절도죄가 성립한다.

② 만약 ㉡이 12세의 B가 절취한 금제품이었더라도, 乙이 이를 알면서 B로부터 취득하였다면, 乙의 이러한 행위는 장물취득죄에 해당한다.

③ 乙의 ㉡ 관련 사건에서, 만약 甲이 지능이 낮고 성년후견개시심판을 받아 압수·수색절차의 의미를 이해할 수 있는 최소한의 능력이 부족한 상황이고 수사기관이 이를 인식하고 있었다면, 甲만을 참여시킨 압수·수색은 주거주 등의 참여권을 보장하지 않은 것으로 위법하다.

④ 수사기관은 甲의 필로폰 투약의 혐의에 대하여 압수·수색영장을 발부받아 甲의 소변을 강제채뇨할 수 있으며, 이때 인근병원 등 채취에 적합한 장소로 피의자를 데려가기 위한 필요 최소한의 유형력 행사는 '압수·수색영장의 집행에 필요한 처분'에 해당한다.

⑤ 만약 甲이 ㉠의 혐의에 대하여 구속영장이 발부, 집행되어 구금된 상태라면, 甲의 필로폰 투약 혐의에 대한 재판에서는 형사소송법 제33조 제1항의 '피고인이 구속된 때'에 해당함을 이유로 반드시 국선변호인을 선정하여 공판심리에 참여하도록 하여야 한다.

MGI Point **종합사례** ★★★

- 야간주거침입절도죄 ⇨ 실행의 착수시점인 야간에 주거침입이 이루어질 때 절도의 고의가 있어야 함
- 본범이 책임능력 없더라도 장물보관죄 성립에 영향 ×
- 압수수색영장 집행시 피의자가 압수수색절차의 의미를 이해할 수 있는 능력이 부족하다면 참여능력이 있는 이웃 등을 함께 참여시켜야 함
- 강제채뇨는 압수수색 영장에 의해서 可 ⇨ 인근병원 등으로 데려가기 위해 필요 최소한의 유형력 행사 ⇨ 압수·수색영장 집행에 필요한 처분에 해당 ○
- 별건으로 구속영장이 발부된 경우에도 국선변호인을 선정해야 함

---

① (X) 형법 제330조의 야간주거침입절도죄는 야간에 이루어지는 주거침입행위의 위험성에 주목하여 그러한 행위를 수반한 절도를 가중처벌하는 것으로서, 야간에 타인의 재물을 절취할 목적으로 사람의 주거에 침입한 경우에는 주거침입 단계에서 이미 야간주거침입절도죄의 실행에 착수한 것이라고 보아야 한다. 야간주거침입절도죄는 주거침입죄와 절도죄의 결합범으로서 시간적으로 주거침입행위가 선행되는 것이므로 그 실행의 착수시점인 주거침입이 이루어질 때 절도의 고의가 있어야 한다. 야간에 주거침입행위가 있은 후

비로소 절도의 고의가 생겼다면 주거침입죄와 절도죄의 경합범이 될 수 있을지언정 야간주거침입절도죄는 성립하지 않는다(대판 2025.01.09. 2022도5573).

② (○) 장물죄는 본범이 재산범죄에 의하여 영득한 재물을 대상으로 하고, 본범의 행위는 구성요건에 해당하는 위법한 행위일 것을 요하나, 본범의 책임을 요하지는 않는다.

> **판례** '장물'이라 함은 재산죄인 범죄행위에 의하여 영득된 물건을 말하는 것으로서 절도·강도·사기·공갈·횡령 등 영득죄에 의하여 취득된 물건이어야 한다. 여기에서의 범죄행위는 절도죄 등 본범의 구성요건에 해당하는 위법한 행위일 것을 요한다. 그리고 본범의 행위에 관한 법적 평가는 그 행위에 대하여 우리 형법이 적용되지 아니하는 경우에도 우리 형법을 기준으로 하여야 하고 또한 이로써 충분하므로, 본범의 행위가 우리 형법에 비추어 절도죄 등의 구성요건에 해당하는 위법한 행위라고 인정되는 이상 이에 의하여 영득된 재물은 장물에 해당한다(대판 2011.04.28. 2010도15350).

③ (○) 피의자가 주거주 등인 주거지 등에서 압수·수색영장을 집행하는 경우 피의자에게 최소한 압수·수색절차의 의미를 이해할 수 있는 정도의 능력(참여능력)이 없다면 그 피의자만 참여하는 것으로는 부족하고, 수사기관은 형사소송법 제123조 제3항에 따라 참여능력이 있는 이웃 등을 함께 참여시켜야 한다(대판 2024.10.08. 2020도11223).

④ (○) 수사기관이 범죄 증거를 수집할 목적으로 피의자의 동의 없이 피의자의 소변을 채취하는 것은 법원으로부터 감정허가장을 받아 형사소송법 제221조의4 제1항, 제173조 제1항에서 정한 '감정에 필요한 처분'으로 할 수 있지만(피의자를 병원 등에 유치할 필요가 있는 경우에는 형사소송법 제221조의3에 따라 법원으로부터 감정유치장을 받아야 한다), 형사소송법 제219조, 제106조 제1항, 제109조에 따른 압수·수색의 방법으로도 할 수 있다. 이러한 압수·수색의 경우에도 수사기관은 원칙적으로 형사소송법 제215조에 따라 판사로부터 압수·수색영장을 적법하게 발부받아 집행해야 한다. 압수·수색의 방법으로 소변을 채취하는 경우 압수대상물인 피의자의 소변을 확보하기 위한 수사기관의 노력에도 불구하고, 피의자가 인근 병원 응급실 등 소변 채취에 적합한 장소로 이동하는 것에 동의하지 않거나 저항하는 등 임의동행을 기대할 수 없는 사정이 있는 때에는 수사기관으로서는 소변 채취에 적합한 장소로 피의자를 데려가기 위해서 필요 최소한의 유형력을 행사하는 것이 허용되고, 경찰관의 이러한 조치는 형사소송법 제219조, 제120조 제1항에서 정한 '압수영장의 집행에 필요한 처분'으로서 허용된다(대판 2018.07.12. 2018도6219)

⑤ (○) 형사소송법 제33조 제1항 제1호는 피고인에게 변호인이 없는 때에 법원이 직권으로 변호인을 선정하여야 할 사유(이하 '필요적 국선변호인 선정사유'라고 한다) 중 하나로 '피고인이 구속된 때'를 정하고 있다. 대법원은 그동안 형사소송법 제33조 제1항 제1호의 '피고인이 구속된 때'란, 원래 구속제도가 형사소송의 진행과 형벌의 집행을 확보하기 위하여 법이 정한 요건과 절차 아래 피고인의 신병을 확보하는 제도라는 점 등에 비추어 볼 때 피고인이 해당 형사사건에서 구속되어 재판을 받는 경우를 의미하고, 피고인이 해당 형사사건이 아닌 별개의 사건, 즉 별건으로 구속되어 있거나 다른 형사사건에서 유죄로 확정되어 수형 중인 경우는 이에 해당하지 않는다고 판시하여 왔다(이하 '종래의 판례 법리'라고 한다). 형사소송법 제33조 제1항 제1호의 문언, 위 법률조항의 입법 과정에서 고려된 '신체의 자유', '변호인의 조력을 받을 권리', '공정한 재판을 받을 권리' 등 헌법상 기본권 규정의 취지와 정신 및 입법 목적 그리고 피고인이 처한 입장 등을 종합하여 보면, 형사소송법 제33조 제1항 제1호의 '피고인이 구속된 때'란 피고인이 해당 형사사건에서 구속되어 재판을 받고 있는 경우에 한정된다고 볼 수 없고, 피고인이 별건으로 구속영장이 발부되어 집행되거나 다른 형사사건에서 유죄판결이 확정되어 그 판결의 집행으로 구금 상태에 있는 경우 또한 포괄하고 있다고 보아야 한다(대판 2024.05.23. 2021도6357(전합)).

정답 ①

문 34

甲은 2023. 11. 15.경 부부인 A와 B에게 'X 임야 19,438㎡를 매수하여 분필한 후 분양해서 원금과 평당 10만 원씩 수익금을 지급하고, 분양이 안 될 경우 그 부동산 명의를 이전하여 주겠다.'라고 말하였다. 그러나 사실 甲은 피해자들로부터 투자금을 교부받더라도 위 부동산을 매수하여 분양 후 원금과 수익금을 변제할 의사나 능력이 없었다. A와 B는 공동대금으로 투자금을 마련하여 甲에게 송금하기로 결정하였고, 甲은 자신의 계좌로 ⊙ B 계좌에서 2023. 11. 16. 4억 원을 송금받고, ⓛ B 계좌에서 2023. 11. 26. 1억 7,500만 원을 송금받았으며, ⓒ A 계좌에서 2024. 5. 26. 1억 원을 송금받았다. 甲은 사기 혐의로 긴급체포되어 구속영장이 청구되었다. 이 사례에 관한 설명 중 옳지 <u>않은</u> 것은? (다툼이 있는 경우 판례에 의함)

① 구속영장을 청구받은 판사가 甲에 대한 구속 전 피의자심문절차를 진행하면서 당일 심문을 종결하지 않고 속행하여 그다음 날로 심문기일을 지정한 뒤 그 기일에 심문을 종결하고 구속영장을 발부하였다면 위법한 구금에 해당하지 않는다.

② 다수의 피해자에 대하여 각각 기망행위를 하여 각 피해자로부터 재물을 편취한 경우, 범의가 단일하고 범행방법이 동일하더라도 각 피해자의 피해법익은 독립한 것이므로 피해자별로 독립한 사기죄가 성립하는 것이 원칙이지만, A, B와 같이 피해자의 피해법익이 동일하다고 볼 수 있는 사정이 있다면 사기죄의 포괄일죄로 볼 수 있다.

③ 甲의 행위의 이득액이 5억 원을 넘으므로 「특정경제범죄 가중처벌 등에 관한 법률」이 적용된다.

④ 검사가 ⊙과 ⓒ만을 기소하여 판결이 확정되었다면 그 확정판결은 ⓛ에 대하여 기판력이 미친다.

⑤ 검사가 ⊙과 ⓒ만을 기소하여 제1심법원이 ⊙은 무죄, ⓒ은 유죄를 선고하였고 이에 대해 甲만이 ⓒ에 대하여 항소한 경우, 제1심에서 무죄가 선고된 ⊙도 이심되어 항소심의 심판대상이 된다.

MGI Point **종합사례** ★★★

- 구속영장을 청구받은 판사가 구속전 피의자심문을 진행하면서 당일 심문을 종결하지 않고 속행하였으나, 그 다음날로 심문기일을 지정한 뒤 그 기일에 심문을 종결하고 구속영장을 발부한 경우 ⇨ 위법 ×
- 다수의 피해자에 대한 각 기망행위는 원칙적으로 독립한 사기죄
  ⇨ 피해자들이 하나의 동업체를 구성하는 등 피해법익이 동일한 경우 사기죄 포괄일죄 可 ⇨ 포괄일죄의 경우 이득액 합산(특경법 이득액 기준 : 5억)
- 포괄일죄 일부만 유죄로 인정, 유죄부분에 대하여 피고인만 상고한 경우 ⇨ 무죄부분도 이심 ○, but 심판대상 ×

---

① (○) 구속 전 피의자심문을 요체로 하는 구속영장실질심사제도는 검사로부터 구속영장을 청구받은 판사가 구속 여부를 결정하기 전에 피의자를 대면하여 직접 심문함으로써 구속 사유를 더욱 신중히 판단하기 위하여 마련된 제도이다. 판사가 피의자를 심문하는 과정에서 심문기일을 속행하는 것은 그와 같은 직접 심문을 더욱 충실히 하기 위한 소송지휘권의 일환일 수 있고 그 과정에서 피의자에게 의견진술의 기회를 추가적으로 보장하는 의미도 있음을 부정할 수 없다. 또한 별다른 사유 없이 심문절차가 지연됨으로써 구속영장이 발부되지 않은 상태로 피의자의 신체의 자유가 장기간 제한되어 실질적으로 불법구금에 해당한다고 볼 정도에 이른 것이 아닌 경우, 단지 심문기일을 속행하였다는 사정만으로 구속영장의 적법성과 효력

에 영향을 미친다고 볼 수 없다. … 체포된 피고인에 대한 심문을 2021. 12. 24. 진행하였음에도 당일 심문을 종결하지 않고 다음 기일을 지정하여 속행한 조치는 특별한 사정이 없는 한 바람직하다고 할 수는 없지만, 그다음 날인 2021. 12. 25. 심문이 종결되어 같은 날 구속영장이 발부되었고 그 구속영장의 집행으로 피고인이 구속되었다면 이를 적법절차에 반하는 위법한 구금이라고 볼 수는 없다(대판 2025.03.13. 2022도9819).

② (O) [1] 다수의 피해자에 대하여 각각 기망행위를 하여 각 피해자로부터 재물을 편취한 경우에는 범의가 단일하고 범행방법이 동일하더라도 각 피해자의 피해법익은 독립한 것이므로 이를 포괄일죄로 파악할 수 없고 피해자별로 독립한 사기죄가 성립된다. 다만 피해자들의 피해법익이 동일하다고 볼 수 있는 사정이 있는 경우에는 이들에 대한 사기죄를 포괄하여 일죄로 볼 수 있다. [2] 피고인이 부부인 피해자 갑과 을에게 '토지를 매수하여 분필한 후 이를 분양해서 원금 및 수익금을 지급하겠다.'면서 기망한 후, 이에 속아 피고인에게 투자하기 위해 공동재산인 건물을 매도하여 돈을 마련한 피해자들로부터 피해자 갑 명의의 예금계좌에서 1억 원, 피해자 을 명의 예금계좌에서 4억 7,500만 원, 합계 5억 7,500만 원을 송금받아 이를 편취하였다는 이유로 특정경제범죄 가중처벌 등에 관한 법률 위반(사기)죄로 기소된 사안에서, 피해자들에 대한 사기죄의 피해법익이 동일하다고 평가될 수 있어 이들에 대한 사기죄가 포괄일죄를 구성한다고 한 사례(대판 2023.12.21. 2023도13514).

> **비교판례** 원심은 피해자 공소외 2, 3에 대한 각 사기죄에 관하여 '포괄하여' 1개의 사기죄가 성립한다고 판단하였는데, 비록 피해자들이 부부 사이이기는 하지만, 이러한 사정만으로 피해자들에 대한 각 사기 행위가 포괄하여 일죄가 된다고 볼 수는 없고, 앞서 본 바와 같이 피해자들의 피해 법익이 동일하다고 볼 수 있는 사정이 있는 경우라야만 피해자들에 대한 사기죄를 포괄하여 일죄로 볼 수 있을 것이다. (대판 2011.04.14. 2011도769).

③ (O) 특경법에서 포괄일죄의 경우는 이득액을 합산한다(아래 89도582 참조). 따라서 사안의 이득액은 ㉠ ㉡㉢ 합산 6.75억 원으로 5억 원을 초과하여 특경법이 적용된다(위 ②2023도13514 참조).

> **참조판례** 특정경제범죄가중처벌등에관한법률 제3조 제1항에서 말하는 이득액은 단순일죄의 이득액이나 혹은 포괄일죄가 성립되는 경우의 이득액의 합산액을 의미하고 경합범으로 처벌될 수죄에 있어서 그 이득액을 합한 금액을 말한다고 볼 수는 없다(대판 1989.06.13. 89도582).

> **특정경제범죄 가중처벌 등에 관한 법률 제3조(특정재산범죄의 가중처벌)** ① 「형법」 제347조(사기), 제347조의2(컴퓨터등 사용사기), 제350조(공갈), 제350조의2(특수공갈), 제351조(제347조, 제347조의2, 제350조 및 제350조의2의 상습범만 해당한다), 제355조(횡령·배임) 또는 제356조(업무상의 횡령과 배임)의 죄를 범한 사람은 그 범죄행위로 인하여 취득하거나 제3자로 하여금 취득하게 한 재물 또는 재산상 이익의 가액(이하 이 조에서 "이득액"이라 한다)이 5억원 이상일 때에는 다음 각 호의 구분에 따라 가중처벌한다.
> 1. 이득액이 50억원 이상일 때: 무기 또는 5년 이상의 징역
> 2. 이득액이 5억원 이상 50억원 미만일 때: 3년 이상의 유기징역
> ② 제1항의 경우 이득액 이하에 상당하는 벌금을 병과(倂科)할 수 있다.

④ (O) 포괄일죄의 관계에 있는 범행의 일부에 대하여 판결이 확정된 경우에는 사실심 판결선고시를 기준으로 그 이전에 이루어진 범행에 대하여는 확정판결의 기판력이 미쳐 면소의 판결을 선고하여야 한다(대판 2006.05.11. 2006도1252). ▶ ㉠(2023. 11. 16.), ㉡(2023. 11. 26.), ㉢(2024. 5. 26.)은 모두 포괄일죄 관계에 있으므로, 검사가 ㉠과 ㉢만을 기소하여 판결이 확정되었다면, 그 확정판결의 기판력은 사실심 판결선고시 이전에 이루어진 ㉡에 대하여도 미친다.

⑤ (X) 환송 전 항소심에서 포괄일죄의 일부만이 유죄로 인정된 경우 그 유죄부분에 대하여 피고인만이 상고하였을 뿐 무죄부분에 대하여 검사가 상고를 하지 않았다면 상소불가분의 원칙에 의하여 무죄부분도 상고심에 이심되기는 하나 그 부분은 이미 당사자 간의 공격방어의 대상으로부터 벗어나 사실상 심판대상에서부터도 벗어나게 되어 상고심으로서도 그 무죄부분에까지 나아가 판단할 수 없는 것이고, 따라서 상고심으

로부터 위 유죄부분에 대한 항소심판결이 잘못되었다는 이유로 사건을 파기환송받은 항소심은 그 무죄부분에 대하여 다시 심리판단하여 유죄를 선고할 수 없다(대판 1991.03.12. 90도2820).

정답 ⑤

문 35

72세의 甲은 ㉠ A 소유의 신용카드를 절취한 후 ㉡ 편의점에서 담배 1갑을 구입하면서 절취한 신용카드를 사용하고, ㉢ 이 신용카드를 이용하여 현금자동지급기에서 A의 ○○은행 통장에 입금되어 있는 300만 원을 자신의 예금계좌로 이체한 후 자신의 계좌에서 같은 금액을 현금으로 인출하였다. 사건 발생 직후 A는 甲을 고소하였고, 甲은 위 범죄혐의로 기소되어 제1심 재판 중이다. 이 사례에 관한 설명 중 옳지 않은 것은? (다툼이 있는 경우 판례에 의함)

① 甲의 ㉠ 행위와 관련하여, A는 동거하지 않는 甲의 친형이고, A가 법정에서 甲에 대한 고소를 취소한다는 의사를 표시하였다면 법원은 절도죄에 대한 공소를 기각해야 한다.

② 甲의 ㉡ 행위와 관련하여 사기죄와 여신전문금융업법위반죄는 실체적 경합 관계에 있다.

③ 甲의 ㉢ 행위는 컴퓨터등사용사기죄가 성립하고, 별도로 절도죄는 성립하지 않는다.

④ 제1심판결이 선고된 후 검사가 항소한 경우 항소법원은 국선변호인을 선정한 후 국선변호인에게 소송기록접수를 통지해야 하고, 이후 甲이 사선변호인을 선임하였다면 사선변호인에게 별도로 통지해야 한다.

⑤ 甲이 항소한 후 甲과 국선변호인이 모두 법정기간 내에 항소이유서를 제출하지 아니한 경우, 甲에게 귀책사유가 없다면 항소법원은 새로운 국선변호인을 선정하여 다시 소송기록접수통지를 해야 하고, 소송기록접수통지 이전에 甲이 사선변호인을 선임하였다면 사선변호인에게 별도로 통지해야 한다.

MGI Point **재산범죄, 소송기록접수통지** ★★★

- 절취한 신용카드를 가맹점에서 사용(물품구입)한 경우 ⇨ 사기죄, 여전법위반죄 ⇨ 실체적 경합
- 절취한 신용카드를 이용하여 현금자동지급기에서 계좌이체한 후 현금을 인출한 경우 ⇨ 컴퓨터등사용사기죄 성립 ○, 절도죄 성립 ×
- 항소법원이 국선변호인에게 소송기록접수통지를 한 경우 ⇨ 사선변호인에게 별도 통지할 필요 ×
- 소송기록접수통지 이전에 사선변호인을 선임한 경우 ⇨ 사선변호인에게 별도 통지 必要

---

① (○) 형법 제328조 제2항에 따르면 제1항(직계혈족, 배우자, 동거친족, 동거가족 또는 그 배우자간) 이외의 친족간에 제323조의 죄를 범한 때에는 고소가 있어야 공소를 제기할 수 있다. 형법 제328조의 규정은 제329조 내지 제332조의 죄 또는 미수범에 준용한다(형법 제344조). 사안에서 A는 동거하지 않는 甲의 친형이므로, 형법 제328조 제2항의 친족관계로서 절도죄(형법 제329조)는 상대적친고죄에 해당한다. 따라서 A가 甲의 절도죄에 대한 고소를 취소하였다면, 형사소송법 제327조 제5호에 따라 법원은 절도죄에 대한 공소를 기각해야 한다.

② (○) 피고인은 절취한 카드로 가맹점들로부터 물품을 구입하겠다는 단일한 범의를 가지고 그 범의가 계속된 가운데 동종의 범행인 신용카드 부정사용행위를 동일한 방법으로 반복하여 행하였다고 할 것이고, 또 위 신용카드의 각 부정사용의 피해법익도 모두 위 신용카드를 사용한 거래의 안전 및 이에 대한 공중의 신

뢰인 것으로 동일하다고 할 것이므로, 피고인이 동일한 신용카드를 위와 같이 부정사용한 행위는 포괄하여 일죄에 해당한다고 할 것이고, 신용카드를 부정사용한 결과가 사기죄의 구성요건에 해당하고 그 각 사기죄가 실체적 경합관계에 해당한다고 하여도 신용카드부정사용죄와 사기죄는 그 보호법익이나 행위의 태양이 전혀 달라 실체적 경합관계에 있다고 보아야 할 것이므로 신용카드 부정사용행위를 포괄일죄로 취급하는데 아무런 지장이 없다(대판 1996.07.12. 96도1181).

③ (○) 절취한 타인의 신용카드를 이용하여 현금지급기에서 계좌이체를 한 행위는 컴퓨터등사용사기죄에서 컴퓨터 등 정보처리장치에 권한 없이 정보를 입력하여 정보처리를 하게 한 행위에 해당함은 별론으로 하고 이를 절취행위라고 볼 수는 없고, 한편 위 계좌이체 후 현금지급기에서 현금을 인출한 행위는 자신의 신용카드나 현금카드를 이용한 것이어서 이러한 현금인출이 현금지급기 관리자의 의사에 반한다고 볼 수 없어 절취행위에 해당하지 않으므로 절도죄를 구성하지 않는다(대판 2008.06.12. 2008도2440).

④ (X) 형사소송법이나 그 규칙을 개정하여 명시적인 근거규정을 두지 않는 이상 현행 법규의 해석론으로는 필요적 변호사건에서 항소법원이 국선변호인을 선정하고 피고인과 국선변호인에게 소송기록접수통지를 한 다음 피고인이 사선변호인을 선임함에 따라 국선변호인의 선정을 취소한 경우 항소법원은 사선변호인에게 다시 소송기록접수통지를 할 의무가 없다고 보아야 한다(대결 2018.11.22. 2015도10651(전합)).

> [비교판례] 제1심 변호인이 피고인의 송달영수인으로 제1심 변호인을, 송달장소로 그 사무소를 각 기재한 신고서를 제1심에 제출하였고, 원심은 국선변호인 선정결정 후 국선변호인에게 소송기록접수통지서 등을 송달하며, 제1심 변호인의 사무소로 피고인에 대한 소송기록접수통지서 등을 송달하였는데, 이후 피고인이 제1심과 다른 변호인을 선임하여 변호인 선임서를 제출하자, 원심이 국선변호인 선정을 취소한 후 피고인에 대한 제1회 공판기일 소환장을 제1심 변호인의 사무소로 송달하였고, 원심 변호인에게 소송기록접수통지를 하지 않은 채 공판기일을 진행한 후 변론을 종결하고 판결을 선고한 사안에서, 원심판결에 소송절차 법령위반의 위법이 있다고 한 사례(대판 2024.05.09. 2024도3298).

⑤ (○) 피고인을 위하여 선정된 국선변호인이 항소이유서 제출기간 내에 항소이유서를 제출하지 아니하면 이는 피고인을 위하여 요구되는 충분한 조력을 제공하지 아니한 것으로 보아야 하고, 이런 경우에 피고인에게 책임을 돌릴 만한 아무런 사유가 없음에도 항소법원이 형사소송법 제361조의4 제1항 본문에 따라 피고인의 항소를 기각한다면, 이는 피고인에게 국선변호인으로부터 충분한 조력을 받을 권리를 보장하고 이를 위한 국가의 의무를 규정하고 있는 헌법의 취지에 반하는 조치이다. 따라서 피고인과 국선변호인이 모두 법정기간 내에 항소이유서를 제출하지 아니하였더라도, 국선변호인이 항소이유서를 제출하지 아니한 데 대하여 피고인에게 귀책사유가 있음이 특별히 밝혀지지 않는 한, 항소법원은 종전 국선변호인의 선정을 취소하고 새로운 국선변호인을 선정하여 다시 소송기록접수통지를 함으로써 새로운 변호인으로 하여금 그 통지를 받은 때로부터 형사소송법 제361조의3 제1항의 기간 내에 피고인을 위하여 항소이유서를 제출하도록 하여야 한다. 그리고 이러한 법리는 항소법원이 종전 국선변호인의 선정을 취소하고 새로운 국선변호인을 선정하여 소송기록접수통지를 하기 이전에 피고인 스스로 변호인을 선임한 경우 그 사선변호인에 대하여도 마찬가지로 적용되어야 한다(대판 2019.07.10. 2019도4221).

정답 ④

문 36

다음 사례에 관한 설명 중 옳지 않은 것은? (다툼이 있는 경우 판례에 의함)

(1) 甲은 지하철역 에스컬레이터에서 휴대전화의 카메라를 이용하여 성명불상 여성들의 치마 속을 몰래 촬영한 후 촬영한 파일을 휴대전화에 저장하고 단체채팅방에 공유하였다.

(2) 경찰관은 甲의 위 휴대전화를 제출받아 휴대전화에 저장된 범행영상이 담긴 파일을 탐색한 후 해당 파일만 압수하였다. 검사는 甲을 성폭력범죄의처벌등에관한특례법위반(카메라등이용촬영)죄 등으로 기소하였고, 법정에서 甲은 압수된 파일은 위법하게 수집한 증거이므로 증거로 사용할 수 없다고 다투고 있다.

① (1)에서 촬영대상자의 신원이 파악되지 않아 촬영대상자의 의사를 명확히 확인할 수 없더라도 반포 행위가 존재할 경우 촬영물 등을 토대로 확인할 수 있는 촬영 경위, 내용, 촬영대상자의 특정가능성 등을 종합하여 촬영대상자의 의사에 반하여 반포하였는지를 판단하여야 한다.

② (1)과 달리 甲이 만약 동영상 촬영 중 저장버튼을 누르지 않고 촬영을 종료하였더라도 성폭력범죄의처벌등에관한특례법위반(카메라등이용촬영)죄는 기수에 이른 것이다.

③ 경찰관이 피해 여성의 신고를 받고 현장에 출동하여 甲으로부터 직접 휴대전화를 임의제출받고 파일을 압수하였으나 甲에게 임의제출의 의미, 절차와 임의제출한 휴대전화를 반환받을 수 없다는 사실을 고지하지 않아 甲이 나중에 번의하더라도 되돌려받지 못한다는 사정을 인식하지 못하였다면 위 파일을 증거로 사용할 수 없다.

④ (2)와 달리 경찰관이 테러 신고를 받고 거리를 수색하던 중 가로수 밑에 버려진 쓰레기봉투에서 우연히 甲의 휴대전화를 발견하여 위 파일을 압수하였다면, 별도의 영장을 받지 아니하고 甲에게 압수과정에서 참여권을 보장하지 않았더라도 위 파일을 증거로 사용할 수 있다.

⑤ 甲의 여자친구 A가 甲의 휴대전화에서 A의 나체를 촬영한 파일만 추출하여 A 소유의 USB에 저장한 후 경찰관에게 임의제출하고 甲의 휴대전화가 제출된 바 없다면, 압수과정에서 A에게만 참여권을 보장한 경우는 위 파일을 증거로 사용할 수 없다.

MGI Point **카메라등이용촬영·반포죄, 임의제출물·유류물압수** ★★★

- 촬영물 반포죄에서 촬영대상자의 의사 ⇨ 촬영대상자의 신원이 파악되지 않아 의사를 명확히 확인할 수 없는 경우에는 촬영물 등을 토대로 확인할 수 있는 촬영대상자와 촬영자의 관계 및 촬영 경위, 그 내용이 성적 욕망 또는 수치심을 유발하는 정도, 촬영대상자의 특정가능성, 촬영물 등의 취득·반포 등이 이루어진 경위 등을 종합하여 판단하여야
- 촬영 중 저장버튼을 누르지 않고 촬영을 종료하였더라도 카메라등이용촬영죄는 기수
- 임의제출의 의미, 절차와 임의제출한 휴대전화를 반환 받을 수 없다는 사실을 고지하지 않아, 甲이 나중에 번의하더라도 되돌려받지 못한다는 사정을 인식하지 못한 경우 ⇨ 위수증 ○ 증거능력 ×
- 범죄수사를 위해 정보저장매체의 압수가 필요하고, 정보저장매체를 소지하던 사람이 그에 관한 권리를 포기하였거나 포기한 것으로 인식할 수 있는 경우 ⇨ 참여권자의 참여가 필수 ×
- A가 甲의 휴대전화에서 A의 나체를 촬영한 파일만 추출하여 A소유의 USB에 저장한 후 경찰관에게 임의제출한 경우 ⇨ 압수과정에서 임의제출자 A에게 참여권 부여로 足, 원본 전자정보 관리처분자 甲 참여 不要

---

① (○) 성폭력범죄의 처벌 등에 관한 특례법 제14조 제2항 위반죄는 반포 등 행위 시를 기준으로 촬영대상자의 의사에 반하여 그 행위를 함으로써 성립하고, 촬영이 촬영대상자의 의사에 반하지 아니하였더라도 그 성

립에 지장이 없다. 촬영대상자의 신원이 파악되지 않는 등 촬영대상자의 의사를 명확히 확인할 수 없는 경우 촬영대상자의 의사에 반하여 반포 등을 하였는지 여부는, 촬영물 등을 토대로 확인할 수 있는 촬영대상자와 촬영자의 관계 및 촬영 경위, 그 내용이 성적 욕망 또는 수치심을 유발하는 정도, 촬영대상자의 특정가능성, 촬영물 등의 취득·반포 등이 이루어진 경위 등을 종합하여 판단하여야 한다(대판 2023.06.15. 2022도15414)

② (O) 성폭력범죄의 처벌 등에 관한 특례법 제14조 제1항의 카메라 등 이용 촬영죄에서 '촬영'이란 카메라나 그 밖에 이와 유사한 기능을 갖춘 기계장치 속에 들어 있는 필름이나 저장장치에 피사체에 대한 영상정보를 입력하는 행위를 의미한다. 휴대전화로 동영상을 촬영하는 경우 촬영을 시작하여 일정 시간이 경과하면 주기억장치에 영상 정보가 입력되어 임시 저장됨으로써 '촬영' 행위가 기수에 이른다. 따라서 촬영 중 저장버튼을 누르지 않고 촬영을 종료하였더라도 카메라 등 이용 촬영죄는 기수에 이른 것이다(대판 2018.09.13. 2018도9340).

③ (O) 임의제출물을 압수한 경우 압수물이 형사소송법 제218조에 따라 실제로 임의제출된 것인지에 관하여 다툼이 있을 때에는 임의제출의 임의성을 의심할 만한 합리적이고 구체적인 사실을 피고인이 증명할 것이 아니라 검사가 그 임의성의 의문점을 없애는 증명을 해야 한다. 원심판결 이유를 앞서 본 법리와 기록에 비추어 살펴보면, 이 사건 휴대전화 제출에 관하여 검사가 임의성의 의문점을 없애는 증명을 다하지 못하였으므로 이 사건 휴대전화 및 그에 저장된 전자정보는 위법수집증거에 해당하여 증거능력이 없다. 그 구체적인 이유는 다음과 같다. 1) 피고인은 현행범 체포 당시 목격자로부터 이 사건 휴대전화를 빼앗겨 위축된 심리 상태였고, 목격자 및 경찰관으로부터 이 사건 휴대전화를 되찾기 위해 달려들기도 하였으며, 경찰서로 연행되어 변호인의 조력을 받지 못한 상태에서 피의자로 조사받으면서 일부 범행에 대하여 부인하고 있는 상황이었으므로, 피고인이 자발적으로 이 사건 휴대전화를 수사기관에 제출하였는지 여부를 엄격히 심사해야 한다. 2) 수사기관이 임의제출자인 피고인에게 임의제출의 의미, 절차와 임의제출할 경우 피압수물을 임의로 돌려받지는 못한다는 사정 등을 고지하였음을 인정할 자료가 없다. 3) 피고인은 이 사건 당시 도로교통법 위반(음주운전)죄로 1회 처벌받은 이외에 아무런 범죄전력이 없는 사람으로서 임의제출 당시 "경찰관으로부터 '이 사건 휴대전화를 반환할 수 있다.'는 말을 들었다."라고 진술하는 등 이 사건 휴대전화를 임의제출할 경우 나중에 번의하더라도 되돌려받지 못한다는 사정을 인식하고 있었다고 단정하기 어렵다(대판 2024.03.12. 2020도9431).

④ (O) 범죄수사를 위해 정보저장매체의 압수가 필요하고, 정보저장매체를 소지하던 사람이 그에 관한 권리를 포기하였거나 포기한 것으로 인식할 수 있는 경우에는, 수사기관이 형사소송법 제218조에 따라 피의자 기타 사람이 유류한 정보저장매체를 영장 없이 압수할 때 해당 사건과 관계가 있다고 인정할 수 있는 것에 압수의 대상이나 범위가 한정된다거나, 참여권자의 참여가 필수적이라고 볼 수는 없다(대판 2024.07.25. 2021도1181).

⑤ (X) 전자정보가 제3자 소유·관리의 정보저장매체에 복제되어 임의제출되는 경우에 복제 전자정보와 원본 전자정보의 내용이 완전히 동일하다고 하더라도, 복제 전자정보 생성 경위와 지배관리 상태, 복제 전자정보를 임의제출하게 된 경위, 원본 전자정보 임의제출이나 압수·수색 가능성 등 제반 사정과 전자정보 압수·수색에서 혐의사실과 무관한 전자정보의 무분별한 탐색·복제·출력 등을 방지하려는 참여권의 의의 및 기능을 종합적으로 살펴, 원본 전자정보 임의제출이 충분히 가능함에도 오직 원본 전자정보 관리처분권자의 참여를 배제할 목적으로 원본 전자정보 대신 복제 전자정보를 임의제출하는 경우 등과 같이 복제 전자정보를 임의제출하는 사람에게만 참여의 기회를 부여하는 것이 현저히 부당하다는 등의 특별한 사정이 없는 한 그 정보의 동일성을 들어 복제 전자정보 임의제출자 외에 원본 전자정보 관리처분권자를 실질적 피압수자로 평가하고 그에게 참여권을 인정해야 하는 것은 아니라고 보아야 한다. … 피해자들이 임의제출한 전자정보 등의 압수·수색(임의제출) 과정에서는 특별한 사정이 없는 한 임의제출자인 피해자들(피압수자)에게 형사소송법이 정하는 바에 따라 참여의 기회를 부여하는 것으로 충분하고 그 전자정보 등이 원본 USB로부터 유래하였다는 사정만으로 피고인에게 참여권을 보장하여야 한다고 볼 수 없다(대판 2024.

12.24. 2023도3626). ▶ 사안에서 A가 甲의 휴대전화에서 A의 나체를 촬영한 파일만 추출하여 A 소유의 USB에 저장한 후 경찰관에게 임의제출한 경우, 甲의 휴대전화 자체가 제출된 것이 아니므로, 압수과정에서 임의제출자인 A에게만 참여권을 보장하면 충분하고, 원본 전자정보 관리처분자 甲에게 참여권을 보장하지 않았다는 이유만으로 증거능력을 부정할 수는 없다.

정답 ⑤

문 37

甲은 A를 폭행하여 폭행죄로 재판을 받던 중 증인으로 乙을 신청하였다. 甲은 乙이 폭행 현장에 함께 있었기 때문에 甲이 A를 때리는 모습을 보았다는 사실을 알면서도 乙에게 '甲이 A를 때리는 것을 본 적이 없다'라는 취지로 허위로 증언해 줄 것을 부탁하였다. 乙은 甲의 부탁에 따라 증인으로 출석하여 선서한 후 사실은 甲이 A를 때리는 장면을 보았음에도 "甲이 A를 때리는 것을 본 적이 없다"라고 증언하였다. 위증교사죄로 기소된 甲과 위증죄로 기소된 乙은 함께 재판 중이다. 이 사례에 관한 설명 중 옳은 것(○)과 옳지 않은 것(×)을 올바르게 조합한 것은? (다툼이 있는 경우 판례에 의함)

> ㄱ. 재판장이 甲과 乙이 친척이라는 사실을 간과하고 증언거부권을 고지하지 않은 상태에서 乙이 증언한 경우, 증언거부권을 행사하는데 사실상 장애가 초래되었다고 볼 수 있다면 乙에게 위증죄가 성립하지 않는다.
>
> ㄴ. 만약 甲에게 모해의 목적이 있고 乙에게 모해의 목적이 없다면, 乙에게는 위증죄, 甲에게는 위증교사죄가 성립한다.
>
> ㄷ. 甲의 위증교사죄에 대해 무죄가 선고되자 검사가 보완수사를 위해 甲의 사무실 직원 B를 참고인으로 소환하여 자진출석한 B가 조사에 불응하며 조사실을 나가려 하자 검사가 긴급체포를 시도하였고, B가 이에 저항하며 검사를 손으로 밀었더라도 공무집행방해죄는 성립하지 않는다.
>
> ㄹ. 항소심에서 재판장은 제1심의 甲에 대한 피고인신문과 중복되거나 항소이유의 당부를 판단하는 데 필요 없다고 인정하는 때에는 그 신문의 전부 또는 일부를 제한할 수 있으나, 변호인이 피고인 甲을 신문하겠다는 의사를 표시하였음에도 재판장이 변호인에게 일체의 피고인신문을 허용하지 않았다면 위법하다.

① ㄱ(○), ㄴ(○), ㄷ(×), ㄹ(○)
② ㄱ(○), ㄴ(×), ㄷ(○), ㄹ(○)
③ ㄱ(○), ㄴ(×), ㄷ(×), ㄹ(×)
④ ㄱ(×), ㄴ(○), ㄷ(○), ㄹ(×)
⑤ ㄱ(×), ㄴ(○), ㄷ(×), ㄹ(×)

MGI Point **종합사례** ★★

- 증언거부권을 행사하는 데 사실상 장애가 초래되었다고 볼 수 있는 경우에는 위증죄 성립 ×
- 모해목적 있는 甲이 모해목적 없는 乙을 위증 교사한 경우 ⇨ 甲 모해위증교사죄, 乙 위증죄 성립
- 검사가 참고인 조사를 받는 줄 알고 검찰청에 자진출석한 자를 합리적 근거 없이 긴급체포 ⇨ 위법한 체포 ⇨ 공무집행방해죄 성립 ×
- 변호인이 피고인을 신문하겠다는 의사를 표시하였음에도 변호인에게 일체의 피고인신문을 허용하지 않은 경우 ⇨ 위법

ㄱ. (O) 증언거부사유가 있음에도 증인이 증언거부권을 고지받지 못함으로 인하여 그 증언거부권을 행사하는 데 사실상 장애가 초래되었다고 볼 수 있는 경우에는 위증죄의 성립을 부정하여야 한다(대판 2010.01. 21. 2008도942(전합)).

ㄴ. (X) 형법 제152조 제1항과 제2항은 위증을 한 범인이 형사사건의 피고인 등을 '모해할 목적'을 가지고 있었는가 아니면 그러한 목적이 없었는가 하는 범인의 특수한 상태의 차이에 따라 범인에게 과할 형의 경중을 구별하고 있으므로, 이는 바로 형법 제33조 단서 소정의 "신분관계로 인하여 형의 경중이 있는 경우"에 해당한다고 봄이 상당하다. 피고인이 갑을 모해할 목적으로 을에게 위증을 교사한 이상, 가사 정범인 을에게 모해의 목적이 없었다고 하더라도, 형법 제33조 단서의 규정에 의하여 피고인을 모해위증교사죄로 처단할 수 있다. 형법 제31조 제1항은 협의의 공범의 일종인 교사범이 그 성립과 처벌에 있어서 정범에 종속한다는 일반적인 원칙을 선언한 것에 불과하고, 신분관계로 인하여 형의 경중이 있는 경우에 신분이 있는 자가 신분이 없는 자를 교사하여 죄를 범하게 한 때에는 형법 제33조 단서가 형법 제31조 제1항에 우선하여 적용됨으로써 신분이 있는 교사범이 신분이 없는 정범보다 중하게 처벌된다(대판 1994.12.23. 93도1002). ▶ 모해위증죄는 부진정신분범이다. 따라서 교사자 甲에게 모해의 목적이 있고 피교사자 乙에게 모해의 목적이 없다면 신분자가 비신분자에게 가공하는 경우이므로, 형법 제33조 단서에 따라 甲에게는 모해위증교사죄가, 乙에게는 위증죄가 성립한다.

ㄷ. (O) [공무집행방해의 점] 검사나 사법경찰관이 수사기관에 자진출석한 사람을 긴급체포의 요건을 갖추지 못하였음에도 실력으로 체포하려고 하였다면 적법한 공무집행이라고 할 수 없고, 자진출석한 사람이 검사나 사법경찰관에 대하여 이를 거부하는 방법으로써 폭행을 하였다고 하여 공무집행방해죄가 성립하는 것은 아니다. [상해의 점] 검사가 참고인 조사를 받는 줄 알고 검찰청에 자진출석한 변호사사무실 사무장을 합리적 근거 없이 긴급체포하자 그 변호사가 이를 제지하는 과정에서 위 검사에게 상해를 가한 것이 정당방위에 해당한다고 본 사례(대판 2006.09.08. 2006도148). ▶ 자진출석한 참고인이 검사의 제지에도 불구하고 퇴거하였다고 하여 도망할 우려가 있다거나 증거를 인멸할 우려가 있다고 보기 어려우므로, 긴급체포의 요건을 갖추지 못한 것으로, 적법한 공무집행이라고 할 수 없다.

ㄹ. (O) 형사소송법 제370조, 제296조의2 제1항 본문은 '검사 또는 변호인은 증거조사 종료 후에 순차로 피고인에게 공소사실 및 정상에 관하여 필요한 사항을 신문할 수 있다'라고 규정하고 있으므로, 변호인의 피고인신문권은 변호인의 소송법상 권리이다. 재판장은 검사 또는 변호인이 항소심에서 피고인신문을 실시하는 경우 제1심의 피고인신문과 중복되거나 항소이유의 당부를 판단하는 데 필요 없다고 인정하는 때에는 그 신문의 전부 또는 일부를 제한할 수 있으나(형사소송규칙 제156조의6 제2항) 변호인의 본질적 권리를 해할 수는 없다. 따라서 재판장은 변호인이 피고인을 신문하겠다는 의사를 표시한 때에는 피고인을 신문할 수 있도록 조치하여야 하고, 변호인이 피고인을 신문하겠다는 의사를 표시하였음에도 변호인에게 일체의 피고인신문을 허용하지 않은 재판장의 조치는 소송절차의 법령위반으로서 상고이유에 해당한다 (대판 2020.12.24. 2020도10778)

정답 ②

문 38

甲은 자기 소유의 X 토지를 시가에 상응하는 10억 원에 A에게 매도하기로 계약하고, A는 계약금과 중도금 합계 4억 5천만 원을 甲의 계좌로 송금하였다. 이후 甲은 친구인 乙에게 위와 같은 사정을 설명하고 X 토지를 7억 원에 매수할 것을 제안하였다. 乙은 甲의 부탁을 받아들여 X 토지를 7억 원에 매수하고, 소유권이전등기를 경료받았다. 위 사실을 알게 된 A가 甲을 배임죄로 고소하자 甲은 이 사건 수사를 담당한 경찰관 丙에게 "불송치 처분해달라"고 부탁하면서 2천만 원을 건네주었다. 丙은 "알겠다"라고 말하며 2천만 원을 교부받았다. 이 사례에 관한 설명 중 옳은 것은? (다툼이 있는 경우 판례에 의함)

① 甲이 A로부터 교부받은 금원은 4억 5천만 원이므로 甲에게는 특정경제범죄가중처벌등에관한법률위반(배임)죄가 아닌 형법상 배임죄가 성립한다.

② 乙은 甲의 행위가 배임행위에 해당한다는 사실을 알고 거래에 임하였으므로 甲의 배임행위에 대한 방조범이 성립한다.

③ 검사가 乙을 배임죄의 방조범으로 기소하였으나 범죄의 증명이 없다는 이유로 무죄판결이 확정되었다면, 乙에 대한 공소제기 시점부터 판결의 확정시점까지 甲의 공소시효는 정지하지 않는다.

④ 만약 검사가 甲을 형법상 배임죄로 기소하여 제1심 재판이 진행되던 중 甲에게 예비적으로 특정경제범죄가중처벌등에관한법률위반(배임)죄를 추가한 경우, 예비적 공소사실에 대한 공소시효의 완성여부는 공소장변경 일자를 기준으로 판단한다.

⑤ 검사가 甲을 뇌물공여죄로 기소하여 유죄판결이 확정되었다면, 甲에 대한 공소제기 시점부터 판결의 확정시점까지 丙의 공소시효가 정지한다.

MGI Point **부동산이중매매, 배임, 공소시효** ★★

■ 부동산 이중매매에서 배임죄의 이득액 ⇨ 부동산 시가 상당액
■ 배임죄의 방조범 ⇨ 단순가담 ×, 적극가담 ○
■ 범죄의 증명이 없다는 이유로 공범 중 1인이 무죄의 확정판결을 선고받은 경우 ⇨ 공소시효정지 효력×
■ 공소장변경시 공소시효 완성여부 판단 시점 ⇨ 공소장변경시 × 당초 공소제기시 ○
■ 형사소송법 제253조 제2항의 '공범'에는 대향범 포함 ×

---

① (X) 배임행위로 얻은 재산상 이익의 일정한 액수 자체를 가중적 구성요건으로 규정하고 있는 특정경제범죄 가중처벌 등에 관한 법률 제3조 제1항의 적용을 전제로 하여 이중매매 대상이 된 부동산 가액을 산정하는 경우, 부동산에 아무런 부담이 없는 때에는 부동산 시가 상당액이 곧 가액이라고 볼 것이지만, 부동산에 근저당권설정등기가 경료되어 있거나 압류 또는 가압류 등이 이루어진 때에는 특별한 사정이 없는 한 아무런 부담이 없는 상태의 부동산 시가 상당액에서 근저당권의 채권최고액 범위 내에서 피담보채권액, 압류에 걸린 집행채권액, 가압류에 걸린 청구금액 범위 내에서 피보전채권액 등을 뺀 실제 교환가치를 부동산 가액으로 보아야 한다(대판 2011.06.30. 2011도1651). ▶ 부동산 이중매매에서 특경법상 배임죄의 이득액인 '취득한 재산상 이익'은, 피해자의 지급액이 아니라, 부동산 자체의 실제 교환가치'인 '부동산 시가 상당액이라는 것이 판례의 입장이다. 따라서 甲의 이득액은 X부동산의 시가 10억 원이며, 이는 5억 원을 초과하여 특경법이 적용된다.

참조판례 부동산 이중매매에서 매도인이 제1매수인으로부터 중도금까지 수령하여 소유권이전등기에 협력할 임무가 있는데도 제2매수인에게 부동산을 매도하고 계약금과 중도금까지 수령한 것은, 제1매수인에 대한 소유권이전등기 협력의무의 위배와 밀접한 행위로서 배임죄 실행의 착수에 해당하고, 제2매수인에게 소유권이전등기까지 마친 경우 배임죄는 기수에 이르게 된다(대판 2018.05.17. 2017도4027(전합)).

비교판례 채무자가 금전채무를 담보하기 위한 저당권설정계약에 따라 채권자에게 그 소유의 부동산에 관하여 저당권을 설정할 의무를 부담하게 되었다고 하더라도, 이를 들어 채무자가 통상의 계약에서 이루어지는 이익대립관계를 넘어서 채권자와의 신임관계에 기초하여 채권자의 사무를 맡아 처리하는 것으로 볼 수 없다. 채무자가 저당권설정계약에 따라 채권자에 대하여 부담하는 저당권을 설정할 의무는 계약에 따라 부담하게 된 채무자 자신의 의무이다. 채무자가 위와 같은 의무를 이행하는 것은 채무자 자신의 사무에 해당할 뿐이므로, 채무자를 채권자에 대한 관계에서 '타인의 사무를 처리하는 자'라고 할 수 없다. 따라서 채무자가 제3자에게 먼저 담보물에 관한 저당권을 설정하거나 담보물을 양도하는 등으로 담보가치를 감소 또는 상실시켜 채권자의 채권실현에 위험을 초래하더라도 배임죄가 성립한다고 할 수 없다(대판 2020.06.18. 2019도14340(전합)). ▶ 부동산 이중담보는 배임죄 × (판례 변경)

② (X) 배임적 거래의 상대방이 배임의 방조범으로 처벌되기 위해서는 단순히 배임행위에 해당한다는 사실을 알고 거래에 임하였다는 사정만으로는 부족하고, 배임행위를 적극적으로 유발하였다거나 배임행위에 적극 가담하는 등 배임행위를 용이하게 하는 행위가 있어야 한다(대판 2005.10.28. 2005도4915).

③ (○) 공범 중 1인으로 기소된 자가 구성요건에 해당하는 위법행위를 공동으로 하였다고 인정되기는 하나 책임조각을 이유로 무죄로 되는 경우와는 달리 범죄의 증명이 없다는 이유로 공범 중 1인이 무죄의 확정판결을 선고받은 경우에는 그를 공범이라고 할 수 없어 그에 대하여 제기된 공소로써는 진범에 대한 공소시효정지의 효력이 없다(대판 1999.03.09. 98도4621).

④ (X) 공소장 변경이 있는 경우에 공소시효의 완성 여부는 당초의 공소제기가 있었던 시점을 기준으로 판단할 것이고 공소장 변경시를 기준으로 삼을 것은 아니다(대판 2002.10.11. 2002도2939).
사기죄로 공소가 제기된 범죄사실에 대하여 예비적으로 배임죄를 추가하는 공소장변경이 된 경우에는 공소장기재의 공소사실의 동일성에 아무런 소장이 없으므로 배임죄에 대한 공소시효의 완성여부는 본래의 공소제기시를 기준으로 하여야 하고 공소장 변경시를 기준으로 삼아서는 아니된다(대판 1981.02.10. 80도3245).

⑤ (X) 형사소송법 제253조 제2항의 '공범'에는 뇌물공여죄와 뇌물수수죄 사이와 같은 대향범 관계에 있는 자는 포함되지 않는다(대판 2015.02.12. 2012도4842).

형사소송법 제253조(시효의 정지와 효력) ② 공범의 1인에 대한 전항의 시효정지는 다른 공범자에게 대하여 효력이 미치고 당해 사건의 재판이 확정된 때로부터 진행한다.

 정답 ③

문 39

대형마트에서 정육점을 운영하던 甲은 장사가 되지 않아 A가 공급한 고기대금을 연체하였다. A가 고기대금 지급을 독촉하자 甲은 자신의 정육점 임대차보증금 3천만 원에 대한 반환채권을 A에게 양도하면서 임대인의 승낙을 얻거나 임대인에게 통지하지는 않았다. 甲은 정육점을 찾아온 친구 乙의 부탁으로 乙이 보이스피싱 범죄를 범할 것이라는 점을 전혀 예상하지 못한 채 乙에게 甲의 명의로 개설한 잔고가 없는 예금계좌의 예금통장과 이에 연결된 전자금융거래에 관한 접근매체를 교부하였다. 甲은 乙에게 교부한 예금통장에 B가 송금한 1천만 원을 별도로 소지하고 있던 체크카드로 인출한 후 생활비로 사용하였다. 甲은 친동생 C가 직장에서 해고된 후 카드 빚으로 사채업자에게 시달린다는 사실을 알고 위 임대차보증금 3천만 원을 수령한 후 C에게 주었다. 이 사례에 관한 설명 중 옳지 않은 것은? (다툼이 있는 경우 판례에 의함)

① 甲은 수령한 임대차보증금을 A를 위해 보관하는 자의 지위에 있다고 볼 수 없으므로, 甲이 위 금전을 C에게 주었더라도 횡령죄는 성립하지 않는다.

② 甲이 인출하여 소비한 1천만 원은 B에게 반환하여야 할 성격의 것이므로 甲에게는 B에 대한 횡령죄가 성립한다.

③ 만약 甲이 乙의 보이스피싱 범행에 이용될 것이라는 사정을 알고서 乙에게 접근매체를 교부하였다면, 甲에게는 乙의 사기죄에 대한 방조범이 성립하고 B에 대한 횡령죄와는 상상적 경합관계에 있다.

④ 사법경찰관 P가 乙의 보이스피싱 범행에 관하여 甲이 정육점 내에서 전속적으로 관리하는 컴퓨터를 甲으로부터 임의제출 받아 경찰서 사무실로 반출한 후 그 컴퓨터에 저장된 전자정보를 탐색할 때는 반드시 乙에게 참여의 기회를 보장하여야 하는 것은 아니다.

⑤ 제1심법원이 병합심리 중이던 甲과 乙의 소송절차를 분리하여 乙의 범행에 대해 甲을 증인으로 신문하더라도 甲의 피고인으로서의 진술거부권 또는 자기부죄거부특권을 침해한다고 할 수 없다.

MGI Point 　**횡령죄, 압수절차의 참여권, 소송분리** ★★

■ 임대차보증금반환채권의 양도인(임차인)이 채무자(임대인)에게 통지 등 대항요건 없이 임대차보증금을 수령하여 임의 사용한 행위 ⇨ 채권 양수인에 대한 횡령죄 ✕

■ 계좌대여와 보이스피싱
　• 범행이용 사정 몰랐던 경우 ⇨ 사기죄의 공범 ✕ ⇨ 임의 인출하여 사용시 횡령죄 성립 〇
　• 범행이용 사정 알았던 경우 ⇨ 사기죄의 공범 〇 ⇨ 임의 인출해도 별도의 횡령죄 성립 ✕ (사기범행의 실행일 뿐)

■ 정보저장매체 참여권 보장의 주체 ⇨ 전속적인 관리.처분권자 〇, 단지 정보 주체 ✕

■ 소송절차가 분리되어 피고인의 지위에서 벗어나게 되면 다른 공동피고인에 대한 공소사실에 관하여 증인 可

---

① (〇) [1] 채권양도인이 채무자에게 채권양도 통지를 하는 등으로 채권양도의 대항요건을 갖추어 주지 않은 채 채무자로부터 채권을 추심하여 금전을 수령한 경우, 특별한 사정이 없는 한 금전의 소유권은 채권양수인이 아니라 채권양도인에게 귀속하고 채권양도인이 채권양수인을 위하여 양도 채권의 보전에 관한 사무를 처리하는 신임관계가 존재한다고 볼 수 없다. 따라서 채권양도인이 위와 같이 양도한 채권을 추심하여 수령한 금전에 관하여 채권양수인을 위해 보관하는 자의 지위에 있다고 볼 수 없으므로, 채권양도인이 위 금전을 임의로 처분하더라도 횡령죄는 성립하지 않는다. [2] 건물의 임차인인 피고인이 임대인 갑에

대한 임대차보증금반환채권을 을에게 양도하였는데도 갑에게 채권양도 통지를 하지 않고 갑으로부터 남아 있던 임대차보증금을 반환받아 보관하던 중 개인적인 용도로 사용하여 이를 횡령하였다는 내용으로 기소된 사안에서, 임대차보증금으로 받은 금전의 소유권은 피고인에게 귀속하고, 피고인이 을을 위한 보관자 지위가 인정될 수 있는 신임관계에 있다고 볼 수 없어 횡령죄가 성립하지 않는다는 이유로, 이와 달리 보아 공소사실을 유죄로 인정한 원심판결에 채권양도에서 횡령죄의 성립 등에 관한 법리오해의 잘못이 있다고 한 사례(대판 2022.06.23. 2017도3829(전합)).

② (○) 전기통신금융사기(이른바 보이스피싱 범죄)의 범인이 피해자를 기망하여 피해자의 돈을 사기이용계좌로 송금·이체 받았다면 이로써 편취행위는 기수에 이른다. 계좌명의인이 개설한 예금계좌가 이른바 보이스피싱 범행에 이용되어 그 계좌에 피해자가 피해금을 송금·이체한 경우, 계좌명의인이 보이스피싱 범행의 공범이 아니라면, 피해자를 위하여 피해금을 보관하는 지위에 있다. 따라서 계좌명의인이 보이스피싱 범행의 공범이 아님에도 예금계좌에 송금·이체된 피해금을 인출하여 임의로 사용하였다면, 횡령죄가 성립한다(대판 2018.07.19. 2017도17494(전합)).

③ (×) 전기통신금융사기(이른바 보이스피싱 범죄)의 범인이 피해자를 기망하여 피해자의 자금을 사기이용계좌로 송금·이체받으면 사기죄는 기수에 이르고, 범인이 피해자의 자금을 점유하고 있다고 하여 피해자와의 어떠한 위탁관계나 신임관계가 존재한다고 볼 수 없을 뿐만 아니라, 그 후 범인이 사기이용계좌에서 현금을 인출하였더라도 이는 이미 성립한 사기범행이 예정하고 있던 행위에 지나지 아니하여 새로운 법익을 침해한다고 보기도 어려우므로, 위와 같은 인출행위는 사기의 피해자에 대하여 별도의 횡령죄를 구성하지 아니한다. 이러한 법리는 사기범행에 이용되리라는 사정을 알고서 자신 명의 계좌의 접근매체를 양도함으로써 사기범행을 방조한 종범이 사기이용계좌로 송금된 피해자의 자금을 임의로 인출한 경우에도 마찬가지로 적용된다(대판 2017.05.31. 2017도3894).

④ (○) 정보저장매체를 임의제출한 피압수자에 더하여 임의제출자 아닌 피의자에게도 참여권이 보장되어야 하는 '피의자의 소유·관리에 속하는 정보저장매체'란, 피의자가 압수·수색 당시 또는 이와 시간적으로 근접한 시기까지 해당 정보저장매체를 현실적으로 지배·관리하면서 그 정보저장매체 내 전자정보 전반에 관한 전속적인 관리처분권을 보유·행사하고, 달리 이를 자신의 의사에 따라 제3자에게 양도하거나 포기하지 아니한 경우로서, 피의자를 그 정보저장매체에 저장된 전자정보 전반에 대한 실질적인 압수·수색 당사자로 평가할 수 있는 경우를 말하는 것이다. 이에 해당하는지 여부는 민사법상 권리의 귀속에 따른 법률적·사후적 판단이 아니라 압수·수색 당시 외형적·객관적으로 인식 가능한 사실상의 상태를 기준으로 판단하여야 한다. 이러한 정보저장매체의 외형적·객관적 지배·관리 등 상태와 별도로 단지 피의자나 그 밖의 제3자가 과거 그 정보저장매체의 이용 내지 개별 전자정보의 생성·이용 등에 관여한 사실이 있다거나 그 과정에서 생성된 전자정보에 의해 식별되는 정보주체에 해당한다는 사정만으로 그들을 실질적으로 압수·수색을 받는 당사자로 취급하여야 하는 것은 아니다(대판 2023.09.18. 2022도7453(전합)). ▶ 제3자 甲이 임의제출한 정보저장매체(컴퓨터)의 전자정보 탐색 등 압수절차에 있어서, 피의자 乙에게 참여권이 인정되기 위해서는 乙이 그 컴퓨터의 전속적인 관리처분권을 보유·행사할 것을 요한다. 즉, 甲이 전속적으로 관리하는 컴퓨터에 대해, 乙의 참여권이 인정되는 것은 아니다.

⑤ (○) 공범인 공동피고인은 당해 소송절차에서는 피고인의 지위에 있어 다른 공동피고인에 대한 공소사실에 관하여 증인이 될 수 없으나, 소송절차가 분리되어 피고인의 지위에서 벗어나게 되면 다른 공동피고인에 대한 공소사실에 관하여 증인이 될 수 있다. 형사소송법 제148조는 피고인의 자기부죄거부특권을 보장하기 위하여 자기가 유죄판결을 받을 사실이 발로될 염려 있는 증언을 거부할 수 있는 권리를 인정하고 있고, 그와 같은 증언거부권 보장을 위하여 형사소송법 제160조는 재판장이 신문 전에 증언거부권을 고지하여야 한다고 규정하고 있으므로, 소송절차가 분리된 공동피고인에 대하여 증인적격을 인정하고 그 자신의 범죄사실에 대하여 신문한다 하더라도 피고인으로서의 진술거부권 내지 자기부죄거부권을 침해한다고 할 수 없다(대판 2012.12.13. 2010도10028 참조).

정답 ③

문 40

甲으로부터 은행에서 나오는 사람을 상대로 하는 날치기를 제의받은 乙은 이를 승낙하면서 후배 丙을 甲에게 소개하여 준 후, 甲, 乙, 丙은 범행계획을 공모하였다. 甲은 사람을 다치게 하는 일은 없도록 제안하였고, 乙과 丙은 이에 동의하였다. 범행계획에 따라 甲은 은행과 300여 미터 떨어져 은행이 보이지 않는 주유소 앞에서 차량을 대기하고 있었고, 乙과 丙은 은행에서 나오는 A를 발견하고 A를 20미터 정도 따라가다가, 乙이 길을 묻는 척하는 사이에 丙은 A의 가방을 낚아챈 후 각자 서로 다른 방향으로 도주하였다. 도주하던 乙은 A의 비명소리를 들은 경찰관 P가 추격해 오자 주먹과 발길질로 폭행을 가하여 P에게 치료일수 2주를 요하는 상해를 입혔다. 이 사례에 관한 설명 중 옳은 것(○)과 옳지 <u>않은</u> 것(×)을 올바르게 조합한 것은? (다툼이 있는 경우 판례에 의함)

> ㄱ. 강도치상죄는 강도의 피해자가 아닌 다른 사람에게 상해를 입힌 때에도 성립하므로, 준강도범인 乙이 P에게 폭행의 고의로 2주의 치료를 요하는 상해를 입힌 것은 강도치상죄에 해당한다.
>
> ㄴ. 甲은 단순히 공모자 중 1인으로 모의에 참여한 데 그친 것이 아니라 범행을 주도하면서 범행 후 만나 도주할 장소에 차량을 세워둔 채 乙과 丙을 기다리고 있었으므로 기능적 행위지배가 인정되어 절도죄의 공동정범이 성립하나, 범행장소로부터 300여 미터 떨어진 곳에서 차량을 주차하고 공범들을 기다리고 있었으므로 장소적 협동은 인정되지 않아 특수절도죄의 공동정범이 성립하지는 않는다.
>
> ㄷ. 甲이 주유소 앞에서 대기하고 있는 모습이 촬영된 방범용 CCTV는 甲이 증거동의를 하지 않더라도 甲에 대한 유죄의 증거로 사용될 수 있다.
>
> ㄹ. P가 법정에 출석하여 자신의 피해 상황을 진술하는 때에는 그 진술은 전문증거가 아니며 형사소송법 제316조가 적용되지 않는다.

① ㄱ(○), ㄴ(○), ㄷ(×), ㄹ(○)
② ㄱ(○), ㄴ(×), ㄷ(○), ㄹ(○)
③ ㄱ(○), ㄴ(×), ㄷ(×), ㄹ(×)
④ ㄱ(×), ㄴ(○), ㄷ(○), ㄹ(×)
⑤ ㄱ(×), ㄴ(○), ㄷ(×), ㄹ(×)

MGI Point **강도치상, 합동범의 공동정범, 본래증거** ★★★

- **강도상해·치상**
  - 주체 : 강도범 ⇨ 준강도 포함 ○
  - 상대방 : 강도의 피해자가 아닌 체포하려는 경찰관 포함 ○
- **합동범의 공동정법 ○**
- **현장녹화 CCTV ⇨ 전문증거 ×**
- **경찰관이 법정에 출석하여 자신의 직접 경험 진술하는 경우 ⇨ 전문증거 ×**

ㄱ. (○) 1) **주체** : 강도상해·치상죄의 주체는 모든 강도범인이며, 단순강도, 특수강도, 준강도, 인질강도를 불문한다. 따라서 사안에서 준강도범인 乙은 강도치상죄의 주체 요건을 충족한다. 2) **행위** : 강도치상죄에서 '치상'이란 상해의 고의 없이 상해의 결과를 발생시킨 경우를 말한다. 치상의 결과는 폭행의 고의로 야기된 것이어야 한다는 견해(통설), 폭행의 인식을 요하지 않고 과실로 발생한 상해도 포함한다는 견해가 대립한다. 다만, 사안에서는 폭행의 고의로 인한 상해를 전제하므로 어느 설에 의하든 치상은 인정된다. 3) **상대방** : 강도 상해·치상의 상대방은 강도피해자에 한하지 않고, 체포·추적하는 경찰관에게 상해·치상의 결과를 야기한 때에도 성립한다. 4) **발생원인(강도의 기회)** : 상해·치상의 결과는 강도의 수단인 폭행·협박에서 직접 발생할 것을 요하지는 않고, 강도의 기회에 발생한 것이면 족하다(통설, 판례). 강도의 기회란 실행에 착수하여 강도범행종료 직후까지 강도행위와 시간적·장소적으로 밀접한 연관성이 있는 범위를 말한다. 사안과 같이 도주 중인 준강도범인 乙이 경찰관 P가 추격해오자 체포면탈 목적으로 폭행한 것은 강도의 기회에 해당한다. 결국 乙은 강도치상죄에 해당한다(김성돈, 형법각론 제6판(2020), p.352-353; 노태악 편집대표, 주석 형법각칙 IV, 한국사법행정학회(2024), p.842 참조).

> 참조판례 갑이 을과 공모하여 타인의 재물을 절취하려다 미수에 그친 이상 을이 체포를 면탈하려고 경찰관에게 상해를 가할때 갑이 비록 거기에는 가담하지 아니하였다고 하더라도 을의 행위를 예견하지 못한 것으로 볼 수 없는 한 준강도상해의 죄책을 면할 수 없다(대판 1989.03.28. 88도2291). ▶ 강도상해치상의 주체에 준강도가 포함되며, 상대방은 피해자가 아닌 체포하려는 경찰관을 포함한다.

> 참조판례 강도치상죄에 있어서의 상해는 강도의 기회에 범인의 행위로 인하여 발생한 것이면 족한 것이므로, 피고인이 택시를 타고 가다가 요금지급을 면할 목적으로 소지한 과도로 운전수를 협박하자 이에 놀란 운전수가 택시를 급우회전하면서 그 충격으로 피고인이 겨누고 있던 과도에 어깨부분이 찔려 상처를 입었다면, 피고인의 위 행위를 강도치상죄에 의율함은 정당하다(대판 1985.01.15. 84도2397). ▶ 강도상해치상의 결과는 강도의 기회에 발생된 것이면 족하다.

> 참조판례 날치기 수법으로 피해자가 들고 있던 가방을 탈취하면서 가방을 놓지 않고 버티는 피해자를 5m 가량 끌고 감으로써 피해자의 무릎 등에 상해를 입힌 경우, 반항을 억압하기 위한 목적으로 가해진 강제력으로서 그 반항을 억압할 정도에 해당한다고 보아 강도치상죄의 성립을 인정한 사례(대판 2007.12.13. 2007도7601). 비교판례 날치기와 같이 강력적으로 재물을 절취하는 행위는 때로는 피해자를 전도시키거나 부상케 하는 경우가 있고, 구체적인 상황에 따라서는 이를 강도로 인정하여야 할 때가 있다 할 것이나, 그와 같은 결과가 피해자의 반항억압을 목적으로 함이 없이 점유탈취의 과정에서 우연히 가해진 경우라면 이는 절도에 불과한 것으로 보아야 한다. 피해자의 상해가 차량을 이용한 날치기 수법의 절도시 점유탈취의 과정에서 우연히 가해진 것에 불과하고, 그에 수반된 강제력 행사도 피해자의 반항을 억압하기 위한 목적 또는 정도의 것은 아니었던 것으로 보아 강도치상죄로 의율한 원심판결을 파기한 사례(대판 2003.07.25. 2003도2316). ▶ 날치기 수법의 절도·강도 여부에 관해 판례는 강제력 행사의 정도 등 상황에 따라 다르게 보고 있다. 다만 사안의 경우는 절도의 기회에 체포 면탈목적으로 경찰관을 폭행한 준강도가 인정되므로 이는 문제되지 않는다.

ㄴ. (X) 3인 이상의 범인이 합동절도의 범행을 공모한 후 적어도 2인 이상의 범인이 범행 현장에서 시간적, 장소적으로 협동관계를 이루어 절도의 실행행위를 분담하여 절도 범행을 한 경우에, 그 공모에는 참여하였으나 현장에서 절도의 실행행위를 직접 분담하지 아니한 다른 범인에 대하여도 그가 현장에서 절도 범행을 실행한 위 2인 이상의 범인의 행위를 자기 의사의 수단으로 하여 합동절도의 범행을 하였다고 평가할 수 있는 정범성의 표지를 갖추고 있는 한 공동정범의 일반 이론에 비추어 그 다른 범인에 대하여 합동절도의 공동정범으로 인정할 수 있다. … 원심은, 이 사건 범행 당일 피고인은 원심 공동피고인 2를 원심 공동피고인 1에게 소개시켜 준 다음 이들과 함께 범행 장소인 공소외 합명회사 사무실로부터 약 200m 떨어진 ○○○○ 주유소 앞까지 갔고, 그 지점에서는 위 사무실이 보이지 않는 사실 등이 인정되나, 나아가 피고인이 위 사무실로부터 약 100m 떨어진 지점에서 망을 보는 방법으로 합동하여 이 사건 범행을 저질렀다는 점에 관하여는 검사가 제출한 증거들을 모두 모아 보더라도 이를 인정하기에 부족하고 달리 이

를 인정할 증거가 없다는 이유로, 이 부분 공소사실을 무죄로 판단한 제1심판결을 그대로 유지하였다. … 피고인이 비록 망을 본 일이 없다고 하더라도, 피고인이 합동절도의 범행을 현장에서 실행한 원심 공동피고인 1, 2와 공모하였고, 이 사건 범행을 직접 실행할 원심 공동피고인 2를 원심 공동피고인 1에게 소개하여 주었으며, 원심 공동피고인 2에게 이 사건 범행 도구인 면장갑과 쇼핑백을 구입하여 건네 주었고, 원심 공동피고인 2, 1이 이 사건 범행을 종료할 때까지 기다려 그들과 함께 절취한 현금을 운반한 후 그 중 일부를 분배받은 것만으로도 단순한 공모자에 그치는 것이 아니라 이 사건 범행에 대한 본질적 기여를 통한 기능적 행위지배를 하였다고 할 것이고, 따라서 피고인이 원심 공동피고인 1, 2의 행위를 자기 의사의 수단으로 하여 합동절도의 범행을 하였다고 평가될 수 있는 정범성의 표지를 갖추었다고 할 것이므로, 원심 공동피고인 1, 2의 위 합동절도의 범행에 대하여 공동정범으로서의 죄책을 면할 수 없다(대판 2011.05.13. 2011도2021).

ㄷ. (○) 사안의 CCTV는 사인이 범행현장을 그대로 녹화한 비진술증거인바, 전문증거가 아니므로 범죄사실과의 관련성만 인정되면 甲의 증거동의와 무관하게 증거능력이 있다. 다만, 위법수집증거에 해당하는지에 관해 이익형량의 제한을 받을 뿐이다(이창현, 형사소송법 제9판(2023), p.977; 아래 2008도3990 참조).

> **참조판례** 국민의 인간으로서의 존엄과 가치를 보장하는 것은 국가기관의 기본적인 의무에 속하는 것이고 이는 형사절차에서도 당연히 구현되어야 하는 것이지만, 국민의 사생활 영역에 관계된 모든 증거의 제출이 곧 바로 금지되는 것으로 볼 수는 없으므로, 법원으로서는 효과적인 형사소추 및 형사소송에서의 진실발견이라는 공익과 개인의 인격적 이익 등의 보호이익을 비교형량하여 그 허용 여부를 결정하여야 한다(대판 2010.09.09. 2008도3990).

ㄹ. (○) 현행범을 체포한 경찰관의 진술이라 하더라도 범행을 목격한 부분에 관하여는 여느 목격자의 진술과 다름없이 증거능력이 있다(대판 1995.05.09. 95도535). ▸ 전문증거란 원진술자가 아닌 사람이 원진술의 내용을 전달하는 증거로, 피해자인 경찰관이 법정에 출석하여 자신의 피해 상황을 진술하는 경우, 이는 원진술자가 자신의 경험을 직접 진술하는 것이므로 전문증거가 아니다. 형소법 제316조 제1항의 조사자증언제도는 범행의 경험자가 아닌 경찰관이 수사단계에서의 피고인 진술 내용을 들은 것을 법정에서 간접적으로 전하는 경우에 적용되는 것이다.

정답 ②

MEMO

2025년도 제3차

변호사시험 모의시험 기출문제집

선택형

민사법

2025년도 제3차 변호사시험 모의시험
[민사법]

b a r e x a m i n a t i o n

문 1

채권의 목적에 관한 설명 중 옳지 않은 것은? (다툼이 있는 경우 판례에 의함)

① 종류채권의 목적물이 특정되기 전에 멸실된 경우 채무자는 같은 종류의 다른 물건을 급부할 의무가 있지만, 목적물이 특정된 후에 멸실된 경우에는 같은 종류의 다른 물건을 급부할 의무가 없다.

② 甲이 乙로부터 1리터 용량의 페인트 10통을 구매하기로 하는 계약을 체결한 경우, 페인트의 품질에 관하여 甲과 乙 사이에 합의가 없다면 乙은 甲에게 중등 품질을 인도하여야 한다.

③ 채권액이 다른 나라 통화로 지정된 때에는 채무자는 지급할 때에 있어서의 이행지의 환금시가에 의하여 우리나라 통화로 변제할 수 있다.

④ 채권의 목적으로 선택할 수 개의 행위 중에 선택권이 없는 자의 과실로 이행불능이 된 것이 있다면, 채권의 목적은 잔존한 것에 존재한다.

⑤ 채권자가 고의 또는 과실로 이자제한법상 최고이자율을 초과하여 채무자로부터 받은 이자가 전부 원본에 충당된 경우, 채권자에게 민법 제750조에 따른 불법행위책임은 성립하지 않는다.

MGI Point **종류채권, 이자채권** ★★

■ 종류채권이 특정된 후 멸실된 경우 급부의무 ×
■ 법률행위 성질 또는 다른 약정 없는 한 종류채권은 중등 품질 인도
■ 외화채권 - 채무자는 지급시 이행지 환금시가에 의한 우리나라 통화로 대용급부 가능
■ 선택권 없는 자의 과실로 인한 이행불능 ➪ 채권자는 불능된 채권을 선택 가능
■ 제한최고이율을 넘은 이자 ➪ 전부 원본충당시 불법행위 책임 ×

① (O) 종류채권은 목적물이 특정됨으로써 특정물채권화 되므로, 목적물이 특정되기 전 멸실된 경우라도 목적물 급부의무가 존재하나, 특정 이후라면 급부의무는 존재하지 않는다.

② (O) 특별한 사정이 없는 한 1리터 용량의 페인트 10통 구매계약은 종류채권에 해당하고, 민법 제375조 제1항에 의하여 법률행위의 성질이나 당사자의 의사에 의하여 따로이 합의가 없으므로 결국 乙은 甲에게 중등 품질의 물건으로 인도하여야 한다.

> **민법 제375조(종류채권)** ① 채권의 목적을 종류로만 지정한 경우에 법률행위의 성질이나 당사자의 의사에 의하여 품질을 정할 수 없는 때에는 채무자는 중등품질의 물건으로 이행하여야 한다.
> ② 전항의 경우에 채무자가 이행에 필요한 행위를 완료하거나 채권자의 동의를 얻어 이행할 물건을 지정한 때에는 그때로부터 그 물건을 채권의 목적물로 한다.

③ (○) 민법 제378조.

> 민법 제378조(동전) 채권액이 다른 나라 통화로 지정된 때에는 채무자는 지급할 때에 있어서의 이행지의 환금시가에 의하여 우리나라 통화로 변제할 수 있다.

④ (X) 선택권 없는 자의 과실로 이행불능이 된 경우 제385조 제2항에 의하여 선택권자는 여전히 이행불능된 채무를 선택할 수 있으므로 설문은 옳지 않다.

> 민법 제385조(불능으로 인한 선택채권의 특정) ① 채권의 목적으로 선택할 수개의 행위 중에 처음부터 불능한 것이나 또는 후에 이행불능하게 된 것이 있으면 채권의 목적은 잔존한 것에 존재한다.
> ② 선택권없는 당사자의 과실로 인하여 이행불능이 된 때에는 전항의 규정을 적용하지 아니한다.

⑤ (○) 이자제한법상의 최고이자율을 초과하여 지급받은 이자가 원본에 충당되고 남은 초과지급액은 이자제한법 위반으로 인한 손해이므로 불법행위책임을 부담할 수 있다는 것이 아래 대판 2021.02.25. 2020다230239의 취지이므로, 이와 달리 설문과 같이 초과이자가 전부 원본에 충당된 경우에는 손해가 발생한다고 할 수 없어 불법행위책임은 성립하지 않는다.

> **판례** 금전을 대여한 채권자가 고의 또는 과실로 이자제한법을 위반하여 최고이자율을 초과하는 이자를 받아 채무자에게 손해를 입힌 경우에는 특별한 사정이 없는 한 민법 제750조에 따라 불법행위가 성립한다고 보아야 한다. 최고이자율을 초과하여 지급된 이자는 이자제한법 제2조 제4항에 따라 원본에 충당되므로, 이와 같이 충당하여 원본이 소멸하고도 남아 있는 초과 지급액은 이자제한법 위반 행위로 인한 손해라고 볼 수 있다. 부당이득반환청구권과 불법행위로 인한 손해배상청구권은 서로 별개의 청구권으로서, 제한 초과이자에 대하여 부당이득반환청구권이 있다고 해서 그것만으로 불법행위의 성립이 방해되지 않는다. 나아가 채권자와 공동으로 위와 같은 이자제한법 위반 행위를 하였거나 이에 가담한 사람도 민법 제760조에 따라 연대하여 손해를 배상할 책임이 있다(대판 2021.02.25. 2020다230239).

정답 ④

문 2

채무불이행에 관한 설명 중 옳은 것을 모두 고른 것은? (다툼이 있는 경우 판례에 의함)

> ㄱ. 당사자 쌍방의 채무가 동시이행관계에 있는 경우 일방의 채무의 이행기가 도과되었더라도 상대방이 이행의 제공을 할 때까지는 지체책임을 지지 않는다.
> ㄴ. 임대인의 이행보조자가 임차인으로 하여금 임차목적물을 사용·수익하지 못하게 하여 임대인은 임차인에게 채무불이행책임을 지고 이행보조자는 임차인에게 불법행위책임을 지는 경우, 양 책임은 부진정연대채무관계에 있다.
> ㄷ. 乙이 甲 소유의 X 토지를 매수한 후 미등기 상태에서 이를 丙에게 다시 매도한 경우, 乙의 甲에 대한 소유권이전등기청구권이 가압류되었고 乙이 그 가압류를 해제할 수 없는 무자력 상태가 유지되는 한 乙의 丙에 대한 소유권이전등기의무는 이행불능이 된다.

① ㄱ
② ㄷ
③ ㄱ, ㄴ
④ ㄴ, ㄷ
⑤ ㄱ, ㄴ, ㄷ

MGI Point **채무불이행** ★★

- **동시이행관계** ⇨ 이행기 도과되어도 상대방이 이행제공할 때까지는 지체책임 없음
- **이행보조자의 불법행위책임과 채무자의 채무불이행책임** ⇨ 부진정연대채무
- **가압류가 된 경우** ⇨ 해제할 수 없는 무자력 상태가 유지된다면 이행불능 ○

ㄱ. (○) 쌍무계약에서 쌍방의 채무가 동시이행관계에 있는 경우 일방의 채무의 이행기가 도래하더라도 상대방 채무의 이행제공이 있을 때까지는 그 채무를 이행하지 않아도 이행지체의 책임을 지지 않는 것이며, 이와 같은 효과는 이행지체의 책임이 없다고 주장하는 자가 반드시 동시이행의 항변권을 행사하여야만 발생하는 것은 아니므로, 동시이행관계에 있는 쌍무계약상 자기채무의 이행을 제공하는 경우 그 채무를 이행함에 있어 상대방의 행위를 필요로 할 때에는 언제든지 현실로 이행을 할 수 있는 준비를 완료하고 그 뜻을 상대방에게 통지하여 그 수령을 최고하여야만 상대방으로 하여금 이행지체에 빠지게 할 수 있는 것이다(대판 2001.07.10. 2001다3764).

ㄴ. (○) 임대인인 피고 갑은 이행보조자인 피고 을이 임차물인 점포의 출입을 봉쇄하고 내부시설공사를 중단시켜 임차인인 원고로 하여금 그 사용·수익을 하지 못하게 한 행위에 대하여 임대인으로서의 채무불이행으로 인한 손해를 배상할 의무가 있고, 또한 피고 을이 원고가 임차인이라는 사정을 알면서도 위와 같은 방법으로 원고로 하여금 점포를 사용·수익하지 못하게 한 것은 원고의 임차권을 침해하는 불법행위를 이룬다고 할 것이므로 피고 을은 원고에게 불법행위로 인한 손해배상의무가 있다고 할 경우, 피고 갑의 채무불이행책임과 피고 을의 불법행위책임은 동일한 사실관계에 기한 것으로 부진정연대채무관계에 있다(대판 1994.11.11. 94다22446).

ㄷ. (○) 매도인의 소유권이전등기청구권이 가압류되어 있거나 처분금지가처분이 있는 경우에는 그 가압류 또는 가처분의 해제를 조건으로 하여서만 소유권이전등기절차의 이행을 명받을 수 있는 것이어서, 매도인은 그 가압류 또는 가처분을 해제하지 아니하고서는 매도인 명의의 소유권이전등기를 마칠 수 없고, 따라서 매수인 명의의 소유권이전등기도 경료하여 줄 수 없다고 할 것이므로, 매도인이 그 가압류 또는 가처분 집행을 모두 해제할 수 없는 무자력의 상태에 있다고 인정되는 경우에는 매수인이 매도인의 소유권이전등기의무가 이행불능임을 이유로 매매계약을 해제할 수 있다(대판 2006.06.16. 2005다39211).

정답 **⑤**

문 3

25년 10월 모의시험

채무불이행으로 인한 손해배상에 관한 설명 중 옳지 않은 것을 모두 고른 것은? (다툼이 있는 경우 판례에 의함)

> ㄱ. 법원은 채무자가 과실상계 항변을 한 경우에 한하여 채권자의 과실을 참작하여 손해액을 정할 수 있고, 그 비율은 사실심의 전권사항이다.
>
> ㄴ. 부동산의 등기청구권을 보전하기 위한 처분금지가처분이 부당하게 집행되어 채무자가 부동산을 처분할 기회를 상실하는 불이익을 입었다면, 채무자는 그 불이익이 당해 부동산을 보유하면서 얻는 점용이익을 초과하였는지와 무관하게 손해를 입었다고 볼 수 있다.
>
> ㄷ. 채무불이행으로 인한 손해배상액이 예정된 경우에 채권자는 채무불이행 사실만 증명하면 예정배상액을 청구할 수 있지만, 채무자는 과실 없음을 항변하지 못한다.

① ㄱ   ② ㄷ

③ ㄱ, ㄴ   ④ ㄴ, ㄷ

⑤ ㄱ, ㄴ, ㄷ

MGI Point **채무불이행으로 인한 손해배상** ★★

- 과실상계 ⇨ 항변을 기다리지 않고 법원이 직권으로 정함
- 부동산의 등기청구권 보전을 위한 처분금지가처분이 부당 집행된 경우 ⇨ 점용이익을 초과하지 않는 한 손해발생 ×
- 예정배상액 청구시 ⇨ 채무자는 과실 없음 항변 가능

ㄱ. (X) 민법상의 과실상계제도는 채권자가 신의칙상 요구되는 주의를 다하지 아니한 경우 공평의 원칙에 따라 손해의 발생에 관한 채권자의 그와 같은 부주의를 참작하게 하려는 것이므로 단순한 부주의라도 그로 말미암아 손해가 발생하거나 확대된 원인을 이루었다면 피해자에게 과실이 있는 것으로 보아 과실상계를 할 수 있고, 피해자에게 과실이 인정되면 법원은 손해배상의 책임 및 그 금액을 정함에 있어서 이를 참작하여야 하며, 배상의무자가 피해자의 과실에 관하여 주장하지 않는 경우에도 소송자료에 의하여 과실이 인정되는 경우에는 이를 법원이 직권으로 심리·판단하여야 한다(대판 1996.10.25. 96다30113). 따라서 설문 앞부분에서 채무자가 과실상계항변을 한 경우에 한하여 할 수 있다고 한 부분은 옳지 않다.

ㄴ. (X) 부동산의 등기청구권을 보전하기 위한 처분금지가처분이 부당하게 집행되었다 하더라도, 이러한 처분금지가처분은 처분금지에 관하여 상대적 효력을 가지는 것으로서 그 집행 후에도 채무자는 당해 부동산에 대한 사용·수익을 계속하면서 여전히 이를 처분할 수 있으므로, 비록 위 가처분의 존재로 인하여 처분기회를 상실하였거나 그 대가를 제때 지급받지 못하는 불이익을 입었다고 하더라도 그것이 당해 부동산을 보유하면서 얻는 점용이익을 초과하지 않는 한 손해가 발생하였다고 보기 어렵고, 설사 점용이익을 초과하는 불이익을 입어 손해가 발생하였다고 하더라도 그 손해는 특별한 사정에 의하여 발생한 손해로서 가처분채권자가 그 사정을 알았거나 알 수 있었을 때에 한하여 배상책임을 진다 할 것이나,…(생략) (대판 2002.10.11. 2002다35461).

ㄷ. (X) 채무불이행으로 인한 손해배상액이 예정되어 있는 경우에는 채권자는 채무불이행 사실만 증명하면 손해의 발생 및 그 액을 증명하지 아니하고 예정배상액을 청구할 수 있고, 채무자는 채권자와 채무불이행에 있어 채무자의 귀책사유를 묻지 아니한다는 약정을 하지 아니한 이상 자신의 귀책사유가 없음을 주장·입증함으로써 예정배상액의 지급책임을 면할 수 있다(대판 2007.12.27. 2006다9408).

정답 ⑤

문 4

채권자대위권에 관한 설명 중 옳지 않은 것을 모두 고른 것은? (다툼이 있는 경우 판례에 의함)

> ㄱ. 乙이 甲의 X 토지 위에 Y 건물을 무단으로 신축한 후 이를 丙에게 임대한 후 임대기간이 만료한 경우, 甲은 乙을 대위하여 丙을 상대로 임대차계약의 해지 및 건물의 인도를 청구할 수 있다.
>
> ㄴ. 甲과 乙은 X 부동산을 공유하고 있고 丙은 甲에게 5천만 원의 양수금채권을 가지고 있는 경우, 丙은 자신의 양수금채권을 보전하기 위해 원칙적으로 X 부동산에 관한 甲의 공유물분할청구권을 대위하여 행사할 수 있다.
>
> ㄷ. 乙이 丙에게 설정한 무효인 소유권이전등기청구권의 보전을 위한 가등기를 丁과 유용하기로 합의한 후 그에 따라 丁이 그 가등기 이전의 부기등기를 마치자 乙의 채권자 甲이 丁을 상대로 乙을 대위하여 가등기의 말소를 구한 경우, 丁이 乙과의 유용 합의를 이유로 항변하였다면 甲은 그 부기등기 전에 부동산을 가압류한 사실을 주장할 수 있다.

ㄹ. 甲의 금전채무자인 乙이 丙에게 대여금채권을 가지고 있는 경우, 甲이 乙을 대위하여 丙에게 대여금지급청구의 소를 제기하였다면 甲의 乙에 대한 금전채권의 소멸시효는 소 제기에 의하여 중단된다.

① ㄴ, ㄷ   ② ㄱ, ㄴ, ㄷ

③ ㄱ, ㄷ, ㄹ   ④ ㄴ, ㄷ, ㄹ

⑤ ㄱ, ㄴ, ㄷ, ㄹ

MGI Point　**채권자대위권**　　　　　　　　　　　★★

- 토지소유자가 건물의 임대인을 대위하여 임차인에게 임대차계약의 해지통고 및 건물인도청구 ○
- 금전채권자의 공유물분할청구 대위 행사 원칙적으로 不可
- 무효가등기 유용합의 후 그 가등기 이전의 부기등기를 마친 자에 대한 채권자의 가등기말소청구 대위행사시
  ⇨ 대위채권자가 그 부기등기 전에 부동산을 가압류한 사실을 주장 不可
- 채권자대위권 행사시 피보전채권에 대한 소멸시효 중단은 원칙적으로 ×

ㄱ. (○) 토지 소유권에 근거하여 그 토지상 건물의 임차인들을 상대로 건물에서의 퇴거를 청구할 수 있었더라도 퇴거청구와 건물의 임대인을 대위하여 임차인들에게 임대차계약의 해지를 통고하고 건물의 인도를 구하는 청구는 그 요건과 효과를 달리하는 것이므로, 위와 같은 퇴거청구를 할 수 있었다는 사정이 채권자대위권의 행사요건인 채권보전의 필요성을 부정할 사유가 될 수 없다고 한 사례(대판 2007.05.10. 2006다82700, 82717).

ㄴ. (X) 판례(아래 2018다879)는 대위채권자의 피보전권리가 단순히 금전채권에 불과한 경우, 극히 예외적인 경우가 아니라면 원칙적으로 공유물분할청구권을 대위행사할 수 없다고 본다. 따라서, 설문의 丙이 甲에게 가지고 있는 채권이 양수금채권과 같은 금전채권이라면 이 사정만으로는 원칙적으로 공유물분할청구를 대위행사할 수 없다.

> **판례** [다수의견] 채권자가 자신의 금전채권을 보전하기 위하여 채무자를 대위하여 부동산에 관한 공유물분할청구권을 행사하는 것은, 책임재산의 보전과 직접적인 관련이 없어 채권의 현실적 이행을 유효·적절하게 확보하기 위하여 필요하다고 보기 어렵고 채무자의 자유로운 재산관리행위에 대한 부당한 간섭이 되므로 보전의 필요성을 인정할 수 없다. 또한 특정 분할 방법을 전제하고 있지 않은 공유물분할청구권의 성격 등에 비추어 볼 때 그 대위행사를 허용하면 여러 법적 문제들이 발생한다. 따라서 극히 예외적인 경우가 아니라면 금전채권자는 부동산에 관한 공유물분할청구권을 대위행사할 수 없다고 보아야 한다. 이는 채무자의 공유지분이 다른 공유자들의 공유지분과 함께 근저당권을 공동으로 담보하고 있고, 근저당권의 피담보채권이 채무자의 공유지분 가치를 초과하여 채무자의 공유지분만을 경매하면 남을 가망이 없어 민사집행법 제102조에 따라 경매절차가 취소될 수밖에 없는 반면, 공유물분할의 방법으로 공유부동산 전부를 경매하면 민법 제368조 제1항에 따라 각 공유지분의 경매대가에 비례해서 공동근저당권의 피담보채권을 분담하게 되어 채무자의 공유지분 경매대가에서 근저당권의 피담보채권 분담액을 변제하고 남을 가망이 있는 경우에도 마찬가지이다(대판 2020.05.21. 2018다879 (전합)).

ㄷ. (X) 채권자가 무효인 소유권이전등기청구권의 보전을 위한 가등기의 유용 합의에 따라 부동산 소유자인 채무자로부터 그 가등기 이전의 부기등기를 마친 제3채무자를 상대로 채무자를 대위하여 가등기의 말소를 구한 사안에서, 채권자가 그 부기등기 전에 부동산을 가압류한 사실을 주장하는 것은 채무자가 아닌 채권자 자신이 제3채무자에 대하여 가지는 사유에 관한 것이어서 허용되지 않는다고 한 사례(대판 2009.05.28. 2009다4787).

ㄹ. (X) 채권자대위권 행사시 피보전채권의 시효중단 여부에 대하여 명확한 판례는 없으나, 종래 다수설은 채권자의 대위권 행사는 채무자에 대한 채권 행사가 아니라는 이유로 소멸시효 중단의 효력을 부정하며, 채무자에 대한 통지가 있어야 한다고 본다. 따라서, 설문에서 乙의 채권자인 甲의 대위권 행사로 甲의 乙에 대한 피보전채권의 소멸시효가 중단되는 것은 아니다.

> **비교판례** 채권자대위권 행사의 효과는 채무자에게 귀속되는 것이므로 채권자대위소송의 제기로 인한 소멸시효 중단의 효과 역시 채무자에게 생긴다(대판 2011.10.13. 2010다80930). ▶ 피대위채권의 소멸시효는 중단된다.

[정답] ④

문 5

乙은 K 은행으로부터 1억 5천만 원을 빌리면서 자신의 유일한 재산인 시가 3억 원 상당(이후 시가변동은 없음)의 X 부동산에 관하여 채권최고액 2억 원의 근저당권을 설정한 후, 甲에게 2억 원의 대출금 채무를 부담하였다. 이후 乙은 丙에게 X 부동산을 증여하고 소유권이전등기를 마쳤고, 丙은 丁에게 X 부동산을 매도하고 소유권이전등기를 마쳤다. 이에 관한 설명 중 옳지 않은 것을 모두 고른 것은? (이자와 지연손해금은 고려하지 않고, 다툼이 있는 경우 판례에 의함)

> ㄱ. 甲이 乙과 丙 사이의 증여계약을 사해행위로 취소하고 소유권이전등기의 말소를 청구하는 경우, 甲은 K 은행의 근저당권 채권최고액 2억 원을 제외한 나머지 1억 원에 대해서만 취소권을 행사할 수 있다.
> ㄴ. 丁이 乙과 丙 사이의 증여계약이 사해행위임을 알았더라도, 丁이 丙으로부터 X 부동산을 매수할 때 적정한 대가를 지급하였다면 甲은 丁에 대해 소유권이전등기의 말소를 청구할 수 없다.
> ㄷ. 甲이 乙과 丙 사이의 증여계약이 있은 날로부터 5년 내에 위 증여계약을 사해행위로 취소하였다면, 甲은 증여계약이 있은 날로부터 6년이 된 시점에도 丙 또는 丁에게 원상회복을 청구할 수 있다.

① ㄱ
② ㄷ
③ ㄱ, ㄴ
④ ㄴ, ㄷ
⑤ ㄱ, ㄷ

MGI Point 채권자취소권 ★★

- 부동산 양도의 사해행위 범위 ⇨ 부동산시가 − 피담보채권액(=근저당권의 경우 실제 채권액 ○, 채권최고액 ×)
- 전득자가 적정한 대가를 수익자에게 지급한 사정만으로는 전득자의 악의 추정이 번복 ×
- 동일 피고에 대하여 제소기간 내에 사해행위 취소를 한 경우, 원상회복청구는 기간을 도과하여도 적법 ○

ㄱ. (X) 저당권이 설정되어 있는 부동산이 사해행위로 양도된 경우에 그 사해행위는 부동산의 가액, 즉 시가(공시지가와 일치하는 것은 아니다)에서 저당권의 피담보채권액을 공제한 잔액의 범위 내에서 성립하고, 피담보채권액이 부동산의 가액을 초과하는 때에는 당해 부동산의 양도는 사해행위에 해당한다고 할 수

없는바, 여기서 피담보채권액이라 함은 근저당권의 경우 채권최고액이 아니라 실제로 이미 발생하여 있는 채권금액이다(대판 2001.10.09. 2000다42618). 설문의 경우 甲의 채권 성립 전에 이미 K의 근저당권이 설정된 경우이므로, 부동산 시가 3억 원에서 근저당권의 피담보채무액을 공제한 부분이 사해행위의 범위가 된다. 이 때 '피담보채무액'이란, 채권최고액 2억 원이 아닌, 실제 채권액 1.5억 원이다. 즉, 취소할 수 있는 사해행위의 범위는 1.5억 원이다.

ㄴ. (X) 채권자가 사해행위의 취소로서 수익자를 상대로 채무자와의 법률행위의 취소를 구함과 아울러 전득자를 상대로도 전득행위의 취소를 구함에 있어서, 전득자의 악의는 전득행위 당시 채무자와 수익자 사이의 법률행위가 채권자를 해한다는 사실, 즉 사해행위의 객관적 요건을 구비하였다는 것에 대한 인식을 의미한다. 한편 사해행위취소소송에서 채무자의 악의의 점에 대하여는 취소를 주장하는 채권자에게 증명책임이 있으나 수익자 또는 전득자가 악의라는 점에 관하여는 증명책임이 채권자에게 있는 것이 아니고 수익자 또는 전득자 자신에게 선의라는 사실을 증명할 책임이 있으며, 채무자의 재산처분행위가 사해행위에 해당할 경우에 사해행위 또는 전득행위 당시 수익자 또는 전득자가 선의였음을 인정함에 있어서는 객관적이고도 납득할 만한 증거자료 등에 의하여야 하고, 채무자나 수익자의 일방적인 진술이나 제3자의 추측에 불과한 진술 등에만 터 잡아 사해행위 또는 전득행위 당시 수익자 또는 전득자가 선의였다고 선뜻 단정하여서는 아니 된다(대판 2015.06.11. 2014다237192). 따라서, 설문의 전득자 丁이 수익자인 丙으로부터 X부동산을 매수할 때 적정한 대가가 지급되었다는 사정만으로 전득자 丁의 선의에 대한 입증책임을 다한 것이라 할 수 없으므로 설문은 옳지 않다.

> **참조판례** 이 사건 전세금 3억 원이 시세에 상당한 가액으로 피고 회사가 그 전액을 소외 1에게 지급하였다는 점이나 ○○산업이 2004. 1. 1.부터 2004. 10. 31.까지 사이에 109,134,479원 상당의 당기순이익을 거두었다는 점만으로는 위와 같은 악의의 추정을 번복하여 피고 회사가 선의의 수익자라고 보기에 부족하다(대판 2010.07.15. 2007다21245).

ㄷ. (○) 채권자가 민법 제406조 제1항에 따라 사해행위의 취소와 원상회복을 청구하는 경우 사해행위 취소 청구가 민법 제406조 제2항에 정하여진 기간 안에 제기되었다면 원상회복의 청구는 그 기간이 지난 뒤에도 할 수 있다(대판 2001.09.04. 2001다14108). 따라서, 甲이 5년 이내에 증여계약을 사해행위로 취소하였다면, 6년이 지난 시점에도 원상회복을 구할 수 있다.

정답 ③

문 6

甲과 乙은 甲의 乙에 대한 5천만 원의 대여금 채권의 양도를 금지하기로 하는 특약(이하 '특약')을 맺었다. 이에 관한 설명 중 옳은 것을 모두 고른 것은? (각 지문은 서로 독립적이며 다툼이 있는 경우 판례에 의함)

> ㄱ. 甲이 특약을 알고 있는 丙에게 위 대여금채권을 양도하자 乙이 위 채권양도를 승낙하였다면 위 채권양도는 乙의 승낙시부터 유효하다.
>
> ㄴ. 甲의 채권자 丁이 위 대여금채권에 대해 압류 및 전부명령을 받아 채권을 취득하였다면 丁이 특약 사실을 알고 있었더라도 대여금채권을 유효하게 취득할 수 있다.
>
> ㄷ. 甲이 특약을 알지 못하는 戊에게 위 대여금채권을 양도하고 이 사실을 乙에게 통지한 경우, 戊가 특약을 알지 못한데 중대한 과실이 있는 때에도 戊는 유효하게 대여금채권을 취득할 수 있다.

ㄹ. 甲이 K은행에 채권을 양도해도 된다는 乙의 승낙을 받은 후 위 대여금채권을 K은행에게 양도하고 이 사실을 乙에게 확정일자 있는 증서에 의해 통지한 후 甲이 위 채권을 W은행에게 양도한 경우, 甲과 K은행이 채권양도계약을 합의해지하고 그 사실을 乙에게 통지하였다면 W은행은 위 채권을 유효하게 취득한다.

① ㄱ, ㄴ

② ㄴ, ㄷ

③ ㄴ, ㄹ

④ ㄱ, ㄴ, ㄷ

⑤ ㄱ, ㄴ, ㄹ

MGI Point 채권양도 ★★

■ 채권양도금지특약을 위반한 양도시 ⇨ 채무자가 승낙한 경우 양도의 효과는 승낙시로부터 발생 ○, 소급효 없음
■ 채권양도금지특약으로 전부채권자에 선악불문 대항 불가
■ 채권양도금지특약을 위반한 양도시 제3자가 악의 또는 중과실이 있다면 양수 주장 불가
■ 확정일자 있는 증서에 의한 제1 채권양도시 ⇨ 채권자의 제2 채권양도는 무효 ⇨ 이는 제1 채권양도가 합의해지되어도 마찬가지

ㄱ. (O) 당사자의 양도금지의 의사표시로써 채권은 양도성을 상실하며 양도금지의 특약에 위반해서 채권을 제3자에게 양도한 경우에 악의 또는 중과실의 채권양수인에 대하여는 채권 이전의 효과가 생기지 아니하나, 악의 또는 중과실로 채권양수를 받은 후 채무자가 그 양도에 대하여 승낙을 한 때에는 채무자의 사후승낙에 의하여 무효인 채권양도행위가 추인되어 유효하게 되며 이 경우 다른 약정이 없는 한 소급효가 인정되지 않고 양도의 효과는 승낙시부터 발생한다(대판 2009.10.29. 2009다47685). 설문에서 甲이 乙과의 채권양도금지특약을 위반하여 이를 알고 있는 丙에게 대여금채권을 양도하였다면 이는 무효이지만, 乙이 승낙하여 유효가 되며, 이 때 승낙시부터 유효라고 봄이 위 판례이므로 설문은 옳다.

ㄴ. (O) 당사자 사이에 양도금지의 특약이 있는 채권이더라도 전부명령에 의하여 전부되는 데에는 지장이 없고, 양도금지의 특약이 있는 사실에 관하여 집행채권자가 선의인가 악의인가는 전부명령의 효력에 영향을 미치지 못하는 것인바, 이와 같이 양도금지특약부 채권에 대한 전부명령이 유효한 이상, 그 전부채권자로부터 다시 그 채권을 양수한 자가 그 특약의 존재를 알았거나 중대한 과실로 알지 못하였다고 하더라도 채무자는 위 특약을 근거로 삼아 채권양도의 무효를 주장할 수 없다(대판 2003.12.11. 2001다3771).

ㄷ. (X) 위 ㄱ. 해설의 판례(2009다47685)에서 본 바와 같이 채권양도금지특약에 대하여 중대한 과실이 있는 양수인도 채권양도를 주장할 수 없으므로, 설문의 戊가 금지특약을 알지 못한데 중대한 과실이 있다면 戊는 대여금채권을 취득할 수 없다.

ㄹ. (X) 양도인이 지명채권을 제1양수인에게 1차로 양도한 다음 제1양수인이 그에 따라 확정일자 있는 증서에 의한 대항요건을 적법하게 갖추었다면 이로써 채권이 제1양수인에게 이전하고 양도인은 채권에 대한 처분권한을 상실하므로, 그 후 양도인이 동일한 채권을 제2양수인에게 양도하였더라도 제2양수인은 채권을 취득할 수 없다. 이 경우 양도인이 다른 채무를 담보하기 위하여 제1차 양도계약을 하였더라도 대외적으로 채권이 제1양수인에게 이전되어 제1양수인이 채권을 취득하게 되므로 그 후에 이루어진 제2차 양도계약에 따라 제2양수인이 채권을 취득하지 못하게 됨은 마찬가지이다. 또한 제2차 양도계약 후 양도인과 제1양수인이 제1차 양도계약을 합의해지한 다음 제1양수인이 그 사실을 채무자에게 통지함으로써 채권이 다시 양도인에게 귀속하게 되었더라도 특별한 사정이 없는 한 양도인이 처분권한 없이 한 제2차 양도계약이 채권양도로서 유효하게 될 수는 없으므로, 그로 인하여 제2양수인이 당연히 채권을 취득하게 된다고 볼 수는 없다(대판 2016.07.14. 2015다46119). 설문에서 乙의 승낙에 의하여 채권양도가 가능하여 甲이

K은행에 채권양도를 하고 확정일자 있는 증서에 의한 통지를 한 이상 甲은 더 이상 위 채권에 대한 처분권한이 상실되었으므로 이후 W은행에 한 채권양도계약은 무효이고 설령 甲과 K은행과의 채권양도계약이 합의해지되고 통지되었다 하더라도 W은행에의 제2양도가 부활하여 유효가 되는 것은 아니다.

[정답] ①

문 7

2023. 2. 4. X 건물의 공유자 甲과 乙이 공동으로 丙에게 X 건물을 임차보증금 3억 원에 임대하고 甲이 이를 전부 수령하였다. 그 후 2024. 2. 4. 甲은 K 은행으로부터 3억 원을 빌리게 되었고(변제기 2025. 2. 3.), 甲의 K 은행에 대한 채무를 담보하기 위하여 甲으로부터 부탁을 받은 丁이 위 대여금채무를 연대보증하였으며 戊가 甲의 부탁에 의하여 戊 소유의 Y 토지에 관해 K 은행 앞으로 저당권을 설정하였다. 이에 관한 설명 중 옳은 것을 모두 고른 것은? (다툼이 있는 경우 판례에 의함)

> ㄱ. 甲과 乙의 丙에 대한 임차보증금 반환채무는 특별한 사정이 없는 한 불가분채무이다.
> ㄴ. 丁은 위 3억 원의 대여금채무뿐만 아니라 그에 대한 이자 및 손해배상채무까지 포함하여 보증채무를 부담한다.
> ㄷ. 2025. 2. 3. 이전에 丁이 위 대여금채무를 변제한 경우에 丁의 甲에 대한 사후구상권은 발생하지 않는다.
> ㄹ. 2025. 3. 5. 戊는 甲을 상대로 민법 제442조에 의해 사전구상권을 행사할 수 있다.

① ㄱ, ㄴ   ② ㄱ, ㄷ
③ ㄴ, ㄹ   ④ ㄱ, ㄴ, ㄷ
⑤ ㄱ, ㄴ, ㄹ

MGI Point **다수당사자 채권관계** ★★

- 건물 공유자의 임차보증금반환채무는 불가분채무 ○
- 보증채무 ⇨ 이자, 위약금, 손해배상 기타 종속채무 모두를 포함
- 변제기 전 수탁보증인이 변제해도 주채무자에 대해 사후구상권 발생 ○
- 물상보증인은 사전구상권 없음

ㄱ. (O) 건물의 공유자가 공동으로 건물을 임대하고 보증금을 수령한 경우, 특별한 사정이 없는 한 그 임대는 각자 공유지분을 임대한 것이 아니고 임대목적물을 다수의 당사자로서 공동으로 임대한 것이고 그 보증금 반환채무는 성질상 불가분채무에 해당된다고 보아야 할 것이다(대판 1998.12.08. 98다43137).

ㄴ. (O) 보증채무는 주채무의 이자, 위약금, 손해배상 기타 주채무에 종속한 채무를 포함한다(민법 제429조 제1항). 따라서, 연대보증인 丁은 대여금 원본 뿐만 아니라 이자 및 손해배상채무까지 포함하여 보증채무를 부담한다.

ㄷ. (X) 주채무자의 부탁으로 보증인이 된 자가 과실 없이 변제 기타의 출재로 주채무를 소멸하게 한 때에는 주채무자에 대하여 구상권이 있다(민법 제441조). 이는 주채무자의 부탁으로 물상보증인이 된 경우에도 마찬가지이다(민법 제341조, 제370조). 이러한 수탁보증인의 사후구상권이 발생하기 위해서는 수탁보증인이 변제 기타 출재로 주채무를 소멸하게 하여야 하는데, 이때 수탁보증인이 반드시 주채무의 변제기가 도래한 후에 변제 등의 면책행위를 할 것이 요구되지 않는다. 오히려 당사자의 특별한 의사표시가 없으면 변제기 전이라도 채무자는 변제할 수 있으므로(민법 제468조), 주채무에 관하여 이해관계 있는 제3자인 수탁보증인도 변제기 전에 변제할 수 있다고 보아야 한다(민법 제469조 참조). 다만 그 경우 수탁보증인 으로서는 주채무의 변제기가 도래할 때까지 주채무자에 대하여 사후구상권을 행사할 수 없을 뿐이다. 또한 수탁보증인의 출재에 과실이 없어야 하는데 만약 출재에 과실이 존재한다면 그와 인과관계가 있는 범위에서는 구상권이 발생하지 않는다(대판 2024.10.25. 2024다252305). 변제기 이전에도 수탁보증인 丁은 변제를 할 수 있고, 출재에 과실이 없는 한 사후구상권이 '발생'한다. 다만, 변제기가 도래할 때까지는 주채무자 甲에게 사후구상권을 '행사'할 수 없을 뿐이다.

ㄹ. (X) 물상보증인은 사전구상권을 가질 수 없다는 것이 아래 판례이므로, 물상보증인 戊는 채무자 甲을 상대로 사전구상권을 행사할 수 없다.

> **판례** 민법 제370조에 의하여 민법 제341조가 저당권에 준용되는데, 민법 제341조는 타인의 채무를 담보하기 위한 저당권설정자가 그 채무를 변제하거나 저당권의 실행으로 인하여 저당물의 소유권을 잃은 때에 채무자에 대하여 구상권을 취득한다고 규정하여 물상보증인의 구상권 발생 요건을 보증인의 경우와 달리 규정하고 있는 점, 물상보증은 채무자 아닌 사람이 채무자를 위하여 담보물권을 설정하는 행위이고 채무자를 대신해서 채무를 이행하는 사무의 처리를 위탁받는 것이 아니므로 물상보증인은 담보물로서 물적 유한책임만을 부담할 뿐 채권자에 대하여 채무를 부담하는 것이 아닌 점, 물상보증인이 채무자에게 구상할 구상권의 범위는 특별한 사정이 없는 한 채무를 변제하거나 담보권의 실행으로 담보물의 소유권을 상실하게 된 시점에 확정된다는 점 등을 종합하면, 원칙적으로 수탁보증인의 사전구상권에 관한 민법 제442조는 물상보증인에게 적용되지 아니하고 물상보증인은 사전구상권을 행사할 수 없다(대판 2009.07.23. 2009다19802,19819).

정답 ①

문 8

변제와 대물변제에 관한 설명으로 옳은 것을 모두 고른 것은? (다툼이 있는 경우 판례에 의함)

ㄱ. 변제자가 주채무자인 경우 보증인이 있는 채무와 보증인이 없는 채무 사이에 변제이익은 같으며, 변제자가 채무자인 경우 물상보증인이 제공한 물적 담보가 있는 채무와 그러한 담보가 없는 채무 사이에도 변제이익의 차이는 없다.

ㄴ. 乙의 甲에 대한 금전채무를 담보하기 위해 乙의 부동산과 丙의 부동산에 甲 명의의 공동저당권을 설정하였고 이후 丙의 부동산에 丁 명의의 소유권이전등기청구권 가등기가 설정된 경우, 丙의 부동산에 경매가 실행되어 배당이 이루어졌으나 乙의 채무 일부가 여전히 남아 있는 상태라면 丁은 乙의 의사에 반하여 乙의 甲에 대한 채무 잔액을 대위변제할 수 있다.

ㄷ. 乙의 甲에 대한 금전채무를 담보하기 위해 乙의 부동산과 丙의 부동산에 甲 명의의 누적적 근저당권을 설정하였고 丙의 부동산에 경매가 실행되어 甲이 그 매각대금에서 변제를 받은 경우, 丙은 甲의 乙의 부동산에 관한 근저당권을 대위취득하여 행사할 수 있다.

> ㄹ. 수급인이 공사대금의 지급에 갈음하여 도급인과 수급인이 완공한 건물을 대물변제받기로 약정한 경우, 도급인이 수급인에게 공사대금을 지급하였더라도 수급인은 위 대물변제계약에 기하여 그 건물에 대한 소유권이전등기를 청구할 수 있다.

① ㄱ, ㄴ   ② ㄱ, ㄷ
③ ㄱ, ㄷ, ㄹ   ④ ㄴ, ㄷ, ㄹ
⑤ ㄱ, ㄴ, ㄷ, ㄹ

MGI Point   **변제, 대물변제**   ★★★

- 보증인 있는 채무와 없는 채무, 물상보증인 제공 담보가 있는 채무와 없는 채무 사이에 변제이익은 동일함
- 물상보증인 소유 부동산의 후순위 가등기가 있는 경우 ⇨ 물상보증인 소유 부동산이 먼저 경매된 경우 가등기권자는 대위변제할 수 있는 정당한 이익 있는 자 아님
- 채무자 소유 및 물상보증인 소유 부동산에 누적적 근저당이 있는 경우 ⇨ 물상보증인의 대위권 ○
- 대물변제 약정 이후 그 소유권이전등기 전 채무변제시 ⇨ 대물변제계약에 기한 소유권이전등기청구는 불가

ㄱ. (○) 변제자가 주채무자인 경우 보증인이 있는 채무와 보증인이 없는 채무 사이에 전자가 후자에 비하여 변제이익이 더 많다고 볼 근거는 전혀 없으므로 양자는 변제이익의 점에서 차이가 없다고 보아야 한다. 마찬가지로 변제자가 채무자인 경우 물상보증인이 제공한 물적 담보가 있는 채무와 그러한 담보가 없는 채무 사이에도 변제이익의 점에서 차이가 없다(대판 2014.04.30. 2013다8250).

ㄴ. (X) 공동저당의 목적인 물상보증인 소유의 부동산에 후순위로 소유권이전청구권 가등기가 설정되어 있는데 그 부동산에 대하여 먼저 경매가 실행되어 공동저당권자가 매각대금 전액을 배당받고 채무의 일부가 남은 사안에서, 위 가등기권리자는 채무자의 의사에 반하여 그 채무 잔액을 대위변제하거나 변제공탁할 수 있는 '이해관계 있는 제3자' 또는 '변제할 정당한 이익이 있는 자'에 해당하지 않는다고 본 사례(대결 2009.05.28. 2008마109).

ㄷ. (○) 채권자가 하나의 기본계약에서 발생하는 동일한 채권을 담보하기 위하여 채무자 소유의 부동산과 물상보증인 소유의 부동산에 누적적 근저당권을 설정받았는데 물상보증인 소유의 부동산이 먼저 경매되어 매각대금에서 채권자가 변제를 받은 경우, 물상보증인은 채무자에 대하여 구상권을 취득함과 동시에 민법 제481조, 제482조에 따라 종래 채권자가 가지고 있던 채권 및 담보에 관한 권리를 행사할 수 있다. 이때 물상보증인은 변제자대위에 의하여 종래 채권자가 보유하던 채무자 소유 부동산에 관한 근저당권을 대위 취득하여 행사할 수 있다고 보아야 한다(대판 2020.04.09. 2014다51756, 51763).

ㄹ. (X) 대물변제는 본래 채무의 이행에 갈음하여 다른 급여를 현실적으로 하는 때에 성립하는 계약이므로, 다른 급여가 부동산의 소유권이전인 경우 등기를 완료하면 대물변제가 성립되어 기존채무가 소멸한다. (대판 2023.02.02. 2022다276789). 따라서, 대물변제 약정 이후라도 그 건물에 대한 소유권이전등기가 경료되지 않은 이상 대물변제계약은 성립하지 않으므로, 이 단계에서는 대물변제의 예약에 불과하다. 그렇다면 기존의 공사대금채무는 소멸하지 않으므로 공사대금을 지급한 이상 더 이상 대물변제계약에 기하여 그 건물에 대한 소유권이전등기를 청구할 수 없다.

정답 ②

문 9

상계에 관한 설명으로 옳은 것을 모두 고른 것은? (다툼이 있는 경우 판례에 의함)

> ㄱ. 제척기간이 도과된 채권이 그 도과 전에 상계할 수 있었던 것이면, 그 채권자는 민법 제495조를 유추적용하여 상계할 수 있다.
>
> ㄴ. 자동채권과 수동채권이 동시이행관계에 있다면 양 채권이 상계적상인 경우에도 원칙적으로 상계가 허용되지 않는다.
>
> ㄷ. 공사도급계약에서 선급금을 지급한 후 계약의 해지 등의 사유로 수급인이 도중에 선급금을 반환하여야 할 사유가 발생하였다면, 특별한 사정이 없는 한 그 때까지의 기성고에 해당하는 공사대금 중 미지급액은 선급금으로 당연충당된다.
>
> ㄹ. 고의의 불법행위가 동시에 부당이득 원인을 구성하여 손실자가 이득자에게 부당이득반환청구권을 행사한 경우, 이득자는 손실자에 대한 채권을 자동채권으로 하여 위 부당이득반환채권과 상계할 수 있다.

① ㄱ, ㄷ   ② ㄱ, ㄹ
③ ㄴ, ㄷ   ④ ㄱ, ㄷ, ㄹ
⑤ ㄴ, ㄷ, ㄹ

MGI Point **상계** ★★

- 제척기간 도과된 채권이 도과 전 상계할 수 있는 경우 ⇨ 제495조 유추적용하여 상계 가능
- 자동채권과 수동채권이 동시이행관계인 경우 ⇨ 상계 가능
- 고의의 불법행위가 동시에 부당이득을 구성하는 경우 ⇨ 이득자는 부당이득반환채권과 상계 불가

ㄱ. (○) 매도인이나 수급인의 담보책임을 기초로 한 손해배상채권의 제척기간이 지난 경우에도 제척기간이 지나기 전 상대방의 채권과 상계할 수 있었던 경우에는 매수인이나 도급인은 민법 제495조를 유추적용해서 위 손해배상채권을 자동채권으로 해서 상대방의 채권과 상계할 수 있다고 봄이 타당하다(대판 2019.03.14. 2018다255648).

ㄴ. (X) 상계제도는 서로 대립하는 채권·채무를 간이한 방법에 의하여 결제함으로써 양자의 채권·채무 관계를 원활하고 공평하게 처리함을 목적으로 하고 있으므로, 상계의 대상이 될 수 있는 자동채권과 수동채권이 동시이행관계에 있다고 하더라도 서로 현실적으로 이행하여야 할 필요가 없는 경우라면 상계로 인한 불이익이 발생할 우려가 없고 오히려 상계를 허용하는 것이 동시이행관계에 있는 채권·채무 관계를 간명하게 해소할 수 있으므로 특별한 사정이 없는 한 상계가 허용된다(대판 2006.07.28. 2004다54633).

ㄷ. (○) 선급금은 자금 사정이 좋지 않은 수급인이 자재 확보나 노임 지급 등에 어려움을 겪지 않고 공사를 원활하게 진행할 수 있도록 도급인이 장차 지급할 공사대금을 수급인에게 미리 지급하여 주는 선급 공사대금으로서, 구체적인 기성고와 관련하여 지급된 것이 아니라 전체 공사에 대하여 지급된 것이다. 따라서 선급금을 지급한 후 계약이 해제 또는 해지되는 등의 사유로 중도에 선급금을 반환하게 된 경우, 선급금이 공사대금의 일부로 지급된 것인 이상 별도의 상계 의사표시 없이 그때까지의 기성고에 해당하는 공사대금에 당연 충당되고, 그래도 공사대금이 남는다면 그 금액만을 지급하면 된다. 거꾸로 선급금이 미지급 공사대금에 충당되고 남는다면 그 남은 선급금에 관하여 도급인이 반환채권을 갖는다고 보는 것이 선급금의 성질에 비추어 타당하다(대판 2019.12.24. 2018다223139).

ㄹ. (X) 민법 제496조의 취지는, 고의의 불법행위에 의한 손해배상채권에 대하여 상계를 허용한다면 고의로 불법행위를 한 자까지도 상계권 행사로 현실적으로 손해배상을 지급할 필요가 없게 되어 보복적 불법행위를 유발하게 될 우려가 있고, 또 고의의 불법행위로 인한 피해자가 가해자의 상계권 행사로 인하여 현실의 변제를 받을 수 없는 결과가 됨은 사회적 정의관념에 맞지 아니하므로 고의에 의한 불법행위의 발생을 방지함과 아울러 고의의 불법행위로 인한 피해자에게 현실의 변제를 받게 하려는 데 있다 할 것인바, 법이 보장하는 상계권은 이처럼 그의 채무가 고의의 불법행위에 기인하는 채무자에게는 적용이 없는 것이고, 나아가 부당이득의 원인이 고의의 불법행위에 기인함으로써 불법행위로 인한 손해배상채권과 부당이득반환채권이 모두 성립하여 양채권이 경합하는 경우 피해자가 부당이득반환채권만을 청구하고 불법행위로 인한 손해배상채권을 청구하지 아니한 때에도, 그 청구의 실질적 이유, 즉 부당이득의 원인이 고의의 불법행위였다는 점은 불법행위로 인한 손해배상채권을 청구하는 경우와 다를 바 없다 할 것이어서, 고의의 불법행위에 의한 손해배상채권은 현실적으로 만족을 받아야 한다는 상계금지의 취지는 이러한 경우에도 타당하므로, 민법 제496조를 유추적용함이 상당하다(대판 2002.01.25. 2001다52506).

정답 ①

문 10

25년 10월 모의시험

甲과 乙은 2024. 1. 5. 甲의 X 토지에 관하여 매매대금 1억 원으로 하는 매매계약을 체결하면서 중도금 5,000만 원은 2024. 1. 25. 잔금 5,000만 원은 2024. 2. 15. 甲의 토지 인도 및 소유권이전등기서류의 교부와 함께 乙이 甲에게 지급하기로 하였다. 한편 甲이 K 은행에 부담하는 5,000만 원의 피담보채무를 乙이 인수하는 대신에 乙은 중도금 지급 채무를 면제받았다. 이에 관한 설명으로 옳지 **않은** 것을 모두 고른 것은? (다툼이 있는 경우 판례에 의함)

ㄱ. 乙이 인수한 채무를 이행하지 않아 甲이 2024. 2. 15. 그 채무를 대신 변제한 경우, 乙의 인수의무불이행으로 인한 甲에 대한 손해배상채무와 甲의 乙에 대한 소유권이전등기의무는 동시이행관계에 있다.

ㄴ. 甲의 채권자 丙이 甲의 乙에 대한 잔금 채권에 대해 압류 및 추심명령을 얻은 후 乙이 甲에게 소유권이전등기를 청구한 경우, 甲은 乙의 잔금 미지급을 이유로 동시이행항변권을 행사할 수 있다.

ㄷ. K 은행에 의한 경매가 진행되어 丁이 경락대금 5천만 원을 지급하여 X 토지에 대한 소유권이전등기를 마쳤고 위 경락대금이 K 은행의 피담보채권에 모두 충당된 경우, 그 경매가 무효라면 丁의 甲에 대한 소유권이전등기 말소의무와 K 은행의 丁에 대한 배당금 반환의무는 동시이행관계에 있다.

① ㄱ
② ㄴ
③ ㄷ
④ ㄱ, ㄷ
⑤ ㄴ, ㄷ

MGI Point **동시이행항변권** ★★

■ 이행인수 약정의 불이행으로 매도인이 대신 변제한 경우 ⇨ 인수의무 불이행 손해배상채무와 매매계약상 소유권이전등기 의무는 동시이행관계 ○

■ 추심명령이 있는 경우 추심채무자는 제3채무자에게 동시이행항변권 행사 가능

■ 경매가 무효인 경우의 경락매수인의 채무자에 대한 소유권이전등기 말소의무와 채권자의 경락매수인에 대한 배당금반환의 무는 동시이행관계 ×

---

* 먼저, 설문에서 X토지가 甲의 K은행에 대한 채무를 위하여 담보로 제공된 것인지가 불분명하지만, 설문상 '피담보채무'라는 표현이 있으므로, 담보로 제공된 것임을 전제로 하여 해결한다. 한편, 판례는 부동산의 피담보채무를 인수하되 매매대금에서 공제하는 형태의 약정이 있는 경우 이행인수로 보고 있으므로, 이행인수를 전제로 문제를 풀이하면 될 것으로 보인다.

ㄱ. (○) 부동산매매계약과 함께 이행인수계약이 이루어진 경우 매수인이 인수한 채무는 매매대금지급채무에 갈음한 것으로서 매도인이 매수인의 인수채무불이행으로 말미암아 또는 임의로 인수채무를 대신 변제하였다면 그로 인한 손해배상채무 또는 구상채무는 인수채무의 변형으로서 매매대금지급채무에 갈음한 것의 변형이므로 매수인의 손해배상채무 또는 구상채무와 매도인의 소유권이전등기 의무는 대가적 의미가 있어 이행상 견련관계에 있다고 인정되고, 따라서 양자는 동시이행의 관계에 있다고 해석함이 공평의 관념 및 신의칙에 합당하다(대판 1993.02.12. 92다23193).

ㄴ. (○) 금전채권에 대한 압류 및 추심명령이 있는 경우, 이는 강제집행절차에서 추심채권자에게 채무자의 제3채무자에 대한 채권을 추심할 권능만을 부여하는 것이므로, 이로 인하여 채무자가 제3채무자에 대하여 가지는 채권이 추심채권자에게 이전되거나 귀속되는 것은 아니므로, 추심채무자로서는 제3채무자에 대하여 피압류채권에 기하여 그 동시이행을 구하는 항변권을 상실하지 않는다(대판 2001.03.09. 2000다73490).

ㄷ. (X) 먼저, 경매가 무효라면 경락매수인은 소유권이전등기 말소의무를 부담하고, 배당을 받은 채권자는 배당금반환의무가 발생한다. 그러나, 위 양 채무가 동시이행관계에 있기 위하여는 원칙적으로 양 채권의 당사자가 동일하여야 하므로 丁의 甲에 대한 의무와 A은행의 丁에 대한 의무는 동시이행관계에 있을 수 없으므로, 설문은 옳지 않다.

> **판례** 근저당권 실행을 위한 경매가 무효로 되어 채권자(=근저당권자)가 채무자를 대위하여 낙찰자에 대한 소유권이전등기 말소청구권을 행사하는 경우, 낙찰자가 부담하는 소유권이전등기 말소의무는 채무자에 대한 것인 반면, 낙찰자의 배당금 반환청구권은 실제 배당금을 수령한 채권자(=근저당권자)에 대한 채권인바, 채권자(=근저당권자)가 낙찰자에 대하여 부담하는 배당금 반환채무와 낙찰자가 채무자에 대하여 부담하는 소유권이전등기 말소의무는 서로 이행의 상대방을 달리하는 것으로서, 채권자(=근저당권자)의 배당금 반환채무가 동시이행의 항변권이 부착된 채 채무자로부터 승계된 채무도 아니므로, 위 두 채무는 동시에 이행되어야 할 관계에 있지 아니하다(대판 2006.09.22. 2006다24049).

정답 ③

문 11

甲과 乙은 2024. 1. 5. 甲 소유의 X 토지에 관하여 매매대금 1억 원으로 하는 매매계약을 체결하면서 계약금 1,000만 원은 계약 당일, 중도금 4,000만 원은 2024. 1. 25. 甲의 소유권이전등기서류의 교부와 함께 乙이 甲에게 지급하기로 하였고, 잔금 5,000만 원은 2024. 2. 15. 甲의 토지 인도와 함께 乙이 甲에게 지급하기로 하였다. 이에 관한 설명으로 옳지 <u>않은</u> 것을 모두 고른 것은? (각 지문은 독립적이며, 다툼이 있는 경우 판례에 의함)

ㄱ. 2024. 1. 5. 乙이 甲에게 계약금 중 500만 원만 지급한 경우, 2024. 1. 6. 甲은 乙에게 자신이 乙로부터 수령한 500만 원의 배액인 1,000만 원을 지급하고 매매계약을 해제할 수 있다.

ㄴ. 2024. 2. 1. 甲과 乙이 매매계약을 해제하기로 합의한 경우, 특별한 약정이 없다면 甲은 乙에게 지급받은 계약금 및 중도금 5,000만 원에 그 받은 날로부터의 이자를 가산하여 반환해야 한다.

ㄷ. 2024. 1. 25. 중도금을 지급받은 甲이 乙 앞으로 X 토지의 소유권이전등기를 마쳐주었으나 그 후 매매계약이 적법하게 해제된 경우, 乙의 채권자 丙이 그 해제사실을 알지 못한 채 X 토지에 대하여 가압류 집행을 마쳐두었다면 甲은 丙에게 해제의 효과를 주장하지 못한다.

ㄹ. 2024. 1. 25. 중도금을 지급받은 甲이 乙 앞으로 X 토지의 소유권이전등기를 마쳐주었으나 그 후 매매계약이 적법하게 해제된 경우, 甲이 수령한 매매대금 반환의무와 乙의 소유권이전등기말소의무가 동시이행관계에 있다면 甲은 매매대금에 그 받은 날로부터 이자를 가산하여 지급할 의무가 없다.

① ㄱ, ㄴ
② ㄱ, ㄴ, ㄹ
③ ㄱ, ㄷ, ㄹ
④ ㄴ, ㄷ, ㄹ
⑤ ㄱ, ㄴ, ㄷ, ㄹ

MGI Point 　**해제**　★★

■ 계약금의 일부만 지급한 경우 ⇨ 해약금 해제 불가

■ 합의해제시 ⇨ 반환할 금전에 이자를 가산하여 지급하여야 하는 것은 아님

■ 해제된 매매계약에 의하여 채무자의 책임재산이 된 부동산을 가압류 집행한 가압류채권자도 원칙상 해제로 보호되는 제3자에 포함 ○

■ 해제 이후 원상회복관계는 동시이행관계 ○ ⇨ 이 경우 지급받은 매매대금에 받은 날부터의 이자 가산 지급의무 있음

ㄱ. (X) 계약금약정은 요물계약으로서 계약금 전액을 지급하여야 계약이 성립하므로, 그 일부만 지급한 것으로는 계약금약정이 성립되지 않아 해약금이 될 수 없다는 것이 판례이다. 설문에서 甲과 乙 사이의 계약상 계약금은 1,000만 원이므로 그 일부인 500만 원만 지급한 것으로는 매도인 甲이 해약금 해제를 할 수 없다.

> **판례** 매도인이 '계약금 일부만 지급된 경우 지급받은 금원의 배액을 상환하고 매매계약을 해제할 수 있다'고 주장한 사안에서, '실제 교부받은 계약금'의 배액만을 상환하여 매매계약을 해제할 수 있다면 이는 당사

자가 일정한 금액을 계약금으로 정한 의사에 반하게 될 뿐 아니라, 교부받은 금원이 소액일 경우에는 사실상 계약을 자유로이 해제할 수 있어 계약의 구속력이 약화되는 결과가 되어 부당하기 때문에, 계약금 일부만 지급된 경우 수령자가 매매계약을 해제할 수 있다고 하더라도 해약금의 기준이 되는 금원은 '실제 교부받은 계약금'이 아니라 '약정 계약금'이라고 봄이 타당하므로, 매도인이 계약금의 일부로서 지급받은 금원의 배액을 상환하는 것으로는 매매계약을 해제할 수 없다고 한 사례(대판 2015.04.23. 2014다231378).

ㄴ. (X) 합의해제 또는 해제계약이라 함은 해제권의 유무에 불구하고 계약 당사자 쌍방이 합의에 의하여 기존의 계약의 효력을 소멸시켜 당초부터 계약이 체결되지 않았던 것과 같은 상태로 복귀시킬 것을 내용으로 하는 새로운 계약으로서, 그 효력은 그 합의의 내용에 의하여 결정되고 여기에는 해제에 관한 민법 제548조 제2항의 규정은 적용되지 아니하므로, 당사자 사이에 약정이 없는 이상 합의해제로 인하여 반환할 금전에 그 받은 날로부터의 이자를 가하여야 할 의무가 있는 것은 아니다(대판 1996.07.30. 95다16011).

ㄷ. (O) 민법 제548조 제1항 단서에서 말하는 제3자란 일반적으로 그 해제된 계약으로부터 생긴 법률효과를 기초로 하여 해제 전에 새로운 이해관계를 가졌을 뿐 아니라 등기, 인도 등으로 완전한 권리를 취득한 자를 말하는 것인데, 해제된 매매계약에 의하여 채무자의 책임재산이 된 부동산을 가압류 집행한 가압류채권자도 원칙상 위 조항 단서에서 말하는 제3자에 포함된다(대판 2005.01.14. 2003다33004). 따라서, 설문에서 乙의 채권자 丙이 그 해제사실을 알지 못한 채 X토지에 가압류 집행을 마쳐두었다면 甲은 丙에게 해제의 효과를 주장하지 못한다.

ㄹ. (X) 법정해제권 행사의 경우 당사자 일방이 그 수령한 금전을 반환함에 있어 그 받은 때로부터 법정이자를 부가함을 요하는 것은 민법 제548조 제2항이 규정하는 바로서, 이는 원상회복의 범위에 속하는 것이며 일종의 부당이득반환의 성질을 가지는 것이고 반환의무의 이행지체로 인한 것이 아니므로, 부동산 매매계약이 해제된 경우 매도인의 매매대금 반환의무와 매수인의 소유권이전등기말소등기 절차이행의무가 동시이행의 관계에 있는지 여부와는 관계없이 매도인이 반환하여야 할 매매대금에 대하여는 그 받은 날로부터 민법 소정의 법정이율인 연 5푼의 비율에 의한 법정이자를 부가하여 지급하여야 하고, 이와 같은 법리는 약정된 해제권을 행사하는 경우라 하여 달라지는 것은 아니다(대판 2000.06.09. 2000다9123).

정답 ②

문 12

25년 10월 모의시험

甲은 건물 소유의 목적으로 乙의 X 토지를 乙에게서 임차하여 그 위에 Y 건물을 신축하고 K 은행에 대한 3억 원의 대여금채무를 담보하기 위하여 Y 건물에 K 은행 명의로 저당권을 설정한 후, 임대차가 종료되었다. 이에 관한 설명으로 옳지 <u>않은</u> 것은? (다툼이 있는 경우 판례에 의함)

① 임대차가 계약기간의 만료로 종료한 경우, Y 건물이 무허가 건물이더라도 특별한 사정이 없는 한 甲은 지상물매수청구권을 행사할 수 있다.

② 임대차가 계약기간의 만료로 종료한 경우, 甲이 Y 건물의 매수를 청구하였다면 Y 건물의 시가에서 피담보채무 상당액을 공제한 금액으로 매수가격이 정해진다.

③ 甲과 乙이 임대차 기간을 정하지 않아 乙의 해지통고로 임대차가 종료된 경우, 甲은 Y 건물의 매수를 청구할 수 있다.

④ 만약 乙이 아닌 丙이 X 토지를 甲에게 임대한 경우라면, 특별한 사정이 없는 한 甲은 乙에게 지상물매수청구권을 행사할 수 없다.

⑤ Y 건물이 X 토지 외에 丁 소유의 乙 토지 위에 걸쳐서 건립되어 있는 경우, 甲은 건물 부분 중 구분소유의 객체가 될 수 있는 부분에 한하여 乙에게 지상물매수청구권을 행사할 수 있다.

MGI Point **지상물매수청구권** ★★

■ 지상물매수청구의 대상 - 무허가 건물 ○, 저당권이 설정된 건물 ○
■ 저당권 설정된 건물에 대한 지상물의 매수가격 산정 ⇨ 저당권의 피담보채무액 공제 ×
■ 임대기간을 정하지 않아 해지통고로 종료된 경우 ⇨ 지상물매수청구 ○
■ 제3자가 임대차계약을 체결한 경우 임대인이 아닌 토지소유자는 지상물매수청구의 상대방이 될 수 없음
■ 타인 토지에 걸쳐진 건물 ⇨ 구분소유의 객체가 될 수 있는 부분에 한하여 지상물매수청구 가능

---

① (○) 민법 제643조가 정하는 건물 소유를 목적으로 하는 토지 임대차에서 임차인이 가지는 지상물매수청구권은 건물의 소유를 목적으로 하는 토지 임대차계약이 종료되었음에도 그 지상 건물이 현존하는 경우에 임대차계약을 성실하게 지켜온 임차인이 임대인에게 상당한 가액으로 그 지상 건물의 매수를 청구할 수 있는 권리로서 국민경제적 관점에서 지상 건물의 잔존 가치를 보존하고, 토지 소유자의 배타적 소유권 행사로 인하여 희생당하기 쉬운 임차인을 보호하기 위한 제도이므로, 특별한 사정이 없는 한 행정관청의 허가를 받은 적법한 건물이 아니더라도 임차인의 지상물매수청구권의 대상이 될 수 있다(대판 2013.11.28. 2013다48364,48371).

② (X) 건물의 소유를 목적으로 한 토지임대차계약의 기간이 만료함에 따라 지상건물 소유자가 임대인에 대하여 행사하는 민법 제643조 소정의 매수청구권은 매수청구의 대상이 되는 건물에 근저당권이 설정되어 있는 경우에도 인정된다. 이 경우에 그 건물의 매수가격은 건물 자체의 가격 외에 건물의 위치, 주변 토지의 여러 사정 등을 종합적으로 고려하여 매수청구권 행사 당시 건물이 현존하는 대로의 상태에서 평가된 시가 상당액을 의미하고, 여기에서 근저당권의 채권최고액이나 피담보채무액을 공제한 금액을 매수가격으로 정할 것은 아니다. 다만, 매수청구권을 행사한 지상건물 소유자가 위와 같은 근저당권을 말소하지 않는 경우 토지소유자는 민법 제588조에 의하여 위 근저당권의 말소등기가 될 때까지 그 채권최고액에 상당한 대금의 지급을 거절할 수 있다(대판 2008.05.29. 2007다4356).

③ (○) 토지임차인의 지상물매수청구권은 기간의 정함이 없는 임대차에 있어서 임대인에 의한 해지통고에 의하여 그 임차권이 소멸된 경우에도 마찬가지로 인정된다(대판 1995.07.11. 94다34265 (전합)).

④ (○) 토지 소유자가 아닌 제3자가 토지 임대행위를 한 경우에는 제3자가 토지 소유자를 적법하게 대리하거나 토지 소유자가 제3자의 무권대리행위를 추인하는 등으로 임대차계약의 효과가 토지 소유자에게 귀속되었다면 토지 소유자가 임대인으로서 지상물매수청구권의 상대방이 된다. 그러나 제3자가 임대차계약의 당사자로서 토지를 임대하였다면, 토지 소유자가 임대인의 지위를 승계하였다는 등의 특별한 사정이 없는 한 임대인이 아닌 토지 소유자가 직접 지상물매수청구권의 상대방이 될 수는 없다(대판 2017.04.26. 2014다72449. 72456).

⑤ (○) 무릇 건물 소유를 목적으로 하는 토지임대차에 있어서 임차인 소유 건물이 임대인이 임대한 토지 외에 임차인 또는 제3자 소유의 토지 위에 걸쳐서 건립되어 있는 경우에는, 임차지 상에 서 있는 건물 부분 중 구분소유의 객체가 될 수 있는 부분에 한하여 임차인에게 매수청구가 허용된다(대판 1996.03.21. 93다42634 (전합)).

정답 ②

문 13

甲은 2022. 1. 5. 그 소유의 X 주택을 乙에게 보증금 3억 원, 월 차임 100만 원, 임대기간 1년으로 임대하였고, 乙은 계약 당일 甲에게 보증금을 지급함과 동시에 X 주택을 인도받아 주민등록을 마치고 확정일자를 받았다. 이에 관한 설명으로 옳은 것은? (다툼이 있는 경우 판례에 의함)

① 甲으로부터 X 주택을 매수하여 소유권이전등기를 마친 丙은 甲과 연대하여 乙에 대한 보증금반환채무를 부담한다.

② 乙이 甲의 동의 없이 X 주택의 일부만을 전대한 경우에도 甲은 乙의 계약갱신요구를 거절하지 못한다.

③ 2022. 4. 5. 甲의 채권자 丁에 의해 강제경매가 개시되어 X 주택이 매각된 경우, 乙은 경매절차에서 배당요구를 하지 않아도 보증금에 대하여 우선변제를 받을 수 있다.

④ 乙이 甲을 상대로 보증금반환청구소송을 제기하여 승소판결을 받고 그 확정판결에 기하여 강제경매를 신청하였으나 그 경매절차에서 보증금 전액을 배당받지 못한 경우, 乙은 X 주택에 관한 후행 경매절차에서 배당요구를 하면 우선변제권에 의한 배당을 받을 수 있다.

⑤ 乙이 2022. 1. 5. X 주택에 대해 임대차계약과 동일한 내용으로 전세권설정등기까지 마친 후 2022. 1. 8. 설정된 저당권에 기한 경매절차에서 전세권자로서 배당요구를 한 경우, 乙이 전세보증금의 일부만을 배당받았다면 乙은 경락인에게 임차권을 주장할 수 있다.

MGI Point 주택 대항임차권 ★★

- 임대인 지위 승계시 ⇨ 양도인은 보증금반환의무 면책
- 임대인 동의 없이 임차인이 주택 전부 또는 일부 전대시 ⇨ 갱신거절 가능
- 우선변제권 인정되는 대항임차권 ⇨ 배당요구 필요
- 대항임차인이 강제경매를 신청한 경우 ⇨ 우선변제권은 이미 행사됨 ⇨ 제2 경매절차에서 우선변제 주장 不可
- 전세권자 겸 대항임차인인 경우 ⇨ 최선순위 전세권자로서 배당요구를 하여 일부만 배당받은 경우 ⇨ 여전히 대항임차인으로서 임차권 주장 可

---

① (X) 주택의 임차인이 제3자에 대한 대항력을 갖춘 후 임차주택의 소유권이 양도되어 그 양수인이 임대인의 지위를 승계하는 경우에는, 임대차보증금의 반환채무도 부동산의 소유권과 결합하여 일체로서 이전하는 것이므로 양도인의 임대인으로서의 지위나 보증금반환 채무는 소멸한다(대판 1996.02.27. 95다35616). 따라서 주택양수인 丙만이 보증금반환채무를 부담할 뿐, 양도인 甲은 보증금반환채무를 면한다.

② (X) 주택임대차보호법 제6조의3 제1항 제4호 참조.

> **주택임대차보호법 제6조의3(계약갱신 요구 등)** ① 제6조에도 불구하고 임대인은 임차인이 제6조제1항 전단의 기간 이내에 계약갱신을 요구할 경우 정당한 사유 없이 거절하지 못한다. 다만, 다음 각 호의 어느 하나에 해당하는 경우에는 그러하지 아니하다.
> 1. 임차인이 2기의 차임액에 해당하는 금액에 이르도록 차임을 연체한 사실이 있는 경우
> 2. 임차인이 거짓이나 그 밖의 부정한 방법으로 임차한 경우
> 3. 서로 합의하여 임대인이 임차인에게 상당한 보상을 제공한 경우
> 4. 임차인이 임대인의 동의 없이 목적 주택의 전부 또는 일부를 전대한 경우
> 5. 임차인이 임차한 주택의 전부 또는 일부를 고의나 중대한 과실로 파손한 경우
> 6. 임차한 주택의 전부 또는 일부가 멸실되어 임대차의 목적을 달성하지 못할 경우

7. 임대인이 다음 각 목의 어느 하나에 해당하는 사유로 목적 주택의 전부 또는 대부분을 철거하거나 재건축하기 위하여 목적 주택의 점유를 회복할 필요가 있는 경우

　가. 임대차계약 체결 당시 공사시기 및 소요기간 등을 포함한 철거 또는 재건축 계획을 임차인에게 구체적으로 고지하고 그 계획에 따르는 경우

　나. 건물이 노후·훼손 또는 일부 멸실되는 등 안전사고의 우려가 있는 경우

　다. 다른 법령에 따라 철거 또는 재건축이 이루어지는 경우

8. 임대인(임대인의 직계존속·직계비속을 포함한다)이 목적 주택에 실제 거주하려는 경우

9. 그 밖에 임차인이 임차인으로서의 의무를 현저히 위반하거나 임대차를 계속하기 어려운 중대한 사유가 있는 경우

③ **(X)** 주택임대차보호법에 의하여 우선변제청구권이 인정되는 임대차보증금반환채권은 현행법상 배당요구가 필요한 배당요구채권에 해당한다(대판 1998.10.13. 98다12379).

④ **(X)** 주택임대차보호법상의 대항력과 우선변제권의 두 가지 권리를 함께 가지고 있는 임차인이 우선변제권을 선택하여 제1경매절차에서 보증금 전액에 대하여 배당요구를 하였으나 보증금 전액을 배당받을 수 없었던 때에는 경락인에게 대항하여 이를 반환받을 때까지 임대차관계의 존속을 주장할 수 있을 뿐이고, 임차인의 우선변제권은 경락으로 인하여 소멸하는 것이므로 제2경매절차에서 우선변제권에 의한 배당을 받을 수 없는바, 이는 근저당권자가 신청한 1차 임의경매절차에서 확정일자 있는 임대차계약서를 첨부하거나 임차권등기명령을 받아 임차권등기를 하였음을 근거로 하여 배당요구를 하는 방법으로 우선변제권을 행사한 것이 아니라, 임대인을 상대로 보증금반환청구 소송을 제기하여 승소판결을 받은 뒤 그 확정판결에 기하여 1차로 강제경매를 신청한 경우에도 마찬가지이다(대판 2006.02.10. 2005다21166).

⑤ **(O)** 주택에 관하여 최선순위로 전세권설정등기를 마치고 등기부상 새로운 이해관계인이 없는 상태에서 전세권설정계약과 계약당사자, 계약목적물 및 보증금(전세금) 등에 있어서 동일성이 인정되는 임대차계약을 체결하여 주택임대차보호법상 대항요건을 갖추었다면, 전세권자로서의 지위와 주택임대차보호법상 대항력을 갖춘 임차인으로서의 지위를 함께 가지게 된다. 이러한 경우 전세권과 더불어 주택임대차보호법상의 대항력을 갖추는 것은 자신의 지위를 강화하기 위한 것이지 원래 가졌던 권리를 포기하고 다른 권리로 대체하려는 것은 아니라는 점, 자신의 지위를 강화하기 위하여 설정한 전세권으로 인하여 오히려 주택임대차보호법상의 대항력이 소멸된다는 것은 부당하다는 점, 동일인이 같은 주택에 대하여 전세권과 대항력을 함께 가지므로 대항력으로 인하여 전세권 설정 당시 확보한 담보가치가 훼손되는 문제는 발생하지 않는다는 점 등을 고려하면, 최선순위 전세권자로서 배당요구를 하여 전세권이 매각으로 소멸되었다 하더라도 변제받지 못한 나머지 보증금에 기하여 대항력을 행사할 수 있고, 그 범위 내에서 임차주택의 매수인은 임대인의 지위를 승계한 것으로 보아야 한다(대결 2010.07.26. 2010마900).

정답 ⑤

문 14

甲은 자기 소유의 X 토지 위에 건물을 신축하기 위하여 乙과 공사대금 10억 원으로 하는 도급계약을 체결하였고, 乙은 건물의 축조공사를 맡기는 하도급계약을 丙과 체결하였다. 甲과 乙은 완성된 건물의 소유권 귀속에 관한 합의를 하지 않았고, 건축에 필요한 노력과 재료는 乙이 전적으로 부담하였다. 丙은 건축에 필요한 주요 자재를 1억 원에 丁으로부터 공급받기로 하는 소유권유보부 매매계약을 丁과 체결하고 丁으로부터 인도받은 건축자재를 가지고 Y 건물을 완공하였다. 지급기일이 도과하였음에도 甲과 乙은 각자의 공사대금을 지급하지 않았고 丙은 丁에게 매매대금을 지급하지 않았다. 이에 관한 설명으로 옳지 <u>않은</u> 것을 모두 고른 것은? (다툼이 있는 경우 판례에 의함)

> ㄱ. 乙은 甲으로부터 공사대금을 전부 지급받을 때까지 Y 건물에 대한 유치권을 행사할 수 있다.
> ㄴ. 丁은 乙이 그 자재에 대한 소유권유보 사실을 알고 있는 경우에도 乙에게 부당이득에 관한 규정에 의하여 보상청구를 할 수 없다.
> ㄷ. 丙이 乙에 대한 공사대금채권을 戊에게 양도한 경우, 戊는 乙에게 건물에 대한 저당권설정청구권을 행사할 수 있다.

① ㄱ   ② ㄷ
③ ㄱ, ㄴ   ④ ㄱ, ㄷ
⑤ ㄱ, ㄴ, ㄷ

MGI Point   **부동산 수급인의 권리**   ★★

- 수급인이 완성된 건물의 소유자인 경우 ⇨ 공사대금채권을 위한 수급인의 유치권은 ×
- 소유권유보부 매매로 공급받은 자재가 제3자 소유 건물에 부합된 경우 ⇨ 소유권유보사실에 제3자가 악의인 경우 제3자에게 보상청구 可 / cf. 제3자 선의·무과실인 경우 보상청구 不可 (선의취득과 마찬가지로 법률상 원인 有)
- 민법 제666조 저당권설정청구권
  - 수급인이 완성된 건물의 소유자인 경우, 하도급인도 수급인에 대하여 발생 ○
  - 공사대금채권 양도시 특별한 사정이 없는 한 저당권설정청구권도 수반 이전 ○

ㄱ. (X) 甲과 乙 사이에 완성된 건물에 대한 소유권 귀속에 관한 합의가 따로이 없으므로 판례에 의하면 완성된 Y건물에 대한 소유권은 노력과 재료를 전적으로 부담한 乙에게 있다. 그런데 유치권은 타물권이므로 甲이 공사대금을 乙에게 지급하지 않았다 해도 乙은 자신 소유 건물인 Y건물에 대하여 유치권을 가질 수 없다.

> **판례** 유치권은 타물권인 점에 비추어 볼 때 수급인의 재료와 노력으로 건축되었고 독립한 건물에 해당되는 기성부분은 수급인의 소유라 할 것이므로 수급인은 공사대금을 지급받을 때까지 이에 대하여 유치권을 가질 수 없다(대판 1993.03.26. 91다14116).

ㄴ. (X) 소유권유보부 매매로 공급된 자재로 건물이 완공되어 부합된 경우, 건물 소유자(매매계약의 제3자) 乙이 그 자재에 대한 소유권유보사실을 알고 있는 이상 (선의취득 유사법리가 적용되지 않으므로) 그 자재의 귀속으로 인한 이익을 보유할 법률상 원인이 없다. 그렇다면 자재 매도인 丁으로서는 乙에게 민법 제261조 및 부당이득 규정에 의하여 보상청구를 할 수 있다(아래 판례 2009다15602 참조).

> **판례** 민법 제261조에서 첨부로 법률규정에 의한 소유권 취득(민법 제256조 내지 제260조)이 인정된 경우에 "손해를 받은 자는 부당이득에 관한 규정에 의하여 보상을 청구할 수 있다"라고 규정하고 있는바, 이러한 보상청구가 인정되기 위해서는 민법 제261조 자체의 요건만이 아니라, 부당이득 법리에 따른 판단에 의하여 부당이득의 요건이 모두 충족되었음이 인정되어야 한다. 매도인에게 소유권이 유보된 자재가 제3자와 매수인 사이에 이루어진 도급계약의 이행으로 제3자 소유 건물의 건축에 사용되어 부합된 경우 보상청구를 거부할 법률상 원인이 있다고 할 수 없지만, 제3자가 도급계약에 의하여 제공된 자재의 소유권이 유보된 사실에 관하여 과실 없이 알지 못한 경우라면 선의취득의 경우와 마찬가지로 제3자가 그 자재의 귀속으로 인한 이익을 보유할 수 있는 법률상 원인이 있다고 봄이 상당하므로, 매도인으로서는 그에 관한 보상청구를 할 수 없다(대판 2009.09.24. 2009다15602).

ㄷ. (○) 乙의 노력과 출재로 건물을 완성하여 Y건물의 소유권이 乙에게 귀속되었으므로, 하수급인 丙에게 乙에 대한 민법 제666조의 저당권설정청구권이 발생하였다(아래 2014다211978 참조). 또한, 특별한 사정이 없는 한 공사대금채권이 양도되면 저당권설정청구권도 함께 이전되므로(아래 2015다19827 참조), 결국 채권 양수인 戊는 乙에 대한 저당권설정청구권을 행사할 수 있다.

> **판례** 부동산에 관한 공사도급의 경우에 수급인의 노력과 출재로 완성된 목적물의 소유권은 원칙적으로 수급인에게 귀속되지만 도급인과 수급인 사이의 특약에 의하여 달리 정하거나 기타 특별한 사정이 있으면 도급인이 원시취득하게 되므로, 민법 제666조는 그러한 경우에 수급인에게 목적물에 대한 저당권설정청구권을 부여함으로써 수급인이 목적물로부터 공사대금을 사실상 우선적으로 변제받을 수 있도록 하고 있다. 이에 비추어, 건물신축공사에 관한 도급계약에서 수급인이 자기의 노력과 출재로 건물을 완성하여 소유권이 수급인에게 귀속된 경우에는 수급인으로부터 건물신축공사 중 일부를 도급받은 하수급인도 수급인에 대하여 민법 제666조에 따른 저당권설정청구권을 가진다(대판 2016.10.27. 2014다211978).

> **판례** 민법 제666조에서 정한 수급인의 저당권설정청구권은 공사대금채권을 담보하기 위하여 인정되는 채권적 청구권으로서 공사대금채권에 부수하여 인정되는 권리이므로, 당사자 사이에 공사대금채권만을 양도하고 저당권설정청구권은 이와 함께 양도하지 않기로 약정하였다는 등의 특별한 사정이 없는 한, 공사대금채권이 양도되는 경우 저당권설정청구권도 이에 수반하여 함께 이전된다고 봄이 타당하다. 따라서 신축건물의 수급인으로부터 공사대금채권을 양수받은 자의 저당권설정청구에 의하여 신축건물의 도급인이 그 건물에 저당권을 설정하는 행위 역시 다른 특별한 사정이 없는 한 사해행위에 해당하지 아니한다(대판 2018.11.29. 2015다19827).

정답 ③

문 15

25년 10월 모의시험

甲과 乙은 각각 2억 원씩 출자하여 공동사업을 경영하기로 하는 조합계약을 체결하였다. 이에 관한 설명으로 옳은 것을 모두 고른 것은? (다툼이 있는 경우 판례에 의함)

> ㄱ. 乙이 출자 시기를 지체한 때에는 연체이자를 지급하는 외에 손해를 배상하여야 한다.
> ㄴ. 乙의 채권자 丙이 乙에 대한 대여금채권으로써 乙을 집행채무자로 하여 조합의 채권에 대하여 강제집행을 하는 경우, 甲은 보존행위로서 제3자 이의의 소를 제기하여 그 강제집행의 불허를 구할 수 있다.
> ㄷ. 조합에 대하여 3,000만 원의 채무를 부담하는 丁이 乙에 대하여 2,000만 원의 채권을 가지고 있다 하더라도 丁은 乙에 대한 채권으로 조합에 대한 채무 2,000만 원을 상계할 수 없다.

ㄹ. 乙이 조합에서 탈퇴하는 경우, 특별한 사정이 없는 한 조합채권자는 甲에게 조합채무 전부의 이행을 청구할 수 있다.

① ㄴ, ㄷ
② ㄷ, ㄹ
③ ㄱ, ㄴ, ㄷ
④ ㄱ, ㄷ, ㄹ
⑤ ㄱ, ㄴ, ㄷ, ㄹ

MGI Point **조합** ★

- 금전 출자 조합원의 불이행시 ⇨ 연체이자 외에 손해도 배상 ○
- 조합원의 채권자가 조합재산에 대한 강제집행시 다른 조합원의 제3자 이의의 소 可
- 조합채무자는 조합원에 대한 채권으로 상계 不可
- 2인 조합의 1인이 탈퇴시 ⇨ 조합채권자는 잔존 조합원에 조합채무 전부 이행청구 可

ㄱ. (○) 민법 제705조.

> 민법 제705조(금전출자지체의 책임) 금전을 출자의 목적으로 한 조합원이 출자시기를 지체한 때에는 연체이자를 지급하는 외에 손해를 배상하여야 한다.

ㄴ. (○) 조합의 채권은 조합원 전원에게 합유적으로 귀속하는 것이어서, 특별한 사정이 없는 한 조합원 중 1인이 임의로 조합의 채무자에 대하여 출자지분의 비율에 따른 급부를 청구할 수 없는 것이므로, 조합원 중 1인의 채권자가 그 조합원 개인을 집행채무자로 하여 조합의 채권에 대하여 강제집행하는 경우, 다른 조합원으로서는 보존행위로서 제3자이의의 소를 제기하여 그 강제집행의 불허를 구할 수 있다(대판 1997.08.26. 97다4401).

ㄷ. (○) 민법 제715조에 의할 때, 조합채무자인 丁이 조합원 乙에 대한 채권으로 상계할 수는 없다.

> 민법 제715조(조합채무자의 상계의 금지) 조합의 채무자는 그 채무와 조합원에 대한 채권으로 상계하지 못한다.

ㄹ. (○) 조합채무는 조합원들이 조합재산에 의하여 합유적으로 부담하는 채무이고, 두 사람으로 이루어진 조합관계에 있어 그 중 1인이 탈퇴하면 탈퇴자와의 사이에 조합관계는 종료된다 할 것이나 특별한 사정이 없는 한 조합은 해산되지 아니하고, 조합원들의 합유에 속한 조합재산은 남은 조합원에게 귀속하게 되므로, 이 경우 조합채권자는 잔존 조합원에게 여전히 그 조합채무 전부에 대한 이행을 청구할 수 있다(대판 1999.05.11. 99다1284).

정답 ⑤

문 16

25년 10월 모의시험

부당이득에 관한 설명으로 옳지 않은 것은? (다툼이 있는 경우 판례에 의함)

① 부동산실권리자명의등기에 관한 법률이 적용되는 3자간 등기명의신탁에서 등기를 마친 명의수탁자가 명의신탁사실을 알고 있는 제3자에게 부동산을 시가대로 매도하여 등기를 이전한 경우, 명의신탁자는 명의수탁자를 상대로 제3자로부터 받은 매매대금을 부당이득으로 반환할 것을 청구할 수 있다.

② 집합건물의 구분소유자가 아닌 대지 공유자는 대지 공유지분권에 기초하여 집합건물에서 전유부분 면적 비율에 상응하는 적정 대지지분을 가진 구분소유자를 상대로 대지의 사용·수익에 따른 부당이득반환을 청구할 수 없다.

③ 임차인이 임대인의 동의를 받지 않고 제3자에게 임차권을 양도하여 임차물을 사용·수익하게 한 경우, 임대인은 임대차계약이 적법하게 종료되지 않는 한 제3자에게 차임 상당의 부당이득반환을 청구할 수 없다.

④ 상가건물임대차보호법이 적용되는 상가건물의 임차인이 임대차 종료 이후에 보증금을 반환받지 못한 채 임차목적물을 점유·사용한 경우, 임대인은 그 임차인에게 차임 상당의 부당이득을 청구할 수 있다.

⑤ 우선변제청구권이 있는 채권자가 배당요구 종기까지 적법한 배당요구를 하지 않아 배당에서 제외된 경우, 그 채권자는 배당금을 수령한 다른 일반채권자를 상대로 부당이득반환청구를 할 수 없다.

MGI Point 부당이득반환청구　　　★★★

- 명의수탁자의 처분시 ⇨ 명의신탁자는 명의수탁자를 상대로 부당이득반환 청구 可
- 집합건물의 구분소유자가 아닌 대지 공유자는 적정 대지 지분을 가진 구분소유자를 상대로 대지 사용·수익에 따른 부당이득반환청구 不可
- 임차권의 무단양도시 임대인의 전차인에 대한 차임 상당의 부당이득반환청구 不可
- 상가건물 대항임차인이 보증금을 반환받지 못하여 목적물을 점유·사용하고 있는 경우 ⇨ 임대인은 상가임차인에게 차임 상당 부당이득반환청구 不可
- 우선변제권 있는 채권자가 배당요구를 하지 않은 경우 배당금 수령 일반 채권자에게 부당이득반환청구 不可

① (○) 3자간 등기명의신탁에서 명의수탁자의 임의처분 또는 강제수용이나 공공용지 협의취득 등(이러한 소유명의 이전의 원인관계를 통틀어 이하에서는 '명의수탁자의 처분행위 등'이라 한다)을 원인으로 제3자 명의로 소유권이전등기가 마쳐진 경우, 특별한 사정이 없는 한 제3자는 유효하게 소유권을 취득한다[부동산 실권리자명의 등기에 관한 법률(이하 '부동산실명법'이라 한다) 제4조 제3항]. 그 결과 매도인의 명의신탁자에 대한 소유권이전등기의무는 이행불능이 되어 명의신탁자로서는 부동산의 소유권을 이전받을 수 없게 되는 한편, 명의수탁자는 부동산의 처분대금이나 보상금 등을 취득하게 된다. 판례는, 명의수탁자가 그러한 처분대금이나 보상금 등의 이익을 명의신탁자에게 부당이득으로 반환할 의무를 부담한다고 보고 있다. 이러한 판례는 타당하므로 그대로 유지되어야 한다(대판 2021.09.09. 2018다284233 (전합)).

② (○) 집합건물에서 전유부분 면적 비율에 상응하는 적정 대지지분을 가진 구분소유자는 그 대지 전부를 용도에 따라 사용·수익할 수 있는 적법한 권원을 가지므로, 구분소유자 아닌 대지 공유자는 그 대지 공유지분권에 기초하여 적정 대지지분을 가진 구분소유자를 상대로는 대지의 사용·수익에 따른 부당이득반환을 청구할 수 없다(대판 2022.08.25. 2017다257067 (전합)).

③ (○) 임차인이 임대인의 동의를 받지 않고 제3자에게 임차권을 양도하거나 전대하는 등의 방법으로 임차물을 사용·수익하게 하더라도, 임대인이 이를 이유로 임대차계약을 해지하거나 그 밖의 다른 사유로 임대차계약이 적법하게 종료되지 않는 한 임대인은 임차인에 대하여 여전히 차임청구권을 가지므로, 임대차계약이 존속하는 한도 내에서는 제3자에게 불법점유를 이유로 한 차임 상당 손해배상청구나 부당이득반환청구를 할 수 없다. 그러나 임대차계약이 종료된 이후에는 임차물을 소유하고 있는 임대인은 제3자를 상대로 위와 같은 손해배상청구나 부당이득반환청구를 할 수 있다.(대판 2023.03.30. 2022다296165).

④ (X) 상가건물 임대차에서 기간만료나 당사자의 합의 등으로 임대차가 종료된 경우에도 상가건물 임대차보호법(이하 '상가임대차법'이라고 한다) 제9조 제2항에 의하여 임차인은 보증금을 반환받을 때까지 임대차관계가 존속하는 것으로 의제된다. 이는 임대차기간이 끝난 후에도 상가건물의 임차인이 보증금을 반환받을 때까지는 임차인의 목적물에 대한 점유를 임대차기간이 끝나기 전과 마찬가지 정도로 강하게 보호함으로써 임차인의 보증금반환채권을 실질적으로 보장하기 위한 것이다. 따라서 상가임대차법이 적용되는 상가건물의 임차인이 임대차 종료 이후에 보증금을 반환받기 전에 임차 목적물을 점유하고 있다고 하더라도 임차인에게 차임 상당의 부당이득이 성립한다고 할 수 없다. 위와 같은 상가임대차법 제9조 제2항의 입법 취지, 상가건물 임대차 종료 후 의제되는 임대차관계의 법적 성격 등을 종합하면, 상가임대차법이 적용되는 임대차가 기간만료나 당사자의 합의, 해지 등으로 종료된 경우 보증금을 반환받을 때까지 임차 목적물을 계속 점유하면서 사용·수익한 임차인은 종전 임대차계약에서 정한 차임을 지급할 의무를 부담할 뿐이고, 시가에 따른 차임에 상응하는 부당이득금을 지급할 의무를 부담하는 것은 아니다(대판 2023.11.09. 2023다257600).

⑤ (○) 배당받을 권리 있는 채권자가 자신이 배당받을 몫을 받지 못하고 그로 말미암아 권리 없는 다른 채권자가 그 몫을 배당받은 경우에는 배당이의 여부 또는 배당표의 확정 여부와 관계없이 배당받을 수 있었던 채권자가 배당금을 수령한 다른 채권자를 상대로 부당이득반환청구를 할 수 있다. 다만 집행력 있는 정본을 가진 채권자 등은 배당요구의 종기까지 배당요구를 한 경우에 한하여 비로소 배당을 받을 수 있고, 적법한 배당요구를 하지 않은 경우에는 매각대금으로부터 배당을 받을 수는 없다. 이러한 채권자가 적법한 배당요구를 하지 않아 배당에서 제외되는 것으로 배당표가 작성되어 배당이 실시되었다면, 그가 적법한 배당요구를 한 경우에 배당받을 수 있었던 금액에 해당하는 돈이 다른 채권자에게 배당되었다고 해서 법률상 원인이 없는 것이라고 할 수 없다. … 집행력 있는 정본을 가진 채권자, 경매개시결정이 등기된 뒤에 가압류를 한 채권자, 민법·상법, 그 밖의 법률에 따라 우선변제청구권이 있는 채권자는 배당요구의 종기까지 배당요구를 한 경우에 한하여 비로소 배당을 받을 수 있다(민사집행법 제88조 제1항, 제148조 제2호)(대판 2020.10.15. 2017다216523). ▶ 주택임대차보호법상 우선변제권자인 채권자는 민사집행법 제148조 제2호의 배당요구가 필요한 채권자에 해당한다. 단, 임차권 등기를 하면 동조 제4호의 배당요구가 불필요한 채권자가 된다(아래 2005다33039 참조).

> 민사집행법 제88조(배당요구) ① 집행력 있는 정본을 가진 채권자, 경매개시결정이 등기된 뒤에 가압류를 한 채권자, 민법·상법, 그 밖의 법률에 의하여 우선변제청구권이 있는 채권자는 배당요구를 할 수 있다.
> 민사집행법 제148조(배당받을 채권자의 범위) 제147조제1항에 규정한 금액을 배당받을 채권자는 다음 각호에 규정된 사람으로 한다.
> 1. 배당요구의 종기까지 경매신청을 한 압류채권자
> 2. 배당요구의 종기까지 배당요구를 한 채권자
> 3. 첫 경매개시결정등기전에 등기된 가압류채권자
> 4. 저당권·전세권, 그 밖의 우선변제청구권으로서 첫 경매개시결정등기전에 등기되었고 매각으로 소멸하는 것을 가진 채권자

> **참조판례** 임차권등기명령에 의하여 임차권등기를 한 임차인은 우선변제권을 가지며, 위 임차권등기는 임차인으로 하여금 기왕의 대항력이나 우선변제권을 유지하도록 해 주는 담보적 기능을 주목적으로 하고 있으므로, 위 임차권등기가 첫 경매개시결정등기 전에 등기된 경우, 배당받을 채권자의 범위에 관하여 규정하고 있는 민사집행법 제148조 제4호의 "저당권·전세권, 그 밖의 우선변제청구권으로서 첫 경매개시결정 등기 전에 등기되었고 매각으로 소멸하는 것을 가진 채권자"에 준하여, 그 임차인은 별도로 배당요구를 하지 않아도 당연히 배당받을 채권자에 속하는 것으로 보아야 한다(대판 2005.09.15. 2005다33039).

정답 ④

문 17

A 법인의 직원 甲은 사무집행을 하면서 알게 된 丙을 기망하여 이득을 얻고자 친구 乙과 함께 丙의 부주의를 고의로 이용하여 5억 원을 영득하였다. 이에 丙이 A 법인, 甲, 乙을 상대로 손해배상청구의 소를 제기하자 법원은 丙의 손해액을 5억 원으로 보고 甲과 乙은 丙에 대해 공동불법행위책임을, A 법인은 사용자책임을 부담하는 것으로 인정하였다. 또한 법원은 丙의 과실상계비율을 60%로, 甲과 乙의 내부부담비율을 6:4로 판단하였다. 이에 관한 설명으로 옳은 것을 모두 고른 것은? (지연손해금은 고려하지 않고, 다툼이 있는 경우 판례에 의함)

> ㄱ. A 법인이 丙에게 1억 2천만 원을 배상한 경우, A 법인은 乙에게 구상권을 행사할 수 없다.
> ㄴ. 乙이 丙에게 2억 원을 배상하면 丙은 A 법인에게 손해배상을 청구할 수 없다.
> ㄷ. 甲의 丙에 대한 손해배상채무가 시효로 소멸한 후에 乙이 丙에게 5억 원을 배상한 경우, 乙은 甲에게 3억 원을 구상할 수 있다.

① ㄱ
② ㄷ
③ ㄱ, ㄴ
④ ㄱ, ㄷ
⑤ ㄱ, ㄴ, ㄷ

MGI Point	**사용자책임·공동불법행위책임**	★★★

- 공동불법행위자들이 피해자의 부주의를 고의로 이용한 경우 ⇨ 과실상계 不可
- 공동불법행위자들 중 1인의 사용자가 사용자책임을 지는 경우 ⇨ 공동불법행위자 및 사용자책임은 부진정연대책임 ⇨ 이 경우 공동불법행위자들이 피해자의 부주의를 고의로 이용하여 과실상계가 안되더라도 사용자책임에서는 과실상계 可
- 사용자책임만 과실상계가 되어 사용자가 부담할 채무의 액수가 적은 경우 ⇨ 다액의 책임을 지는 공동불법행위자가 일부 변제한 경우 자신이 단독으로 부담하는 부분부터 소멸
- 공동불법행위자 1인의 손해배상채무가 시효로 소멸한 경우에도 다른 공동불법행위자는 구상권 행사 可

* 먼저, A법인과 甲·乙은 모두 丙에 대한 관계에서 부진정연대채무관계에 있다.

* 한편, 피해자의 부주의를 이용하여 고의로 불법행위를 저지른 자가 바로 그 피해자의 부주의를 이유로 자신의 책임을 감하여 달라고 주장하는 것은 허용될 수 없는 것이나, 이는 그러한 사유가 있는 자에게 과실상계의 주장을 허용하는 것이 신의칙에 반하기 때문이므로, 불법행위자 중의 일부에게 그러한 사유가 있다고 하여 그러한 사유가 없는 다른 불법행위자까지도 과실상계의 주장을 할 수 없다고 해석할 것은 아니다(대판 2010.10.14. 2010다48561). 따라서, 甲과 乙은 피해자 丙의 부주의를 고의로 이용하여 5억 원을 영득하였으므로 법원이 丙의 과실상계 비율을 60%로 정하였다 하더라도 이는 A법인에 대한 것일 뿐, 丙의 부주의를 고의로 이용한 甲과 乙에 적용되는 것은 아니다.

ㄱ. (○) 피해자 丙의 손해액 5억 원 중 丙의 과실상계비율이 60%이지만 위에서 본 바와 같이 甲과 乙은 과실상계 주장을 할 수 없으므로 丙은 甲 및 乙에게는 5억 원을 청구할 수 있고, A법인에 대하여는 과실상계가 적용되어 2억 원을 청구할 수 있다. 그리고, 甲과 乙의 내부부담비율이 6:4 이므로, 甲은 3억 원, 乙은 2억 원을 내부적으로 부담하는 바, 공동불법행위자들은 자신의 부담부분을 넘은 변제 등에 대하여 구상권을 취득하며, 사용자는 피용자와 제3자의 부담비율에 따른 부담부분을 초과하여 배상한 경우 구상권을 가지므로, A법인이 丙에게 1억 2천만 원을 배상한 경우로는 乙이 부담할 2억 원의 부담부분을 넘은 변제가 아니어서 A법인은 乙에게 구상권을 행사할 수 없다.

> **판례** 공동불법행위자는 채권자에 대한 관계에서는 부진정연대채무를 지되, 공동불법행위자들 내부관계에서는 일정한 부담부분이 있다. 공동불법행위자 중 1인이 자기의 부담부분 이상을 변제하여 공동의 면책을 얻게 하였을 때에는 다른 공동불법행위자에게 그 부담부분의 비율에 따라 구상권을 행사할 수 있으므로 공동불법행위자가 구상권을 갖기 위해서는 반드시 피해자의 손해 전부를 배상하여야 할 필요는 없으나 자기의 부담부분을 초과하여 배상을 해야 한다. 피용자와 제3자가 공동불법행위로 피해자에게 손해를 가하여 손해배상채무를 부담하는 경우에 피용자와 제3자는 공동불법행위자로서 서로 부진정연대관계에 있다. 한편 사용자의 손해배상책임은 피용자의 배상책임에 대한 대체적 책임이어서 사용자도 제3자와 부진정연대관계에 있다고 보아야 하므로, 사용자가 피용자와 제3자의 책임비율에 따라 정해진 피용자의 부담부분을 초과하여 피해자에게 손해를 배상한 경우에는 사용자는 제3자에 대하여 구상권을 행사할 수 있다(대판 2021.04.29. 2018다248183).

ㄴ. (X) 위 ㄱ.에서 본 바와 같이, 乙이 丙에게 2억 원을 배상하더라도 여전히 A법인은 사용자책임으로서 2억 원을 배상할 책임이 있다. 부진정연대관계에 있는 채무자들 중 다액의 채무를 부담하는 자가 일부를 변제한 경우 자신이 단독으로 책임을 지는 부분이 먼저 소멸하기 때문이다.

> **판례** 금액이 다른 채무가 서로 부진정연대 관계에 있을 때 다액채무자가 일부 변제를 하는 경우 변제로 인하여 먼저 소멸하는 부분은 당사자의 의사와 채무 전액의 지급을 확실히 확보하려는 부진정연대채무 제도의 취지에 비추어 볼 때 다액채무자가 단독으로 채무를 부담하는 부분으로 보아야 한다. 이러한 법리는 사용자의 손해배상액이 피해자의 과실을 참작하여 과실상계를 한 결과 타인에게 직접 손해를 가한 피용자 자신의 손해배상액과 달라졌는데 다액채무자인 피용자가 손해배상액의 일부를 변제한 경우에 적용되고, 공동불법행위자들의 피해자에 대한 과실비율이 달라 손해배상액이 달라졌는데 다액채무자인 공동불법행위자가 손해배상액의 일부를 변제한 경우에도 적용된다(대판 2018.03.22. 2012다74236 (전합)).

ㄷ. (O) 부진정연대채무에서는 어느 하나의 채무가 소멸시효가 완성되었다 하더라도 이는 상대적 사유에 불과하여 다른 채무자들에 그 영향이 미치지 않는다. 그렇다면 甲의 丙에 대한 손해배상채무가 시효로 소멸한 후에도 乙은 여전히 丙에 대하여 5억 원의 손해배상의무를 부담하는 바, 이 때, 乙이 丙에게 5억 원을 배상한 경우라면 그 중 내부 부담부분인 2억 원을 초과한 3억 원 부분에 대하여는 甲에게 구상권을 행사할 수 있다. 채권자에 대한 관계에서 소멸시효가 완성되었다 하더라도 구상권은 여전히 행사할 수 있다고 봄이 판례이기 때문이다.

> **판례** 공동불법행위자의 다른 공동불법행위자에 대한 구상권은 피해자의 다른 공동불법행위자에 대한 손해배상채권과는 그 발생 원인 및 성질을 달리하는 별개의 권리이고, 연대채무에 있어서 소멸시효의 절대적 효력에 관한 민법 제421조의 규정은 공동불법행위자 상호간의 부진정연대채무에 대하여는 그 적용이 없으므로, 공동불법행위자 중 1인의 손해배상채무가 시효로 소멸한 후에 다른 공동불법행위자 1인이 피해자에게 자기의 부담 부분을 넘는 손해를 배상하였을 경우에도, 그 공동불법행위자는 다른 공동불법행위자에게 구상권을 행사할 수 있다(대판 1997.12.23. 97다42830).

정답 ④

문 18

甲은 자기 소유 X 토지 위에 분묘를 설치한 후 X 토지의 소유권이 경매로 乙에게 이전되면서 분묘기지권을 취득하였다. 이에 관한 설명 중 옳은 것을 모두 고른 것은? (다툼이 있는 경우 판례에 의함)

> ㄱ. 乙이 분묘기지에 관한 지료를 청구하면, 특별한 사정이 없는 한 甲은 乙이 청구한 날부터의 지료를 乙에게 지급하여야 한다.
> ㄴ. 분묘기지권의 효력이 미치는 지역의 범위 내라면, 甲은 그 범위 내에서 분묘기지권 취득 이후 사망한 <u>다른 사람의 합장을 위하여</u> 쌍분 형태의 분묘를 설치할 수 있다.
> ㄷ. 甲의 분묘기지권의 존속기간은 지상권에 관한 규정에 따르므로 특별한 사정이 없는 한 5년이다.
> ㄹ. 甲이 乙에게 분묘기지권을 포기하는 의사표시를 한 경우, 甲이 점유를 포기하지 않더라도 분묘기지권은 소멸한다.

① ㄱ, ㄴ   ② ㄴ, ㄷ
③ ㄱ, ㄹ   ④ ㄴ, ㄹ
⑤ ㄹ

선택형 · 민사법

MGI Point **분묘기지권** ★

- 양도형 분묘기지권은 분묘기지권 성립시 지료지급의무 발생
- 다른 사람의 합장을 위한 쌍분형태의 분묘설치는 분묘기지권의 범위 ×
- 분묘기지권의 존속기간 ⇨ 분묘의 수호와 봉사를 계속하는 한 분묘가 존속하는 동안 유지
- 분묘기지권 포기 ⇨ 의사표시만으로 소멸 ○ 점유 포기 不要

ㄱ. (X) 자기 소유 토지에 분묘를 설치한 사람이 그 토지를 양도하면서 분묘를 이장하겠다는 특약을 하지 않음으로써 분묘기지권을 취득한 경우, 특별한 사정이 없는 한 분묘기지권자는 분묘기지권이 성립한 때부터 토지 소유자에게 그 분묘의 기지에 대한 토지사용의 대가로서 지료를 지급할 의무가 있다(대판 2021.09.16. 2017다271834,271841). 설문에서 '乙이 청구한 날로부터' 부분은 옳지 않다. 참고로, 설문과 다른 사안인 취득시효형 분묘기지권에 대하여는 청구한 날로부터 지료지급의무가 있다는 대판 2021.04.29. 2017다228007(전합)과는 구별하여야 한다.

ㄴ. (X) 분묘기지권은 분묘를 수호하고 봉제사하는 목적을 달성하는 데 필요한 범위 내에서 타인의 토지를 사용할 수 있는 권리를 의미하는 것으로서, 분묘기지권에는 그 효력이 미치는 지역의 범위 내라고 할지라도 기존의 분묘 외에 새로운 분묘를 신설할 권능은 포함되지 아니하는 것이므로, 부부 중 일방이 먼저 사망하여 이미 그 분묘가 설치되고 그 분묘기지권이 미치는 범위 내에서 그 후에 사망한 다른 일방의 합장을 위하여 쌍분 형태의 분묘를 설치하는 것도 허용되지 않는다(대판 1997.05.23. 95다29086,29093).

ㄷ. (X) 분묘수호를 위한 유사지상권(분묘기지권)의 존속기간에 관하여는 민법의 지상권에 관한 규정에 따를 것이 아니라, 당사자 사이에 약정이 있는 등 특별한 사정이 있으면 그에 따를 것이며, 그런 사정이 없는 경우에는 권리자가 분묘의 수호와 봉사를 계속하는 한 그 분묘가 존속하고 있는 동안은 분묘기지권은 존속한다고 해석함이 상당하다(대판 1982.01.26. 81다1220).

ㄹ. (○) 분묘의 기지에 대한 지상권 유사의 물권인 관습상의 법정지상권이 점유를 수반하는 물권으로서 권리자가 의무자에 대하여 그 권리를 포기하는 의사표시를 하는 외에 점유까지도 포기하여야만 그 권리가 소멸하는 것은 아니다(대판 1992.06.23. 92다14762).

정답 ⑤

문 19

주물과 종물의 법리에 관한 설명 중 옳지 않은 것은? (다툼이 있는 경우 판례에 의함)

① 집합건물의 소유 및 관리에 관한 법률상 구분건물의 전유부분에 대한 소유권보존등기만 경료되고 대지지분에 대한 등기가 경료되기 전에 전유부분에 대해서만 가압류결정이 내려진 경우, 가압류결정의 효력은 특별한 사정이 없는 한 대지권에까지 미친다.

② 주물 자체의 효용과 관계없는 물건은 주물의 소유자나 이용자의 사용에 공여되고 있더라도 종물이 아니다.

③ 부동산의 상용에 공하여진 물건이더라도 그 물건이 부동산의 소유자가 아닌 다른 사람의 소유인 경우, 그 물건에는 부동산에 대한 저당권의 효력이 미치지 않는다.

④ 건물에 대한 저당권이 실행되어 경매절차의 매수인이 그 건물의 소유권을 취득한 경우, 특별한 사정이 없는 한 그 매수인은 건물 소유를 위한 지상권도 등기 없이 취득한다.

⑤ 원본채권이 양도된 경우, 이미 변제기에 도달한 이자채권은 종된 권리이므로 당연히 양도된다.

MGI Point **종물** ★

■ 전유부분에 대한 가압류 ⇨ 대지권에 미침
■ 주물의 소유자나 이용자의 사용에 공여 ⇨ 종물 ×
■ 소유자가 다른 경우 ⇨ 종물 ×
■ 건물 소유권을 경매로 취득한 경우 ⇨ 지상권도 등기없이 취득 ○
■ 원본채권 양도시 이미 변제기 도달한 이자채권은 당연 양도되지 않음

---

① (○) 민법 제100조 제2항의 종물과 주물의 관계에 관한 법리는 물건 상호간의 관계뿐 아니라 권리 상호간에도 적용되고, 위 규정에서의 처분은 처분행위에 의한 권리변동뿐 아니라 주물의 권리관계가 압류와 같은 공법상의 처분 등에 의하여 생긴 경우에도 적용되어야 하는 점, 저당권의 효력이 종물에 대하여도 미친다는 민법 제358조 본문 규정은 같은 법 제100조 제2항과 이론적 기초를 같이하는 점, 집합건물의 소유 및 관리에 관한 법률 제20조 제1항, 제2항에 의하면 구분건물의 대지사용권은 전유부분과 종속적 일체불가분성이 인정되는 점 등에 비추어 볼 때, 구분건물의 전유부분에 대한 소유권보존등기만 경료되고 대지지분에 대한 등기가 경료되기 전에 전유부분만에 대해 내려진 가압류결정의 효력은, 대지사용권의 분리처분이 가능하도록 규약으로 정하였다는 등의 특별한 사정이 없는 한, 종물 내지 종된 권리인 그 대지권에까지 미친다(대판 2006.10.26. 2006다29020).

② (○) 저당권의 효력이 미치는 저당부동산의 종물이라 함은 민법 제100조가 규정하는 종물과 같은 의미로서 종물이기 위하여는 주물의 상용에 이바지 되어야 하는 관계가 있어야 하는바 여기에서 주물의 상용에 이바지 한다 함은 주물 그 자체의 경제적 효용을 다하게 하는 작용을 하는 것을 말하는 것으로서 주물의

소유자나 이용자의 상용에 공여되고 있더라도 주물 그 자체의 효용과는 직접 관계없는 물건은 종물이 아니다(대판 1985.03.26. 84다카269).

③ (O) 저당권의 실행으로 부동산이 경매된 경우에 그 부동산에 부합된 물건은 그것이 부합될 당시에 누구의 소유이었는지를 가릴 것 없이 그 부동산을 낙찰받은 사람이 소유권을 취득하지만, 그 부동산의 상용에 공하여진 물건일지라도 그 물건이 부동산의 소유자가 아닌 다른 사람의 소유인 때에는 이를 종물이라고 할 수 없으므로 부동산에 대한 저당권의 효력에 미칠 수 없어 부동산의 낙찰자가 당연히 그 소유권을 취득하는 것은 아니며, 나아가 부동산의 낙찰자가 그 물건을 선의취득하였다고 할 수 있으려면 그 물건이 경매의 목적물로 되었고 낙찰자가 선의이며 과실 없이 그 물건을 점유하는 등으로 선의취득의 요건을 구비하여야 한다(대판 2008.05.08. 2007다36933, 36940).

④ (O) 저당권의 효력이 저당부동산에 부합된 물건과 종물에 미친다는 민법 제358조 본문을 유추하여 보면 건물에 대한 저당권의 효력은 그 건물에 종된 권리인 건물의 소유를 목적으로 하는 지상권에도 미치게 되므로, 건물에 대한 저당권이 실행되어 경락인이 그 건물의 소유권을 취득하였다면 경락 후 건물을 철거한다는 등의 매각조건에서 경매되었다는 등 특별한 사정이 없는 한, 경락인은 건물 소유를 위한 지상권도 민법 제187조의 규정에 따라 등기 없이 당연히 취득하게 되고, 한편 이 경우에 경락인이 건물을 제3자에게 양도한 때에는, 특별한 사정이 없는 한 민법 제100조 제2항의 유추적용에 의하여 건물과 함께 종된 권리인 지상권도 양도하기로 한 것으로 봄이 상당하다(대판 1996.04.26. 95다52864).

> **판례** 건물 소유를 위하여 법정지상권을 취득한 사람으로부터 경매에 의하여 그 건물의 소유권을 이전받은 매수인은 매수 후 건물을 철거한다는 등의 매각조건하에서 경매되는 경우 등 특별한 사정이 없는 한 건물의 매수취득과 함께 위 지상권도 당연히 취득한다(대판 2013.09.12. 2013다43345).

⑤ (X) 이자채권은 원본채권에 대하여 종속성을 갖고 있으나 이미 변제기에 도달한 이자채권은 원본채권과 분리하여 양도할 수 있고 원본채권과 별도로 변제할 수 있으며 시효로 인하여 소멸되기도 하는 등 어느 정도 독립성을 갖게 되는 것이므로, 원본채권이 양도된 경우 이미 변제기에 도달한 이자채권은 원본채권의 양도당시 그 이자채권도 양도한다는 의사표시가 없는 한 당연히 양도되지는 않는다(대판 1989.03.28. 88다카12803).

[정답] ⑤

문 20
25년 10월 모의시험

통정허위표시에 관한 설명 중 옳은 것을 모두 고른 것은? (다툼이 있는 경우 판례에 의함)

> ㄱ. 甲이 乙은행이 마련한 금전소비대차약정서에 주채무자로 직접 서명·날인하였더라도, 甲이 丙으로 하여금 甲 명의로 대출을 받아 이를 사용하도록 할 의사가 있었고 그 원리금을 丙의 부담으로 상환하기로 한 경우에는, 특별한 사정이 없는 한 甲과 乙간의 소비대차계약은 통정허위표시로서 무효이다.
>
> ㄴ. 甲이 乙에 대한 공사대금채무를 담보하기 위하여 통정허위표시로 乙에게 전세권설정등기를 마친 후 丙이 이러한 사정을 알면서도 乙에 대한 채권을 담보하기 위하여 위 전세권에 대하여 전세권근저당권설정등기를 마쳤는데, 그 후 丁이 丙의 전세권근저당권부 채권을 가압류하고 압류명령을 받은 경우, 丁이 통정허위표시에 관하여 선의라면 甲은 丁에 대하여 전세권이 통정허위표시에 의한 것이라는 이유로 대항할 수 없다.

ㄷ. 乙이 등기서류를 위조하여 甲의 부동산을 자기 앞으로 소유권이전등기를 한 후 丙에게 그 소유권이전등기를 경료한 경우, 丙이 이러한 사정을 알지 못했다면 민법 제108조 제2항을 유추적용하여 丙은 甲의 말소등기청구에 대항할 수 있다.

ㄹ. 甲이 乙에 대한 대여금채권을 통정하여 허위로 丙에게 양도하고 같은 날 이와 같은 사정을 알지 못하는 乙에게 채권양도사실을 통지한 경우, 乙이 丙에게 대여금채무를 이행하지 않았다면 乙은 허위표시의 무효를 이유로 대항할 수 없는 제3자가 아니다.

① ㄱ, ㄴ, ㄹ   ② ㄴ, ㄷ, ㄹ
③ ㄱ, ㄹ   ④ ㄴ, ㄹ
⑤ ㄴ

MGI Point   **통정허위표시**   ★★

- 제3자 명의로 대출받아 사용할 의사가 있었다거나 원리금을 타인의 부담으로 상환하기로 한 경우라 하더라도, 이것만으로 은행과의 금전소비대차계약이 통정허위표시는 아님
- 수익자가 악의라 하더라도 전득자가 선의인 경우 전득자는 허위표시로 보호받는 제3자가 될 수 있음
- 등기서류를 위조하여 자기 앞으로 등기를 한 후 제3자에게 소유권이전등기를 한 경우 ⇨ 명의인이 통정·용인하지 않는 한 제108조 제2항의 유추적용은 부정
- 채권의 가장양도시 채무자는 제108조 제2항의 제3자 ×

ㄱ. (X) 통정허위표시가 성립하기 위해서는 의사표시의 진의와 표시가 일치하지 아니하고 그 불일치에 관하여 상대방과 사이에 합의가 있어야 한다. 제3자가 금전소비대차약정서 등 대출 관련 서류에 주채무자로 직접 서명·날인하였다면, 자신이 그 소비대차계약의 주채무자임을 금융기관 등 채권자에 대하여 표시한 셈이므로, 제3자가 타인으로 하여금 제3자 명의로 대출을 받아 이를 사용하도록 할 의사가 있었다거나 그 원리금을 타인의 부담으로 상환하기로 하였더라도, 이는 소비대차계약에 따른 경제적 효과를 타인에게 귀속시키려는 의사에 불과한 것이어서 원칙적으로 제3자의 진의와 표시에 불일치가 있다고 보기는 어렵다. 그러나 제3자가 소비대차계약에 따른 경제적 효과뿐만 아니라 그 법률상의 효과까지 타인에게 귀속시키려는 의사로 대출 관련 서류에 서명·날인한 것이고, 금융기관 등 채권자도 제3자와 사이에 당해 대출에 따르는 법률상의 효과까지 실제 차주에게 귀속시키고 제3자에게는 그 채무부담을 지우지 않기로 약정 내지 양해하였음을 추단할 수 있는 특별한 사정이 있다면 그 의사표시는 통정허위표시로서 무효이다(대판 2018.11.29. 2018다253413).

ㄴ. (O) 갑이 을의 임차보증금반환채권을 담보하기 위하여 통정허위표시로 을에게 전세권설정등기를 마친 후 병이 이러한 사정을 알면서도 을에 대한 채권을 담보하기 위하여 위 전세권에 대하여 전세권근저당권설정등기를 마쳤는데, 그 후 정이 병의 전세권근저당권부 채권을 가압류하였다가 이를 본압류로 이전하는 압류명령을 받은 사안에서, 병의 전세권근저당권부 채권은 통정허위표시에 의하여 외형상 형성된 전세권을 목적물로 하는 전세권근저당권의 피담보채권이고, 정은 이러한 병의 전세권근저당권부 채권을 가압류하고 압류명령을 얻음으로써 그 채권에 관한 담보권인 전세권근저당권의 목적물에 해당하는 전세권에 대하여 새로이 법률상 이해관계를 가지게 되었으므로, 정이 통정허위표시에 관하여 선의라면 비록 병이 악의라 하더라도 허위표시자는 그에 대하여 전세권이 통정허위표시에 의한 것이라는 이유로 대항할 수 없음에도, 이와 달리 본 원심판결에 법리오해의 위법이 있다고 한 사례(대판 2013.02.15. 2012다49292).

ㄷ. (X) 을이 갑으로부터 부동산에 관한 담보권설정의 대리권만 수여받고도 그 부동산에 관하여 자기 앞으로 소유권이전등기를 하고 이어서 병에게 그 소유권이전등기를 경료한 경우, 병은 을을 갑의 대리인으로 믿고서 위 등기의 원인행위를 한 것도 아니고, 갑도 을 명의의 소유권이전등기가 경료된 데 대하여 이를 통정·용인하였거나 이를 알면서 방치하였다고 볼 수 없다면 이에 민법 제126조나 제108조 제2항을 유추할 수는 없다(대판 1991.12.27. 91다3208 판결). 따라서, 설문과 같이 乙이 등기서류를 위조하여 이를 모르는 丙에게 소유권이전등기를 경료했다 하더라도 甲이 이를 통정·용인하였다는 등의 사정이 없는 한 丙은 甲의 말소등기청구에 대항할 수 없다.

ㄹ. (O) 민법 제108조 제2항에서 말하는 제3자는 허위표시의 당사자와 그의 포괄승계인 이외의 자 모두를 가리키는 것이 아니고 그 가운데서 허위표시행위를 기초로 하여 새로운 이해관계를 맺은 자를 한정해서 가리키는 것으로 새겨야 할 것이므로 이 사건 퇴직금 채무인 피고는 원채권자인 소외(갑)이 소외(을)에게 퇴직금채권을 양도했다고 하더라도 그 퇴직금을 양수인에게 지급하지 않고 있는 동안에 위 양도계약이 허위표시란 것이 밝혀진 이상 위 허위표시의 선의의 제3자임을 내세워 진정한 퇴직금전부채권자인 원고에게 그 지급을 거절할 수 없다(대판 1983.01.18. 82다594). 즉, 통정허위표시인 채권양도계약의 채무자는, 허위의 양수인에게 채무를 이행하지 않은 이상, '허위표시행위인 채권양도를 기초로 새로운 이해관계를 맺은 자'가 아니므로, 민법 제108조 제2항의 제3자가 아니다.

정답 ④

문 21

민법 제126조의 표현대리에 관한 설명 중 옳은 것은? (다툼이 있는 경우 판례에 의함)

① 임의대리인이 복임권 없이 선임한 복대리인을 통하여 권한 외의 법률행위를 한 경우, 상대방이 그 행위자를 대리권을 가진 대리인으로 믿었고 또한 그렇게 믿는 데에 정당한 이유가 있더라도 민법 제126조의 표현대리가 성립하지 않는다.

② 민법 제129조의 대리권 소멸 후의 표현대리가 인정되는 경우, 그 표현대리권은 민법 제126조의 표현대리의 기본대리권이 될 수 있다.

③ 본인의 성명을 모용하여 자기가 마치 본인인 것처럼 기망하여 본인 명의로 직접 법률행위를 한 경우, 특별한 사정이 없는 한 민법 제126조 소정의 표현대리가 성립한다.

④ 민법 제126조의 표현대리행위가 성립하는 경우, 상대방에게 과실이 있다면 과실상계의 법리를 유추적용하여 본인의 책임을 경감할 수 있다.

⑤ 민법 제126조의 표현대리에서 표현대리인이 대리권을 갖고 있다고 믿는 데 상대방의 과실이 있는지는 계약 성립 당시의 제반사정 및 표현대리인의 주관적 사정을 함께 고려하여야 결정하여야 한다.

MGI Point **표현대리** ★★

- 복임권 없는 임의대리인에 의하여 선임된 복대리인이 권한 외의 법률행위를 한 경우 ⇨ 제126조 표현대리 성립 가능
- 제129조 표현대리권도 제126조의 기본대리권이 됨
- 본인 성명을 모용하여 직접 법률행위를 한 경우 원칙적으로 제126조 표현대리 성립 不可
- 표현대리 성립시 과실상계 不可
- 표현대리에서 상대방의 과실을 판단시, 표현대리인의 주관적 사정은 고려대상 아님

① (X) 대리인이 사자 내지 임의로 선임한 복대리인을 통하여 권한 외의 법률행위를 한 경우, 상대방이 그 행위자를 대리권을 가진 대리인으로 믿었고 또한 그렇게 믿는 데에 정당한 이유가 있는 때에는, 복대리인 선임권이 없는 대리인에 의하여 선임된 복대리인의 권한도 기본대리권이 될 수 있을 뿐만 아니라, 그 행위자가 사자라고 하더라도 대리행위의 주체가 되는 대리인이 별도로 있고 그들에게 본인으로부터 기본대리권이 수여된 이상, 민법 제126조를 적용함에 있어서 기본대리권의 흠결 문제는 생기지 않는다(대판 1998.03.27. 97다48982).

② (○) 민법 제129조의 대리권 소멸 후의 표현대리로 인정되는 경우에, 그 표현대리의 권한을 넘는 대리행위가 있을 때에는 민법 제126조의 표현대리가 성립될 수 있다(대판 1979.03.27. 79다234).

③ (X) 민법 제126조의 표현대리는 대리인이 본인을 위한다는 의사를 명시 혹은 묵시적으로 표시하거나 대리의사를 가지고 권한 외의 행위를 하는 경우에 성립하고, 사술을 써서 위와 같은 대리행위의 표시를 하지 아니하고 단지 본인의 성명을 모용하여 자기가 마치 본인인 것처럼 기망하여 본인 명의로 직접 법률행위를 한 경우에는 특별한 사정이 없는 한 위 법조 소정의 표현대리는 성립될 수 없다(대판 2002.06.28. 2001다49814). 단, 아래 참고 판례를 주의할 것!

> **판례** 민법 제126조의 표현대리는 대리인이 본인을 위한다는 의사를 명시적 또는 묵시적으로 표시하거나 대리의사를 가지고 권한 외의 행위를 하는 경우에 성립한다. 그 외에 사술을 써서 위와 같은 대리행위의 표시를 하지 아니하고 단지 본인의 성명을 모용하여 자기가 마치 본인인 것처럼 기망하여 본인 명의로 직접 법률행위를 한 경우에는, 본인을 모용한 사람에게 본인을 대리할 기본대리권이 있었고, 상대방으로서는 위 모용자가 본인 자신으로서 본인의 권한을 행사하는 것으로 믿은 데 정당한 사유가 있었던 사정이 있는 경우에 한하여 민법 제126조의 표현대리 법리가 유추적용된다(대판 2025.06.05. 2023다232526).

④ (X) 표현대리행위가 성립하는 경우에 그 본인은 표현대리행위에 의하여 전적인 책임을 져야 하고, 상대방에게 과실이 있다고 하더라도 과실상계의 법리를 유추적용하여 본인의 책임을 경감할 수 없다(대판 1996.07.12. 95다49554).

⑤ (X) 표현대리에 있어서 표현대리인이 대리권을 갖고 있다고 믿는 데 상대방의 과실이 있는지 여부는 계약 성립 당시의 제반사정을 객관적으로 판단하여 결정하여야 하고 표현대리인의 주관적 사정을 고려하여서는 안된다(대판 1989.04.11. 88다카13219).

정답 ②

문 22

소멸시효에 관한 설명 중 옳은 것을 모두 고른 것은? (다툼이 있는 경우 판례에 의함)

> ㄱ. 甲의 乙에 대한 유치권확인청구의 소송에서 피담보채권의 존부에 관하여 실질적 심리가 이루어졌다면, 위 소송의 제기는 민법 제168조 제1호의 재판상 청구에 준하는 것으로 본다.
>
> ㄴ. 甲의 乙에 대한 대여금채권을 담보하기 위해 丙이 자기 소유 X 토지에 관하여 甲에게 저당권을 설정한 경우, 丙이 이후 그 피담보채무의 소멸을 이유로 甲을 상대로 제기한 저당권설정등기 말소등기절차이행청구소송에서 甲이 청구기각의 판결을 구하고 피담보채권의 존재를 주장하였다면 민법 제168조 제1호에 따라 甲의 乙에 대한 대여금채권의 소멸시효는 중단된다.
>
> ㄷ. 乙에 대해 1억 원의 채권을 가지는 甲이 우선 乙에게 7,000만 원의 이행을 구하는 소를 제기하면서 추후 소송의 진행 경과에 따라 나머지 3,000만 원('잔존 채권')을 확장할 뜻을 표시하였으나 당해 소송이 종료될 때까지 실제로 확장하지 않은 경우, 당해 소송이 종료된 날로부터 3개월 후 乙이 甲에 대한 채무를 승인하였다면 잔존 채권의 소멸시효는 甲의 확장의 의사표시가 乙에게 도달한 시점에 중단된다.

① ㄱ, ㄴ, ㄷ   ② ㄱ, ㄴ
③ ㄴ, ㄷ   ④ ㄱ, ㄷ
⑤ ㄱ

MGI Point   **소멸시효 중단**   ★★★

■ 유치권확인청구에서 피담보채권의 존부에 관한 실질적 심리가 이루어진 경우 ⇨ 소멸시효 중단사유인 재판상 청구 ○
■ 물상보증인이 채권자에 대한 저당권설정등기 말소청구 ⇨ 채권자의 채무자에 대한 채권의 소멸시효 중단 ×
■ 일부청구와 소멸시효 중단 ⇨ 잔존채권 확장할 뜻을 표시하였으나 실제 확장되지 않은 경우 소송종료일로부터 6개월 이내에 재판상 청구, 파산절차참가, 화해를 위한 소환, 임의출석, 압류·가압류·가처분을 하면 소제기시로부터 소멸시효는 중단 ○
     ⇨ 그러나 채무승인을 한 경우는 확장의 의사표시가 도달되어야 중단됨

ㄱ. (○) 원고들의 피고 1 회사에 대한 이 사건 유치권확인청구 소송에서 피담보채권인 각 공사대금채권의 존재에 관한 주장이 있었고, 피고들이 그 채권의 존부에 관하여 다투어 이에 대한 실질적 심리가 이루어진 것으로 보이는 이상 위 각 공사대금채권에 관하여 권리의 행사가 있은 것으로 볼 수 있다. 따라서 피고 1 회사에 대한 유치권확인청구 소송의 제기는 그에 대한 각하판결이 확정되기 전까지는 피담보채권에 관한 재판상의 청구에 준하여 피담보채권에 대한 소멸시효 중단의 효력을 생기게 한다고 봄이 상당하다.(대판 2024.10.31. 2024다241152).

ㄴ. (X) 타인의 채무를 담보하기 위하여 자기의 물건에 담보권을 설정한 물상보증인은 채권자에 대하여 물적 유한책임을 지고 있어 그 피담보채권의 소멸에 의하여 직접 이익을 받는 관계에 있으므로 소멸시효의 완성을 주장할 수 있는 것이지만, 채권자에 대하여는 아무런 채무도 부담하고 있지 아니하므로, 물상보증인이 그 피담보채무의 부존재 또는 소멸을 이유로 제기한 저당권설정등기 말소등기절차이행청구소송에서 채권자 겸 저당권자가 청구기각의 판결을 구하고 피담보채권의 존재를 주장하였다고 하더라도 이로써 직접 채무자에 대하여 재판상 청구를 한 것으로 볼 수는 없는 것이므로 피담보채권의 소멸시효에 관하여 규정한 민법 제168조 제1호 소정의 '청구'에 해당하지 아니한다(대판 2004.01.16. 2003다30890).

ㄷ. (○) 소장에서 청구의 대상으로 삼은 채권 중 일부만을 청구하면서 소송의 진행경과에 따라 장차 청구금액을 확장할 뜻을 표시하였으나 당해 소송이 종료될 때까지 실제로 청구금액을 확장하지 않은 경우에는 소송의 경과에 비추어 볼 때 채권 전부에 관하여 판결을 구한 것으로 볼 수 없으므로, 나머지 부분에 대하여는 재판상 청구로 인한 시효중단의 효력이 발생하지 아니한다. 그러나 이와 같은 경우에도 소를 제기하면서 장차 청구금액을 확장할 뜻을 표시한 채권자로서는 장래에 나머지 부분을 청구할 의사를 가지고 있는 것이 일반적이라고 할 것이므로, 다른 특별한 사정이 없는 한 당해 소송이 계속 중인 동안에는 나머지 부분에 대하여 권리를 행사하겠다는 의사가 표명되어 최고에 의해 권리를 행사하고 있는 상태가 지속되고 있는 것으로 보아야 하고, 채권자는 당해 소송이 종료된 때부터 6월 내에 민법 제174조에서 정한 조치를 취함으로써 나머지 부분에 대한 소멸시효를 중단시킬 수 있다(대판 2020.02.06. 2019다223723).
▶ 이하 '일부청구 판례라 한다.

한편, 민법 제174조는 "최고는 6월 내에 재판상의 청구, 파산절차참가, 화해를 위한 소환, 임의출석, 압류 또는 가압류, 가처분을 하지 아니하면 시효중단의 효력이 없다."라고 정한다. 위 규정은 채권자가 최고 후 6개월 내에 확정적으로 시효를 중단시키기 위해 취할 보완조치에 채무의 승인을 포함하고 있지는 않지만, 최고 후 6개월 내에 채무자의 승인이 있는 경우에도 위 규정을 유추적용하여 시효중단의 효력이 발생한다고 해석하는 것이 타당하다(대판 2022.07.28. 2020다46663). ▶ 이하 '채무승인 판례라 한다.

위와 같은 법리를 종합한다면, 설문의 경우, ㉮ 甲은 '재판상 청구'에 의한 소멸시효를 중단시킬 수는 없지만, 일부청구의 소제기에 의하여 잔존채권에 대한 '재판상 최고'로서의 효력이 발생하여 이는 소송종료시까지 유지되고, 이후 소송 종료시부터 6개월 내에 잔존채권에 대한 민법 제174조의 조치를 취하여 소멸시효를 중단시킬 수 있다(일부청구 판례). ㉯ 한편, 채무자 乙이 소송이 종료된 날로부터 6개월 이내인 3개월 후에 채무를 승인하였다면, 이는 민법 제174조가 유추적용되어 '최고의 의사표시가 도달한 때'에 잔존채권에 대한 소멸시효는 이미 중단된 상태가 된다(채무승인 판례). 이렇게 본다면, 문면적으로 ㄷ.지문과 같이 [확장의 의사표시가 도달한 시점]에 소멸시효가 중단된다고 이해할 여지가 있다. ㉰ 그런데, 일부청구 판례의 경우에 [확장의 의사표시가 도달한 시점]을 사실적으로 상정하기 어렵다. 소송은 종료되었기 때문에 더 이상 청구취지 확장의 의사표시를 할 방법이 없을 뿐만 아니라, 청구를 소송종료 전에 확장했다면 일부청구 판례는 성립할 수 없기 때문이다. ㉱ 더구나, 일부청구 판례는 잔존채권에 대한 청구 등의 조치를 취하면, 일부청구의 소제기시점부터의 소멸시효가 중단된 상태가 인정된다는 의미이므로, 결국 시효중단효는 '일부청구시로 소급'한다는 취지이나, 채무승인 판례의 경우 '최고 의사표시 도달시로 소급'한다는 취지이기 때문에, 문면적으로도 타당한지 의문이다. 다만, 전자나 후자나 결국 같은 날, 즉, [확장의 의사표시가 도달한 시점]을 일부청구 판례의 '장차 청구금액을 확장할 뜻을 표시한 때'인 '일부청구시'로 해석할 여지 또한 있다. ㉲ 결론적으로 ㄷ.지문은 표현이 불분명하거나 사실관계의 적시가 부족하여 옳다거나 옳지 않은 것이라고 단정할 수 없다고 본다. 그럼에도 법전협은 ㄷ.을 옳은 지문으로 보았음을 밝혀 둔다.

정답 법전협 정답 ④

┃ **문 23**

재산분할청구권에 관한 설명 중 옳은 것을 모두 고른 것은? (다툼이 있는 경우 판례에 의함)

> ㄱ. 이혼으로 인한 재산분할청구권은 채권자대위권의 목적이 될 수 없다.
> ㄴ. 이혼소송과 재산분할청구가 병합된 경우, 배우자 일방이 사망하면 재산분할청구는 이혼소송의 종료와 동시에 종료된다.
> ㄷ. 재산분할심판 사건은 심판청구 취하에 상대방이 부동의한 경우 취하의 효력이 발생하지 않는다.
> ㄹ. 재산분할청구 심판사건의 상대방이 분할대상 재산을 주장하는 경우에는 재산분할청구권의 제소기간이 적용되지 않는다.

① ㄱ, ㄴ, ㄹ   ② ㄴ, ㄷ, ㄹ
③ ㄱ, ㄴ   ④ ㄷ, ㄹ
⑤ ㄱ, ㄹ

MGI Point   **이혼시 재산분할청구**   ★★★

- 이혼시 재산분할청구는 채권자대위 대상 ×
- 이혼소송과 재산분할청구 병합시 일방의 사망 ⇨ 소송 종료
- 재산분할심판청구 취하시 상대방의 동의는 불요
- 상대방이 분할대상 재산 주장시 재산분할청구권의 제소기간은 적용 ×

ㄱ. (O) 이혼으로 인한 재산분할청구권은 이혼을 한 당사자의 일방이 다른 일방에 대하여 재산분할을 청구할 수 있는 권리로서 청구인의 재산에 영향을 미치지만, 순전한 재산법적 행위와 같이 볼 수는 없다. 오히려 이혼을 한 경우 당사자는 배우자, 자녀 등과의 관계 등을 종합적으로 고려하여 재산분할청구권 행사 여부를 결정하게 되고, 법원은 청산적 요소뿐만 아니라 이혼 후의 부양적 요소, 정신적 손해(위자료)를 배상하기 위한 급부로서의 성질 등도 고려하여 재산을 분할하게 된다. 또한 재산분할청구권은 협의 또는 심판에 의하여 구체적 내용이 형성되기까지는 그 범위 및 내용이 불명확·불확정하기 때문에 구체적으로 권리가 발생하였다고 할 수 없어 채무자의 책임재산에 해당한다고 보기 어렵고, 채권자의 입장에서는 채무자의 재산분할청구권 불행사가 그의 기대를 저버리는 측면이 있다고 하더라도 채무자의 재산을 현재의 상태보다 악화시키지 아니한다. 이러한 사정을 종합하면, <u>이혼으로 인한 재산분할청구권은 그 행사 여부가 청구인의 인격적 이익을 위하여 그의 자유로운 의사결정에 전적으로 맡겨진 권리로서 행사상의 일신전속성을 가지므로, 채권자대위권의 목적이 될 수 없고</u> 파산재단에도 속하지 않는다고 보아야 한다(대결 2022.07.28. 2022스613).

ㄴ. (O) 이혼소송과 재산분할청구가 병합된 경우, 배우자 일방이 사망하면 이혼의 성립을 전제로 하여 이혼소송에 부대한 재산분할청구 역시 이를 유지할 이익이 상실되어 이혼소송의 종료와 동시에 종료된다(대판 1994.10.28. 94므246,253).

ㄷ. (X) 재산분할심판 사건은 마류 가사비송사건에 해당하고[가사소송법 제2조 제1항 제2호 (나)목 4)], 당사자의 심판청구에 의하여 절차가 개시되며 당사자가 청구를 취하하여 절차를 종료시킬 수 있다. 가사비송절차에 관하여 가사소송법에 특별한 규정이 없는 한 비송사건절차법 제1편의 규정을 준용하는데(가사소송법 제34조 본문), 가사소송법에 가사비송사건의 심판청구 취하에 있어서 상대방의 동의 필요 여부에

관하여 특별한 규정을 두고 있지 아니하고, 비송사건절차법은 '소취하에 대한 동의'에 관한 민사소송법 제266조 제2항을 준용하지 않는다. 따라서 상대방이 있는 마류 가사비송사건인 재산분할심판 사건의 경우 심판청구 취하에 상대방의 동의를 필요로 하지 않고, 상대방이 취하에 부동의하였더라도 취하의 효력이 발생한다(대판 2023.11.02. 2023므12218).

ㄹ. (○) 민법 제843조, 제839조의2 제3항은 협의상 또는 재판상 이혼 시의 재산분할청구권에 관하여 '이혼한 날부터 2년을 경과한 때에는 소멸한다.'고 정하고 있는데, 위 기간은 제척기간이고, 나아가 재판 외에서 권리를 행사하는 것으로 족한 기간이 아니라 그 기간 내에 재산분할심판 청구를 하여야 하는 출소기간이다. 재산분할청구 후 제척기간이 지나면 그때까지 청구 목적물로 하지 않은 재산에 대해서는 특별한 사정이 없는 한 제척기간을 준수한 것으로 볼 수 없다. 그러나 청구인 지위에서 대상 재산에 대해 적극적으로 재산분할을 청구하는 것이 아니라, 이미 제기된 재산분할청구 사건의 상대방 지위에서 분할대상 재산을 주장하는 경우에는 제척기간이 적용되지 않는다(대결 2022.11.10. 2021스766).

정답 ①

문 24

甲남과 乙녀는 법률상 부부로서 혼인 후 계속 동거하던 중 3년이 지나 丙을 출산하였는데, 丙의 생부(生父)는 丁이었다. 이에 관한 설명 중 옳은 것은? (다툼이 있는 경우 판례에 의함)

① 丙이 아직 혼인 중 자녀로 출생신고가 되지 않은 경우, 甲 또는 乙은 가정법원에 친생부인의 허가를 청구할 수 있다.
② 丙은 甲을 상대로 친생부인의 소를 제기할 수 없다.
③ 乙이 甲의 동의를 얻어 인공수정으로 丙을 출산한 경우, 丙은 甲의 자녀로 추정되지 않는다.
④ 丙은 丁을 상대로 인지청구의 소를 제기할 수 있다.
⑤ 甲이 乙과 이혼 후 戊와 재혼한 경우, 戊는 甲 또는 丙을 상대로 친생부인의 소를 제기할 수 있다.

MGI Point	친생추정	★★★

■ 출생신고 안 되어 있는 경우 친생부인허가청구 可
■ 자는 친생부인의 소 제기 不可
■ 배우자 동의에 의한 인공수정시 친생 추정 可
■ 추정친생자는 생부를 상대로 인지청구의 소를 제기할 수 없음
■ 친생부인의 소를 제기할 수 있는 모는 생모에 한함

① (X) 丙은 법률상 부부인 甲남·乙녀 사이에 혼인성립시로부터 200일이 지난 3년 후 출생한 자이므로 민법 제844조에 의하여 친생추정을 받는다. 따라서, 민법 제846조에 의하여 부부의 일방인 甲 또는 乙은 친생부인의 소를 제기할 수 있다. 한편, 민법 제854조의2에 의한 친생부인허가청구는 甲·乙의 혼인관계가 종료됨을 전제로 한 것이어서 혼인종료 후 300일 이내에 출생한 경우에 할 수 있는데, 설문은 친생부인허가청구 당시 甲남·乙녀가 혼인관계가 종료되었는지가 불분명하다. 만일, 혼인관계가 종료되었다 하더라도 혼인중의 자녀로 출생신고가 된 경우에는 친생부인허가청구를 할 수 없으나, 설문은 출생신고가 되지 않은 경우를 전제로 하였으므로 친생부인허가청구를 할 수 있다. 다만, 설문은 혼인관계의 종료 여부에 따라 옳고 그름이 달라질 수 있으며, 혼인관계의 종료가 없다면 설문은 옳지 않다.

> **민법 제854조의2(친생부인의 허가 청구)** ① 어머니 또는 어머니의 전 남편은 제844조제3항의 경우에 가정법원에 친생부인의 허가를 청구할 수 있다. 다만, 혼인 중의 자녀로 출생신고가 된 경우에는 그러하지 아니하다.
> ② 제1항의 청구가 있는 경우에 가정법원은 혈액채취에 의한 혈액형 검사, 유전인자의 검사 등 과학적 방법에 따른 검사결과 또는 장기간의 별거 등 그 밖의 사정을 고려하여 허가 여부를 정한다.
> ③ 제1항 및 제2항에 따른 허가를 받은 경우에는 제844조제1항 및 제3항의 추정이 미치지 아니한다.

② (○) 민법 제847조 제1항에 의하면 "친생부인의 소는 부 또는 처가 다른 일방 또는 자를 상대로 하여 그 사유가 있음을 안 날부터 2년내에 이를 제기하여야 한다."고 하여 자 丙이 친생부인의 소를 제기할 수는 없도록 규정하고 있다.

③ (X) 친생자와 관련된 민법 규정, 특히 민법 제844조 제1항(이하 '친생추정 규정'이라 한다)의 문언과 체계, 민법이 혼인 중 출생한 자녀의 법적 지위에 관하여 친생추정 규정을 두고 있는 기본적인 입법 취지와 연혁, 헌법이 보장하고 있는 혼인과 가족제도 등에 비추어 보면, 아내가 혼인 중 남편이 아닌 제3자의 정자를 제공받아 인공수정으로 자녀를 출산한 경우에도 친생추정 규정을 적용하여 인공수정으로 출생한 자녀가 남편의 자녀로 추정된다고 보는 것이 타당하다(대판 2019.10.23. 2016므2510 (전합)).

④ (X) 민법 제844조의 친생추정을 받는 자는 친생부인의 소에 의하여 그 친생추정을 깨뜨리지 않고서는 다른 사람을 상대로 인지청구를 할 수 없으나, 호적상의 부모의 혼인중의 자로 등재되어 있는 자라 하더라도 그의 생부모가 호적상의 부모와 다른 사실이 객관적으로 명백한 경우에는 그 친생추정이 미치지 아니하므로, 그와 같은 경우에는 곧바로 생부모를 상대로 인지청구를 할 수 있다(대판 2000.01.28. 99므1817).

⑤ (X) 부 甲이 乙과 이혼한 후 재혼한 처 戊는 친생부인의 소를 제기할 수 없다는 것이 아래 판례의 태도이다.

> **판례** 민법 제846조에서의 '부부의 일방'은 제844조의 경우에 해당하는 '부부의 일방', 즉 제844조 제1항에서의 '부'와 '자를 혼인 중에 포태한 처'를 가리키고, 그렇다면 이 경우의 처는 '자의 생모'를 의미하며, 제847조 제1항에서의 '처'도 제846조에 규정된 '부부의 일방으로서의 처'를 의미한다고 해석되므로, 결국 친생부인의 소를 제기할 수 있는 처는 자의 생모를 의미한다.
> 우리 민법은 부자(父子)관계를 결정함에 있어 '가정의 평화' 또는 '자의 복리'를 위하여 혼인 중 출생자를 부의 친생자로 강하게 추정하면서도, '혈연진실주의'를 채택하여 일정한 경우에 친생자임을 부인하는 소를 제기할 수 있도록 하고 있다. 구 민법(2005. 3. 31. 법률 제7427호로 개정되기 전의 것) 당시에는 부(父)만 친생부인의 소를 제기할 수 있도록 규정하였으나, 위 민법 개정으로 부 외에 처도 친생부인의 소를 제기할 수 있게 되었는데, 개정 이유는 부만 친생부인의 소를 제기할 수 있도록 하는 것은 혈연진실주의 및 부부평등의 이념에 부합되지 아니한다는 취지에서였다. 즉 부부가 이혼하여 처가 자의 생부와 혼인한 경우, 부부가 화해의 전망 없이 상당한 기간 별거하고 있는 경우, 부가 친생부인은 하지 않은 채 단지 보복적 감정에서 자를 학대하는 경우 등에는 생모도 친생부인을 할 수 있도록 하는 것이 주된 개정 이유였다. 이러한 개정 이유에 비추어 보아도 친생부인의 소를 제기할 수 있는 '처'는 '자의 생모'만을 의미한다.
> 위와 같은 민법 규정의 입법 취지, 개정 연혁과 체계 등에 비추어 보면, 민법 제846조, 제847조 제1항에서 정한 친생부인의 소의 원고적격이 있는 부, 처는 자의 생모에 한정되고, 여기에 친생부인이 주장되는 대상자의 법률상 부와 '재혼한 처'는 포함되지 않는다(대판 2014.12.11. 2013므4591).

정답 ②

문 25

상속에 관한 설명 중 옳은 것을 모두 고른 것은? (다툼이 있는 경우 판례에 의함)

> ㄱ. 보험계약자가 피보험자의 상속인을 보험수익자로 하여 맺은 생명보험계약에서 피보험자가 사망한 경우, 보험수익자로 지정된 상속인 중 1인이 자신에게 귀속된 보험금청구권을 포기하였다면 그 포기한 부분은 다른 상속인에게 당연히 귀속된다.
>
> ㄴ. 금전채무와 같이 급부의 내용이 가분인 채무가 공동상속된 경우, 이는 상속재산 분할의 대상이 될 수 없는 것이 원칙이나, 공동상속인들 중에 초과특별수익자가 있는 경우와 같이 공동상속인들 사이의 공평을 해하게 되는 부당한 결과가 발생하는 특별한 사정이 있는 때에는 가분채무도 예외적으로 상속재산분할의 대상이 될 수 있다.
>
> ㄷ. 청약저축 예금계약의 당사자가 사망하였고 여러 명의 상속인이 있는 경우, 그 상속인들이 청약저축 예금계약을 해지하려면 특별한 사정이 없는 한 상속인들 전원이 해지의 의사표시를 하여야 한다.
>
> ㄹ. 보증한도액이 정해진 계속적 보증계약에서 보증인이 사망한 경우, 특별한 사정이 없는 한 상속인이 보증인의 지위를 승계한다.

① ㄱ, ㄴ, ㄹ   ② ㄴ, ㄷ, ㄹ

③ ㄱ, ㄴ   ④ ㄴ, ㄹ

⑤ ㄷ, ㄹ

MGI Point   **상속**   ★★★

- 상속인인 보험수익자 중 1인이 보험금지급청구권 포기시 ⇨ 다른 상속인이 당연 귀속 ✕
- 금전채무와 같은 가분채무가 상속된 경우, 상속재산분할 대상 ✕
- 청약저축 예금계약의 상속인들이 예금계약 해지시 ⇨ 전원이 하여야 함
- 보증한도액이 정해진 계속적 보증계약에서 보증인 사망시 ⇨ 상속인이 승계 ○

ㄱ. (X) 보험계약자가 피보험자의 상속인을 보험수익자로 하여 맺은 생명보험계약이나 상해보험계약에서 피보험자의 상속인은 피보험자의 사망이라는 보험사고가 발생한 때에는 보험수익자의 지위에서 보험자에 대하여 보험금 지급을 청구할 수 있고, 이 권리는 보험계약의 효력으로 당연히 생기는 것으로서 상속재산이 아니라 상속인의 고유재산이다. 이때 보험수익자로 지정된 상속인 중 1인이 자신에게 귀속된 보험금청구권을 포기하더라도 그 포기한 부분이 당연히 다른 상속인에게 귀속되지는 아니한다(대판 2020.02.06. 2017다215728).

ㄴ. (X) 금전채무와 같이 급부의 내용이 가분인 채무가 공동상속된 경우, 이는 상속 개시와 동시에 당연히 법정상속분에 따라 공동상속인에게 분할되어 귀속되는 것이므로, 상속재산 분할의 대상이 될 여지가 없다(대판 1997.06.24. 97다8809).

> [비교판례] 금전채권과 같이 급부의 내용이 가분인 채권은 공동상속되는 경우 상속개시와 동시에 당연히 법정상속분에 따라 공동상속인들에게 분할되어 귀속되므로 상속재산분할의 대상이 될 수 없는 것이 원칙이다. 그러나 가분채권을 일률적으로 상속재산분할의 대상에서 제외하면 부당한 결과가 발생할 수 있다. 예를 들어 공동상속인들 중에 초과특별수익자가 있는 경우 초과특별수익자는 초과분을 반환하지 아니하면서도 가분채권은 법정상속분대로 상속받게 되는 부당한 결과가 나타난다. 그 외에도 특별수익이 존재하거나 기여분이 인정되어 구체적인 상속분이 법정상속분과 달라질 수 있는 상황에서 상속재산으로 가분채권만이 있는 경우에는 모든 상속재산이 법정상속분에 따라 승계되므로 수증재산과 기여분을 참작한 구체적 상속분에 따라 상속을 받도록 함으로써 공동상속인들 사이의 공평을 도모하려는 민법 제1008조, 제1008조의2의 취지에 어긋나게 된다. 따라서 이와 같은 특별한 사정이 있는 때는 상속재산분할을 통하여 공동상속인들 사이에 형평을 기할 필요가 있으므로 가분채권도 예외적으로 상속재산분할의 대상이 될 수 있다(대결 2016.05.04. 2014스122).

ㄷ. (O) 청약저축 가입자는 주택공급을 신청할 권리를 가지게 되고, 가입자가 사망하여 공동상속인들이 그 권리를 공동으로 상속하는 경우에는 공동상속인들이 상속지분비율에 따라 피상속인의 권리를 준공유하게 된다. 민법 제547조 제1항은 "당사자의 일방 또는 쌍방이 수인인 경우에는 계약의 해지나 해제는 그 전원으로부터 또는 전원에 대하여 하여야 한다."라고 규정하고 있다. 따라서 주택공급을 신청할 권리와 분리될 수 없는 청약저축의 가입자가 사망하였고 그에게 여러 명의 상속인이 있는 경우에 그 상속인들이 청약저축 예금계약을 해지하려면, 금융기관과 사이에 다른 내용의 특약이 있다는 등의 특별한 사정이 없는 한 상속인들 전원이 해지의 의사표시를 하여야 한다(대판 2022.07.14. 2021다294674).

ㄹ. (O) 보증한도액이 정해진 계속적 보증계약의 경우 보증인이 사망하였다 하더라도 보증계약이 당연히 종료되는 것은 아니고 특별한 사정이 없는 한 상속인들이 보증인의 지위를 승계한다고 보아야 한다(대판 1999.06.22. 99다19322, 19339).

[정답] ⑤

문 26
25년 10월 모의시험

甲남이 사망한 후 그 상속인인 자녀 乙과 丙이 상속재산인 X 토지의 소유권을 乙에게 귀속시키고 乙이 丙에게 丙의 상속분에 상당하는 가액을 지급하기로 하는 내용으로 상속재산을 분할한 후 乙이 등기를 마쳤는데, 이후 甲의 혼인 외의 자녀인 丁이 인지청구의 소를 제기하여 법원의 인지판결이 확정되었다. 이에 관한 설명 중 옳지 <u>않은</u> 것을 모두 고른 것은? (다툼이 있는 경우 판례에 의함)

> ㄱ. 丁이 乙에게 상속분에 상당한 가액지급을 청구한 경우, 지급할 가액의 범위는 乙이 분할 당시 丁의 존재를 알았는지의 여부에 따라 달라진다.
> ㄴ. 丁이 乙에게 상속분에 상당한 가액지급을 청구한 경우, 乙이 X 토지로부터 취득한 사용이익은 가액산정 대상에 포함되지 않는다.
> ㄷ. 만약 乙과 丙이 법원에 상속포기를 신고한 후 법원이 상속포기수리심판을 하기 전에 乙과 丙이 상속재산분할을 한 경우라면, 丁은 乙에게 상속분에 상당한 가액지급을 청구할 수 없다.

ㄹ. 사안과 달리 甲이 乙, 丙, 丁의 어머니였던 경우, 乙과 丙이 이미 상속재산을 분할한 후 丁에 대한 인지판결이 확정되었다면 丁은 乙에게 등기의 말소를 청구할 수는 없고 상속 분상당가액지급청구권을 행사할 수 있을 뿐이다.

① ㄱ, ㄴ, ㄷ   ② ㄱ, ㄷ, ㄹ
③ ㄴ, ㄷ, ㄹ   ④ ㄱ, ㄷ
⑤ ㄷ, ㄹ

> **MGI Point**   **인지와 가액지급청구**   ★★★
>
> ■ 인지 이전 다른 공동상속인이 상속재산 분할 등 처분시 가액지급청구 ⇨ 다른 공동상속인들의 선악에 의하여 지급범위가 달라지지 않음
> ■ 인지에 의한 가액지급청구시 상속재산으로부터의 과실이나 사용이익은 대상에 포함되지 않음
> ■ 상속포기 신고 후 수리심판 전에 상속재산분할을 한 경우 단순승인으로 의제
> ■ 어머니에 대한 관계에서 상속재산분할 후 인지된 자는 상속분상당가액지급청구 외에 그 반환을 구할 수 있음

ㄱ. (X) 상속개시 후에 인지되거나 재판이 확정되어 공동상속인이 된 자도 그 상속재산이 아직 분할되거나 처분되지 아니한 경우에는 당연히 다른 공동상속인들과 함께 분할에 참여할 수 있을 것인바, 민법 제1014조는 그와 같은 인지 이전에 다른 공동상속인이 이미 상속재산을 분할 기타의 방법으로 처분한 경우에는 사후의 피인지자는 다른 공동상속인들의 분할 기타 처분의 효력을 부인하지 못하게 하는 대신, 이들에게 그 상속분에 상당한 가액의 지급을 청구할 수 있도록 하여 상속재산의 새로운 분할에 갈음하는 권리를 인정함으로써 피인지자의 이익과 기존의 권리관계를 합리적으로 조정하는 데 그 목적이 있다 할 것이고, 따라서 그 가액의 범위에 관하여는 부당이득반환의 범위에 관한 민법규정을 유추적용할 수 없고, 다른 공동상속인들이 분할 기타의 처분시에 피인지자의 존재를 알았는지의 여부에 의하여 그 지급할 가액의 범위가 달라지는 것도 아니다(대판 1993.08.24. 93다12).

ㄴ. (O) 인지 전에 공동상속인들에 의해 이미 분할되거나 처분된 상속재산은 이를 분할받은 공동상속인이나 공동상속인들의 처분행위에 의해 이를 양수한 자에게 그 소유권이 확정적으로 귀속되는 것이며, 그 후 그 상속재산으로부터 발생하는 과실은 상속개시 당시 존재하지 않았던 것이어서 이를 상속재산에 해당한다 할 수 없고, 상속재산의 소유권을 취득한 자(분할받은 공동상속인 또는 공동상속인들로부터 양수한 자)가 민법 제102조에 따라 그 과실을 수취할 권능도 보유한다고 할 것이며, 민법 제1014조도 '이미 분할 내지 처분된 상속재산' 중 피인지자의 상속분에 상당한 가액의 지급청구권만을 규정하고 있을 뿐 '이미 분할 내지 처분된 상속재산으로부터 발생한 과실'에 대해서는 별도의 규정을 두지 않고 있으므로, 결국 민법 제1014조에 의한 상속분상당가액지급청구에 있어 상속재산으로부터 발생한 과실은 그 가액 산정 대상에 포함된다고 할 수 없다(대판 2007.07.26. 2006므2757, 2764).

ㄷ. (X) 민법 제1026조 제1호는 상속인이 상속재산에 대한 처분행위를 한 때에는 단순승인을 한 것으로 본다고 규정하고 있다. 그런데 상속의 한정승인이나 포기의 효력이 생긴 이후에는 더 이상 단순승인으로 간주할 여지가 없으므로, 이 규정은 한정승인이나 포기의 효력이 생기기 전에 상속재산을 처분한 경우에만 적용된다. 한편 상속의 한정승인이나 포기는 상속인의 의사표시만으로 효력이 발생하는 것이 아니라 가정법원에 신고를 하여 가정법원의 심판을 받아야 하며, 심판은 당사자가 이를 고지받음으로써 효력이 발생한다. 이는 한정승인이나 포기의 의사표시의 존재를 명확히 하여 상속으로 인한 법률관계가 획일적으로 처리되도록 함으로써, 상속재산에 이해관계를 가지는 공동상속인이나 차순위 상속인, 상속채권자, 상속재산의 처분 상대방 등 제3자의 신뢰를 보호하고 법적 안정성을 도모하고자 하는 것이다. 따라서 상속인이 가

정법원에 상속포기의 신고를 하였더라도 이를 수리하는 가정법원의 심판이 고지되기 이전에 상속재산을 처분하였다면, 이는 상속포기의 효력 발생 전에 처분행위를 한 것이므로 민법 제1026조 제1호에 따라 상속의 단순승인을 한 것으로 보아야 한다(대판 2016.12.29. 2013다73520). 따라서, 乙과 丙이 상속포기신고를 하였으나 수리심판을 하기 전 상속재산분할을 한 경우라면 단순승인으로 간주되므로, 이후 인지된 丁은 乙에게 상속분에 상당한 가액지급을 청구할 수 있다.

ㄹ. (X) 민법 제860조는 본문에서 "인지는 그 자의 출생 시에 소급하여 효력이 생긴다."고 하면서 단서에서 "그러나 제삼자의 취득한 권리를 해하지 못한다."라고 하여 인지의 소급효를 제한하고 있고, 민법 제1014조는 "상속개시 후의 인지 또는 재판의 확정에 의하여 공동상속인이 된 자가 상속재산의 분할을 청구할 경우에 다른 공동상속인이 이미 분할 기타 처분을 한 때에는 그 상속분에 상당한 가액의 지급을 청구할 권리가 있다."라고 규정하고 있다. 그런데 혼인 외의 출생자와 생모 사이에는 생모의 인지나 출생신고를 기다리지 아니하고 자의 출생으로 당연히 법률상의 친자관계가 생기고, 가족관계등록부의 기재나 법원의 친생자관계존재확인판결이 있어야만 이를 인정할 수 있는 것이 아니다. 따라서 인지를 요하지 아니하는 모자관계에는 인지의 소급효 제한에 관한 민법 제860조 단서가 적용 또는 유추적용되지 아니하며, 상속개시 후의 인지 또는 재판의 확정에 의하여 공동상속인이 된 자의 가액지급청구권을 규정한 민법 제1014조를 근거로 자가 모의 다른 공동상속인이 한 상속재산에 대한 분할 또는 처분의 효력을 부인하지 못한다고 볼 수도 없다. 이는 비록 다른 공동상속인이 이미 상속재산을 분할 또는 처분한 이후에 모자관계가 친생자관계존재확인판결의 확정 등으로 비로소 명백히 밝혀졌다 하더라도 마찬가지이다. …그럼에도 원심이 앞에서 본 바와 같은 이유로 이 사건 부동산에 관한 피고들 명의의 지분소유권이전등기의 말소를 구하는 원고 등의 청구를 배척한 것은, 모자관계의 성립과 민법 제860조 단서 및 제1014조의 적용 범위에 관한 법리를 오해하여 판결에 영향을 미친 잘못을 범한 것이다. 이를 지적하는 상고이유 주장은 이유 있다(대판 2018.06.19. 2018다1049). 따라서, 丁은 乙에게 등기의 말소를 청구할 수 있다.

정답 ②

문 27

甲은 배우자 乙과 이혼한 후 丙과 혼인하였다. 혼인신고를 하기 전에 丙은 甲의 신뢰를 얻기 위해 甲과 그 소유 X 토지에 관한 명의신탁약정을 체결하고 甲 명의로 X 토지에 관한 소유권이전등기를 마쳤다. 그 후 甲과 丙은 혼인신고를 하였다. 甲은 사망하였고 甲에게는 乙과의 사이에서 낳은 丁과 어머니 戊가 있다. 이에 관한 설명 중 옳은 것은? (다툼이 있는 경우에는 판례에 의함)

① 丙이 상속을 포기한 경우, 丙은 丁에게 X 토지를 부당이득으로 반환할 것을 청구할 수 없다.

② 丁이 상속을 포기하면, 丙과 戊가 공동상속인이 된다.

③ 甲이 사망한 이후에 丙이 사망한 경우, 丁이 丙의 대습상속인이 된다.

④ 丙이 丁과 생계를 같이 하지 않은 경우에도 丙은 丁에 대한 부양의무를 부담한다.

⑤ 丁이 상속을 포기한 경우, 그 후 戊가 사망하였다면 丁은 戊의 대습상속인이 될 수 없다.

> **MGI Point** 상속 ★★

- 배우자 간의 유효한 명의신탁약정 이후 명의수탁자 사망시 ⇨ 상속인과 사이에 명의신탁관계 존속 ○ ⇨ 따라서, 명의신탁이 무효임을 전제로 한 부당이득반환청구는 (×)
- 자녀 전부가 상속을 포기한 경우 손자녀나 직계존속이 있어도 배우자가 단독상속 ○
- 배우자 1인 사망 전 다른 배우자가 사망한 경우 그 다른 배우자의 직계비속은 대습상속 (×)
- 생계를 같이 하지 않는 친족간은 부양의무 없음
- 피대습인에 대한 상속포기로 피상속인에 대한 대습상속도 당연 포기된 것으로 볼 수 없음

---

① (○) 먼저, ㉠ 甲과 丙 사이의 명의신탁은 혼인 전에 이루어진 것이나 이후 혼인신고를 하였고, 조세포탈, 강제집행의 면탈 또는 법령상 제한의 회피를 목적으로 하지 아니하는 경우이므로 부동산실명법 제8조 제2호에 의하여 혼인한 때로부터 유효한 명의신탁이 된다(대판 2002.10.25. 2002다23840). 그리고, ㉡ 이후 명의수탁자가 사망하였다 하더라도 그 명의신탁관계는 그 재산상속인과의 사이에 존속하게 되는데(대판 1996.05.31. 94다35985), ㉢ 배우자 丙은 상속을 포기하였으므로 丁이 명의수탁자의 지위를 단독상속하게 되어 ㉣ 명의신탁자인 丙이 명의신탁관계가 유지되는 丁에게 명의신탁이 무효임을 전제로 한 부당이득반환청구를 할 것은 아니고 명의신탁관계 해지를 원인으로 청구하여야 한다.

> **판례** 부동산 실권리자명의 등기에 관한 법률(이하 '부동산실명법'이라 한다) 제8조 제2호는 '배우자 명의로 부동산에 관한 물권을 등기한 경우'로서 조세포탈, 강제집행의 면탈 또는 법령상 제한의 회피를 목적으로 하지 아니하는 경우에는 그 명의신탁약정과 그 약정에 기하여 행하여진 물권변동을 무효로 보는 위 법률 제4조 등을 적용하지 아니한다고 규정하고 있다. 명의신탁을 받은 사람이 사망하면 그 명의신탁관계는 재산상 속인과의 사이에 그대로 존속한다고 할 것인데, 부동산실명법 제8조 제2호의 문언상 명의신탁약정에 따른 명의신탁등기의 성립 시점에 부부관계가 존재할 것을 요구하고 있을 뿐 부부관계의 존속을 그 효력 요건으로 삼고 있지 아니한 점, 부동산실명법상 제8조 제2호에 따라 일단 유효한 것으로 인정된 부부간 명의신탁에 대하여 그 후 배우자 일방의 사망 등으로 부부관계가 해소되었음을 이유로 이를 다시 무효화하는 별도의 규정이 존재하지 아니하는 점, 부부간 명의신탁이라 하더라도 조세포탈 등 목적이 없는 경우에 한하여 위 조항이 적용되는 것이므로 부부관계가 해소된 이후에 이를 그대로 유효로 인정하더라도 새삼 부동산실명법의 입법 취지가 훼손될 위험성은 크지 아니한 점 등에 비추어 보면, 부동산실명법 제8조 제2호에 따라 부부간 명의신탁이 일단 유효한 것으로 인정되었다면 그 후 배우자 일방의 사망으로 부부관계가 해소되었다 하더라도 그 명의신탁약정은 사망한 배우자의 다른 상속인과의 관계에서도 여전히 유효하게 존속한다고 보아야 한다.(대판 2013.01.24. 2011다99498).

② (X) 대법원은 자녀 전부가 상속을 포기한 경우 그 손자녀나 직계존속이 배우자와 공동상속인이 된다는 종래의 태도를 변경하여 이제는 배우자가 단독상속한다고 본다(대결 2023.03.23. 2020ㄱ42 (전합)). 따라서, 丁이 상속을 포기하면 배우자 丙만이 단독상속인이 되며, 직계존속 戊는 공동상속인이 되지 않는다.

> **판례** 대판 2015.05.14. 2013다48852 (이하 '종래 판례'라 한다)에 따라 피상속인의 배우자와 손자녀 또는 직계존속이 공동상속인이 되었더라도 그 이후 피상속인의 손자녀 또는 직계존속이 다시 적법하게 상속을 포기함에 따라 결과적으로는 피상속인의 배우자가 단독상속인이 되는 실무례가 많이 발견된다. 결국 공동상속인들의 의사에 따라 배우자가 단독상속인으로 남게 되는 동일한 결과가 되지만, 피상속인의 손자녀 또는 직계존속에게 별도로 상속포기 재판절차를 거치도록 하고 그 과정에서 상속채권자와 상속인들 모두에게 불필요한 분쟁을 증가시키며 무용한 절차에 시간과 비용을 들이는 결과가 되었다. 따라서 피상속인의 배우자와 자녀 중 자녀 전부가 상속을 포기한 경우 배우자가 단독상속인이 된다고 해석함으로써 법률관계를 간명하게 확정할 수 있다.
> 이상에서 살펴본 바와 같이 상속에 관한 입법례와 민법의 입법 연혁, 민법 조문의 문언 및 체계적·논리적 해석, 채무상속에서 상속포기자의 의사, 실무상 문제 등을 종합하여 보면, 피상속인의 배우자와 자녀 중 자녀 전부가 상속을 포기한 경우에는 배우자가 단독상속인이 된다고 봄이 타당하다. 이와 달리 피상속인의 배우

자와 자녀 중 자녀 전부가 상속을 포기한 경우 배우자와 피상속인의 손자녀 또는 직계존속이 공동상속인이 된다는 취지의 종래 판례는 이 판결의 견해에 배치되는 범위 내에서 변경하기로 한다(대결 2023.03.23. 2020그42 (전합))

③ (X) 丙의 재산이 상속재산으로 문제될 때, 대습상속은 丙의 상속인이 될 "직계비속이나 형제자매"가 먼저 사망 또는 상속 결격이 된 경우이어야 하므로, 丙의 배우자인 甲이 먼저 사망한 경우에는 甲의 직계비속인 丁이 대습상속인이 될 수 없다.

> **민법 제1001조(대습상속)** 전조제1항제1호와 제3호의 규정에 의하여 상속인이 될 직계비속 또는 형제자매가 상속개시전에 사망하거나 결격자가 된 경우에 그 직계비속이 있는 때에는 그 직계비속이 사망하거나 결격된 자의 순위에 갈음하여 상속인이 된다.

④ (X) 丙을 기준으로 丁은 '배우자의 혈족'에 해당하므로 친족에 해당하며, 친족이라 하더라도 생계를 같이 하지 않는 경우에는 부양의무가 없으므로 丙은 丁에 대한 부양의무를 부담하지 않는다.

> **민법 제974조(부양의무)** 다음 각호의 친족은 서로 부양의 의무가 있다.
> 1. 직계혈족 및 그 배우자간
> 2. 삭제 <1990.1.13>
> 3. 기타 친족간(생계를 같이 하는 경우에 한한다.)

⑤ (X) 戊의 재산이 상속재산으로 문제될 때, 그 직계비속인 甲이 먼저 사망하였으므로 위 ③의 해설을 참조할 때 丁은 그 직계비속이므로 대습상속인이 될 수 있음이 원칙이지만, 丁이 피대습상속인인 甲의 상속을 포기하였다 하더라도 대습상속을 포기하지 않은 이상 대습상속이 인정된다고 봄이 판례이다.

> **판례** 피상속인의 사망 후 상속채무가 상속재산을 초과하여 상속인인 배우자와 자녀들이 상속포기를 하였는데, 그 후 피상속인의 직계존속이 사망하여 민법 제1001조, 제1003조 제2항에 따라 대습상속이 개시된 경우에 대습상속인이 민법이 정한 절차와 방식에 따라 한정승인이나 상속포기를 하지 않으면 단순승인을 한 것으로 간주된다. 위와 같은 경우에 이미 사망한 피상속인의 배우자와 자녀들에게 피상속인의 직계존속의 사망으로 인한 대습상속도 포기하려는 의사가 있다고 볼 수 있지만, 그들이 상속포기의 절차와 방식에 따라 피상속인의 직계존속에 대한 상속포기를 하지 않으면 효력이 생기지 않는다. 이와 달리 피상속인에 대한 상속포기를 이유로 대습상속 포기의 효력까지 인정한다면 상속포기의 의사를 명확히 하고 법률관계를 획일적으로 처리함으로써 법적 안정성을 꾀하고자 하는 상속포기제도가 잠탈될 우려가 있다.(대판 2017.01.12. 2014다39824).

정답 ①

문 28

25년 10월 모의시험

甲, 乙, 丙이 각 5/9, 2/9, 2/9의 지분으로 X 토지를 공유하고 있다. 이에 관한 설명으로 옳은 것은? (다툼이 있는 경우 판례에 의함)

① 甲이 乙, 丙의 동의 없이 X 토지 전체를 단독으로 사용하고 있는 경우, 乙은 X 토지의 2/9에 해당하는 부분의 인도를 청구할 수 있다.

② 제3자인 丁이 X 토지 전체를 무단으로 점유·사용하고 있는 경우, 甲은 단독으로 丁을 상대로 X 토지 전체에 대한 사용이익 상당의 부당이득반환청구를 할 수 있다.

③ 丙이 X 토지 전체를 무단으로 점유·사용하고 있는 경우, 乙은 丙을 상대로 X 토지 전부의 인도를 구할 수 있다.

④ 丁이 무단으로 X 토지에 대한 소유권이전등기를 마치자 乙이 자신의 지분침해를 이유로 진정명의회복을 위한 이전등기를 구하여 2/9의 지분을 회복한 경우, 乙은 보존행위로서 丁에게 甲과 丙의 지분의 말소등기절차의 이행을 구할 수 없다.

⑤ 乙이 甲, 丙의 동의 없이 X 토지를 丁에게 매도하고 丁 명의로 소유권이전등기를 마친 경우, 甲은 丁에게 그 소유권이전등기 전부의 말소등기절차의 이행을 구할 수 있다.

MGI Point　공유　★

■ 과반수 지분권자의 단독 사용시 소수지분권자의 인도청구는 ×
■ 소수지분권자의 소수지분권자에 대한 공유물 인도청구 ×
■ 제3자의 불법점유시 공유자 중의 1인의 토지 전체에 대한 부당이득반환청구는 ×
■ 제3자의 불법등기
　▪ 공유자 1인이 전부 말소등기청구 or 전부 각 진명등 청구 可
　▪ 공유지분 일부만 불법등기 된 경우, 침해당하지 않은 공유자는 말소등기청구 不可
■ 공유자 1인이 공유토지 전체를 동의 없이 매도한 경우 그 자의 지분 범위 내에서는 유효한 등기임

---

① (X) 공유자 사이에 공유물을 사용·수익할 구체적인 방법을 정하는 것은 공유물의 관리에 관한 사항으로서 공유자의 지분의 과반수로써 결정하여야 할 것이고, 과반수 지분의 공유자는 다른 공유자와 사이에 미리 공유물의 관리방법에 관한 협의가 없었다 하더라도 공유물의 관리에 관한 사항을 단독으로 결정할 수 있으므로, 과반수 지분의 공유자가 그 공유물의 특정 부분을 배타적으로 사용·수익하기로 정하는 것은 공유물의 관리방법으로서 적법하다(대판 2021.07.08. 2018다286642). 따라서, 소수지분권자인 乙은 과반수 지분권지안 甲에 대하여 X토지의 2/9에 해당하는 부분의 인도를 청구할 수 없다.

> **비교판례** 과반수 지분의 공유자는 공유자와 사이에 미리 공유물의 관리방법에 관하여 협의가 없었다 하더라도 공유물의 관리에 관한 사항을 단독으로 결정할 수 있으므로 과반수 지분의 공유자는 그 공유물의 관리방법으로서 그 공유토지의 특정된 한 부분을 배타적으로 사용·수익할 수 있으나, 그로 말미암아 지분은 있으되 그 특정 부분의 사용·수익을 전혀 하지 못하여 손해를 입고 있는 소수지분권자에 대하여 그 지분에 상응하는 임료 상당의 부당이득을 하고 있다 할 것이므로 이를 반환할 의무가 있다 할 것이나, 그 과반수 지분의 공유자로부터 다시 그 특정 부분의 사용·수익을 허락받은 제3자의 점유는 다수지분권자의 공유물관리권에 터잡은 적법한 점유이므로 그 제3자는 소수지분권자에 대하여도 그 점유로 인하여 법률상 원인 없이 이득을 얻고 있다고는 볼 수 없다(대판 2002.05.14. 2002다9738).

② (X) 토지공유자는 특별한 사정이 없는 한 그 지분에 대응하는 비율의 범위내에서만 그 차임상당의 부당이득금반환의 청구권을 행사할 수 있다(대판 1979.01.30. 78다2088). 따라서, 제3자인 丁에 대하여 甲이 X 토지 전체에 대한 사용이익 상당의 부당이득반환청구를 할 수는 없고, 자신의 지분 범위 내에서만 청구할 수 있다.

③ (X) 공유물의 소수지분권자가 다른 공유자와 협의 없이 공유물의 전부 또는 일부를 독점적으로 점유·사용하고 있는 경우 다른 소수지분권자는 공유물의 보존행위로서 그 인도를 청구할 수는 없고, 다만 자신의 지분권에 기초하여 공유물에 대한 방해 상태를 제거하거나 공동 점유를 방해하는 행위의 금지 등을 청구할 수 있다고 보아야 한다(대판 2020.05.21. 2018다287522 (전합)). 따라서, 소수지분권자인 丙에게 소수지분권자인 乙이 X토지의 '인도'를 구할 수는 없다.

④ (○) 부동산의 공유자의 1인은 당해 부동산에 관하여 제3자 명의로 원인무효의 소유권이전등기가 마쳐져 있는 경우 공유물에 관한 보존행위로서 제3자에 대하여 그 등기 전부의 말소를 구할 수 있으나, 공유자가 다른 공유자의 지분권을 대외적으로 주장하는 것을 공유물의 멸실·훼손을 방지하고 공유물의 현상을 유지하는 사실적·법률적 행위인 공유물의 보존행위에 속한다고 할 수는 없으므로, 자신의 소유지분 범위를 초과하는 부분에 관하여 마쳐진 등기에 대하여 공유물에 관한 보존행위로서 무효라고 주장하면서 말소를 구할 수는 없다. 결국 공유물에 관한 원인무효의 등기에 대하여 모든 공유자가 항상 공유물의 보존행위로서 말소를 구할 수 있는 것은 아니고, 원인무효의 등기로 인하여 자신의 지분이 침해된 공유자에 한하여 공유물의 보존행위로서 그 등기의 말소를 구할 수 있을 뿐이므로, 원인무효의 등기가 특정 공유자의 지분에만 한정하여 마쳐진 경우에는 그로 인하여 지분을 침해받게 된 특정 공유자를 제외한 나머지 공유자들은 공유물의 보존행위로서 위 등기의 말소를 구할 수는 없다(대판 2023.12.07. 2023다273206).
X토지의 '지분 전부'에 대해 경료된 원인무효의 丁 등기에 대하여, 乙은 (1) 丁등기 전부에 관하여 말소등기청구 혹은 (2) 甲, 乙, 丙에게 각 해당 지분별로 진정명의회복 원인의 소유권이전등기를 할 것을 청구할 수 있을 것이며(아래 비교판례 2003다40651), (3) ④선지의 사안처럼 자신의 지분권에 대하여만 '보존행위'를 이유로 이전등기를 청구할 수도 있을 것이다. (4) 그러나, 乙은 다른 공유자의 지분권을 행사할 수는 없다. 그 결과, 일부 지분에 대하여만 한정하여 원인무효의 등기가 마쳐진 경우에는, 침해를 받지 않은 공유자는 보존행위로서 위 등기의 말소를 청구할 수 없다. 즉, 乙의 지분이 회복된 이상, 乙은 甲과 丙의 지분에 대한 보존행위를 이유로 말소등기청구를 할 수 없다(위 판례 2023다273206).

> **비교판례** 부동산의 공유자 중 한 사람은 공유물에 대한 보존행위로서 그 공유물에 관한 원인무효의 등기 전부의 말소를 구할 수 있고, 진정명의회복을 원인으로 한 소유권이전등기청구권과 무효등기의 말소청구권은 어느 것이나 진정한 소유자의 등기명의를 회복하기 위한 것으로서 실질적으로 그 목적이 동일하고 두 청구권 모두 소유권에 기한 방해배제청구권으로서 그 법적 근거와 성질이 동일하므로, 공유자 중 한 사람은 공유물에 경료된 원인무효의 등기에 관하여 각 공유자에게 해당 지분별로 진정명의회복을 원인으로 한 소유권이전등기를 이행할 것을 단독으로 청구할 수 있다(대판 2005.09.29. 2003다40651).

⑤ (X) 공유자 중 1인이 다른 공유자의 동의 없이 그 공유 토지의 특정부분을 매도하여 타인 명의로 소유권이전등기가 마쳐졌다면, 그 매도 부분 토지에 관한 소유권이전등기는 처분공유자의 공유지분 범위 내에서는 실체관계에 부합하는 유효한 등기라고 보아야 한다(대판 1994.12.02. 93다1596). 따라서, 丁의 등기 중 乙로부터 매수취득한 부분은 실체관계에 부합하여 유효하므로, 甲은 소유권이전등기 전부의 말소등기절차 이행을 구할 수는 없고, 乙을 제외한 나머지 부분에 대한 청구를 할 수 있다.

정답 ④

문 29

甲의 乙에 대한 3억 원의 대출채무의 담보로 丙 소유의 X 부동산(시가 3억 원)과 甲 소유의 Y 부동산(시가 3억 원)에 관하여 공동저당권이 설정되었다. 이에 관한 설명으로 옳지 않은 것을 모두 고른 것은? (다툼이 있는 경우 판례에 의함)

> ㄱ. 乙의 甲에 대한 채권에 관하여 소멸시효가 완성된 후 甲이 시효완성사실을 알면서도 乙과 대출채무의 일부변제에 관한 약정을 체결한 경우, 丙은 피담보채무의 소멸시효완성을 주장할 수 있다.

ㄴ. 丙이 甲의 대출채무를 면책적으로 인수하였다면, 특별한 사정이 없는 한 丙은 甲에 대해 구상권을 취득한다.

ㄷ. 乙의 X 부동산에 대한 임의경매신청에 기한 경매절차에서 丁이 매수인으로서 매각대금을 완납하고 매각대금이 乙에게 모두 배당된 경우, 丙이 구상할 수 있는 범위는 매각대금완납시의 부동산 시가가 아니라 매각대금 상당액이다.

ㄹ. 乙이 고의로 Y 부동산에 대한 저당권을 포기하여 소멸시킨 경우, 丙은 甲이 乙에게 부담하는 3억 원 대출채무의 소멸을 주장할 수 있다.

① ㄱ, ㄴ   ② ㄱ, ㄹ

③ ㄴ, ㄷ   ④ ㄴ, ㄹ

⑤ ㄴ, ㄷ, ㄹ

MGI Point **물상보증인** ★★

- 채무자의 소멸시효 이익 포기시 ⇨ 상대적 효력에 의하여 물상보증인은 소멸시효 완성 주장 가능
- 물상보증인의 채무인수만으로 물상보증인이 채무자에 대하여 구상권이 발생하는 것 아님
- 물상보증인 소유 부동산 경매시 구상권의 범위 ⇨ 매각대금을 다 낸 때의 부동산 시가 ○, 매각대금 (×)
- 채권자의 고의에 의한 담보권 상실에 의한 면책 주장 가능 ⇨ 채무자의 채무가 소멸하는 것은 아님

ㄱ. (○) 소멸시효 이익의 포기는 상대적 효과가 있을 뿐이어서 채무자가 시효이익을 포기하더라도 물상보증인에게는 효력이 없다(대판 2018.11.09. 2018다38782). 따라서, 채무자 甲이 시효완성사실을 알고도 일부변제에 관한 약정을 체결하여 채무승인을 하였고, 이로써 소멸시효이익이 포기되었다고 하더라도 물상보증인인 丙은 여전히 소멸시효완성을 주장할 수 있다.

ㄴ. (×) 타인의 채무를 담보하기 위하여 그 소유의 부동산에 저당권을 설정한 물상보증인이 타인의 채무를 변제하거나 저당권의 실행으로 저당물의 소유권을 잃은 때에는 채무자에 대하여 구상권을 취득한다(민법 제370조, 제341조). 그런데 구상권 취득의 요건인 '채무의 변제'라 함은 채무의 내용인 급부가 실현되고 이로써 채권이 그 목적을 달성하여 소멸하는 것을 의미하므로, 기존 채무가 동일성을 유지하면서 인수 당시의 상태로 종래의 채무자로부터 인수인에게 이전할 뿐 기존 채무를 소멸시키는 효력이 없는 면책적 채무인수는 설령 이로 인하여 기존 채무자가 채무를 면한다고 하더라도 이를 가리켜 채무가 변제된 경우에 해당한다고 할 수 없다. 따라서 채무인수의 대가로 기존 채무자가 물상보증인에게 어떤 급부를 하기로 약정하였다는 등의 사정이 없는 한 물상보증인이 기존 채무자의 채무를 면책적으로 인수하였다는 것만으로 물상보증인이 기존 채무자에 대하여 구상권 등의 권리를 가진다고 할 수 없다(대판 2019.02.04. 2017다274703).

ㄷ. (×) 물상보증은 채무자 아닌 사람이 채무자를 위하여 담보물권을 설정하는 행위이고 물상보증인은 담보물로 물적 유한책임만을 부담할 뿐 채권자에 대하여 채무를 부담하지 않는다. 보증인은 '변제 기타의 출재(출재)로 주채무를 소멸하게 한 때' 주채무자에 대한 구상권이 있는 반면(민법 제441조 제1항, 제444조 제1항, 제2항), 물상보증인은 '그 채무를 변제'한 경우 외에 '담보권의 실행으로 인하여 담보물의 소유권을 잃은 때'에도 채무자에 대한 구상권이 있다(민법 제341조). 물상보증인이 담보권의 실행으로 타인의 채무를 담보하기 위하여 제공한 부동산의 소유권을 잃은 경우 물상보증인이 채무자에게 구상할 수 있는 범위는 특별한 사정이 없는 한 담보권의 실행으로 부동산의 소유권을 잃게 된 때, 즉 매수인이 매각대금을 다 낸 때의 부동산 시가를 기준으로 하여야 하고, 매각대금을 기준으로 할 것이 아니다. 경매절차에서 유찰 등의 사유로 소유권 상실 당시의 시가에 비하여 낮은 가격으로 매각되는 경우가 있는데, 이 경우 소

유권 상실로 인한 부동산 시가와 매각대금의 차액에 해당하는 손해는 채무자가 채무를 변제하지 못한 데 따른 담보권의 실행으로 물상보증인에게 발생한 손해이므로, 이를 채무자에게 구상할 수 있어야 하기 때문이다(대판 2018.04.10. 2017다283028).

ㄹ. (X) 물상보증인의 변제자대위에 대한 기대권은 민법 제485조에 의하여 보호되어, 채권자가 고의나 과실로 담보를 상실하게 하거나 감소하게 한 때에는, 특별한 사정이 없는 한 물상보증인은 그 상실 또는 감소로 인하여 상환을 받을 수 없는 한도에서 면책 주장을 할 수 있다. 채권자가 물적 담보인 담보물권을 포기하거나 순위를 불리하게 변경하는 것은 담보의 상실 또는 감소행위에 해당한다. 따라서 채무자 소유 부동산과 물상보증인 소유 부동산에 공동근저당권을 설정한 채권자가 공동담보 중 <u>채무자 소유 부동산에 대한 담보 일부를 포기하거나 순위를 불리하게 변경하여 담보를 상실하게 하거나 감소하게 한 경우, 물상보증인은 그로 인하여 상환받을 수 없는 한도에서 책임을 면한다</u>(대판 2018.07.11. 2017다292756). 한편, 채무자 소유 부동산과 물상보증인 소유 부동산이 공동저당관계인 경우에는 동시배당에 관한 민법 제368조 제1항을 적용하지 않는다고 봄이 대판 2016.03.10. 2014다231965 등의 태도이므로, 3억 원의 대출채권자 乙이 채무자 소유 시가 3억 원의 Y부동산의 저당권을 고의로 포기한 이상 물상보증인 丙은 채무자 甲이 채권자 乙에 부담하는 3억 원 책임을 면하였음을 주장할 수 있다. *다만, 설문에서 甲의 대출채무가 소멸하는 것은 아니므로 채무자의 채무소멸을 주장할 수 있는 것은 아니다. 설문은 그 점에서 옳지 않다.

정답 ⑤

문 30

甲은 X 토지와 그 토지 위 Y 건물의 소유자이다. 2013. 5. 1. 乙은 X 토지에 대한 저당권을 설정하였고, 2013. 7. 1. 丙이 X 토지와 Y 건물을 모두 매수하고 이전등기를 마쳤다. 乙이 X 토지에 대한 저당권을 실행하여 경매가 개시되었고 그 경매절차에서 丁이 2014. 1. 5. X 토지를 매수하였다. 2013. 12. 1. 甲의 채권자 戊가 甲과 丙 사이의 Y 건물의 매매를 사해행위로 취소하고 등기의 말소를 구하는 소를 제기하여 승소하였고 그 무렵 판결은 확정되었다. 2024. 2. 5. 丙의 Y 건물에 대한 이전등기가 말소되었고, 戊가 Y 건물에 대한 강제경매를 신청하여 2024. 5. 1. K 은행이 Y 건물의 소유권을 취득하였다. 이에 관한 설명 중 옳지 <u>않은</u> 것을 모두 고른 것은? (다툼이 있는 경우 판례에 의함)

ㄱ. 2024. 2. 5. 甲은 X 토지에 대한 관습법상 법정지상권을 취득한다.
ㄴ. 丙은 K 은행에게 등기부취득시효에 기하여 Y 건물의 소유권을 주장할 수 있다.
ㄷ. 丁은 K 은행에게 X 토지의 인도 및 Y 건물의 철거를 청구할 수 있다.

① ㄱ
② ㄴ
③ ㄱ, ㄷ
④ ㄱ, ㄴ
⑤ ㄱ, ㄴ, ㄷ

MGI Point **관습상 법정지상권, 사해행위 취소** ★★★

- 토지와 지상 건물이 함께 양도된 경우
  - 건물 부분이 사해취소된 경우 ⇨ 채무자는 관습상 법정지상권 취득 ×
  - 토지가 경매가 되어 관습상 법정지상권이 성립된 후, 건물 부분에 대한 사해취소가 된 경우
    ⇨ 이후의 후행경매절차에서의 경락인은 관습상 법정지상권을 당연 취득 ○
- 매매계약이 유효인 이상 등기부취득시효는 부정
- 관습상 법정지상권이 성립된

ㄱ. (X) 동일인의 소유에 속하고 있던 토지와 지상 건물이 매매 등으로 인하여 소유자가 다르게 된 경우에 건물을 철거한다는 특약이 없는 한 건물소유자는 건물의 소유를 위한 관습상 법정지상권을 취득한다. 그런데 민법 제406조의 채권자취소권의 행사로 인한 사해행위의 취소와 일탈재산의 원상회복은 채권자와 수익자 또는 전득자에 대한 관계에 있어서만 효력이 발생할 뿐이고 채무자가 직접 권리를 취득하는 것이 아니므로, 토지와 지상 건물이 함께 양도되었다가 채권자취소권의 행사에 따라 그중 건물에 관하여만 양도가 취소되고 수익자와 전득자 명의의 소유권이전등기가 말소되었다고 하더라도, 이는 관습상 법정지상권의 성립요건인 '동일인의 소유에 속하고 있던 토지와 지상 건물이 매매 등으로 인하여 소유자가 다르게 된 경우'에 해당한다고 할 수 없다(대판 2014.12.24. 2012다73158). 따라서 사해행위취소소송판결 확정에 의하여 기존 채무자인 甲에게 소유권이전등기가 환원되었다 하더라도 채무자 甲은 관습법상 법정지상권을 취득하지 않는다.

ㄴ. (X) 부동산에 관한 소유권이전의 원인행위가 사해행위로 인정되어 취소되더라도, 사해행위취소의 효과는 채권자와 수익자 사이에서 상대적으로 생길 뿐이다. 따라서 사해행위가 취소되더라도 부동산은 여전히 수익자의 소유이고, 다만 채권자에 대한 관계에서 채무자의 책임재산으로 환원되어 강제집행을 당할 수 있는 부담을 지고 있는 데 지나지 않는다. 그러므로 수익자의 등기부취득시효가 인정되려면, 자기 소유 부동산에 대한 취득시효가 인정될 수 있다는 것이 전제되어야 한다. 그러나 부동산에 관하여 적법·유효한 등기를 하여 소유권을 취득한 사람이 당해 부동산을 점유하는 경우에는 특별한 사정이 없는 한 사실상태를 권리관계로 높여 보호할 필요가 없고, 부동산의 소유명의자는 부동산에 대한 소유권을 적법하게 보유하는 것으로 추정되어 소유권에 대한 증명의 곤란을 구제할 필요 역시 없으므로, 그러한 점유는 취득시효의 기초가 되는 점유라고 할 수 없다(대판 2016.11.25. 2013다206313). 따라서, 丙 앞으로 소유권이전등기가 마쳐진 2013. 7. 1.로부터 10년이 지났다 하더라도 매매계약이 적법·유효한 이상 자기소유자 丙은 등기부취득시효를 주장할 수 없다.

ㄷ. (X) X토지와 그 지상 Y건물을 함께 소유하던 丙으로부터 그 토지를 2014. 1. 5. 丁이 경매로 매수한 경우, 특별한 사정이 없는 한 Y건물 소유자인 丙은 관습법상 법정지상권을 취득하며, 그 후 수익자 丙을 상대로 한 건물매매에 대한 사해행위취소 및 丙앞으로의 소유권이전등기가 말소되었다 하더라도 이후 진행된 경매절차에서 Y건물을 매수한 K는 위 지상권을 당연취득한다. 따라서, 토지소유자 丁이 K은행에게 X토지의 인도 및 Y건물의 철거를 청구할 수는 없다.

> **판례** 저당권설정 당시 동일인의 소유에 속하고 있던 토지와 지상 건물이 경매로 인하여 소유자가 다르게 된 경우에 건물소유자는 건물의 소유를 위한 민법 제366조의 법정지상권을 취득한다. 그리고 건물 소유를 위하여 법정지상권을 취득한 사람으로부터 경매에 의하여 건물의 소유권을 이전받은 매수인은 매수 후 건물을 철거한다는 등의 매각조건하에서 경매되는 경우 등 특별한 사정이 없는 한 건물의 매수취득과 함께 위 지상권도 당연히 취득하는데, 이러한 법리는 사해행위의 수익자 또는 전득자가 건물의 소유자로서 법정지상권을 취득한 후 채무자와 수익자 사이에 행하여진 건물의 양도에 대한 채권자취소권의 행사에 따라 수익자와 전득자 명의의 소유권이전등기가 말소된 다음 경매절차에서 건물이 매각되는 경우에도 마찬가지로 적용된다(대판 2014.12.24. 2012다73158).

정답 ⑤

문 31

乙은 2024. 6. 9. 甲의 X 토지 위에 무단으로 Y 건물을 신축한 후, 2025. 5. 8. 보존등기를 마치지 않은 상태에서 Y 건물을 丙에게 3억 원에 매도하였다. 2025. 10. 8. 乙은 매매대금 3억 원을 받은 후 丙에게 Y 건물을 인도하였다. 현재 丙이 Y 건물을 점유하고 있다. 이에 관한 설명 중 옳지 <u>않은</u> 것을 모두 고른 것은? (다툼이 있는 경우 판례에 의함)

> ㄱ. 甲은 2025. 10. 8. 이후의 토지에 대한 점유부당이득을 乙에게는 청구할 수 없고 丙에 게는 청구할 수 있다.
> ㄴ. 甲은 丙에게 X 토지의 인도 및 Y 건물의 철거를 청구할 수 있다.
> ㄷ. 甲은 乙에게 Y 건물에서의 퇴거를 청구할 수 있다.

① ㄱ
② ㄴ
③ ㄱ, ㄷ
④ ㄱ, ㄴ
⑤ ㄱ, ㄴ, ㄷ

MGI Point **법률상·사실상 처분권자론** ★

- 타인 토지 위에 불법으로 건물을 신축한 자로부터 미등기 매수를 하여 점유중인 자가 있는 경우 ⇨ 원시취득자 및 점유중인 자 모두 점유부당이득의무 부담 ○
- 법률상·사실상 처분권자를 상대로 한 토지인도 및 건물철거 청구 가능
- 건물소유자에 대한 건물 퇴거청구는 ×

ㄱ. (X) 사회통념상 건물은 그 부지를 떠나서는 존재할 수 없으므로 건물의 부지가 된 토지는 그 건물의 소유자가 점유하는 것으로 볼 것이고, 이 경우 건물의 소유자가 현실적으로 건물이나 그 부지를 점거하고 있지 아니하고 있더라도 건물의 소유를 위하여 그 부지를 점유한다고 보아야 한다. 타인 소유의 토지 위에 권원 없이 건물을 소유하는 자는 그 자체로써 건물 부지가 된 토지를 점유하고 있는 것이므로 특별한 사정이 없는 한 법률상 원인 없이 타인의 재산으로 인하여 토지의 차임에 상당하는 이익을 얻고 이로 인하여 타인에게 동액 상당의 손해를 주고 있다고 할 것이고, 이는 건물 소유자가 미등기건물의 원시취득자이고 그 건물에 관하여 사실상의 처분권을 보유하게 된 양수인이 따로 존재하는 경우에도 다르지 아니하므로, 미등기건물의 원시취득자는 토지 소유자에 대하여 부당이득반환의무를 진다. 한편 미등기건물을 양수하여 건물에 관한 사실상의 처분권을 보유하게 됨으로써 그 양수인이 건물 부지 역시 아울러 점유하고 있다고 볼 수 있는 경우에는 미등기건물에 관한 사실상의 처분권자도 건물 부지의 점유·사용에 따른 부당이득반환의무를 부담한다. 이러한 경우 미등기건물의 원시취득자와 사실상의 처분권자가 토지 소유자에 대하여 부담하는 부당이득반환의무는 동일한 경제적 목적을 가진 채무로서 부진정연대채무 관계에 있다고 볼 것이다(대판 2022.09.29. 2018다243133, 243140). 따라서, 설문의 경우 Y건물의 신축으로 인한 원시취득자인 乙 및 乙로부터 인도받아 사실상 처분권을 취득한 丙 모두에게 甲은 부당이득반환청구를 할 수 있다.

ㄴ. (O) 건물철거는 그 소유권의 종국적 처분에 해당되는 사실행위이므로 원칙으로는 그 소유자(민법상 원칙적으로는 등기명의자)에게만 그 철거처분권이 있다 할 것이고, 예외적으로 건물을 전소유자로부터 매수하여 점유하고 있는 등 그 권리의 범위 내에서 그 점유중인 건물에 대하여 법률상 또는 사실상 처분을 할 수 있는 지위에 있는 자에게도 그 철거처분권이 있다(대판 2003.01.24. 2002다61521). 따라서, 토지 소유자 甲은 법률상·사실상 처분권자인 丙에게 X토지의 인도 및 Y건물의 철거를 청구할 수 있다.

ㄷ. (X) 건물 소유자가 건물의 소유를 통하여 타인 소유의 토지를 점유하고 있다고 하더라도 토지 소유자로서는 건물의 철거와 대지 부분의 인도를 청구할 수 있을 뿐, 자기 소유의 건물을 점유하고 있는 사람에 대하여 건물에서 퇴거할 것을 청구할 수 없다(대판 2022.06.30. 2021다276256). 따라서, Y건물의 소유자인 乙을 상대로 건물에서의 퇴거를 청구할 수는 없다.

정답 ③

문 32

甲 소유의 X 토지를 丙이 乙에게 시가 3억 원에 매도하여 乙은 2015. 2. 3. X 토지에 관한 소유권이전 등기를 마쳤다. 乙은 2004. 6. 3.부터 2025. 10. 20. 현재까지 X 토지를 평온·공연하게 점유하고 있다. 이에 관한 설명 중 옳지 않은 것을 모두 고른 것은? (다툼이 있는 경우 판례에 의함)

> ㄱ. 2025. 6. 12. X 토지의 소유자가 甲에서 丁으로 변경된 경우, 乙은 丁에게 점유취득시효를 주장할 수 있다.
> ㄴ. 2025. 10. 20. 현재 甲은 乙에게 소유권이전등기의 말소를 청구할 수 있다.
> ㄷ. 2024. 10. 3. 甲이 丙의 처분행위를 승인한 경우, 甲은 丙에게 부당이득의 반환을 청구할 수 없다.

① ㄱ
② ㄴ
③ ㄱ, ㄷ
④ ㄴ, ㄷ
⑤ ㄱ, ㄴ, ㄷ

MGI Point **취득시효** ★★

■ 점유취득시효 완성 후 소유권이전등기 전 명의인 변동시 ⇨ 점유취득시효 주장 불가
■ 무권리자의 처분에 의한 등기를 터잡은 등기부취득시효도 가능
■ 무권리자의 처분행위를 권리자가 추인한 경우 권리자는 무권리자를 상대로 처분으로 인한 이득의 반환청구 가능

ㄱ. (X) 타인의 토지를 20년간 소유의 의사로 평온·공연하게 점유한 자는 등기를 함으로써 비로소 그 소유권을 취득하게 되므로 점유자가 원소유자에 대하여 점유로 인한 취득시효기간이 만료되었음을 원인으로 소유권이전등기청구를 하는 등 그 권리행사를 하거나 원소유자가 취득시효완성 사실을 알고 점유자의 권리취득을 방해하려고 하는 등의 특별한 사정이 없는 한 원소유자는 점유자 명의로 소유권이전등기가 마쳐지기까지는 소유자로서 그 토지에 관한 적법한 권리를 행사할 수 있다(대판 2006.05.12. 2005다75910). 점유취득시효에 관한 설문이므로 이에 한정하여 살핀다. 乙이 점유를 개시한 것은 2004. 6. 3. 이고, 이와 다른 시점을 임의의 기산점으로 삼을 수 없음이 원칙이므로, 이로부터 20년이 도과한 2025. 6. 12. X토지의 소유자가 甲에서 丁으로 변경되었다면, 점유취득시효가 완성된 이후의 명의인이 변동된 것이어서, 점유자 乙은 丁에게 점유취득시효를 주장할 수 없다. ▶ 한편, 자기소유 부동산이 시효취득 대상인지 문제될 수 있겠으나, 2015. 2. 3. X토지의 乙명의 소유권이전등기가 무효임을 전제한다면 자기소유 부동산이 아니게 되어 점유취득시효의 대상이 된다고 할 것이다. 반면 적법·유효한 소유권이전등기에 해당한다고 전제한다면, 점유취득시효를 인정할 필요도 없이 乙이 소유자가 될 것이므로 원칙적으로 점유취득시효의 대상이 될 수 없을 것이나, 대내적으로는 乙의 소유이나 대외적으로 乙이 甲에게 소유권을 대항할 수 없는 등의 사정이 있다면, 예외적으로 점유취득시효의 대상이 될 수 있다고 할 것이다(아래 2017다204629 참조). 그런데

사안과 같이 등기부취득시효로 (소유권이전등기의 적법·유효성과 무관하게) 乙이 소유권을 취득한다면, 자기소유 부동산에 대한 점유취득시효 주장이 되어 원칙적으로 허용될 수 없다. 다만, 설문에서 乙의 소유권이전등기의 원인이 명확하지 않은 바 이를 의도하고 출제한 문제는 아닌 것으로 보인다.

> **참조판례** 부동산에 관하여 적법·유효한 등기를 하고 소유권을 취득한 사람이 자기 소유의 부동산을 점유하는 경우 특별한 사정이 없는 한 그러한 점유는 취득시효의 기초가 되는 점유라고 할 수 없다. 이러한 경우에는 사실 상태를 권리관계로 높여 보호할 필요가 없고, 부동산의 소유명의자는 부동산에 대한 소유권을 적법하게 보유하는 것으로 추정되어 소유권에 대한 증명의 곤란을 구제할 필요도 없기 때문이다. 그러나 소유권에 기초하여 부동산을 점유하는 사람이더라도 그 등기를 하고 있지 않아 자신의 소유권을 증명하기 어렵거나 소유권을 제3자에게 대항할 수 없는 등으로 점유의 사실 상태를 권리관계로 높여 보호하고 증명곤란을 구제할 필요가 있는 예외적인 경우에는, 자기 소유 부동산에 대한 점유도 취득시효를 인정하기 위해 기초가 되는 점유로 볼 수 있다(대판 2022.07.28. 2017다204629).

ㄴ. (X) 무권한자의 처분이어서 무효인 등기라 하더라도 등기부취득시효의 대상이 되므로(아래 96다48527 참조), 자기 소유의 의사로 평온·공연하게 점유를 계속한 것이 추정되는 이상, 乙이 등기를 경료한 2015. 2. 3. 로부터 10년이 경과한 때에는, 乙은 민법 제245조 제2항에 따라 바로 그 부동산에 대한 소유권을 취득한다. 따라서 2025. 2. 3.을 경과한 현재 甲은 乙에게 소유권이전등기의 말소를 청구할 수 없다. ▶ 한편, 이 때의 소유권 취득은 '점유개시시'로 소급효가 있으나(민법 제247조 제1항), 그 소급되는 시점은 등기되어 있는 때부터로 해석하는 것이 타당할 것이다(주석 민법 물권(1)(3판), 한국사법행정학회(2001), 740(이기용); 주석 민법 물권(1)(5판), 한국사법행정학회(2019), 900(김진우)).

> **참조판례** 등기부취득시효의 요건으로서의 소유자로 등기한 자라 함은 적법·유효한 등기를 마친 자일 필요는 없고 무효의 등기를 마친 자라도 상관없으며, 등기부취득시효에서의 선의·무과실은 등기에 관한 것이 아니고 점유 취득에 관한 것이다(대판 1998.01.20. 96다48527).
> **비교판례** 중복등기 중 선등기가 원인무효가 아니어서 후등기가 무효로 된 경우, 후등기를 근거로 등기부취득시효의 완성을 주장할 수 없다(대판 1996.10.17. 96다12511 (전합)).

ㄷ. (X) 무권리자에 의한 처분행위를 권리자가 추인한 경우에 권리자는 무권리자에 대하여 무권리자가 처분행위로 인하여 얻은 이득의 반환을 청구할 수 있다(대판 2022.06.30. 2020다210686,210693). 따라서, 진정 소유자 甲이 丙의 처분행위를 승인한 경우, 甲은 무권리자인 丙에게 부당이득반환을 청구할 수 있다.

정답 ⑤

문 33

25년 10월 모의시험

유치권에 관한 설명 중 옳은 것(○)과 옳지 않은 것(×)을 올바르게 조합한 것은? (다툼이 있는 경우 판례에 의함)

> ㄱ. 유치권자의 점유는 직접점유이든 간접점유이든 묻지 않지만, 직접점유자가 자신의 점유를 간접점유자의 반환청구권을 승인하면서 행사하는 것만으로는 점유매개관계가 인정되지 않으므로 유치권이 인정되지 않는다.
> ㄴ. 저당권자는 담보목적물의 경매절차에서 유치권 부존재 확인을 구할 법률상 이익이 있다.
> ㄷ. 채무자 소유의 건물에 관하여 리모델링공사를 도급받아 공사를 완료한 수급인이 건물에 대한 경매개시결정의 기입등기가 마쳐진 후에 채무자로부터 그 건물의 점유를 이전받았다면 수급인은 경매절차에서 건물을 경락받은 매수인에게 유치권으로 대항할 수 없다.

ㄹ. 저당물의 제3취득자가 그 부동산의 보존, 개량을 위하여 필요비 또는 유익비를 지출하여 민법 제367조의 비용상환청구권을 취득한 경우, 제3취득자는 위 비용상환청구권을 피담보채권으로 하여 유치권을 행사할 수 있다.

① ㄱ(×), ㄴ(○), ㄷ(×), ㄹ(○)

② ㄱ(○), ㄴ(×), ㄷ(×), ㄹ(○)

③ ㄱ(×), ㄴ(○), ㄷ(○), ㄹ(×)

④ ㄱ(×), ㄴ(○), ㄷ(○), ㄹ(○)

⑤ ㄱ(×), ㄴ(×), ㄷ(○), ㄹ(×)

MGI Point 유치권 ★★

■ 직접점유자가 간접점유자의 반환청구권을 승인하면서 행사하는 경우 점유매개관계 인정 ○
■ 저당권의 유치권 부존재확인의 소는 소의 이익 인정
■ 경매개시결정 기입등기에 의한 압류의 효력이 발생한 후 점유를 이전받은 경우 유치권 ×
■ 저당물의 제3취득자의 비용상환청구권을 피담보채권으로 한 유치권은 ×

ㄱ. (×) 점유매개관계는 직접점유자가 자신의 점유를 간접점유자의 반환청구권을 승인하면서 행사하는 경우에 인정된다(대판 2012.02.23. 2011다61424,61431).

ㄴ. (○) 채무자가 채무초과의 상태에 이미 빠졌거나 그러한 상태가 임박함으로써 채권자가 원래라면 자기 채권의 충분한 만족을 얻을 가능성이 현저히 낮아진 상태에서 이미 채무자 소유의 목적물에 저당권 기타 담보물권이 설정되어 있어서 유치권의 성립에 의하여 저당권자 등이 그 채권 만족상의 불이익을 입을 것을 잘 알면서 자기 채권의 우선적 만족을 위하여 위와 같이 취약한 재정적 지위에 있는 채무자와의 사이에 의도적으로 유치권의 성립요건을 충족하는 내용의 거래를 일으키고 그에 기하여 목적물을 점유하게 됨으로써 유치권이 성립하였다면, 유치권자가 그 유치권을 저당권자 등에 대하여 주장하는 것은 다른 특별한 사정이 없는 한 신의칙에 반하는 권리행사 또는 권리남용으로서 허용되지 아니한다. 그리고 저당권자 등은 경매절차 기타 채권실행절차에서 위와 같은 유치권을 배제하기 위하여 그 부존재의 확인 등을 소로써 청구할 수 있다고 할 것이다(대판 2011.12.22. 2011다84298).

ㄷ. (○) 채무자 소유의 건물 등 부동산에 강제경매개시결정의 기입등기가 경료되어 압류의 효력이 발생한 이후에 채무자가 위 부동산에 관한 공사대금 채권자에게 그 점유를 이전함으로써 그로 하여금 유치권을 취득하게 한 경우, 그와 같은 점유의 이전은 목적물의 교환가치를 감소시킬 우려가 있는 처분행위에 해당하여 민사집행법 제92조 제1항, 제83조 제4항에 따른 압류의 처분금지효에 저촉되므로 점유자로서는 위 유치권을 내세워 그 부동산에 관한 경매절차의 매수인에게 대항할 수 없다(대판 2005.08.19. 2005다22688).

ㄹ. (×) 민법 제367조에 의한 우선상환은 제3취득자가 경매절차에서 배당받는 방법으로 민법 제203조 제1항, 제2항에서 규정한 비용에 관하여 경매절차의 매각대금에서 우선변제받을 수 있다는 것이지 이를 근거로 제3취득자가 직접 저당권설정자, 저당권자 또는 경매절차 매수인 등에 대하여 비용상환을 청구할 수 있는 권리가 인정될 수 없다. 따라서 제3취득자는 민법 제367조에 의한 비용상환청구권을 피담보채권으로 주장하면서 유치권을 행사할 수 없다(대판 2023.07.13. 2022다265093).

정답 ③

문 34

비법인사단 甲의 대표 乙은 사원총회결의 없이 甲을 대표하여 甲의 X 토지를 丙에게 5억 원에 매도하였다. 甲의 정관에는 재산의 관리 및 처분에 관한 규정이 없다. 이에 관한 설명 중 옳지 않은 것을 모두 고른 것은? (다툼이 있는 경우 판례에 의함)

> ㄱ. X 토지의 매매계약과 관련하여 사원총회결의가 없었다는 사정을 丙이 알지 못하였고 이를 알지 못한데 과실이 없었다면, 甲과 丙간의 매매계약은 유효하다.
>
> ㄴ. 丙 앞으로 X 토지에 관한 소유권이전등기가 마쳐진 후 甲이 丙을 상대로 그 소유권이전등기 말소등기절차의 이행을 구하는 소를 제기한 경우, 이는 총유재산에 대한 보존행위로서 소송을 하는 것이므로, 별도로 소 제기에 관한 사원총회결의를 거칠 필요가 없다.
>
> ㄷ. 丙이 甲에 대한 매매대금을 확보하기 위하여 K 은행에서 5억 원을 빌렸고 그 채무에 대해 甲이 연대보증한 경우, 乙이 사원총회의 결의를 얻지 않고 甲을 대표하여 K 은행과 연대보증계약을 체결하였다면 그 계약은 무효이다.
>
> ㄹ. 사안과 달리 X 토지에 관한 매매계약이 사원총회결의에 따라 이루어진 경우, 甲이 매매계약에 따라 丙에게 부담하는 채무에 대하여 乙이 소멸시효 중단의 효력이 있는 승인을 할 때에는 특별한 사정이 없는 한 별도로 그에 대한 사원총회의 결의를 거칠 필요가 없다.

① ㄱ, ㄴ
② ㄷ, ㄹ
③ ㄱ, ㄴ, ㄷ
④ ㄱ, ㄷ, ㄹ
⑤ ㄱ, ㄴ, ㄷ, ㄹ

MGI Point **비법인사단, 총유** ★★

- 비법인사단의 총유재산에 대한 처분시 사원총회결의가 없는 경우 ⇨ 무효 ⇨ 상대방 선의라도 표현대리 적용 불가
- 총유재산에 대한 보존행위로서 소송을 하더라도 사원총회결의는 필요 ○
- 비법인사단이 타인채무를 위한 연대보증을 한 경우 ⇨ 단순한 채무부담행위 ○ ⇨ 사원총회결의가 없었다는 것만으로 무효인 것은 아님
- 비법인사단의 채무에 대하여 소멸시효 중단의 효력이 있는 승인시 사원총회결의 불요

ㄱ. (X) 비법인사단인 교회의 대표자는 총유물인 교회 재산의 처분에 관하여 교인총회의 결의를 거치지 아니하고는 이를 대표하여 행할 권한이 없다. 그리고 교회의 대표자가 권한 없이 행한 교회 재산의 처분행위에 대하여는 민법 제126조의 표현대리에 관한 규정이 준용되지 아니한다(대판 2009.02.12. 2006다23312). 따라서, 그 상대방 丙이 사원총회결의가 없음을 알지 못하였고 과실이 없었다는 사정이 있다 하더라도 甲과 丙간의 매매계약은 무효이다.

ㄴ. (X) 총유물의 보존에 있어서는 공유물의 보존에 관한 민법 제265조의 규정이 적용될 수 없고, 민법 제276조 제1항의 규정에 따른 사원총회의 결의를 거치거나 정관이 정하는 바에 따른 절차를 거쳐야 하므로, 법인 아닌 사단인 교회가 총유재산에 대한 보존행위로서 소송을 하는 경우에도 교인 총회의 결의를 거치거나 정관이 정하는 바에 따른 절차를 거쳐야 한다(대판 2014.02.13. 2012다112299,112305).

ㄷ. (X) 비법인사단인 재건축조합의 조합장이 채무보증계약을 체결하면서 조합규약에서 정한 조합 임원회의 결의를 거치지 아니하였다거나 조합원총회 결의를 거치지 않았다고 하더라도 그것만으로 바로 그 보증계약이 무효라고 할 수는 없다. 다만, 이와 같은 경우에 조합 임원회의의 결의 등을 거치도록 한 조합규약은

조합장의 대표권을 제한하는 규정에 해당하는 것이므로, 거래 상대방이 그와 같은 대표권 제한 및 그 위반 사실을 알았거나 과실로 인하여 이를 알지 못한 때에는 그 거래행위가 무효로 된다고 봄이 상당하며, 이 경우 그 거래 상대방이 대표권 제한 및 그 위반 사실을 알았거나 알지 못한 데에 과실이 있다는 사정은 그 거래의 무효를 주장하는 측이 이를 주장·입증하여야 한다(대판 2007.04.19. 2004다60072,60089 (전합)).

ㄹ. (O) 비법인사단의 사원총회가 그 총유물에 관한 매매계약의 체결을 승인하는 결의를 하였다면, 통상 그러한 결의에는 그 매매계약의 체결에 따라 발생하는 채무의 부담과 이행을 승인하는 결의까지 포함되었다고 봄이 상당하므로, 비법인사단의 대표자가 그 채무에 대하여 소멸시효 중단의 효력이 있는 승인을 하거나 그 채무를 이행할 경우에는 특별한 사정이 없는 한 별도로 그에 대한 사원총회의 결의를 거칠 필요는 없다고 보아야 한다(대판 2009.11.26. 2009다64383).

정답 ③

문 35

甲은 2022. 7. 31. 乙에 대한 6억 원의 대여금채무의 담보로 자신의 X 토지(시가 10억 원)에 관하여 가등기를 마쳐주었다. 이행기가 도과되었음에도 甲에게서 대여금을 변제받지 못하자, 乙은 2024. 3. 4. 위 가등기에 기하여 본등기를 마쳤다. 2025. 5. 6. 乙이 담보가등기라는 사실에 대해 선의인 丙에게 X 토지를 매도하고 2025. 10. 6. 丙이 X 토지에 관한 소유권이전등기를 마쳤다. 이에 관한 설명 중 옳지 <u>않은</u> 것을 모두 고른 것은? (이자 및 지연손해금은 고려하지 않고, 다툼이 있는 경우 판례에 의함)

> ㄱ. 乙은 甲에게 정산의무를 부담하지 않는다.
> ㄴ. 2024. 3. 4. 乙은 X 토지에 대한 소유권을 취득한다.
> ㄷ. 乙의 매매행위로 인한 甲의 乙에 대한 불법행위 손해배상청구권의 10년의 소멸시효의 기산점은 2025. 5. 6.이다.

① ㄱ, ㄷ   ② ㄴ, ㄷ
③ ㄱ   ④ ㄴ
⑤ ㄷ

MGI Point **가등기담보법의 적용을 받는 담보가등기** ★★

■ 청산절차를 위반한 본등기 이후 선의 제3자에게 소유권을 이전한 경우
  • 채무자는 청산금지급청구 가능
  • 무효인 본등기는 본등기시로 소급하여 유효임
  • 가등기권자는 채무자에 대하여 불법행위책임 부담 ⇨ 소멸시효 기산점은 선의 제3자에게 소유권이전등기를 한 때로부터 불법행위시가 되고 기산됨

ㄱ. (X), ㄴ. (O) 가등기담보 등에 관한 법률(이하 '가등기담보법'이라고 한다) 제3조, 제4조의 청산절차를 위반하여 이루어진 담보가등기에 기한 본등기가 무효라고 하더라도 선의의 제3자가 그 본등기에 터 잡아 소유권이전등기를 마치는 등으로 담보목적부동산의 소유권을 취득하면, 가등기담보법 제2조 제2호에서 정한 채무자 등(이하 '채무자 등'이라고 한다)은 더 이상 가등기담보법 제11조 본문에 따라 채권자를 상

대로 그 본등기의 말소를 청구할 수 없게 된다. 이 경우 그 반사적 효과로서 <u>무효인 채권자 명의의 본등기는 그 등기를 마친 시점으로 소급하여 확정적으로 유효하게 되고,</u> 이에 따라 담보목적부동산에 관한 채권자의 가등기담보권은 소멸하며, 청산절차를 거치지 않아 무효였던 채권자의 위 본등기에 터 잡아 이루어진 등기 역시 소급하여 유효하게 된다(ㄴ)고 보아야 한다. 다만 이 경우에도 채무자 등과 채권자 사이의 청산금 지급을 둘러싼 채권·채무 관계까지 모두 소멸하는 것은 아니고, 채무자 등은 채권자에게 청산금의 지급을 청구할 수 있다(ㄱ)(대판 2021.10.28. 2016다248325). 따라서, 2024. 3. 4. 담보가등기권자 乙이 가등기에 기하여 본등기를 마쳤으나, 선의의 丙에게 소유권이전등기가 이루어졌다면, 본등기가 마쳐진 2024. 3. 4. 乙은 X토지에 대한 소유권을 취득한 셈이 된다(ㄴ). 또한, 담보가등기라는 사실에 대하여 선의인 丙에게 매도하여 丙이 소유권을 취득한다 하더라도, 담보가등기권자였던 乙은 여전히 채무자 甲에게 정산의무를 부담한다(ㄱ).

ㄷ. (X) 채권자가 구 가등기담보 등에 관한 법률(2008. 3. 21. 법률 제8919호로 개정되기 전의 것, 이하 '구 가등기담보법'이라 한다)에 정해진 청산절차를 밟지 아니하여 담보목적부동산의 소유권을 취득하지 못하였음에도 그 담보목적부동산을 처분하여 선의의 제3자가 소유권을 취득하고 그로 인하여 구 가등기담보법 제11조 단서에 의하여 채무자가 더는 채무액을 채권자에게 지급하고 그 채권담보의 목적으로 마친 소유권이전등기의 말소를 청구할 수 없게 되었다면, <u>채권자는 위법한 담보목적부동산 처분으로 인하여 채무자가 입은 손해를 배상할 책임이 있다</u>(대판 2010.08.26. 2010다27458). 한편, 불법행위에 기한 손해배상청구권의 소멸시효는 불법행위시로부터 진행하므로, 설문에서 乙이 丙에게 X토지를 매도하여 소유권이전등기를 마쳐 준 2025. 10. 6.로부터 소멸시효가 진행한다. 설문에서 기산점을 매매계약을 체결한 2025. 5. 6.이라 하였으므로 옳지 않다.

정답 ①

문 36

25년 10월 모의시험

상법상 상호에 관한 설명으로 옳지 않은 것은? (다툼이 있는 경우 판례에 의함)

① 회사가 수 개의 영업을 영위하는 경우에도 상호는 단일해야 한다.
② 동일한 특별시·광역시·시·군에서 동종 영업으로 타인이 등기한 상호를 사용하는 자는 부정한 목적으로 사용하는 것으로 간주한다.
③ 상호를 등기한 자가 정당한 사유없이 2년간 상호를 사용하지 아니하는 때에는 이를 폐지한 것으로 간주한다.
④ 상호는 영업을 폐지하는 경우 이를 양도할 수 있다.
⑤ 상법 제22조에 의하여 선등기자가 후등기자를 상대로 상호등기의 말소를 소로써 청구할 수 있는 효력 범위는 먼저 등기된 상호와 동일한 상호에 한정된다.

MGI Point 상호 ★

■ 회사 상호의 단일성 ⇨ 수개의 영업이라도 단일 상호일 것
■ 동일한 특별시·광역시·시·군에서 동종영업으로 타인이 등기한 상호를 사용하는 자 ⇨ 부정 목적 추정
■ 상호등기자의 정당한 사유 없는 2년간 상호불사용시 폐지간주
■ 상호양도 ⇨ 영업폐지 또는 영업과 함께 하는 경우에 한하여 가능
■ 상법 제22조의 상호폐지청구 ⇨ 동일 상호일 것

① (○) 회사는 수 개의 영업하더라도 단일한 상호를 사용하여야 한다.

② (X) 상법 제23조 제4항에 의할 때, 설문에서 '간주한다'가 아니라 '추정한다'로 하여야 한다.

> **상법 제23조(주체를 오인시킬 상호의 사용금지)** ① 누구든지 부정한 목적으로 타인의 영업으로 오인할 수 있는 상호를 사용하지 못한다.
> ② 제1항의 규정에 위반하여 상호를 사용하는 자가 있는 경우에 이로 인하여 손해를 받을 염려가 있는 자 또는 상호를 등기한 자는 그 폐지를 청구할 수 있다.
> ③ 제2항의 규정은 손해배상의 청구에 영향을 미치지 아니한다.
> ④ 동일한 특별시·광역시·시·군에서 동종영업으로 타인이 등기한 상호를 사용하는 자는 부정한 목적으로 사용하는 것으로 추정한다.

③ (○) 상법 제25조.

> **상법 제26조(상호불사용의 효과)** 상호를 등기한 자가 정당한 사유없이 2년간 상호를 사용하지 아니하는 때에는 이를 폐지한 것으로 본다.

④ (○) 상법 제25조 제1항.

> **상법 제25조(상호의 양도)** ① 상호는 영업을 폐지하거나 영업과 함께 하는 경우에 한하여 이를 양도할 수 있다.
> ② 상호의 양도는 등기하지 아니하면 제3자에게 대항하지 못한다.

⑤ (○) 상법 제22조에 의하여 선등기자가 후등기자를 상대로 상호 등기의 말소를 청구할 수 있는 효력 범위는 먼저 등기된 상호와 동일한 상호에 한정된다(대판 2011.12.27. 2010다20754).

> **상법 제22조(상호등기의 효력)** 타인이 등기한 상호는 동일한 특별시·광역시·시·군에서 동종영업의 상호로 등기하지 못한다.

정답 ②

문 37

25년 10월 모의시험

상법상 영업양도에 관한 설명으로 옳지 않은 것은? (다툼 있으면 판례에 의함)

① 영업양수인에 의하여 속용되는 명칭이 상호 자체가 아니라 영업표지인 때에도 그것이 영업 주체를 나타내는 것으로 사용되는 경우에는 영업양수인은 특별한 사정이 없는 한 영업양도 인의 영업으로 인한 제3자에 대한 채무를 부담한다.

② 영업양도시 종업원과 같은 인적 조직은 반대의 특약이 없는 한 동일성을 유지하며 승계되 는 것이 원칙이다.

③ 영업양도 이전에 해고되어 해고의 부당성을 다투는 근로자와의 근로계약관계는 영업양수인 에게 승계된다.

④ 영업을 양도한 경우에 다른 약정이 없으면 양도인은 10년간 동일한 특별시·광역시·시·군과 인접 특별시·광역시·시·군에서 동종영업을 하지 못한다.

⑤ 영업재산의 일부를 유보한 채 영업시설을 양도했어도 그 양도한 부분만으로도 종래의 조직 이 유지되어 있다고 사회 관념상 인정되면 영업양도가 있었다고 볼 수 있다.

| MGI Point | **영업양도** | ★★ |

- 상호속용 양수인의 책임 ⇨ 상호 자체가 아닌 영업표지인 경우에도 적용 ○
- 영업양도시 인적 조직은 원칙적으로 승계 ○
- 영업양도 이전 해고된 근로자 ⇨ 승계 ×
- 영업양도 이후 10년간 동일한 특별시·광역시·시·군 동종영업 불가
- 영업재산 일부 유보한 채 영업시설 양도시 ⇨ 양도부분만으로도 종래 조직 유지시 영업양도 ○

① (○) 상호를 속용하는 영업양수인의 책임을 정하고 있는 상법 제42조 제1항은, 일반적으로 영업상 채권자의 채무자에 대한 신용은 채무자의 영업재산에 의하여 실질적으로 담보되어 있는 것이 대부분인데도 실제 영업양도가 이루어지면서 채무인수가 제외된 경우에는 채권자의 채권이 영업재산과 분리되게 되어 채권자를 해치게 되는 일이 일어나므로 채권자에게 채권추구의 기회를 상실시키는 것과 같은 영업양도의 방법, 즉 채무를 인수하지 않았음에도 불구하고 상호를 속용함으로써 영업양도의 사실이 대외적으로 판명되기 어려운 방법 또는 영업양도에도 불구하고 채무인수가 이루어지지 않은 사실이 대외적으로 판명되기 어려운 방법 등이 채용된 경우에 양수인에게도 변제의 책임을 지우기 위하여 마련된 규정이다. 양수인에 의하여 속용되는 명칭이 상호 자체가 아닌 옥호 또는 영업표지인 때에도 그것이 영업주체를 나타내는 것으로 사용되는 경우에는 채권자가 영업주체의 교체나 채무인수 여부 등을 용이하게 알 수 없다는 점에서 일반적인 상호속용의 경우와 다를 바 없으므로, 양수인은 특별한 사정이 없는 한 상법 제42조 제1항의 유추적용에 의하여 그 채무를 부담한다(대판 2022.04.28. 2021다305659).

② (○) 영업의 양도라 함은 일정한 영업목적에 의하여 조직화된 업체 즉, 인적·물적 조직을 그 동일성은 유지하면서 일체로서 이전하는 것으로서 영업의 일부만의 양도도 가능하고, 이러한 영업양도가 이루어진 경우에는 원칙적으로 해당 근로자들의 근로관계가 양수하는 기업에 포괄적으로 승계된다(대판 2002.03.29. 2000두8455).

③ (X) 영업양도에 의하여 승계되는 근로관계는 계약체결일 현재 실제로 그 영업부문에서 근무하고 있는 근로자와의 근로관계만을 의미하고, 계약체결일 이전에 해당 영업부문에서 근무하다가 해고된 근로자로서 해고의 효력을 다투는 근로자와의 근로관계까지 승계되는 것은 아니다(대판 1996.05.31. 95다33238).

④ (○) 상법 제41조 제1항

> **상법 제41조(영업양도인의 경업금지)** ① 영업을 양도한 경우에 다른 약정이 없으면 양도인은 10년간 동일한 특별시·광역시·시·군과 인접 특별시·광역시·시·군에서 동종영업을 하지 못한다.
> ② 양도인이 동종영업을 하지 아니할 것을 약정한 때에는 동일한 특별시·광역시·시·군과 인접 특별시·광역시·시·군에 한하여 20년을 초과하지 아니한 범위내에서 그 효력이 있다.

⑤ (○) 영업양도가 이루어졌는가의 여부는 단지 어떠한 영업재산이 어느 정도로 이전되어 있는가에 의하여 결정되어야 하는 것이 아니고 거기에 종래의 영업조직이 유지되어 그 조직이 전부 또는 중요한 일부로서 기능할 수 있는가에 의하여 결정되어야 하므로 영업재산의 일부를 유보한 채 영업시설을 양도했어도 그 양도한 부분만으로도 종래의 조직이 유지되어 있다고 사회관념상 인정되면 그것을 영업의 양도라 볼 것이지만, 반면에 영업재산의 전부를 양도했어도 그 조직을 해체하여 양도했다면 영업의 양도로 볼 수 없다(대판 2003.05.30. 2002다23826).

정답 ③

문 38

상사소멸시효에 관한 설명 중 옳지 않은 것은? (다툼이 있는 경우 판례에 의함)

① 甲회사가 공장매입자금 일부를 마련하기 위하여 상인이 아닌 乙과 소비대차계약을 체결하면서 금원을 차용한 경우, 乙의 차용금채권에 상사소멸시효가 적용된다.

② 상행위인 투자계약에 근거하여 취득한 주식매수청구권은 형성권이며, 상사소멸시효에 관한 상법 제64조를 유추적용하여 5년이 지나면 소멸한다.

③ 甲회사가 乙을 상대로 한 물품대금채권에 관한 소송에서 승소가 확정되어 그 채무의 소멸시효가 10년으로 연장된 후, 상인이 아닌 丙이 乙의 위 채무를 연대보증하였다면 그 보증채무의 소멸시효기간은 10년이다.

④ 주식회사 이사의 회사에 대한 임무해태로 인한 상법 제399조의 손해배상책임은 채무불이행책임이므로 그 소멸시효기간은 10년이다.

⑤ 배당가능이익이 없음에도 불구하고 주주에게 배당한 경우, 주식회사가 그 배당금 회수를 위해 행사하는 부당이득반환청구권에는 10년의 소멸시효가 적용된다.

MGI Point 상사시효 ★★

■ 회사가 상인 아닌 자와 공장매입을 위한 금원 차용 ⇨ 상사시효 ○
■ 상행위인 투자계약에 근거한 주식매수청구권 ⇨ 상법 제64조 유추적용하여 5년으로 소멸 ○
■ 회사가 소송에서 승소하여 소멸시효기간이 10년으로 연장된 후 연대보증이 이루어진 경우 ⇨ 연대보증채무의 소멸시효기간은 보증계약의 성질에 의하여 10년 또는 5년이 될 수 있음
■ 주식회사 이사나 감사의 임무해태에 의한 손해배상책임 ⇨ 10년의 소멸시효기간
■ 위법배당에 의한 부당이득반환청구권 ⇨ 10년의 소멸시효기간

---

① (○) 甲은 회사이고 상인이고 공장매입자금을 마련하기 위한 것으로 상행위로 인한 채권이며, 상사시효는 일방적 상행위인 경우에도 적용되므로 상인 아닌 乙과 소비대차계약을 체결한 경우 상사시효가 적용된다.

> **상법 제64조(상사시효)** 상행위로 인한 채권은 본법에 다른 규정이 없는 때에는 5년간 행사하지 아니하면 소멸시효가 완성한다. 그러나 다른 법령에 이보다 단기의 시효의 규정이 있는 때에는 그 규정에 의한다.

② (○) 상행위인 투자 관련 계약에서 투자자가 약정에 따라 투자를 실행하여 주식을 취득한 후 투자대상회사 등의 의무불이행이 있는 때에 투자자에게 다른 주주 등을 상대로 한 주식매수청구권을 부여하는 경우가 있다. 특히 주주 간 계약에서 정하는 의무는 의무자가 불이행하더라도 강제집행이 곤란하거나 그로 인한 손해액을 주장·증명하기 어려울 수 있는데, 이때 주식매수청구권 약정이 있으면 투자자는 주식매수청구권을 행사하여 상대방으로부터 미리 약정된 매매대금을 지급받음으로써 상대방의 의무불이행에 대해 용이하게 권리를 행사하여 투자원금을 회수하거나 수익을 실현할 수 있게 된다. 이러한 주식매수청구권은 상행위인 투자 관련 계약을 체결한 당사자가 달성하고자 하는 목적과 밀접한 관련이 있고, 그 행사로 성립하는 매매계약 또한 상행위에 해당하므로, 이때 주식매수청구권은 상사소멸시효에 관한 상법 제64조를 유추적용하여 5년의 제척기간이 지나면 소멸한다고 보아야 한다(대판 2022.07.14. 2019다271661).

③ (X) 보증채무는 주채무와는 별개의 독립한 채무이므로 보증채무와 주채무의 소멸시효기간은 채무의 성질에 따라 각각 별개로 정해진다. 그리고 주채무자에 대한 확정판결에 의하여 민법 제163조 각 호의 단기소멸시효에 해당하는 주채무의 소멸시효기간이 10년으로 연장된 상태에서 주채무를 보증한 경우, 특별한 사정이 없는 한 보증채무에 대하여는 민법 제163조 각 호의 단기소멸시효가 적용될 여지가 없고, 성질에 따

라 보증인에 대한 채권이 민사채권인 경우에는 10년, 상사채권인 경우에는 5년의 소멸시효기간이 적용된다(대판 2014.06.12. 2011다76105). 설문은 소멸시효기간을 10년이라 단정하였으므로 옳지 않다.

④ (O) 주식회사의 이사 또는 감사의 회사에 대한 임무해태로 인한 손해배상책임은 일반불법행위 책임이 아니라 위임관계로 인한 채무불이행 책임이므로 그 소멸시효기간은 일반채무의 경우와 같이 10년이라고 보아야 한다(대판 1985.06.25. 84다카1954).

⑤ (O) 이익의 배당이나 중간배당은 회사가 획득한 이익을 내부적으로 주주에게 분배하는 행위로서 회사가 영업으로 또는 영업을 위하여 하는 상행위가 아니므로 배당금지급청구권은 상법 제64조가 적용되는 상행위로 인한 채권이라고 볼 수 없다. 이에 따라 위법배당에 따른 부당이득반환청구권 역시 근본적으로 상행위에 기초하여 발생한 것이라고 볼 수 없다. 특히 배당가능이익이 없는데도 이익의 배당이나 중간배당이 실시된 경우 회사나 채권자가 주주로부터 배당금을 회수하는 것은 회사의 자본충실을 도모하고 회사 채권자를 보호하는 데 필수적이므로, 회수를 위한 부당이득반환청구권 행사를 신속하게 확정할 필요성이 크다고 볼 수 없다. 따라서 위법배당에 따른 부당이득반환청구권은 민법 제162조 제1항이 적용되어 10년의 민사소멸시효에 걸린다고 보아야 한다(대판 2021.06.24. 2020다208621).

 ③

문 39

·25년 10월 모의시험

甲은 위탁매매인 X에게 배추 100포기를 20만원에 매수할 것을 위탁하였고, 이에 따라 X는 乙과 매수계약을 체결하였다. 다음 중 옳은 설명으로만 묶인 것은? (다툼이 있는 경우 판례에 의함)

> ㄱ. X가 乙로부터 배추를 18만원에 매수한 경우, 그 차액인 2만원은 X의 노력의 대가이므로 다른 약정이 없으면 X에게 귀속한다.
> ㄴ. X가 甲으로부터 수령한 매매대금은 甲과의 관계에서는 甲의 소유로 본다.
> ㄷ. X가 乙로부터 인도받은 배추를 甲에게 반환하지 않고 임의로 소비한 경우 횡령죄가 성립한다.
> ㄹ. X가 乙로부터 인도받은 배추는 甲의 채권자 Y에 대해서는 이를 X의 소유로 본다.
> ㅁ. 乙이 매매계약에 따른 채무를 이행하지 아니하는 경우, 다른 약정이 없으면 X는 甲에 대하여 이를 이행할 책임이 있다.

① ㄱ, ㄴ, ㄷ 　　　　　　　　② ㄴ, ㄷ, ㄹ
③ ㄱ, ㄹ, ㅁ 　　　　　　　　④ ㄴ, ㄹ, ㅁ
⑤ ㄷ, ㄹ, ㅁ

MGI Point **위탁매매인**　　　　　　　　　　　　　　　　　　　　★★

■ 위탁매매인의 고가매도 또는 염가매수시 차액 ⇨ 다른 약정 없으면 위탁자의 이익
■ 위탁자로부터 받은 금전 ⇨ 위탁매매인의 소유
■ 위탁자의 채권자와의 관계 ⇨ 위탁매매인의 소유
■ 상대방으로 받은 물건의 소비 ⇨ 횡령죄 O
■ 상대방의 채무불이행시 ⇨ 위탁매매인은 이행담보책임 O

ㄱ. (X) 상법 제106조 제2항에 의하여 X가 지정매수가액인 20만 원보다 염가인 18만 원으로 매수한 경우 그 차액인 2만 원은 X가 아닌 위탁자인 甲에게 귀속한다.

> **상법 제106조(지정가액준수의무)** ① 위탁자가 지정한 가액보다 염가로 매도하거나 고가로 매수한 경우에도 위탁 매매인이 그 차액을 부담한 때에는 그 매매는 위탁자에 대하여 효력이 있다.
> ② 위탁자가 지정한 가액보다 고가로 매도하거나 염가로 매수한 경우에는 그 차액은 다른 약정이 없으면 위탁 자의 이익으로 한다.

ㄴ. (X) ㄹ. (O) 설문 ㄴ.에서 상법 제103조에 의하여 위탁자 甲으로부터 취득한 물건, 유가증권 또는 채권은 위탁자 甲과 위탁매매인 X 간에는 위탁자 甲의 소유로 보지만, 위탁자 甲으로부터 위탁매매인 X가 수령한 것이 금전이라면 금전의 특성상 위탁자 甲의 소유로 보기 어렵다. 설문 ㄹ.에서 '위탁자 甲의 채권자 Y'에 대한 관계에서는 상법 제103조가 적용되기 어려워 위탁매매인 X의 소유라 보아야 한다. 참고로 만일 '위 탁매매인 乙의 채권자'에 대한 관계라면 위탁자 甲의 소유로 본다.

> **상법 제103조(위탁물의 귀속)** 위탁매매인이 위탁자로부터 받은 물건 또는 유가증권이나 위탁매매로 인하여 취 득한 물건, 유가증권 또는 채권은 위탁자와 위탁매매인 또는 위탁매매인의 채권자간의 관계에서는 이를 위탁자 의 소유 또는 채권으로 본다.

ㄷ. (O) 위탁매매에 있어서 위탁품의 소유권은 위임자에게 있고 그 판매대금은 이를 수령함과 동시에 위탁자에 게 귀속한다 할 것이므로, 특별한 사정이 없는 한 위탁매매인이 위탁품이나 그 판매대금을 임의로 사용·소비 한 때에는 횡령죄가 성립한다고 할 것이다(대판 2013.03.28. 2012도16191).

ㅁ. (O) 상법 제105조의 이행담보책임에 의하여 상대방 乙이 채무를 이행하지 아니하는 경우, 다른 약정이 없으면 위탁매매인 X는 위탁자 甲에 대하여 이를 이행할 책임이 있다.

> **상법 제105조(위탁매매인의 이행담보책임)** 위탁매매인은 위탁자를 위한 매매에 관하여 상대방이 채무를 이행하 지 아니하는 경우에는 위탁자에 대하여 이를 이행할 책임이 있다. 그러나 다른 약정이나 관습이 있으면 그러하 지 아니하다.

정답 ⑤

문 40

25년 10월 모의시험

주주의 이사회 의사록 또는 회계 장부와 서류 등에 대한 열람·등사청구에 관한 설명으로 옳지 않은 것은? (다툼이 있는 경우 판례에 의함)

① 주주로서 권리를 행사하기 위하여 이사회 의사록의 열람·등사가 필요하다고 인정되더라도, 열 람·등사를 청구한 주주가 적대적 인수합병을 시도하고 있다면 청구가 부당하다고 할 수 있다.

② 비상장주식회사의 주주가 회계장부의 열람·등사청구권을 행사하는 경우 '열람·등사에 소요 되는 기간' 또는 '소송이 계속되는 기간' 동안 계속하여 3% 이상의 주식을 보유하여야 한다.

③ 주주가 제출하는 회계장부의 열람·등사청구서에 붙인 '이유'는 회사가 열람·등사에 응할 의무 의 존부를 판단하거나 열람·등사에 제공할 회계장부와 서류의 범위 등을 확인할 수 있을 정도 로 열람·등사청구권 행사에 이르게 된 경위와 행사의 목적 등이 구체적으로 기재되어야 한다.

④ 주주의 이사회 의사록 또는 회계 장부와 서류 등에 대한 열람·등사청구 행사가 회사업무의 운영 또는 주주 공동의 이익을 해치거나, 주주가 회사의 경쟁자로서 취득한 정보를 경업에

이용할 우려가 있거나, 또는 회사에 지나치게 불리한 시기를 택하여 행사하는 경우에는 정당한 목적을 결하여 부당한 것이라고 보아야 한다.

⑤ 이사회 의사록에서 '별첨', '별지' 또는 '첨부' 등의 용어를 사용하면서 내용을 인용하고 있는 첨부자료는 의사록에 첨부되지 않았더라도 해당 이사회 의사록의 일부를 구성하는 것으로서 이사회 의사록 열람·등사청구의 대상에 해당한다.

MGI Point **주주의 이사회 의사록 또는 회계장부 열람·등사청구** ★★

- 적대적 인수합병 시도 주주라 하더라도 그 사정만으로 이사회 의사록 열람등청구가 부당한 것은 아님
- 회계장부열람등청구 ⇨ 비상장주식회사의 경우 3% 비율이 청구의 전기간 또는 소송 중 계속하여 요구 ○
- 회계장부열람등청구의 이유는 구체적으로 기재되어야 함
- 회사업무 운영, 주주 공동의 이익을 해, 경업에 이용 우려 또는 지나치게 불리한 시기에 열람등 청구시 부당 ○
- 의사록에 첨부되지 않았지만, '별첨', '첨부' 등 용어로 인용된 자료는 열람등청구의 대상 ○

① (X) 적대적 인수·합병을 시도하는 주주의 열람·등사청구라고 하더라도 목적이 단순한 압박이 아니라 회사의 경영을 감독하여 회사와 주주의 이익을 보호하기 위한 것이라면 허용되어야 하는데, 주주가 회사의 이사에 대하여 대표소송을 통한 책임추궁이나 유지청구, 해임청구를 하는 등 주주로서의 권리를 행사하기 위하여 이사회 의사록의 열람·등사가 필요하다고 인정되는 경우에는 특별한 사정이 없는 한 그 청구는 회사의 경영을 감독하여 회사와 주주의 이익을 보호하기 위한 것이므로, 이를 청구하는 주주가 적대적 인수·합병을 시도하고 있다는 사정만으로 청구가 정당한 목적을 결하여 부당한 것이라고 볼 수 없고, 주주가 회사의 경쟁자로서 취득한 정보를 경업에 이용할 우려가 있거나 회사에 지나치게 불리한 시기를 택하여 행사하는 등의 경우가 아닌 한 허용되어야 한다(대결 2014.07.21. 2013마657).

② (O) 발행주식의 총수의 100분의 3 이상에 해당하는 주식을 가진 주주는 상법 제466조 제1항에 따라 이유를 붙인 서면으로 회계의 장부와 서류의 열람 또는 등사를 청구할 수 있다. 열람과 등사에 시간이 소요되는 경우에는 열람·등사를 청구한 주주가 전 기간을 통해 발행주식 총수의 100분의 3 이상의 주식을 보유하여야 하고, 회계장부의 열람·등사를 재판상 청구하는 경우에는 소송이 계속되는 동안 위 주식 보유요건을 구비하여야 한다(대판 2017.11.09. 2015다252037).

③ (O) 주식회사 소수주주가 상법 제466조 제1항의 규정에 따라 회사에 대하여 회계의 장부와 서류의 열람 또는 등사를 청구하기 위하여는 이유를 붙인 서면으로 하여야 하는바, 회계의 장부와 서류를 열람 또는 등사시키는 것은 회계운영상 중대한 일이므로 그 절차를 신중하게 함과 동시에 상대방인 회사에게 열람 및 등사에 응하여야 할 의무의 존부 또는 열람 및 등사를 허용하지 않으면 안 될 회계의 장부 및 서류의 범위 등의 판단을 손쉽게 하기 위하여 그 이유는 구체적으로 기재하여야 한다(대판 1999.12.21. 99다137).

④ (O) 상법 제391조의3 제3항, 제466조 제1항에서 규정하고 있는 주주의 이사회 의사록 또는 회계 장부와 서류 등에 대한 열람·등사청구가 있는 경우, 회사는 청구가 부당함을 증명하여 이를 거부할 수 있는데, 주주의 열람·등사권 행사가 부당한 것인지는 행사에 이르게 된 경위, 행사의 목적, 악의성 유무 등 제반 사정을 종합적으로 고려하여 판단하여야 하고, 특히 주주의 이와 같은 열람·등사권 행사가 회사업무의 운영 또는 주주 공동의 이익을 해치거나 주주가 회사의 경쟁자로서 취득한 정보를 경업에 이용할 우려가 있거나, 또는 회사에 지나치게 불리한 시기를 택하여 행사하는 경우 등에는 정당한 목적을 결하여 부당한 것이라고 보아야 한다(대결 2014.07.21. 2013마657).

⑤ (O) 이사회결의 등을 위해 이사회에 제출된 관련 서류라도 그것이 이사회 의사록에 첨부되지 않았다면 이는 이사회 의사록 열람·등사청구의 대상에 해당하지 않으나, 이사회 의사록에서 '별첨', '별지' 또는 '첨

부' 등의 용어를 사용하면서 내용을 인용하고 있는 첨부자료는 해당 이사회 의사록의 일부를 구성하는 것으로서 이사회 의사록 열람·등사청구의 대상에 해당한다(대결 2014.07.21. 2013마657).

정답 ①

문 41

주주의 의결권 행사에 관한 설명으로 옳은 것은? (다툼이 있는 경우 판례에 따름)

① 의결권의 대리행사시 주주의 특별한 제한이 없는 한 대리인이 제3자에게 의결권의 행사를 재차 위임하는 것도 적법하다.

② 회사분할을 위한 주주총회 특별결의에 있어서 의결권이 배제되는 종류주식을 보유한 주주는 의결권이 없다.

③ 주식에 대해 질권이 설정된 경우 특별한 약정이 없다면 질권설정자인 주주는 의결권을 행사할 수 없다.

④ 주주명부상 적법하게 주주로 기재된 자가 형식주주에 불과하다는 것을 회사가 알았음에도 그에게 의결권을 행사하게 하였다면 그 의결권 행사는 위법하다.

⑤ 전자적 방법으로 의결권을 행사한 주주는 해당 주식에 대하여 그 의결권 행사를 철회하거나 변경하지 못한다.

MGI Point **주주의 의결권 행사** ★★

- 의결권의 복대리 ⇨ 원칙적으로 가능
- 회사분할 주총 ⇨ 의결권 배제 주식 주주도 의결권 행사 가능
- 주식입질시 주주는 여전히 의결권 행사 가능
- 주주명부에 적법하게 개서된 주주는 형식주주라 하더라도 의결권 행사는 적법
- 전자적 방법에 의한 의결권 행사시 철회나 변경 가능

---

① (○) 대리의 목적인 법률행위의 성질상 대리인 자신에 의한 처리가 필요하지 아니한 경우에는 본인이 복대리금지의 의사를 명시하지 아니하는 한 복대리인의 선임에 관하여 묵시적인 승낙이 있는 것으로 보는 것이 타당하므로, 외국인 주주로부터 의결권 행사를 위임받은 상임대리인은 특별한 사정이 없는 한 그 의결권 행사의 취지에 따라 제3자에게 그 의결권의 대리행사를 재위임할 수 있다(대판 2009. 4. 23. 2005다22701,22718).

② (X) 상법 제530조의3 제3항.

> 상법 제530조의3(분할계획서 · 분할합병계약서의 승인) ① 회사가 분할 또는 분할합병을 하는 때에는 분할계획서 또는 분할합병계약서를 작성하여 주주총회의 승인을 얻어야 한다.
> ② 제1항의 승인결의는 제434조의 규정에 의하여야 한다.
> ③ 제2항의 결의에 관하여는 제344조의3제1항에 따라 의결권이 배제되는 주주도 의결권이 있다.
> ④ 분할계획 또는 분할합병계약의 요령은 제363조에 정한 통지에 기재하여야 한다.
> ⑤ 삭제
> ⑥ 회사의 분할 또는 분할합병으로 인하여 분할 또는 분할합병에 관련되는 각 회사의 주주의 부담이 가중되는 경우에는 제1항 및 제436조의 결의외에 그 주주 전원의 동의가 있어야 한다.

③ (X) 주식에 대해 질권이 설정되었다고 하더라도 질권설정계약 등에 따라 질권자가 담보제공자인 주주로부터 의결권을 위임받아 직접 의결권을 행사하기로 약정하는 등의 특별한 약정이 있는 경우를 제외하고 질권설정 자인 주주는 여전히 주주로서의 지위를 가지고 의결권을 행사할 수 있다(대판 2017. 8. 18. 2015다5569).

④ (X) 특별한 사정이 없는 한, 주주명부에 적법하게 주주로 기재되어 있는 자는 회사에 대한 관계에서 주식 에 관한 의결권 등 주주권을 행사할 수 있고, 회사 역시 주주명부상 주주 외에 실제 주식을 인수하거나 양 수하고자 하였던 자가 따로 존재한다는 사실을 알았든 몰랐든 간에 주주명부상 주주의 주주권 행사를 부 인할 수 없으며, 주주명부에 기재를 마치지 아니한 자의 주주권 행사를 인정할 수도 없다. 주주명부에 기 재를 마치지 않고도 회사에 대한 관계에서 주주권을 행사할 수 있는 경우는 주주명부에의 기재 또는 명의 개서청구가 부당하게 지연되거나 거절되었다는 등의 극히 예외적인 사정이 인정되는 경우에 한한다(대판 2017. 3. 23. 2015다248342 (전합)).

⑤ (X) 종래 상법 시행령 제13조 제3항에 의하여 전자투표의 경우 그 의결권 행사를 철회하거나 변경할 수 없었지만 2020년 개정으로 이 규정이 삭제되어 이제는 철회하거나 변경할 수 있다.

정답 ①

문 42

비상장회사인 甲주식회사의 정관은 대표이사를 주주총회에서 선임하도록 정하고 있으나 해임에 대해서는 특별히 정하고 있지 않다. 甲회사는 주주총회를 통해 이사 및 대표이사로 선임된 A를 임기 만료 전에 정당한 이유 없이 임시주주총회에서 이사 또는 대표이사에서 해임하고자 한다. 이에 관한 설명 중 옳지 않은 것은? (다툼이 있는 경우 판례에 의함)

① 甲회사는 언제든지 주주총회 특별결의로 A를 이사에서 해임할 수 있다.

② 甲회사는 언제든지 주주총회 보통결의로 A를 대표이사에서 해임할 수 있으며, 이 경우 A의 이사로서의 지위는 유지된다.

③ 甲회사가 A를 대표이사에서 해임한 경우, 상법 제385조 제1항 단서를 유추적용하여 A는 대표이사 해임으로 인한 손해배상청구를 할 수 있다.

④ 甲회사가 A를 대표이사에서 해임함과 동시에 이사에서도 해임한 경우, A는 상법 제385조 제1항 단서에 따라 이사 해임으로 인한 손해배상청구를 할 수 있다.

⑤ 甲회사가 A를 대표이사에서 해임하지 않은 채 이사에서 해임한 경우, A는 상법 제385조 제1항 단서에 따라 이사 해임으로 인한 손해배상청구를 할 수 있다.

MGI Point **대표이사의 선임 및 해임** ★★

■ 이사 ⇨ 언제든지 주주총회 특별결의로 해임 가능

■ 대표이사 ⇨ 정관상 주주총회에서 선임된 경우 주주총회 보통결의로 해임 가능 ⇨ 이 경우 이사직은 유지

■ 대표이사 해임시 이사에 관한 상법 제385조 제1항 유추적용할 수 없음 ⇨ 따라서 손해배상청구 불가

■ 대표이사 해임 동시에 이사에서도 해임시 ⇨ 손해배상청구 가능

■ 이사에서 해임시 ⇨ 손해배상청구 가능

① (O) A를 이사에서 해임하는 경우, 상법 제385조 제1항 본문에 의하면 '이사는 언제든지 제434조의 규정에 의한 주주 총회의 결의로 이를 해임할 수 있다.'고 하므로, 甲회사는 언제든지 주주총회 특별결의로 A를 이사에서 해임할 수 있다.

② (O) 이사는 언제든지 해임될 수 있으나 주주총회 특별결의를 거쳐야 하고, 주주총회에서 이사 해임의 특별결의가 성립된 경우 곧바로 이사로서의 지위가 상실된다. 반면 대표이사는 이사회의 경영판단 등에 따라 언제든지 이사회 결의로 해임될 수 있고, 정관 규정에 따라 주주총회에서 선정되는 경우에도 정관에 특별한 정함이 없는 한 언제든지 주주총회 보통결의로 해임될 수 있으며, 다만 이사로서의 지위는 유지된다. 이러한 해임절차와 해임에 따른 효과를 고려할 때, 주주총회의 이사 해임과 이사회 또는 주주총회의 대표이사 해임이 유사하다고 볼 수 없다(대판 2024.09.13. 2020다245552).

③ (X) 임기를 정한 이사를 정당한 사유 없이 주주총회 특별결의로 해임하는 경우 이사가 회사에 대하여 해임으로 인한 손해배상을 청구할 수 있다고 정한 상법 제385조 제1항 단서는 이사회가 대표이사를 해임하는 경우에 유추적용할 것이 아니고, 이는 상법 제389조 제1항 단서에 따라 정관으로 주주총회에서 대표이사를 선정할 것을 정하여 주주총회가 대표이사를 해임하는 경우에도 마찬가지다(대판 2024.09.13. 2020다245552).

④ (O), ⑤ (O) 주주총회 특별결의로 주주총회에서 선정된 대표이사를 해임함과 동시에 이사에서도 해임하거나(④) 대표이사에서 해임하지 않은 채 이사에서 해임함으로써(⑤) 대표이사 지위를 상실하여 대표이사와 이사의 지위를 모두 상실한 경우에도, 그 이사는 상법 제385조 제1항 단서에 따라 이사 해임으로 인한 손해배상청구를 할 수 있다(대판 2024.09.13. 2020다245552).

정답 ③

문 43

비상장회사인 甲주식회사는 이사 A에게 회사 소유 건물을 매각하고자 한다. 이에 관한 설명 중 옳지 않은 것은? (다툼이 있는 경우 판례에 의함)

① 甲회사는 건물 매매에 관하여 사전에 이사 3분의 2 이상의 수로써 이사회의 승인을 얻어야 한다.

② 이사 A는 건물 매매에 관한 이사회 승인에 있어 특별이해관계인에 해당한다.

③ 이사회에 해당 거래에 관한 기본적인 정보가 공개되지 않아 이사회에서 이익상반거래로서 공정한지 여부를 심의한 것이 아니라 단순히 통상의 거래로서 심의한 것이라면 적절한 이사회 승인을 거쳤다고 볼 수 없다.

④ 건물 매매 전에 이사회 승인을 거치지 않았다고 하더라도 사후에 이사회에서 추인하면 해당 거래는 유효하게 된다.

⑤ 건물 매매 전에 이사회 승인을 거치지 않았다고 하더라도 이사 A가 이사회의 승인이 없음을 이유로 해당 거래의 무효를 주장할 수는 없다.

MGI Point	**자기거래 제한**	★★★

■ 자기거래 승인 이사회 정족수 ⇨ 이사 전원의 3분의 2 이상
■ 자기거래 상대방인 이사는 특별이해관계인 O
■ 거래정보개시의무 ⇨ 단순히 통상의 거래로 심의한 것이라면 이사회 승인을 거친 것 아님
■ 자기거래 승인을 위한 이사회 ⇨ 사후승인은 불가
■ 이사회 승인 없어 무효라는 주장 ⇨ 상대방인 이사는 주장할 수 없음

---

* 甲주식회사와 이사 A의 매매계약으로 자기거래에 해당함을 전제로 물음을 해결한다.

① (○) 상법 제398조 본문 참조.

> **상법 제398조(이사 등과 회사 간의 거래)** 다음 각 호의 어느 하나에 해당하는 자가 자기 또는 제3자의 계산으로 회사와 거래를 하기 위하여는 미리 이사회에서 해당 거래에 관한 중요사실을 밝히고 이사회의 승인을 받아야 한다. 이 경우 이사회의 승인은 이사 3분의 2 이상의 수로써 하여야 하고, 그 거래의 내용과 절차는 공정하여야 한다.
> 1. 이사 또는 제542조의8제2항제6호에 따른 주요주주
> 2. 제1호의 자의 배우자 및 직계존비속
> 3. 제1호의 자의 배우자의 직계존비속
> 4. 제1호부터 제3호까지의 자가 단독 또는 공동으로 의결권 있는 발행주식 총수의 100분의 50 이상을 가진 회사 및 그 자회사
> 5. 제1호부터 제3호까지의 자가 제4호의 회사와 합하여 의결권 있는 발행주식총수의 100분의 50 이상을 가진 회사

② (○) 이사 A가 회사 소유 건물을 매수하는 것은 개인법적·경제적 이해관계에 해당하여 특별이해관계인에 해당한다.

③ (○) 이사와 회사 사이의 이익상반거래가 비밀리에 행해지는 것을 방지하고 그 거래의 공정성을 확보함과 아울러 이사회에 의한 적정한 직무감독권의 행사를 보장하기 위해서는 그 거래와 관련된 이사는 이사회의 승인을 받기에 앞서 이사회에 그 거래에 관한 자기의 이해관계 및 그 거래에 관한 중요한 사실들을 개시하여야 할 의무가 있고, 만일 이러한 사항들이 이사회에 개시되지 아니한 채 그 거래가 이익상반거래로서 공정한 것인지 여부가 심의된 것이 아니라 단순히 통상의 거래로서 이를 허용하는 이사회의 결의가 이루어진 것에 불과한 경우 등에는 이를 가리켜 상법 제398조 전문이 규정하는 이사회의 승인이 있다고 할 수는 없다(대판 2007.05.10. 2005다4284).

④ (✕) 상법 제398조의 문언 내용을 입법 취지와 개정 연혁 등에 비추어 보면, 이사 등이 자기 또는 제3자의 계산으로 회사와 유효하게 거래를 하기 위하여는 미리 상법 제398조에서 정한 이사회 승인을 받아야 하므로 사전에 상법 제398조에서 정한 이사회 승인을 받지 않았다면 특별한 사정이 없는 한 그 거래는 무효라고 보아야 하고, 사후에 그 거래행위에 대하여 이사회 승인을 받았다고 하더라도 특별한 사정이 없는 한 무효인 거래행위가 유효로 되는 것은 아니다(대판 2023.06.29. 2021다291712).

⑤ (○) 상법 제398조가 이사와 회사 사이의 거래에 관하여 이사회의 승인을 얻도록 한 것은, 이사가 그 지위를 이용하여 회사와 직접 거래를 하거나 이사 자신의 이익을 위하여 회사와 제3자 사이의 거래를 함으로써 이사 자신의 이익을 도모하고 회사 및 주주에게 손해를 입히는 것을 방지하고자 하는 것이므로, 그 규정 취지에 비추어 이사와 회사 사이의 거래가 상법 제398조를 위반하였음을 이유로 무효임을 주장할 수 있는 자는 회사에 한정되고 특별한 사정이 없는 한 거래의 상대방이나 제3자는 그 무효를 주장할 이익이 없다고 보아야 하므로, 거래의 상대방인 당해 이사 스스로가 위 규정 위반을 내세워 그 거래의 무효를 주장하는 것은 허용되지 않는다 할 것이다(대판 2012.12.27. 2011다67651).

> 정답 ④

문 44

주식회사의 자본금감소에 관한 설명으로 옳지 않은 것은? (다툼이 있는 경우 판례에 의함)

① 감자무효의 소는 주주·이사·감사뿐만 아니라 청산인·파산관재인 또는 자본금의 감소를 승인하지 아니한 채권자도 제기할 수 있다.

② 결손을 보전하기 위한 자본금 감소는 주주총회의 보통결의를 요하며 채권자보호절차를 거치지 않아도 된다.

③ 주주총회 특별결의와 채권자보호절차를 거쳐 모든 주식에 대해 동일한 비율로 주식병합 및 자본금 감소가 이루어진 경우, 단주의 처리 과정에서 주식병합 비율에 미치지 못하는 주식

수를 가진 소수주주가 자신의 의사와 무관하게 주주의 지위를 상실하더라도 주주평등의 원칙에 반하지 않는다.

④ 감자무효의 소는 자본금 감소로 인한 변경등기가 된 날부터 6개월 내에 소로써만 무효를 주장할 수 있지만, 이사가 자본금 감소 과정에서 법령을 위반하여 회사에 손해를 끼친 사실이 인정될 때에는 감자무효의 판결이 확정되었는지 여부와 관계없이 상법 제399조 제1항에 따라 회사에 대하여 손해배상책임을 부담한다.

⑤ 주식병합 방식으로 자본금 감소를 하는 경우 주식병합 후 자본금 감소로 인한 변경등기를 한 날에 자본금 감소의 효력이 발생한다.

MGI Point **자본금 감소**   ★★

■ 감자무효의 소 원고적격 ⇨ 주주, 이사, 감사, 청산인, 파산관재인, 미승인 채권자
■ 결손 보전 감자 ⇨ 주주총회 보통결의 ○, 채권자보호절차 ×
■ 감자과정에서의 단주처리 ⇨ 주주평등 원칙에 위반하지 않음
■ 감자무효판결 확정과 관계없이 감자 과정의 위법으로 회사에 손해를 끼쳤다면 이사는 손해배상책임 부담
■ 주식병합 방식 감자의 효력 발생시기 ⇨ 주식병합절차 및 채권자보호절차를 모두 마치면 효력발생 ○, 변경등기시 ×

① (○) 상법 제445조 참조.

> **상법 제445조(감자무효의 소)** 자본금 감소의 무효는 주주·이사·감사·청산인·파산관재인 또는 자본금의 감소를 승인하지 아니한 채권자만이 자본금 감소로 인한 변경등기가 된 날부터 6개월 내에 소(訴)만으로 주장할 수 있다.

② (○) 결손을 보전하기 위한 자본금 감소는 상법 제438조 제2항에 의하여 주주총회 보통결의에 의하며, 제439조 제2항 단서에 의하여 채권자보호절차를 요하지 않는다.

> **상법 제438조(자본금 감소의 결의)** ① 자본금의 감소에는 제434조에 따른 결의가 있어야 한다.
> ② 제1항에도 불구하고 결손의 보전(補塡)을 위한 자본금의 감소는 제368조제1항의 결의에 의한다.
> **상법 제368조(총회의 결의방법과 의결권의 행사)** ① 총회의 결의는 이 법 또는 정관에 다른 정함이 있는 경우를 제외하고는 출석한 주주의 의결권의 과반수와 발행주식총수의 4분의 1 이상의 수로써 하여야 한다.
> **상법 제439조(자본금 감소의 방법, 절차)** ① 자본금 감소의 결의에서는 그 감소의 방법을 정하여야 한다.
> ② 자본금 감소의 경우에는 제232조를 준용한다. 다만, 결손의 보전을 위하여 자본금을 감소하는 경우에는 그러하지 아니하다.
> **상법 제232조(채권자의 이의)** ① 회사는 합병의 결의가 있은 날부터 2주내에 회사채권자에 대하여 합병에 이의가 있으면 일정한 기간내에 이를 제출할 것을 공고하고 알고 있는 채권자에 대하여는 따로따로 이를 최고하여야 한다. 이 경우 그 기간은 1월 이상이어야 한다.

③ (○) 먼저 이 사건 주식병합 및 자본금감소가 주주평등의 원칙을 위반하였는지에 관하여 본다. 이 사건 주식병합은 법에서 정한 절차에 따라 주주총회 특별결의와 채권자보호절차를 거쳐 모든 주식에 대해 동일한 비율로 주식병합이 이루어졌다. 원심에서 지적한 바와 같이 단주의 처리 과정에서 주식병합 비율에 미치지 못하는 주식 수를 가진 소수주주가 자신의 의사와 무관하게 주주의 지위를 상실하게 되지만, 이러한 단주의 처리 방식은 상법에서 명문으로 인정한 주주평등의 원칙의 예외이다(제443조). 따라서 이 사건 주식병합의 결과 주주의 비율적 지위에 변동이 발생하지 않았고, (註—주주평등의 원칙은 그가 가진 주식의 수에 따른 평등한 취급을 의미하므로) 달리 원고가 그가 가진 주식의 수에 따라 평등한 취급을 받지 못한 사정이 없는 한 이를 주주평등원칙의 위반으로 볼 수 없다(대판 2020.11.26. 2018다283315).

> **참조판례** 다음으로 이 사건 주식병합 및 자본금감소가 신의성실의 원칙 및 권리남용금지의 원칙을 위반하였는지에 관하여 본다. 우리 상법이 2011년 상법 개정을 통해 소수주주 강제매수제도를 도입한 입법취지와 그 규정의 내용에 비추어 볼 때, 엄격한 요건 아래 허용되고 있는 소수주주 축출제도를 회피하기 위하여 탈법적으로 동일한 효과를 갖는 다른 방식을 활용하는 것은 위법하다. 그러나 소수주식의 강제매수제도는 지배주주에게 법이 인정한 권리로 반드시 지배주주가 이를 행사하여야 하는 것은 아니고, 우리 상법에서 소수주식의 강제매수제도를 도입하면서 이와 관련하여 주식병합의 목적이나 요건 등에 별다른 제한을 두지 않았다. 또한 주식병합을 통해 지배주주가 회사의 지배권을 독점하려면, 단주로 처리된 주식을 소각하거나 지배주주 또는 회사가 단주로 처리된 주식을 취득하여야 하고 이를 위해서는 법원의 허가가 필요하다. 주식병합으로 단주로 처리된 주식을 임의로 매도하기 위해서는 대표이사가 사유를 소명하여 법원의 허가를 받아야 하고 (비송사건절차법 제83조), 이 때 단주 금액의 적정성에 대한 판단도 이루어지므로 주식가격에 대해 법원의 결정을 받는다는 점은 소수주식의 강제매수제도와 유사하다. 따라서 결과적으로 주식병합으로 소수주주가 주주의 지위를 상실했다 할지라도 그 자체로 위법이라고 볼 수는 없다(대판 2020.11.26. 2018다283315).
> ▶ A 주식회사가 회생절차 종결 후 주식병합 및 자본금감소를 결정하였고 그 결과 원고를 포함하여 대다수의 소수주주들이 주주의 지위를 상실한 사건에서, 법에서 정한 주식병합의 절차에 따라 모든 주주에게 동일한 비율로 주식병합이 이루어졌고 주주총회 결의에서 대다수의 소수주주가 찬성하여 이루어진 주식병합이라면 무효라고 볼 수 없다는 이유로, 이를 무효로 판단한 원심판결을 파기한 사례.

④ (○) 자본금 감소를 위한 주식소각 절차에 하자가 있다면, 주주 등은 자본금 감소로 인한 변경등기가 된 날부터 6개월 내에 소로써만 무효를 주장할 수 있다(상법 제445조). 그러나 이사가 주식소각 과정에서 법령을 위반하여 회사에 손해를 끼친 사실이 인정될 때에는 감자무효의 판결이 확정되었는지 여부와 관계없이 상법 제399조 제1항에 따라 회사에 대하여 손해배상책임을 부담한다(대판 2021.07.15. 2018다298744).

⑤ (X) 주식병합 방식에 의한 자본금 감소의 효력은 자본금 감소로 인한 변경등기를 한 날이 아니라, 채권자보호절차를 모두 완료한 때에 발생한다(상법 제441조 단서 참조).

> **상법 제440조(주식병합의 절차)** 주식을 병합할 경우에는 회사는 1월 이상의 기간을 정하여 그 뜻과 그 기간 내에 주권을 회사에 제출할 것을 공고하고 주주명부에 기재된 주주와 질권자에 대하여는 각별로 그 통지를 하여야 한다.
> **상법 제441조(동전)** 주식의 병합은 전조의 기간이 만료한 때에 그 효력이 생긴다. 그러나 제232조의 규정에 의한 절차가 종료하지 아니한 때에는 그 종료한 때에 효력이 생긴다.

 정답 ⑤

문 45

25년 10월 모의시험

비상장 주식회사의 이익배당에 관한 설명으로 옳지 않은 것은? (다툼이 있는 경우 판례에 의함)

① 회사는 주주총회의 결의로 이익배당을 새로이 발행하는 주식으로써 할 수 있다. 그러나 주식배당은 이익배당 총액의 2분의 1에 상당하는 금액을 초과하지 못한다.

② 연 1회의 결산기를 정한 회사의 경우 정관의 정함에 따라 영업연도 중 1회에 한하여 주주총회의 결의로 중간배당을 할 수 있다.

③ 회사 정관에 금전 외의 재산으로 배당을 할 수 있도록 정한 경우, 회사는 현물배당을 할 수 있다.

④ 회사가 이익배당우선주를 발행한 경우 주주총회에서 이익배당에 관한 결의를 하지 않았다고 하더라도 정관에서 정한 지급조건이 갖추어지는 때에 주주에게 구체적이고 확정적인 배당금지급청구권이 인정될 수 있다.

⑤ 주식배당의 경우 이익준비금의 적립이 강제되지 않는다.

| MGI Point | **이익배당** | ★ |

- 주식배당 ⇨ 이익배당 총액의 2분의 1 초과금지
- 중간배당 ⇨ 정관 + 연 1회 결산기 + 1회에 한함 + 이사회결의○(주총결의×)
- 현물배당 ⇨ 정관상 근거 필요
- 정관에서 정한 이익배당 지급조건이 갖추어진 때 ⇨ 이익배당결의 없이도 구체적·확정적 청구권 인정 ○
- 주식배당을 위한 이익준비금 적립은 강제 ×

① (○) 상법 제46조의2 제1항 참조.

> **상법 제462조의2(주식배당)** ① 회사는 주주총회의 결의에 의하여 이익의 배당을 새로이 발행하는 주식으로써 할 수 있다. 그러나 주식에 의한 배당은 이익배당총액의 2분의 1에 상당하는 금액을 초과하지 못한다.

② (X) 상법 제462조의3에 의하면 중간배당은 이사회 결의에 의하는 것이지 주주총회결의에 의하는 것은 아니다.

> **상법 제462조의3(중간배당)** ① 년 1회의 결산기를 정한 회사는 영업년도중 1회에 한하여 이사회의 결의로 일정한 날을 정하여 그 날의 주주에 대하여 이익을 배당(이하 이 조에서 "중간배당"이라 한다)할 수 있음을 정관으로 정할 수 있다.

③ (○) 상법 제46조의4 제1항 참조.

> **상법 제462조의4(현물배당)** ① 회사는 정관으로 금전 외의 재산으로 배당을 할 수 있음을 정할 수 있다.

④ (○) 주주의 이익배당청구권은 장차 이익배당을 받을 수 있다는 의미의 권리에 지나지 아니하여 이익잉여금처분계산서가 주주총회에서 승인됨으로써 이익배당이 확정될 때까지는 주주에게 구체적이고 확정적인 배당금지급청구권이 인정되지 아니한다. 다만 정관에서 회사에 배당의무를 부과하면서 배당금의 지급조건이나 배당금액을 산정하는 방식 등을 구체적으로 정하고 있어 그에 따라 개별 주주에게 배당할 금액이 일의적으로 산정되고, 대표이사나 이사회가 경영판단에 따라 배당금 지급 여부나 시기, 배당금액 등을 달리 정할 수 있도록 하는 규정이 없다면, 예외적으로 정관에서 정한 지급조건이 갖추어지는 때에 주주에게 구체적이고 확정적인 배당금지급청구권이 인정될 수 있다. 그리고 이러한 경우 회사는 주주총회에서 이익배당에 관한 결의를 하지 않았다거나 정관과 달리 이익배당을 거부하는 결의를 하였다는 사정을 들어 주주에게 이익배당금의 지급을 거절할 수 없다(대판 2022.08.19. 2020다263574).

⑤ (○) 상법 제458조 단서 참조.

> **상법 제458조(이익준비금)** 회사는 그 자본금의 2분의 1이 될 때까지 매 결산기 이익배당액의 10분의 1 이상을 이익준비금으로 적립하여야 한다. 다만, 주식배당의 경우에는 그러하지 아니하다.

정답 ②

문 46

25년 10월 모의시험

주식회사의 사채에 관한 설명으로 옳지 않은 것은? (다툼이 있는 경우 판례에 의함)

① 주식과 달리 전환사채의 발행 시에는 원칙적으로 주주가 전환사채의 인수권을 갖지 아니하므로, 회사는 이사회결의만으로 주주 외의 자에 대하여 전환사채를 발행할 수 있다.

② 신주인수권부사채의 발행시 회사가 이사회의 결의로 신주인수권만을 양도할 수 있는 것으로 정한 경우에는 채권과 함께 신주인수권증권을 발행하여야 한다.

③ 일반사채발행에 무효원인이 있는 경우에는 민사소송법상 무효확인의 소를 통해 다투어야 한다.

④ 전환사채의 발행에 무효원인이 있는 경우 신주발행무효의 소에 관한 규정을 유추적용하여 전환사채발행무효의 소를 제기할 수 있다.

⑤ 신주인수권부사채에 관한 발행무효의 소의 제소기간이 경과한 후라도 신주인수권부사채에 부여된 신주인수권의 행사로 인한 신주발행에 고유한 무효 사유가 있다면 신주발행무효의 소를 제기할 수 있다.

MGI Point **사채** ★★

■ 전환사채 제3자배정 ⇨ 구체적인 내용은 주주총회 특별결의 ○ (이사회결의 ×)
■ 신주인수권만 양도할 수 있는 경우 신주인수권증권을 함께 발행하여야 함
■ 일반적인 사채발행에 무효원인이 있는 경우 ⇨ 일반 민사소송법상의 확인의 소 제기
■ 전환사채발행무효의 소도 가능 (신주발행무효의 소 상429조 유추적용 ○)
■ 신주인수권부사채발행무효의 소 제소기간이 도과된 경우에도 신주인수권 행사로 인한 신주발행에 고유한 무효사유가 있다면 신주발행무효의 소 제기 가능

① (X) 전환사채는 주식과 마찬가지로 주주배정이 원칙이며, 주주 외의 자에 대하여 발행시 상법 제513조 제3항에 의하여 주주총회 특별결의에 의하여 그 구체적인 내용을 정하여야 한다.

> **상법 제513조(전환사채의 발행)** ① 회사는 전환사채를 발행할 수 있다.
> ② 제1항의 경우에 다음의 사항으로서 정관에 규정이 없는 것은 이사회가 이를 결정한다. 그러나 정관으로 주주총회에서 이를 결정하기로 정한 경우에는 그러하지 아니하다.
> 1. 전환사채의 총액
> 2. 전환의 조건
> 3. 전환으로 인하여 발행할 주식의 내용
> 4. 전환을 청구할 수 있는 기간
> 5. 주주에게 전환사채의 인수권을 준다는 뜻과 인수권의 목적인 전환사채의 액
> 6. 주주외의 자에게 전환사채를 발행하는 것과 이에 대하여 발행할 전환사채의 액
> ③ 주주외의 자에 대하여 전환사채를 발행하는 경우에 그 발행할 수 있는 전환사채의 액, 전환의 조건, 전환으로 인하여 발행할 주식의 내용과 전환을 청구할 수 있는 기간에 관하여 정관에 규정이 없으면 제434조의 결의로써 이를 정하여야 한다. 이 경우 제418조 제2항 단서의 규정을 준용한다.
> ④ 제3항의 결의에 있어서 전환사채의 발행에 관한 의안의 요령은 제363조의 규정에 의한 통지에 기재하여야 한다.
> **상법 제434조(정관변경의 특별결의)** 제433조 제1항의 결의는 출석한 주주의 의결권의 3분의 2 이상의 수와 발행주식총수의 3분의 1 이상의 수로써 하여야 한다.

② (○) 상법 제516조의5 제1항.

> **상법 제516조의5(신주인수권증권의 발행)** ① 제516조의2제2항제4호에 규정한 사항을 정한 경우에는 회사는 채권과 함께 신주인수권증권을 발행하여야 한다.
> **상법 제516조의2(신주인수권부사채의 발행)** ② 제1항의 경우에 다음의 사항으로서 정관에 규정이 없는 것은 이사회가 이를 결정한다. 그러나 정관으로 주주총회에서 이를 결정하도록 정한 경우에는 그러하지 아니하다.
> 1. 신주인수권부사채의 총액
> 2. 각 신주인수권부사채에 부여된 신주인수권의 내용

> 3. 신주인수권을 행사할 수 있는 기간
> 4. 신주인수권만을 양도할 수 있는 것에 관한 사항
> 5. 신주인수권을 행사하려는 자의 청구가 있는 때에는 신주인수권부사채의 상환에 갈음하여 그 발행가액으로 제516조의9제1항의 납입이 있는 것으로 본다는 뜻
> 6. 삭제
> 7. 주주에게 신주인수권부사채의 인수권을 준다는 뜻과 인수권의 목적인 신주인수권부사채의 액
> 8. 주주외의 자에게 신주인수권부사채를 발행하는 것과 이에 대하여 발행할 신주인수권부사채의 액

③ (○) 일반 사채의 발행에 무효원인이 있는 경우 상법상 이를 다툴 특별한 소는 규정이 없으므로, 민사소송법상의 무효확인의 소를 통하여 다툴 수밖에 없다.

④ (○) 상법은 제516조 제1항에서 신주발행의 유지청구권에 관한 제424조 및 불공정한 가액으로 주식을 인수한 자의 책임에 관한 제424조의2 등을 전환사채의 발행의 경우에 준용한다고 규정하면서도, 신주발행무효의 소에 관한 제429조의 준용 여부에 대해서는 아무런 규정을 두고 있지 않으나, 전환사채는 전환권의 행사에 의하여 장차 주식으로 전환될 수 있는 권리가 부여된 사채로서, 이러한 전환사채의 발행은 주식회사의 물적 기초와 기존 주주들의 이해관계에 영향을 미친다는 점에서 사실상 신주를 발행하는 것과 유사하므로, 전환사채 발행의 경우에도 신주발행무효의 소에 관한 상법 제429조가 유추적용된다(대판 2004.08.16. 2003다9636).

⑤ (○) 신주인수권부사채의 경우 경영상 목적 없이 대주주 등의 경영권이나 지배권 방어 목적으로 제3자에게 발행되더라도 그 자체로는 기존 주주의 신주인수권을 침해하지 않고, 이후 대주주 등이 양수한 신주인수권을 행사하여 신주를 취득함으로써 비로소 기존 주주의 신주인수권이 침해되고 대주주 등의 경영권이나 지배권 방어 목적이 현실화된다. 이에 의하면 회사가 대주주 등의 경영권이나 지배권 방어 목적으로 제3자에게 신주인수권부사채를 발행하였다면 신주인수권부사채의 발행은 무효가 될 수 있고, 이런 사유는 그 발행일로부터 6월 이내에 신주인수권부사채발행무효의 소로써 다툴 수 있다. 나아가 대주주 등이 위와 같은 경위로 발행된 신주인수권부사채나 그에 부여된 신주인수권을 양수한 다음 신주인수권부사채 발행일부터 6월이 지난 후 신주인수권을 행사하여 신주를 취득하였다면, 이는 실질적으로 회사가 경영상 목적 없이 대주주 등에게 신주를 발행한 것과 동일하므로, 신주인수권 행사나 그에 따른 신주 발행에 고유한 무효 사유에 준하여 신주발행무효의 소로도 신주 발행의 무효를 주장할 수 있다. 이로써 위법한 신주인수권부사채 발행이나 그에 기한 신주 발행을 다투는 주주의 제소권이 실질적으로 보호될 수 있다. 위에서 본 경우 신주발행무효의 소의 제소기간은 신주 발행일로부터 기산하여야 하고, 설령 신주 발행이 신주인수권부사채에 부여된 신주인수권의 행사 결과에 따른 것이라 할지라도 신주인수권부사채 발행일부터 기산되는 것은 아니다(대판 2022.10.27. 2021다201054).

정답 ①

문 47

주식회사의 분할에 관한 설명으로 옳지 않은 것은? (다툼이 있는 경우 판례에 의함)

① 회사분할시 반대주주의 주식매수청구권은 단순분할의 경우에는 인정되지 않고 분할합병의 경우에만 인정된다.

② 분할회사와 단순분할신설회사는 분할 전의 분할회사 채무에 관하여 연대하여 변제할 책임이 있으므로, 단순분할신설회사는 분할회사의 채무 중에서 일부에 대한 책임만을 부담하는 것으로 정할 수 없다.

③ 분할시 요구되는 채권자보호절차에서 개별 최고가 필요한 '회사가 알고 있는 채권자'라 함은 회사의 장부 기타 근거에 의하여 그 성명과 주소가 회사에 알려져 있는 자는 물론이고 회사 대표이사 개인이 알고 있는 채권자도 이에 포함된다.

④ 분할로 인하여 설립되는 회사와 존속하는 회사가 회사채권자에게 연대하여 변제할 책임이 있는 분할 전의 회사채무에는, 회사분할의 효력발생 전에 발생하였으나 분할 당시에는 아직 그 변제기가 도래하지 아니한 채무도 포함된다.

⑤ 분할의 내용이나 절차의 하자는 법률관계의 획일적 확정을 위해서 분할무효의 소로만 다툴 수 있다.

MGI Point **주식회사 분할** ★★

- 반대주주의 주식매수청구권 ⇨ 단순분할×, 분할합병○
- 분할당사회사의 책임 ⇨ 원칙적 연대책임, 예외적 일부책임만 부담도 가능
- 채권자보호절차에서 개별 최고가 필요한 "회사가 알고 있는 채권자" ⇨ 대표이사 개인이 알고 있는 채권자도 포함 ○
- 분할 효력발생 전 발생하였으나 변제기 미도래 채무도 연대책임에 포함 ○
- 분할의 하자 ⇨ 분할무효의 소로만 가능

① (○) 단순분할의 경우 반대주주의 주식매수청구권은 보장되지 않고, 분할합병에서만 인정된다.

> **상법 제530조의11(준용규정)** ① 분할 또는 분할합병의 경우에는 제234조, 제237조부터 제240조까지, 제329조의2, 제440조부터 제443조까지, 제526조, 제527조, 제527조의6, 제528조 및 제529조를 준용한다. 다만, 제527조의 설립위원은 대표이사로 한다.
> ② 제374조제2항, 제439조제3항, 제522조의3, 제527조의2, 제527조의3 및 제527조의5의 규정은 분할합병의 경우에 이를 준용한다.
> **상법 제522조의3(합병반대주주의 주식매수청구권)** ① 제522조제1항에 따른 결의사항에 관하여 이사회의 결의가 있는 때에 그 결의에 반대하는 주주(의결권이 없거나 제한되는 주주를 포함한다. 이하 이 조에서 같다)는 주주총회 전에 회사에 대하여 서면으로 그 결의에 반대하는 의사를 통지한 경우에는 그 총회의 결의일부터 20일 이내에 주식의 종류와 수를 기재한 서면으로 회사에 대하여 자기가 소유하고 있는 주식의 매수를 청구할 수 있다.

② (X) 분할회사와 단순분할신설회사는 연대책임을 지는 것이 원칙이다(상법 제530조의9 제1항). 그러나 ① 분할회사 주주총회 특별결의에 의한 연대책임 배제(제530조의3 제2항), ② 채권자보호절차(제527조의5)의 요건 하에 연대책임을 배제할 수 있다(제530조의9 제2항, 제4항). ▶한편, 분할합병의 경우에는 채권자보호절차가 요건이 아니며, 연대책임의 배제와 상관없이 항상 채권자보호절차를 거쳐야 한다(제530조의9 제3항)(송옥렬, 상법강의 제15판(2025), p.1294).

> **상법 제530조의9(분할 및 분할합병 후의 회사의 책임)** ① 분할회사, 단순분할신설회사, 분할승계회사 또는 분할합병신설회사는 분할 또는 분할합병 전의 분할회사 채무에 관하여 연대하여 변제할 책임이 있다.
> ② 제1항에도 불구하고 분할회사가 제530조의3제2항에 따른 결의로 분할에 의하여 회사를 설립하는 경우에는 단순분할신설회사는 분할회사의 채무 중에서 분할계획서에 승계하기로 정한 채무에 대한 책임만을 부담하는 것으로 정할 수 있다. 이 경우 분할회사가 분할 후에 존속하는 경우에는 단순분할신설회사가 부담하지 아니하는 채무에 대한 책임만을 부담한다.
> ③ 분할합병의 경우에 분할회사는 제530조의3제2항에 따른 결의로 분할합병에 따른 출자를 받는 분할승계회사 또는 분할합병신설회사가 분할회사의 채무 중에서 분할합병계약서에 승계하기로 정한 채무에 대한 책임만을 부담하는 것으로 정할 수 있다. 이 경우 제2항 후단을 준용한다.
> ④ 제2항의 경우에는 제439조제3항 및 제527조의5를 준용한다.

③ (○) 분할 또는 분할합병으로 인하여 회사의 책임재산에 변동이 생기게 되는 채권자를 보호하기 위하여 상법이 채권자의 이의제출권을 인정하고 그 실효성을 확보하기 위하여 알고 있는 채권자에게 개별적으로 최고하도록 한 입법 취지를 고려하면, 개별 최고가 필요한 '회사가 알고 있는 채권자'란 채권자가 누구이고 채권이 어떠한 내용의 청구권인지가 대체로 회사에게 알려져 있는 채권자를 말하는 것이고, 회사에 알려져 있는지 여부는 개개의 경우에 제반 사정을 종합적으로 고려하여 판단하여야 할 것인데, 회사의 장부 기타 근거에 의하여 성명과 주소가 회사에 알려져 있는 자는 물론이고 회사 대표이사 개인이 알고 있는 채권자도 이에 포함된다고 봄이 타당하다(대판 2011.09.29. 2011다38516).

④ (○) 상법 제530조의9 제1항에 따라 주식회사의 분할 또는 분할합병으로 인하여 설립되는 회사와 존속하는 회사가 회사 채권자에게 연대하여 변제할 책임이 있는 분할 또는 분할합병 전의 회사 채무에는, 회사 분할 또는 분할합병의 효력발생 전에 발생하였으나 분할 또는 분할합병 당시에는 아직 그 변제기가 도래하지 아니한 채무도 포함된다(대판 2008.02.14. 2007다73321).

⑤ (○) 상법 제530조의11 제1항에 의하여 합병무효의 소에 관한 규정인 제529조가 준용되므로, 분할의 내용이나 절차의 하자는 분할무효의 소로써만 다툴 수 있다.

> **상법 제530조의11(준용규정)** ① 분할 또는 분할합병의 경우에는 제234조, 제237조부터 제240조까지, 제329조의2, 제440조부터 제443조까지, 제526조, 제527조, 제527조의6, 제528조 및 제529조를 준용한다. 다만, 제527조의 설립위원은 대표이사로 한다.
> **상법 제529조(합병무효의 소)** ① 합병무효는 각 회사의 주주·이사·감사·청산인·파산관재인 또는 합병을 승인하지 아니한 채권자에 한하여 소만으로 이를 주장할 수 있다.
> ② 제1항의 소는 제528조의 등기가 있은 날로부터 6월내에 제기하여야 한다.

정답 ②

문 48

어음행위의 무인성 및 독립성에 관한 설명으로 옳지 않은 것은? (다툼이 있는 경우 판례에 의함)

① 어음에 발행인 A의 기명날인이 누락되어 있어 발행이 무효가 되더라도, 그 어음에 B가 한 배서는 유효하고 B는 배서인으로서 책임을 진다.

② A가 발행한 어음에 배서한 B의 행위능력이 부정되어 배서가 무효가 되더라도, B로부터 배서양도를 받은 C가 그 어음에 한 배서는 유효하고 C는 배서인으로서 책임을 진다.

③ 임금체불사실이 있을 때에만 권리를 행사하기로 하는 약정 하에 어음이 발행되었다고 하더라도, 어음상 권리는 일단 유효하게 성립한다.

④ 원인채무가 이미 변제된 약속어음을 소지함을 기화로 그 발행인을 상대로 어음금청구를 하였다 하더라도 그 소지인의 어음금청구가 바로 신의성실원칙에 반하거나 권리남용에 해당되는 것은 아니다.

⑤ 원인채권과 어음채권이 병존하는 경우에 채권자가 원인채권을 행사함에 있어서는 어음의 반환이 필요하므로, 채무자는 어음과 상환으로 지급하겠다고 하는 항변으로 채권자에게 대항할 수 있다.

> **MGI Point** **어음행위 무인성·독립성** ★
>
> ■ 어음행위의 독립성
> - 발행인의 기명날인 누락 ⇨ 형식적 하자 ⇨ 어음행위 독립성 적용× ⇨ 후행 배서 무효
> - 행위능력의 하자 ⇨ 실질적 하자 ⇨ 어음행위 독립성 적용○ ⇨ 후행 배서 유효
> ■ 어음행위의 무인성
> - 내부적 권리행사 조건 약정에 불구하고 어음이 발행된 이상 어음상 권리는 유효 성립 ○
> - 원인채무 변제된 어음을 청구하는 것 ⇨ 막바로 신의칙 위반이나 권리남용이라 할 수 없음
> - 원인·어음채권 병존시 채권자 원인채권 행사에 어음 반환 필요 ⇨ 채무자는 어음과 상환이행 항변 可

① (X) 어음발행인의 기명날인이 누락되어 발행이 무효라는 사유는 어음의 형식적 하자이므로 어음행위 독립의 원칙이 적용되지 않고, 후행행위인 배서도 무효인 바, B는 배서인으로서의 책임을 부담하지 않는다.

② (O) B가 제한능력을 이유로 자기 배서를 취소하면 B는 누구에게나 면책되지만(물적항변), 이는 실질적 하자이므로 어음행위 독립의 원칙이 적용되고, 후행행위인 C의 배서는 여전히 유효하여 C는 배서인으로서의 책임을 진다. ▸'행위능력이 부정되어 배서가 무효가 된다.'는 부분을, 제한능력자로서 자기 배서를 취소한 경우로 선해함.

③ (O) 어음행위는 무인행위로서 어음수수의 원인관계로부터 분리하여 다루어져야 하고 어음은 원인관계와 상관없이 일정한 어음상의 권리를 표창하는 증권이므로 어음이 일정한 조건(예컨대 근로자들에 대한 노임체불)하에서만 권리를 행사하기로 한 약정하에 발행되었더라도 이와 같은 사정은 어음의 원인관계에 기한 인적 항변사유에 불과하고 어음상의 권리는 일단 유효하게 성립되었다고 보아야 할 것이어서 여기에 어음법 제16조 제2항은 적용될 수 없다(대판 1989.10.24. 89다카1398). 어음의 형식적 요건을 갖추고 있는 이상, 내부적으로 임금체불사실이 있을 때에만 권리를 행사하기로 한 약정이 있다 하더라도 어음행위의 무인성상 어음상 권리는 일단 유효하게 성립한다.

④ (O) 어음행위는 무인행위로서 어음수수의 원인관계로부터 분리하여 다루어져야 하고 어음은 원인관계와 상관없이 일정한 어음상의 권리를 표창하는 증권이라 할 것인바, 원인채무가 이미 변제된 약속어음을 소지함을 기화로 그 발행인을 상대로 어음금 청구를 하였다 하더라도 어음행위의 무인성의 법리에 비추어 그 소지인의 어음금 청구가 바로 신의성실의 원칙에 어긋나는 것으로서 권리의 남용에 해당한다고 볼 수는 없다(대판 1997.07.25. 96다52649).

⑤ (O) 기존의 원인채권과 어음, 수표채권이 병존하는 경우에 채권자가 원인채권을 행사함에 있어서는 어음, 수표의 반환이 필요하고, 이는 채무자의 채무이행과 동시이행의 관계에 있다고 할 것이고, 따라서 채무자는 어음, 수표와 상환으로 지급하겠다고 하는 항변으로 채권자에게 대항할 수 있고, 이와 같은 항변이 있을 때에는 법원은 어음, 수표와 상환으로 지급하라는 취지의 상환이행의 판결을 하여야 할 것이다(대판 1993.11.09. 93다11203등).

> **비교판례** 그러나 채무자가 어음, 수표의 반환이 없음을 이유로 원인채무의 변제를 거절할 수 있는 것은 채무자로 하여금 무조건적인 원인채무의 이행으로 인한 이중지급의 위험을 면하게 하려는데 그 목적이 있는 것이지 기존의 원인채권에 터잡은 이행청구권과 상대방의 어음, 수표의 반환청구권이 민법 제536조에 정하는 쌍무계약상의 채권채무관계나 그와 유사한 대가관계가 있어서 그러는 것은 아니므로, 원인채무의 이행과 어음, 수표의 반환이 동시이행의 관계에 있다 하더라도 이는 어음, 수표의 반환과 상환으로 하지 아니하면 지급을 할 필요가 없으므로 이를 거절할 수 있다는 것을 의미하는 것에 지나지 아니한다고 할 것이다.
> 따라서 채무자가 어음, 수표의 반환이 없음을 이유로 원인채무의 변제를 거절할 수 있는 권능을 가진다고 하여 채권자가 어음, 수표의 반환을 제공을 하지 아니하면 채무자에게 적법한 이행의 최고를 할 수 없다고 할 수는 없고, 채무자는 원인채무의 이행기를 도과하면 원칙적으로 이행지체의 책임을 지고, 채권자로부터 어음, 수표의 반환을 받지 아니하였다 하더라도 이 어음, 수표를 반환하지 않음을 이유로 위와 같은 항변권을 행사하여 그 지급을 거절하고 있는 것이 아닌 한 이행지체의 책임을 면할 수 없다고 보아야 할 것이다(대판 1993.11.09. 93다11203등).

정답 ①

문 49

어음과 수표에 관한 설명으로 옳지 않은 것은? (다툼이 있는 경우 판례에 의함)

① 확정일출급 약속어음의 경우에 있어서 만기의 일자가 발행일보다 앞선 일자로 기재되어 있다면 그 약속어음은 무효이다.

② 어음면상 지급지가 백지이더라도 어음에 지급장소의 기재가 있고 그것이 지(地)의 표시를 포함하고 있어 그로부터 지급지에 해당하는 일정 지역을 알 수 있는 경우에는 지급지의 기재가 이에 의하여 보충되는 것으로 볼 수 있다.

③ 만기 외의 어음요건이 백지인 약속어음의 소지인이 그 백지 부분을 보충하지 않고 어음금을 청구한 경우에는 소멸시효가 중단되지 않는다.

④ 조건을 붙인 어음보증도 그 내용대로의 효력이 인정된다.

⑤ 지급제시기간이 지난 자기앞수표를 양도할 때에는 수표의 교부에 의하여 이득상환청구권을 양도함과 동시에 상환의무자인 발행은행에 대하여 채권양도의 통지를 할 권능을 아울러 이전하는 합의가 있는 것으로 본다.

MGI Point **어음·수표** ★★

■ 만기일이 발행일보다 앞선 일자인 경우 ⇨ 어음은 무효

■ 지급장소가 지를 포함하고 있는 경우 ⇨ 지급지 기재 없어도 지급지 기재를 보충한 셈 ○

■ 백지미보충 어음금청구 ⇨ 소멸시효 중단 ○

■ 조건부 어음보증 ⇨ 유효

■ 지급제시기간이 지난 자기앞수표의 교부 ⇨ 이득상환청구권 양도 및 채권양도 통지 권능 이전 합의 ○

---

① (○) 어음의 요식증권 내지 문언증권으로서의 성질상 어음요건의 성립 여부는 어음상의 기재만에 의하여 판단하여야 하고, 어음요건의 기재가 그 자체로 불가능한 것이거나 각 어음요건이 서로 명백히 모순되어 함께 존립할 수 없게 되는 경우에는 그와 같은 어음은 무효라고 봄이 상당하고, 한편 약속어음의 발행일은 어음요건의 하나로서 그 기재가 없는 상태에서는 어음상의 권리가 적법하게 성립할 수 없는 것이므로, 확정된 날을 만기로 하는 확정일출급 약속어음의 경우에 있어서 만기의 일자가 발행일보다 앞선 일자로 기재되어 있다면 그 약속어음은 어음요건의 기재가 서로 모순되는 것으로서 무효라고 해석하여야 한다(대판 2000.04.25. 98다59682).

② (○) 어음면상 지급지에 관한 특별한 표시가 없다 할지라도 거기에 지급장소의 기재가 있고 그것이 지(地)의 표시를 포함하고 있어 그로부터 지급지에 해당하는 일정 지역이 추지될 수 있는 경우에는 지급지의 기재가 이에 의하여 보충되는 것으로 볼 수 있다(대판 2001.11.30. 2000다7387).

③ (X) 만기는 기재되어 있으나 지급지, 지급을 받을 자 등과 같은 어음요건이 백지인 약속어음의 소지인이 그 백지 부분을 보충하지 않은 상태에서 어음금을 청구하는 것은 어음상의 청구권에 관하여 잠자는 자가 아님을 객관적으로 표명한 것이고 그 청구로써 어음상의 청구권에 관한 소멸시효는 중단된다. 이 경우 백지에 대한 보충권은 그 행사에 의하여 어음상의 청구권을 완성시키는 것에 불과하여 그 보충권이 어음상의 청구권과 별개로 독립하여 시효에 의하여 소멸한다고 볼 것이 아니므로 어음상의 청구권이 시효중단에 의하여 소멸하지 않고 존속하고 있는 한 이를 행사할 수 있다(대판 2010.05.20. 2009다48312 (전합)).

④ (○) 어음법상 보증의 경우에는 발행 및 배서의 경우와 같이 단순성을 요구하는 명문의 규정이 없을 뿐만 아니라, 부수적 채무부담행위인 점에서 보증과 유사한 환어음 인수에 불단순인수를 인정하고 있음에 비추어

어음보증에 대하여 환어음 인수의 경우 보다 더 엄격하게 단순성을 요구함은 균형을 잃은 해석이고 또 조건부 보증을 유효로 본다고 하여 어음거래의 안전성이 저해되는 것도 아니므로 <u>조건을 붙인 불단순 보증은 그 조건부 보증문언대로 보증인의 책임이 발생한다</u>고 보는 것이 마땅하다(대판 1986.09.09. 84다카2310).

⑤ (O) 자기앞수표의 정당한 소지인이 수표법상의 보전절차를 취하지 않고 지급제시기간을 경과하여 수표상의 권리가 소멸된 자기앞수표를 교부하는 경우, 특별한 사정이 없으면 <u>자기앞수표의 이득상환청구권을 양도함과 동시에 그에 수반하여 이득을 얻은 발행인인 은행 등에 대하여 소지인을 대신해서 그 양도에 관한 통지를 할 수 있는 권능을 부여하는 것으로 볼 수 있다</u>(대판 2023.11.30. 2019다203286).

[정답] ③

문 50

甲보험회사와 상해보험계약을 체결한 A는 보험기간 중에 공사현장에서 작업하던 중 추락하여 상해를 입었다. 보험계약 체결 당시 A는 건설현장 일용직 근로자로 근무하였으나, 보험계약 청약서의 질문표에는 사무원, 사무직 관리자 등으로 기재하였고, 보험계약 체결 이후에도 甲보험회사에 실제 직업을 통지하지 않았다. 이에 관한 설명 중 옳지 않은 것은? (다툼이 있는 경우 판례에 의함)

① 보험계약 청약서에 기재된 질문사항은 고지의무의 대상이 되는 중요한 사실로 추정된다.

② A가 계약 체결 당시 자신의 직업을 보험사고 발생의 위험이 낮은 사무원, 사무직 관리자, 건설업 대표 등으로 고지한 것은 상법 제651조의 고지의무를 위반한 것이다.

③ A가 상법 제651조의 고지의무를 위반하였다면 甲회사는 그 사실을 안 날로부터 1월 내에, 계약을 체결한 날로부터 3년 내에 한하여 계약을 해지할 수 있다.

④ A가 상법 제651조의 고지의무를 위반한 경우에도 甲회사가 계약 당시에 그 사실을 알았거나 중대한 과실로 인하여 알지 못한 때에는 계약을 해지할 수 없다.

⑤ A가 실제 직업보다 보험사고 발생의 위험이 낮은 직업으로 고지하여 계약을 체결한 후 보험기간 중에 甲회사에 실제 직업을 통지하지 아니한 것은 상법 제652조의 통지의무를 위반한 것이다.

MGI Point | **보험법상의 고지의무 및 위험변경증가 통지의무** ★★★

- 보험청약서에 기재된 질문사항 ⇨ 고지의무 대상인 중요사실로 추정
- 상해보험 체결당시 직업을 사고발생 위험이 낮은 사무원 등으로 고지
  - 보험계약 체결당시 고지하지 않은 것 ⇨ 고지의무 위반
  - 위 내용을 보험기간 중 통지하지 않은 것 ⇨ 위험변경증가통지의무 위반은 아님
- 고지의무 위반시라도 보험자가 그 사실을 알았거나 중대한 과실로 알지 못한 경우 고지의무 위반 해지 불가
- 고지의무 위반 해지권 ⇨ 그 사실을 안 날부터 1월 내, 계약체결한 날부터 3년 내

---

① (O) 보험자가 서면으로 질문한 사항은 보험계약에 있어서 중요한 사항에 해당하는 것으로 추정되고(상법 제651조의2), 여기의 서면에는 보험청약서도 포함될 수 있으므로, <u>보험청약서에 일정한 사항에 관하여 답변을 구하는 취지가 포함되어 있다면 그 사항은 상법 제651조에서 말하는 '중요한 사항'으로 추정된다</u>(대판 2004.06.11. 2003다18494).

② (O), ⑤ (X) 갑 등이 을 보험회사와 피보험자를 갑으로 하여 상해사망 등 사고 발생 시 을 회사가 보험금을 지급하는 내용의 보험계약을 체결하였는데, 갑은 보험계약 체결 이전부터 사망할 때까지 건설현장의 일용직 근로자로 근무하였으나 갑 등은 보험계약 체결 당시 을 회사에 갑의 직업을 위 실제 직업보다 보험사고 발생의 위험이 낮은 사무원 등으로 고지하였고, 보험계약 체결 이후에도 을 회사에 고지된 직업과 실제 직업이 다르다는 것을 통지하지 아니한 사안에서, 갑 등이 보험계약 체결 당시 갑의 직업을 보험사고 발생의 위험이 낮은 직업으로 고지하여 고지의무를 위반하였으나(⇨ **따라서 설문 ②는 옳음**) 보험기간 중에 실제 직업이 변경되지는 않았으므로 그 직업이 보험계약 체결 당시 을 회사에 고지된 것과 다르더라도 상법 제652조 제1항의 통지의무를 위반하였다고 볼 수 없다.(⇨ **따라서 설문 ⑤는 옳지 않음**)(대판 2024. 06.27. 2024다219766).

> 판례 [1] 상법 제651조는 보험계약 당시에 보험계약자 또는 피보험자가 고의 또는 중대한 과실로 인하여 중요한 사실을 고지하지 아니하거나 부실의 고지를 한 때에는 보험자는 그 사실을 안 날로부터 1월 내에, 계약을 체결한 날로부터 3년 내에 한하여 계약을 해지할 수 있다고 규정한다. 상법 제652조 제1항은 보험기간 중에 보험계약자 또는 피보험자가 사고발생의 위험이 현저하게 변경 또는 증가된 사실을 안 때에는 지체 없이 보험자에게 통지하도록 하면서, 이를 해태한 때에는 보험자는 그 사실을 안 날로부터 1월 내에 계약을 해지할 수 있다고 규정한다.
> 이 규정들을 별도로 두어 해지권의 행사기간을 달리 규율하는 취지나 각 규정의 문언 등에 비추어 보면, 상법 제651조의 고지의무는 중요한 사실이 보험계약 성립 시에 존재하는 경우에 발생하고, 상법 제652조의 통지의무는 보험계약 성립 시에는 존재하지 않았지만 그 이후 보험기간 중에 사고발생의 위험이 새롭게 변경 또는 증가된 경우에 발생한다고 보아야 한다. 한편 보험계약자 또는 피보험자가 고지의무를 위반함으로써 보험계약 성립 시 고지된 위험과 보험기간 중 객관적으로 존재하게 된 위험에 차이가 생기게 되었다는 사정만으로는 보험기간 중 사고발생의 위험이 새롭게 변경 또는 증가되었다고 할 수 없다. 이 경우 보험자는 상법 제651조의 고지의무 위반을 이유로 계약을 해지할 수는 있어도 상법 제652조의 통지의무 위반을 이유로 계약을 해지할 수는 없다. 이는 고지의무 위반에 따른 해지권 행사의 제척기간이 경과하여 보험자가 고지의무 위반을 이유로 계약을 해지할 수 없게 된 경우에도 마찬가지이다.
> [2] 갑 등이 을 보험회사와 피보험자를 갑으로 하여 상해사망 등 사고 발생 시 을 회사가 보험금을 지급하는 내용의 보험계약을 체결하였는데, 갑은 보험계약 체결 이전부터 사망할 때까지 건설현장의 일용직 근로자로 근무하였으나 갑 등은 보험계약 체결 당시 을 회사에 갑의 직업을 위 실제 직업보다 보험사고 발생의 위험이 낮은 사무원 등으로 고지하였고, 보험계약 체결 이후에도 을 회사에 고지된 직업과 실제 직업이 다르다는 것을 통지하지 아니한 사안에서, 갑 등이 보험계약 체결 당시 갑의 직업을 보험사고 발생의 위험이 낮은 직업으로 고지하여 고지의무를 위반하였으나 보험기간 중에 실제 직업이 변경되지는 않았으므로 그 직업이 보험계약 체결 당시 을 회사에 고지된 것과 다르더라도 상법 제652조 제1항의 통지의무를 위반하였다고 볼 수 없다고 한 원심판단이 정당하다고 한 사례(대판 2024.06.27. 2024다219766).

③ (O), ④ (O) 상법 제651조 본문(③), 단서(④) 참조.

> 상법 제651조(고지의무위반으로 인한 계약해지) 보험계약당시에 보험계약자 또는 피보험자가 고의 또는 중대한 과실로 인하여 중요한 사항을 고지하지 아니하거나 부실의 고지를 한 때에는 보험자는 그 사실을 안 날로부터 1월내에, 계약을 체결한 날로부터 3년내에 한하여 계약을 해지할 수 있다. 그러나 보험자가 계약당시에 그 사실을 알았거나 중대한 과실로 인하여 알지 못한 때에는 그러하지 아니하다.

정답 ⑤

문 51

보험계약에 관한 설명으로 옳지 않은 것은? (다툼이 있는 경우 판례에 의함)

① 보험계약이 체결되기 전에 보험사고가 이미 발생하였을 경우, 보험계약의 당사자 쌍방 및 피보험자가 이를 알지 못한 경우를 제외하고는 그 보험계약은 무효이다.

② 손해보험에서 보험자가 보험계약자로부터 보험계약의 청약과 함께 보험료 상당액의 전부 또는 일부를 받은 경우에 그 청약을 승낙하기 전에 보험계약에서 정한 보험사고가 생긴 때에는 그 청약을 거절할 사유가 없는 한 보험자는 보험계약상의 책임을 진다.

③ 보험대리상이 아니면서 특정한 보험자를 위하여 계속적으로 보험계약의 체결을 중개하는 자는 보험계약자로부터 청약, 고지 등 보험계약에 관한 의사표시를 수령할 권한이 있다.

④ 자기를 위한 보험계약에서 보험계약자는 언제든지 보험계약의 전부 또는 일부를 해지할 수 있고, 다른 약정이 없으면 미경과보험료의 반환을 청구할 수 있다.

⑤ 손해보험계약의 전부 또는 일부가 무효인 경우에 보험계약자와 피보험자가 선의이며 중대한 과실이 없는 때에는 보험자에 대하여 보험료의 전부 또는 일부의 반환을 청구할 수 있다.

MGI Point **보험계약** ★★

- 보험계약 체결 전 보험사고 이미 발생한 경우 ▷ 원칙 무효 / 당사자 쌍방 및 피보험자가 알지 못한 경우 유효
- 보험료 전부 또는 일부를 받은 경우 ▷ 승낙 전 보험사고 발생시에도 청약을 거절할 사유 없는 한 보험계약상 책임 발생
- 보험대리상이 아니면서 특정 보험자를 위한 계속적 중개인 ▷ 의사표시 수령권한 ×
- (자기를 위한)보험계약의 보험계약자 ▷ 언제든지 계약 전부나 일부 해지 可 ▷ 이 경우 미경과보험료반환청구 可
- 보험계약의 전부나 일부가 무효인 경우 ▷ 보험계약자와 피보험자가 선의·무중과실이면 보험료의 전부나 일부 반환청구 可

① (O) 상법 제644조 참조.

> **상법 제644조(보험사고의 객관적 확정의 효과)** 보험계약당시에 보험사고가 이미 발생하였거나 또는 발생할 수 없는 것인 때에는 그 계약은 무효로 한다. 그러나 당사자 쌍방과 피보험자가 이를 알지 못한 때에는 그러하지 아니하다.

② (O) 상법 제638조의2 제3항 참조.

> **상법 제638조의2(보험계약의 성립)** ③ 보험자가 보험계약자로부터 보험계약의 청약과 함께 보험료 상당액의 전부 또는 일부를 받은 경우에 그 청약을 승낙하기 전에 보험계약에서 정한 보험사고가 생긴 때에는 그 청약을 거절할 사유가 없는 한 보험자는 보험계약상의 책임을 진다. 그러나 인보험계약의 피보험자가 신체검사를 받아야 하는 경우에 그 검사를 받지 아니한 때에는 그러하지 아니하다.

③ (X) 상법 제646조의2 제3항에 의하면, 보험대리상이 아니면서 특정한 보험자를 위하여 계속적으로 보험계약의 체결을 중개하는 자는 같은 조 제1항 제1호(보험자가 작성한 영수증을 보험계약자에게 교부하는 경우에 한하여 보험료를 수령할 수 있는 권한), 제2호(보험자가 작성한 보험증권을 보험계약자에게 교부할 수 있는 권한)의 권한이 있다. 따라서, 보험계약자로부터 청약, 고지 등 보험계약에 관한 의사표시를 수령할 권한은 없다.

> **상법 제646조의2(보험대리상 등의 권한)** ① 보험대리상은 다음 각 호의 권한이 있다.
> 1. 보험계약자로부터 보험료를 수령할 수 있는 권한
> 2. 보험자가 작성한 보험증권을 보험계약자에게 교부할 수 있는 권한
> 3. 보험계약자로부터 청약, 고지, 통지, 해지, 취소 등 보험계약에 관한 의사표시를 수령할 수 있는 권한
> 4. 보험계약자에게 보험계약의 체결, 변경, 해지 등 보험계약에 관한 의사표시를 할 수 있는 권한
> ② 제1항에도 불구하고 보험자는 보험대리상의 제1항 각 호의 권한 중 일부를 제한할 수 있다. 다만, 보험자는 그러한 권한 제한을 이유로 선의의 보험계약자에게 대항하지 못한다.
> ③ 보험대리상이 아니면서 특정한 보험자를 위하여 계속적으로 보험계약의 체결을 중개하는 자는 제1항제1호(보험자가 작성한 영수증을 보험계약자에게 교부하는 경우만 해당한다) 및 제2호의 권한이 있다.
> ④ 피보험자나 보험수익자가 보험료를 지급하거나 보험계약에 관한 의사표시를 할 의무가 있는 경우에는 제1항부터 제3항까지의 규정을 그 피보험자나 보험수익자에게도 적용한다.

④ (○) 상법 제649조 제1항, 제3항 참조.

> **상법 제649조(사고발생전의 임의해지)** ① 보험사고가 발생하기 전에는 보험계약자는 언제든지 계약의 전부 또는 일부를 해지할 수 있다. 그러나 제639조의 보험계약의 경우에는 보험계약자는 그 타인의 동의를 얻지 아니하거나 보험증권을 소지하지 아니하면 그 계약을 해지하지 못한다.
> ② 보험사고의 발생으로 보험자가 보험금액을 지급한 때에도 보험금액이 감액되지 아니하는 보험의 경우에는 보험계약자는 그 사고발생후에도 보험계약을 해지할 수 있다.
> ③ 제1항의 경우에는 보험계약자는 당사자간에 다른 약정이 없으면 미경과보험료의 반환을 청구할 수 있다.

⑤ (○) 상법 제648조 참조.

> **상법 제648조(보험계약의 무효로 인한 보험료반환청구)** 보험계약의 전부 또는 일부가 무효인 경우에 보험계약자와 피보험자가 선의이며 중대한 과실이 없는 때에는 보험자에 대하여 보험료의 전부 또는 일부의 반환을 청구할 수 있다. 보험계약자와 보험수익자가 선의이며 중대한 과실이 없는 때에도 같다.

정답 ③

문 52

소멸시효에 관한 설명 중 옳지 않은 것으로만 묶인 것은? (다툼이 있는 경우 판례에 의함)

> ㄱ. 지급명령 사건이 법원의 직권에 의한 결정으로 소송절차에 회부된 경우에 지급명령에 의한 시효중단의 효과는 소송으로 이행된 때가 아니라 지급명령을 신청한 때에 발생한다.
> ㄴ. 분할 전의 회사를 상대로 확정판결을 받아 소멸시효기간이 연장된 후 분할이 이루어진 경우, 분할로 인하여 설립되는 회사에 그 연장된 시효를 주장할 수 있다.
> ㄷ. 채권자가 분할이 이루어진 후에 분할회사를 상대로 분할 전의 분할회사 채무에 관한 소를 제기하여 분할회사에 대한 관계에서 시효가 중단된 경우, 그와 같은 소멸시효 중단의 효과는 다른 채무자인 분할로 인하여 설립되는 회사에도 효력이 미친다.
> ㄹ. 채권자가 영업양도인을 상대로 소를 제기하여 확정판결을 받아 소멸시효가 연장된 뒤 영업양도가 이루어진 경우, 그와 같은 소멸시효 연장의 효과는 상호를 속용하는 영업양수인에게 미친다.

ㅁ. 채권자가 영업양도가 이루어진 후에 영업양도인을 상대로 소를 제기하여 확정판결을 받아 영업양도인에 대한 관계에서 소멸시효가 중단된 경우, 그와 같은 소멸시효 중단의 효과는 상호를 속용하는 영업양수인에게 미친다.

① ㄱ, ㄴ   ② ㄴ, ㅁ

③ ㄷ, ㅁ   ④ ㄱ, ㄹ, ㅁ

⑤ ㄴ, ㄷ, ㄹ

MGI Point **소멸시효**   ★★★

■ 지급명령의 소멸시효 중단시점 ⇨ 지급명령 신청시 ○, 직권으로 소송절차 회부시에도 지급명령 신청시 ○
■ 회사분할과 소멸시효 중단시점
  ▪ 분할 전 승소확정판결 및 이후 회사분할시 ⇨ 분할신설회사는 연장된 시효 주장 가능
  ▪ 분할 후 승소확정판결 ⇨ 소멸시효 중단 효과는 분할신설회사에 미치지 않음
■ 영업양도와 소멸시효 중단시점
  ▪ 승소확정판결로 소멸시효 연장된 뒤 영업양도 ⇨ 연장효는 상호속용양수인에게 미침
  ▪ 영업양도 후 승소확정판결 ⇨ 소멸시효 중단효는 상호속용양수인에 미치지 않음

ㄱ. (O) 민사소송법 제472조 제1항은 "법원이 제466조 제2항의 규정에 따라 지급명령신청사건을 소송절차에 부치는 결정을 한 경우에는 지급명령을 신청한 때에 소가 제기된 것으로 본다."라고 규정하고 있으므로, 지급명령 사건이 법원의 직권에 의한 결정으로 소송절차에 회부된 경우에 지급명령에 의한 시효중단의 효과는 소송으로 이행된 때가 아니라 지급명령을 신청한 때에 발생한다(대판 2025. 5. 15. 2024다317783).

ㄴ. (O) 구 상법(2015. 12. 1. 법률 제13523호로 개정되기 전의 것, 이하 '구 상법'이라 한다) 제530조의9 제1항은 "분할 또는 분할합병으로 인하여 설립되는 회사 또는 존속하는 회사(이하 '수혜회사'라 한다)는 분할 또는 분할합병 전의 회사채무에 관하여 연대하여 변제할 책임이 있다."라고 정하고 있다. 이는 회사 분할로 채무자의 책임재산에 변동이 생겨 채권 회수에 불리한 영향을 받는 채권자를 보호하기 위하여 부과된 법정책임을 정한 것으로, 수혜회사와 분할 또는 분할합병 전의 회사는 분할 또는 분할합병 전의 회사채무에 대하여 부진정연대책임을 진다(대판 2010. 8. 26. 2009다95769 판결 참조). 수혜회사가 연대하여 변제할 책임을 부담하는 채무는 분할 또는 분할합병 전의 회사가 채권자에게 부담하는 채무와 동일한 채무이므로, 수혜회사가 채권자에게 부담하는 연대채무의 소멸시효 기간과 기산점도 분할 또는 분할합병 전의 회사가 채권자에게 부담하는 채무와 동일한 것으로 봄이 타당하다. 따라서 채권자가 분할 또는 분할합병 전의 회사를 상대로 소를 제기하여 확정판결을 받아 소멸시효 기간이 연장된 뒤 분할 또는 분할합병이 이루어졌다면, 채권자는 10년으로 연장된 해당 채권의 소멸시효 기간 내에서 수혜회사를 상대로 연대책임을 물을 수 있다(대판 2017. 12. 22. 2017다213197).

ㄷ. (X) 부진정연대채무에서는 채무자 1인에 대한 이행청구 또는 채무자 1인이 행한 채무의 승인 등 소멸시효의 중단사유나 시효이익의 포기가 다른 채무자에게 효력을 미치지 않는다. 따라서 채권자가 분할 또는 분할합병이 이루어진 후에 분할회사를 상대로 분할 또는 분할합병 전의 분할회사 채무에 관한 소를 제기하여 분할회사에 대한 관계에서 시효가 중단되거나 확정판결을 받아 소멸시효 기간이 연장된다고 하더라도 그와 같은 소멸시효 중단이나 연장의 효과는 다른 채무자인 분할 또는 분할합병으로 인하여 설립되는 회사 또는 존속하는 회사에 효력이 미치지 않는다(대판 2017. 5. 30. 2016다34687).

ㄹ. (O), ㅁ. (X) 영업양도인의 영업으로 인한 채무와 상호를 속용하는 영업양수인의 상법 제42조 제1항에 따른 채무는 같은 경제적 목적을 가진 채무로서 서로 중첩되는 부분에 관하여는 일방의 채무가 변제 등으로 소멸하면 다른 일방의 채무도 소멸하는 이른바 부진정연대의 관계에 있다. 따라서 채권자가 영업양도

인을 상대로 소를 제기하여 확정판결을 받아 소멸시효가 중단되거나 소멸시효 기간이 연장된 뒤 영업양도가 이루어졌다면 그와 같은 소멸시효 중단이나 소멸시효 연장의 효과는 상호를 속용하는 영업양수인에게 미치지만(⇨ **따라서 설문 ㄹ. 은 옳음**), 채권자가 영업양도가 이루어진 뒤 영업양도인을 상대로 소를 제기하여 확정판결을 받았다면 영업양도인에 대한 관계에서 소멸시효가 중단되거나 소멸시효 기간이 연장된다고 하더라도 그와 같은 소멸시효 중단이나 소멸시효 연장의 효과는 상호를 속용하는 영업양수인에게 미치지 않는다(⇨ **따라서, 설문 ㅁ. 은 옳지 않음**)(대판 2023. 12. 7. 2020다225138).

정답 ③

문 53

법원에 관한 설명 중 옳지 않은 것은? (다툼이 있는 경우 판례에 의함)

① 평균적 일반인으로서의 당사자의 관점에서 법관과 사건과의 관계로 인하여 법관이 불공정한 재판을 할 수 있다는 의심을 가질 만한 객관적인 사정이 있더라도 실제로 법관에게 편파성이 존재하지 않으면 기피가 인정될 수 없다.

② 외국의 사법적(私法的) 행위에 대하여는, 특별한 사정이 없는 한, 당해 국가를 피고로 하여 우리나라의 법원이 재판권을 행사할 수 있다.

③ 법관의 제척원인이 되는 전심관여(前審關與)에 최종변론 전의 변론이나 증거조사 또는 기일지정과 같은 소송지휘상의 재판 등에 관여한 경우는 포함되지 않는다.

④ 법원은 제척의 이유가 있는 때에는 직권으로 또는 당사자의 신청에 따라 제척의 재판을 한다.

⑤ 기피신청을 당한 법관이 그 사건에 관하여 직무를 집행하지 아니하게 된 경우에는 기피신청은 그 목적을 잃게 되어 기피신청의 이익이 없게 된다.

MGI Point **법원** ★★

- 객관적 의심 사정 있으면 실제 편파성 없어도 기피 可
- 외국의 사법적(私法的) 행위 ⇨ 그 국가를 피고로 우리 법원 재판권 ○
- 전심관여에 변론·증거조사·소송지휘 등은 포함 × 제척 사유 ×
- 제척 사유가 있으면 법원은 직권 또는 신청으로 제척 재판 可
- 기피신청 당한 법관이 그 사건에 관한 직무를 집행하지 아니하게 된 경우 ⇨ 기피신청은 목적 상실로 신청이익 없음

---

① (X) '법관에게 공정한 재판을 기대하기 어려운 사정이 있는 때'라 함은 우리 사회의 평균적인 일반인의 관점에서 볼 때, 법관과 사건과의 관계, 즉 법관과 당사자 사이의 특수한 사적 관계 또는 법관과 해당 사건 사이의 특별한 이해관계 등으로 인하여 법관이 불공정한 재판을 할 수 있다는 의심을 할 만한 객관적인 사정이 있고, 그러한 의심이 단순한 주관적 우려나 추측을 넘어 합리적인 것이라고 인정될 만한 때를 말한다. 그러므로 평균적 일반인으로서의 당사자의 관점에서 위와 같은 의심을 가질 만한 객관적인 사정이 있는 때에는 실제로 법관에게 편파성이 존재하지 아니하거나 헌법과 법률이 정한 바에 따라 공정한 재판을 할 수 있는 경우에도 기피가 인정될 수 있다(대결 2019.01.04. 2018스563).

② (O) 국제관습법에 의하면 국가의 주권적 행위는 다른 국가의 재판권으로부터 면제되는 것이 원칙이다. 그러나 우리나라의 영토 내에서 행하여진 외국의 사법적 행위에 대하여는 그것이 주권적 활동에 속하는 것이거나 이와 밀접한 관련이 있어서 이에 대한 재판권의 행사가 외국의 주권적 활동에 대한 부당한 간섭이

될 우려가 있다는 등의 특별한 사정이 없는 한 해당 국가를 피고로 하여 우리나라 법원이 재판권을 행사할 수 있다(대판 2023.04.27. 2019다247903).

③ (O) 법관의 제척원인이 되는 전심관여라 함은 최종변론과 판결의 합의에 관여하거나 종국판결과 더불어 상급심의 판단을 받는 중간적인 재판에 관여함을 말하는 것이고 최종변론 전의 변론이나 증거조사 또는 기일지정과 같은 소송지휘상의 재판 등에 관여한 경우는 포함되지 않는다(대판 1997.06.13. 96다56115).

④ (O) 민사소송법 제42조.

> **민사소송법 제42조(제척의 재판)** 법원은 제척의 이유가 있는 때에는 직권으로 또는 당사자의 신청에 따라 제척의 재판을 한다.

⑤ (O) 법관에 대한 기피신청제도는 당사자의 법관에 대한 불신감을 제거하고 재판의 공정을 보장하기 위하여 법관이 어떤 특정한 사건을 재판함에 있어서 공정을 기대하기 어려운 사정이 있는 경우에는 그 법관을 그 사건의 재판에 관하여 직무집행을 하지 못하게 하는 제도이므로 어떤 이유든 기피당한 법관이 그 사건에 관하여 직무를 집행할 수 없게 되었을 때에는 기피신청은 그 목적을 잃게 되어 이를 유지할 이익이 없게 되었다고 보아야 한다(대결 1992.09.28. 92두25).

[정답] ①

문 54

甲은 乙을 상대로 부당이득반환 청구의 소를 제기하였다. 제1심법원은 乙이 미성년자임을 간과한 채 乙에 대한 송달을 실시한 후 송달불능을 이유로 공시송달로 변론을 진행하였다. 제1심법원은 甲의 청구를 인용하는 판결을 하였고, 판결정본 역시 乙에 대한 공시송달의 방법으로 송달되었다. 乙은 제1심판결 존재 및 내용을 안 날로부터 14일이 경과한 후에 추완항소를 제기하였다. 항소심법원은 직권으로 乙의 추완항소를 각하하였다. 이에 관한 설명 중 옳은 것은? (다툼이 있는 경우 판례에 의함)

① 제1심법원의 乙에 대한 판결정본의 공시송달은 적법하다.

② 제1심법원의 乙에 대한 판결정본의 공시송달은 부적법하나 효력은 있다.

③ 상소기간의 준수 여부는 직권조사사항이 아니므로 항소심법원이 직권으로 乙의 추완항소를 각하한 것은 위법하다.

④ 소송능력의 존재는 직권조사사항이 아니므로 항소심법원이 직권으로 乙의 추완항소를 각하한 것은 위법하다.

⑤ 제1심판결에 대한 항소기간은 진행하지 않는다.

MGI Point **미성년자를 상대로 한 소의 송달** ★★★

■ 미성년자를 상대로 소임을 간과하여 미성년자에 대한 송달을 실시한 후 공시송달로 변론을 진행하여 간과판결을 하여 판결정본도 미성년자에게 공시송달을 한 경우
- 미성년자에 대한 판결정본 (공시)송달은 부적법, 무효
  ⇨ 송달 무효시 상소기간 진행 × ⇨ 추완항소 하더라도 적법한 항소일 뿐 불귀책사유 무관
- 소송능력, 상소기간 준수 여부는 직권조사사항
  ⇨ 송달 적법 전제하고 추완항소로 보아 불귀책사유 없다는 이유로 각하한 것은 위법

① (X), ② (X), ③ (X), ④ (X), ⑤ (O) 미성년자는 법정대리인에 의해서만 소송행위를 할 수 있으므로 미성년자가 단독으로 한 소송행위는 무효이고(민사소송법 제55조), 미성년자에 대한 소송행위 역시 무효라 할 것이므로 판결정본이 미성년자에게만 송달된 경우 판결이 소송무효를 이유로 소를 각하한 것이라는 등 특별한 사정이 없는 한 그 송달은 부적법하여 무효이다(①, ②). 판결정본의 송달이 무효인 경우 상대방은 판결정본을 송달받지 않은 상태이므로 그 판결에 대한 상소기간은 진행하지 않고(⑤), 불변기간인 상소 제기기간에 관한 규정은 성질상 강행규정이므로 그 기간 계산의 기산점이 되는 판결정본의 송달의 하자는 이에 대한 책문권의 포기나 상실로 인하여 치유될 수 없다. 한편 소송능력의 존재와 상소기간의 준수 여부는 소송요건의 하나로서 직권조사사항이다(③, ④)(대판 2020.06.11. 2020다8586). 따라서, 乙에 대한 판결정본의 공시송달은 위법하며, 무효이다. 부적법하여 무효인 송달에 대해서 항소기간이 진행하지 않고, 이후 乙이 추완항소 하더라도 이는 귀책사유와 무관하게 적법한 항소일 뿐, 추완항소가 아니다. 그리고 항소심법원은 이러한 소송능력의 존재와 상소기간의 준수여부를 직권으로 조사하였어야 하므로, 추완항소의 불귀책사유가 인정되지 않는다는 이유로 각하한 것은 위법하다.

> **판례** (1) 제1심법원은 피고가 미성년자임을 간과한 채 피고에 대한 송달을 실시한 후 송달불능을 이유로 공시송달로 변론을 진행한 후, 2007. 9. 21. 원고의 청구를 인용하는 판결을 선고하였는데, 판결정본의 송달도 피고에 대한 공시송달의 방법으로 실시하였다.
> (2) 원고는 2018. 10. 4. 제1심판결에 기초한 부당이득반환청구권의 소멸시효 연장을 위한 별소(창원지방법원 마산지원 2018가소11739호 사건, 이하 '별소'라고 한다)를 제기하였고, 피고는 2019. 1. 9. 별소의 소장 부본을 송달받은 후 2019. 1. 17. 별소에 관하여 다투는 취지의 답변서를 제출하였다.
> (3) 이후 피고는 이 사건 제1심판결의 존재 및 내용을 안 2019. 1. 17.부터 14일이 경과한 이후인 2019. 2. 19. 제1심판결을 대상으로 한 이 사건 추완항소를 제기하였다.
> (4) 원심은 제1심법원의 피고에 대한 판결정본의 송달이 적법하여 항소 제기기간이 도과하였음을 전제로 하여, 그 판시와 같은 이유로 피고가 별소의 소장 부본을 송달받은 2019. 1. 17. 이 사건 제1심판결의 내용과 이 사건 제1심판결이 공시송달로 진행되어 선고된 사실을 알게 되었고, 그로부터 14일 내에 항소를 제기하지 못한 데 책임질 수 없는 사유가 없었다고 보아, 피고의 이 사건 추완항소를 각하하였다.
> 제1심법원이 당시 미성년자였던 피고에 대하여 실시한 송달은 부적법하여 무효이고 피고의 항소 제기기간은 진행하지 않으므로, 피고에게 항소를 제기하지 못한 데에 책임질 수 있는 사유가 있는지와 무관하게 이 사건 항소는 적법하고, 따라서 원심으로서는 피고의 항소이유에 대한 본안 판단을 하였어야 한다. 그럼에도 원심이 이를 간과한 채 제1심법원의 피고에 대한 판결정본의 송달이 적법하다는 전제에서 이 사건 항소를 부적법한 추완항소라고 보아 이를 각하한 데에는 직권조사사항인 소송능력의 존부 및 판결정본 송달의 효력과 상소 제기기간에 관한 법리를 오해하여 필요한 심리를 다하지 아니한 잘못이 있다(대판 2020.06.11. 2020다8586 판결).

정답 ⑤

┃ **문 55**

재판상 자백에 관한 설명 중 옳은 것을 모두 고른 것은? (다툼이 있는 경우 판례에 의함)

> ㄱ. 자기에게 불리한 사실을 먼저 진술한 당사자도 그 후 상대방의 원용이 있기 전에는 자인한 진술을 철회하고 이와 모순되는 진술을 자유로이 할 수 있다.
>
> ㄴ. 답변서나 준비서면에 상대방의 주장사실을 인정하는 진술을 기재한 경우에도 그것이 변론에서 진술 또는 진술간주되지 않는 한 재판상 자백은 성립하지 않는다.
>
> ㄷ. 소송물의 전제문제가 되는 권리관계나 법률효과를 인정하는 진술은 권리자백으로서 법원을 기속하지 않으며, 상대방의 동의 없이 자유로이 철회할 수 있다.
>
> ㄹ. 문서의 진정성립에 관한 자백은 보조사실에 관한 자백이기는 하나 그 취소에 관하여는 주요사실의 자백취소와 동일하게 처리하여야 하므로 문서의 진정성립을 인정한 당사자는 자유롭게 이를 철회할 수 없다.
>
> ㅁ. 소유권이전등기말소청구소송에서 피고가 등기원인이 무효라는 원고의 주장사실을 자백하였는데, 원고가 청구취지 및 청구원인을 명의신탁해지에 기한 소유권이전등기청구로 교환적으로 변경함으로써 원래의 주장사실을 철회한 경우, 피고의 자백의 효력도 소멸한다.

① ㄴ, ㄹ
② ㄱ, ㄷ, ㅁ
③ ㄱ, ㄴ, ㄷ, ㄹ
④ ㄱ, ㄷ, ㄹ, ㅁ
⑤ ㄱ, ㄴ, ㄷ, ㄹ, ㅁ

| MGI Point | **재판상 자백** | ★★★ |

- 불리한 사실 스스로 진술 이후 상대방 원용 전 ⇨ 자백이 아니므로 철회 가능
- 준비서면에 인정진술을 기재한 경우 ⇨ 변론에서 진술 또는 진술간주 되지 않는 이상 재판상 자백 ×
- 권리관계나 법률효과 인정 진술은 권리자백 ⇨ 법원 기속×, 상대방 동의 없이 철회 가능 ○
- 문서의 진정성립에 관한 자백 ⇨ 보조사실에 대한 것이지만, 재판상 자백과 동일하게 취급 ○
- 등기원인 무효라는 원고의 주장사실 자백 이후 명의신탁해지 원인청구로 교환적 변경한 경우 ⇨ 원래의 주장사실이 철회되었으므로 자백의 효력도 소멸 ○

ㄱ. (O) 당사자가 자기에게 불리한 사실을 스스로 진술하였다고 하더라도 상대방이 원용할 때까지는 자백의 효력이 생기지 않는 것이므로 상대방이 원용하기 전에는 언제든지 그 진술을 철회할 수 있다(대판 1993. 04.13. 92다56438).

ㄴ. (O) 민사소송법 제288조의 규정에 의하여 구속력을 갖는 자백은 재판상의 자백에 한하는 것이고, 재판상 자백이란 변론기일 또는 변론준비기일에서 당사자가 하는 상대방의 주장과 일치하는 자기에게 불리한 사실의 진술을 말하는 것으로서, 법원에 제출되어 상대방에게 송달된 답변서나 준비서면에 자백에 해당하는 내용이 기재되어 있는 경우라도 그것이 변론기일이나 변론준비기일에서 진술 또는 진술간주되어야 재판상 자백이 성립한다(대판 2015.02.12. 2014다229870).

ㄷ. (O) 재판상의 자백은 변론기일 또는 변론준비기일에 당사자에 의하여 행하여지는 진술로서 상대방 당사자의 주장과 일치하는 자기에게 불리한 사실의 진술을 말하는 것이고, 소송물의 전제문제가 되는 권리관계나 법률효과를 인정하는 진술은 권리자백으로서 법원을 기속하는 것도 아니며, 상대방의 동의 없이 자유로이 철회할 수 있다(대판 2008.03.27. 2007다87061).

ㄹ. (○) 문서의 성립에 관한 자백은 보조사실에 관한 자백이기는 하나 그 취소에 관하여는 다른 간접사실에 관한 자백취소와는 달리 주요사실의 자백취소와 동일하게 처리하여야 할 것이므로 문서의 진정성립을 인정한 당사자는 자유롭게 이를 철회할 수 없다고 할 것이고, 이는 문서에 찍힌 인영의 진정함을 인정하였다가 나중에 이를 철회하는 경우에도 마찬가지이다(대판 2001.04.24. 2001다5654).

ㅁ. (○) 피고가 제1심에서 대상 토지의 소유권 일부 이전등기가 아무런 원인 없이 이루어졌다는 원고의 주장사실을 인정함으로써 자백이 성립된 후, 소변경신청서에 의하여 그 등기가 원인 없이 이루어졌다는 기존의 주장사실에 배치되는 명의신탁 사실을 주장하면서 청구취지 및 청구원인을 명의신탁해지를 원인으로 하는 소유권이전등기를 구하는 것으로 교환적으로 변경함으로써 원래의 주장사실을 철회한 경우, 이미 성립되었던 피고의 자백도 그 대상이 없어짐으로써 소멸되었고, 나아가 그 후 그 피고가 위 자백내용과 배치되는 주장을 함으로써 그 진술을 묵시적으로 철회하였다고 보여지는 경우, 원고들이 이를 다시 원용할 수도 없게 되었고, 원고들이 원래의 원인무효 주장을 예비적 청구원인 사실로 다시 추가하였다 하여 자백의 효력이 되살아난다고 볼 수도 없다(대판 1997.04.22. 95다10204).

정답 ⑤

문 56

甲은 乙로부터 X토지를 대금 5,000만 원에 매수하면서 당일 계약금 500만 원을 지급하고, 중도금 2,000만 원은 열흘 뒤에 지급하기로 약정하였다. 甲은 약정한 날짜에 乙에게 중도금 2,000만 원을 이행 제공하였으나 乙이 그 수령을 거절하여 이를 변제 공탁하였고, 이후 乙을 상대로 乙이 잔금수령을 거절하고 계약을 위반하였다는 이유로 계약금반환청구의 소(전소)를 제기하였다. 전소 계속중 甲과 乙은 소송 외에서 소취하합의를 하였고 그에 따라 甲은 전소를 취하하였다. 그 후 X토지의 가격이 오르자 甲은 다시 乙을 상대로 위 매매계약에 기한 소유권이전등기청구의 소(후소)를 제기하였고, 乙은 이미 계약이 해제되었다고 항변하였다. 이에 관한 설명 중 옳은 것을 모두 고른 것은? (다툼이 있는 경우 판례에 의함)

> ㄱ. 전소의 소장이 乙에게 송달됨으로써 甲은 해제권을 소송상 행사한 것이다.
> ㄴ. 甲이 전소를 취하함으로써 해제권 행사의 사법상 효과도 소멸하므로 후소 법원은 청구인용판결을 하여야 한다.
> ㄷ. 만일 甲이 전소 제기 전에 이미 해제권을 행사하였고 전소에서 그 사법상 효과를 주장하는 경우라면, 甲이 전소를 취하하더라도 해제권 행사의 사법상 효과는 그대로 존속하므로 후소 법원은 청구기각판결을 하여야 한다.
> ㄹ. 만일 위의 소취하합의에도 불구하고 甲이 전소를 취하하지 않았다면, 전소 법원은 직권으로 소송종료선언의 판결을 하여야 한다.

① ㄱ, ㄴ
② ㄱ, ㄷ
③ ㄱ, ㄴ, ㄷ
④ ㄱ, ㄷ, ㄹ
⑤ ㄴ, ㄷ, ㄹ

> **MGI Point** 소송상 형성권 행사   ★★

- 해제권 행사를 전제로 한 계약금반환청구의 소는 소장 송달로 해제권을 행사한 것 ○
- 전소에서 해제권 행사 이후 전소가 취하된 경우, 해제권 행사의 사법상 효과는 그대로 존속 ○
- 전소 제기 전 해제권 행사 이후 전소 제기와 전소 취하가 이루어진 경우 ⇨ 해제권 행사의 효과는 그대로 존속 ○
- 소취하합의 불이행시 ⇨ 소의 이익이 없어 부적법 각하

ㄱ. (○), ㄴ. (X) 원고는 1978. 5. 23 피고를 상대로 하여 서울지방법원 영등포지원에 피고가 잔금 수령을 거절하고 계약을 위약하였다 하여 이 사건 매매계약금의 배액인 금300만원 중 금150만원의 반환청구 소송을 제기하였음이 뚜렷하므로 원고의 위 소 제기로서 이 사건 매매계약 해제의 의사표시를 명시적으로 하지는 않았다 하더라도 원고가 피고에게 이 사건 매매계약의 존속과는 양립할 수 없는 위약금의 지급 청구를 하고, 그 소장이 피고에게 송달됨으로써 해제권을 행사하였다 할 것이고(ㄱ), 해제권은 형성권이므로 그 행사의 효력에는 아무런 영향을 미치지 않는다 할 것이다(ㄴ)(대판 1982.05.11. 80다916).

'소송외 행사로서 형성권을 행사'하고 별도로 소송상 그 사법상 효과를 공격방어방법으로 진술하는 경우(아래 ㄷ.)와는 달리, '소송상 행사로서 형성권을 행사'한 경우 사법행위와 소송행위가 병존한 것인지에 대해 견해가 대립한다. 특히 형성권 행사 이후 소취하 등(각하, 공격방어방법의 실기 각하, 화해·조정)의 경우 견해에 따라 결론이 달라진다. '소송상 형성권 행사'에 대해 ① 병존설은 외관상으로는 하나의 행위이지만 법률적으로 사법행위와 소송행위가 병존하는 행위라고 보고, 소취하시 사법상 효과가 유효하게 존속한다고 본다. ② 양성설은 사법행위와 소송행위 두 가지 성질을 갖춘 하나의 행위라고 보고, 소취하시 사법상 효과가 소멸한다고 본다. ③ 소송행위설은 처음부터 사법상 효과가 발생하지 않았다고 본다. ④ 신병존설은 해제권의 경우 등 기본적으로는 병존설의 입장이나, 상계의 경우는 달리 보아 상계권 행사 후 소취하 등으로 법원의 실체적 판단을 받지 못한 경우 사법상 효과가 없다고 한다. ⑤ 판례는 신병존설의 입장으로 평가된다(위 80다916; 아래 2013다95964; 김홍엽, 민사소송법 제7판(2018), p.483-485 참조).

사안의 경우는 甲은 해제권을 명시적으로 행사한 것은 아니지만, 전소를 제기하고 전소의 소장이 乙에게 송달됨으로써 해제권을 소송상 행사한 것이다(ㄱ). 또한 甲이 전소를 취하하더라도 해제권 행사의 효력은 소멸하지 않으므로, 매매계약의 존속을 전제로 한 소유권이전등기청구의 후소에서 후소법원은 청구기각판결을 하여야 한다(ㄴ)(위 80다916; 병존설 또는 신병존설).

> **비교판례** 소송상 방어방법으로서의 상계항변은 통상 수동채권의 존재가 확정되는 것을 전제로 하여 행하여지는 일종의 예비적 항변으로서 소송상 상계의 의사표시에 의해 확정적으로 효과가 발생하는 것이 아니라 당해 소송에서 수동채권의 존재 등 상계에 관한 법원의 실질적 판단이 이루어지는 경우에 비로소 실체법상 상계의 효과가 발생한다(대판 2014.06.12. 2013다95964).

ㄷ. (○) 甲이 소송계속 전 이미 '소송외 행사로서 형성권'을 행사하고, 그 사법상 효과를 공격방어방법으로 진술하는 경우에는, 이후의 소취하는 절차적인 것으로서 사법상의 실체법적 효력과는 무관하다. 즉, 甲이 전소를 취하하더라도 해제권 행사의 효력은 소멸하지 않으므로, 매매계약의 존속을 전제로 한 소유권이전등기청구를 한 후소에서 후소법원은 청구기각판결을 하여야 한다.

ㄹ. (X) 소송당사자가 소송 외에서 그 소송을 취하하기로 합의한 경우에는 그 합의는 유효하여 원고에게 권리보호의 이익이 없으므로 원고의 소는 각하되어야 한다(대판 1982.03.09. 81다1312). 설문에서 '소송종료선언'이 아니라 소각하판결이라 하여야 한다.

> 정답 ②

문 57

양쪽 당사자가 변론기일에 결석한 경우에 관한 설명 중 옳지 않은 것은? (다툼이 있는 경우 판례에 의함)

① 양쪽 당사자가 2회에 걸쳐 변론기일에 출석하지 않았는데 당사자의 기일지정신청이 없음에도 법원이 직권으로 신기일을 지정하고 그 기일에 양쪽 당사자가 출석하지 않으면 소의 취하가 있는 것으로 본다.

② 항소심에서도 양쪽 당사자가 변론기일에 2회 불출석하고 기일지정신청에 따라 새로 지정된 변론기일에 또 불출석한 때에는 소를 취하한 것으로 본다.

③ 파기환송 전 1회, 환송 후 1회와 같이 환송판결의 전후를 통하여 변론기일에 양쪽 당사자의 불출석이 2회 있었더라도 일단 항소심을 이탈하여 상고심에 계속되었던 것이므로 소의 취하가 있는 것으로 볼 수 없다.

④ 양쪽 당사자가 변론준비기일에 한 번, 변론기일에 두 번 불출석하였더라도 변론준비기일에서 불출석의 효과가 변론기일에 승계되지 아니하므로 소를 취하한 것으로 볼 수 없다.

⑤ 변론기일의 송달절차가 적법하지 않다면 그 변론기일에 양쪽 당사자가 출석하지 아니하였더라도 그에 따른 양쪽 당사자 불출석의 효과는 발생하지 않는다.

MGI Point 쌍방불출석 ★★

- 2회 쌍방불출석 후 법원이 직권으로 정한 새기일도 쌍방불출석인 경우 ⇨ 소취하간주 ○
- 항소심에서 쌍방불출석 요건이 갖추어진 경우 ⇨ 항소취하간주 ○, 소취하간주 ✕
- 파기환송 전 1회, 파기환송 후 1회 쌍방불출석 ⇨ 소취하간주 ✕
- 변론준비기일에 한 번, 변론기일에 두 번 쌍방불출석 ⇨ 소취하간주 ✕
- 변론기일 송달절차가 적법하지 않은 경우 ⇨ 쌍방불출석 소취하간주 발생 ✕

---

① (○) 당사자 쌍방이 2회에 걸쳐 변론기일에 출석하지 아니한 때에는 당사자의 기일지정신청에 의하여 기일을 지정하여야 할 것이나, 법원이 직권으로 신기일을 지정한 때에는 당사자의 기일지정신청에 의한 기일지정이 있는 경우와 마찬가지로 보아야 할 것이고, 그와 같이 직권으로 정한 기일 또는 그 후의 기일에 당사자 쌍방이 출석하지 아니하거나 출석하더라도 변론하지 아니한 때에는 소의 취하가 있는 것으로 보아야 한다(대판 2002.07.26. 2001다60491).

② (X) 항소심에서도 2회 이상의 쌍방불출석 이후 기일지정신청에 따라 새로 지정된 변론기일에 다시 불출석한 경우, 민사소송법 제268조 제4항에 의하여 항소가 취하된 것으로 보는 것이지, 설문처럼 소취하간주가 되는 것은 아니다.

> **민사소송법 제268조(양 쪽 당사자가 출석하지 아니한 경우)** ① 양 쪽 당사자가 변론기일에 출석하지 아니하거나 출석하였다 하더라도 변론하지 아니한 때에는 재판장은 다시 변론기일을 정하여 양 쪽 당사자에게 통지하여야 한다.
> ② 제1항의 새 변론기일 또는 그 뒤에 열린 변론기일에 양 쪽 당사자가 출석하지 아니하거나 출석하였다 하더라도 변론하지 아니한 때에는 1월 이내에 기일지정신청을 하지 아니하면 소를 취하한 것으로 본다.
> ③ 제2항의 기일지정신청에 따라 정한 변론기일 또는 그 뒤의 변론기일에 양쪽 당사자가 출석하지 아니하거나 출석하였다 하더라도 변론하지 아니한 때에는 소를 취하한 것으로 본다.
> ④ 상소심의 소송절차에는 제1항 내지 제3항의 규정을 준용한다. 다만, 상소심에서는 상소를 취하한 것으로 본다.

③ (○) 환송판결의 전후를 통하여 당사자 쌍방의 불출석이 2회 있었다 하여도 소취하가 있는 것으로 간주할 수 없다(대판 1963.06.20. 63다166).

④ (○) 양쪽 당사자가 변론준비기일에 한 번, 변론기일에 두 번 불출석하였다고 하더라도 변론준비기일에서 불출석의 효과가 변론기일에 승계되지 아니하므로 소를 취하한 것으로 볼 수 없다고 한 사례(대판 2006.10.27. 2004다69581).

⑤ (○) 민사소송법 제241조 제2항 및 제4항에 의하여 소 또는 상소의 취하가 있는 것으로 보는 경우 같은 조 제2항 소정의 1월의 기일지정신청기간은 불변기간이 아니어서 그 추완이 허용되지 않는 점을 고려한다면, 같은 조 제1, 2항에서 '변론의 기일에 당사자 쌍방이 출석하지 아니한 때'란 당사자 쌍방이 적법한 절차에 의한 송달을 받고도 변론기일에 출석하지 않는 것을 가리키는 것이고, 변론기일의 송달절차가 적법하지 아니한 이상 비록 그 송달이 유효하고 그 변론기일에 당사자 쌍방이 출석하지 아니하였다고 하더라도 쌍방 불출석의 효과는 발생하지 않는다(대판 1997.07.11. 96므1380).

정답 ②

문 58

재소금지(민사소송법 제267조 제2항)에 관한 설명 중 옳은 것을 모두 고른 것은? (다툼이 있는 경우 판례에 의함)

> ㄱ. 甲이 乙을 대위하여 丙을 상대로 소유권이전등기 청구의 소(전소)를 제기하였다가 청구기각판결을 받고 항소심에서 소를 취하한 후, 위 대위소송의 제기사실을 알고 있는 乙이 丙을 상대로 동일한 소(후소)를 제기한 경우, 후소는 재소금지원칙에 반한다.
>
> ㄴ. 甲이 乙을 상대로 면직처분무효확인의 소(전소)를 제기하였다가 제1심에서 패소판결을 선고받고 항소심에서 소를 취하한 후, 甲이 다시 乙을 상대로 위 면직처분이 무효임을 전제로 불법행위에 기한 손해배상청구의 소(후소)를 제기한 경우, 후소는 재소금지원칙에 반한다.
>
> ㄷ. 乙이 丙에 대하여 가지는 금전채권에 대하여, 乙의 채권자 甲이 압류 및 추심명령을 받은 뒤 丙을 상대로 추심소송(전소)을 제기하였다가 청구인용판결을 받았으나 항소심에서 소를 취하하였는데, 그 후 乙의 다른 채권자 丁이 압류 및 추심명령을 받은 뒤에 丙을 상대로 추심소송(후소)을 제기한 경우, 후소는 재소금지원칙에 반하지 않는다.
>
> ㄹ. 본안에 대한 종국판결이 있은 뒤에 화해권고결정에 '원고는 소를 취하하고, 피고는 이에 동의한다.'는 화해조항이 있고, 이러한 화해권고결정에 대하여 양 당사자가 이의하지 않아 확정되어 소송이 종료된 경우에는 화해권고결정 확정으로 인해 재판상 화해의 효력이 발생하므로 재소금지의 규정을 적용할 수 없다.
>
> ㅁ. 재소금지는 동일한 당사자 사이에 같은 소송물에 관하여 다시 소를 제기하지 못하게 하여 실체상의 권리 소멸의 효과를 가져온다.

① ㄱ, ㄴ, ㄷ   ② ㄱ, ㄹ, ㅁ
③ ㄴ, ㄷ, ㄹ   ④ ㄴ, ㄷ, ㅁ
⑤ ㄷ, ㄹ, ㅁ

MGI Point **재소금지원칙** ★★

- 채권자대위소송 청구기각판결 이후 항소심에서 소취하 ⇨ 채무자가 동일한 소 제기시 재소금지反 ○
- 면직처분무효확인의 전소 패소판결 이후 항소심에서 소취하 후 이를 전제로 한 불법행위손해배상청구소송
  ⇨ 선결관계이지만 재소금지反 ○
- 추심소송 청구인용판결 이후 항소심에서 소취하 후 다른 채권자가 추심소송 ⇨ 재소금지反 ✕
- 본안 종국판결 뒤 '원고는 소를 취하하고, 피고는 이에 동의한다'는 내용의 화해권고결정 확정시 ⇨ 재소금지反 ○
- 재소금지의 효과 ⇨ 소송법상 효과일 뿐 실체상 권리소멸 효과 ✕

ㄱ. (○) 채권자대위권에 의한 소송이 제기된 사실을 피대위자가 알게 된 이상, 그 대위소송에 관한 종국판결이 있은 후 그 소가 취하된 때에는 피대위자도 민사소송법 제240조 제2항 소정의 재소금지규정의 적용을 받아 그 대위소송과 동일한 소를 제기하지 못한다(대판 1996.09.20. 93다20177등).

ㄴ. (○) 전소 면직처분무효확인의 소가 후소인 불법행위에 기한 손해배상청구소송의 선결관계에 있고, 판례는 선결관계에 있는 경우에도 재소금지원칙을 적용하고 있으므로 설문은 옳다.

> **판례** 민사소송법 제240조 제2항은 본안에 대한 종국판결이 있은 후에 소를 취하한 자는 동일한 소를 제기하지 못한다고 규정하고 있는 바, 이는 임의의 소취하에 의하여 그때까지의 국가의 노력을 헛수고로 돌아가게 한 자에 대한 제재적 취지에서 그가 다시 동일한 분쟁을 문제삼아 소송제도를 농락하는 것과 같은 부당한 사태의 발생을 방지할 목적에서 나온 규정이라 할 것이므로 여기에서 동일한 소라 함은 반드시 기판력의 범위나 중복제소금지의 경우의 그것과 같이 풀이할 것은 아니고 따라서 당사자와 소송물이 동일하더라도 재소의 이익이 다른 경우에는 동일한 소라 할 수 없는 반면, 후소가 전소의 소송물을 선결적 법률관계 내지 전제로 하는 것일 때에는 비록 소송물은 다르지만 원고는 전소의 목적이었던 권리 내지 법률관계의 존부에 대하여는 다시 법원의 판단을 구할 수 없는 관계상 위 제도의 취지와 목적에 비추어 후소에 대하여도 동일한 소로써 판결을 구할 수 없다고 풀이함이 상당하다.
> 그런데 기록과 원판결 이유에 의하면, 원고는 피고 학교법인이 경영하는 경북공업전문대학에서 교수로 재직하다가 1980.9.27. 피고로부터 면직된 후 대구지방법원 80가합1335호로 피고는 원고에게 면직사유가 없음에도 불구하고 적법한 절차도 거치지도 않고 위법하게 면직처분을 하였다 하여 피고를 상대로 위 면직처분무효확인을 구함과 아울러 면직 이후의 봉급액지급청구의 소를 제기하였다가 1981.8.14. 위 법원으로부터 위 면직처분이 적법유효하다는 이유로 패소판결을 선고받고 항소하여 대구고등법원 81나1137호로 소송이 계속중 1982.2.9. 위 소를 취하한 사실, 그후 원고는 다시 이 사건 소를 제기하여 피고는 원고에게 면직사유가 없음에도 불구하고 적법한 절차도 거치지 않고 위법하게 이 사건 면직처분을 함으로써 원고는 당연무효의 위 처분으로 말미암아 위 면직처분이 있은 후인 1980.10.1.부터 사직원을 제출한 달인 1982.2.말까지의 본봉, 연구수당, 상여금 및 정근수당 합계금 13,413,500원과 피고가 사립학교교원연금법에 의하여 1980.10.분부터 1982.2.분까지 원고를 위하여 부담하여야 할 법인부담금 758,523원 및 원고가 피고산하 교육기관에서 근무를 시작한 1963.3.1.부터 사직원을 제출한 1982.2.9.까지 16년간 근속하여 지급받을 수 있는 퇴직금 13,072,000원 합계금 27,244,023원을 지급받지 못하게 되는 손해를 입었으므로 주위적으로 피고는 고의 또는 과실로 인한 위 위법행위로 인하여 원고가 입은 위 금원 상당의 손해를 배상하고 예비적으로는 법률상 원인없이 얻은 위 금원 상당의 이득을 반환할 의무가 있다고 주장하고 있음을 알 수 있는 바, 이에 의하면 전소의 소송물인 이 사건 면직처분이 위법무효인 여부에 관한 점은 이 사건 소의 선결적인 법률관계를 이루고 있음이 명백하고 그 밖에 이 사건 소의 제기를 정당시 할 아무런 사정도 보이지 아니하므로 결국 이 사건 소는 주위적청구나 예비적청구 모두 전소와 동일한 소로써 재소금지의 효과를 받는 부적법한 소라 아니할 수 없다(대판 1989.10.10. 88다카18023 판결).

ㄷ. (○) 갑 주식회사가 을 등에 대하여 가지는 정산금 채권에 대하여 갑 회사의 채권자 병이 채권압류 및 추심명령을 받아 을 등을 상대로 추심금 청구의 소를 제기하였다가 항소심에서 소를 취하하였는데, 그 후 갑 회사의 다른 채권자 정 등이 위 정산금 채권에 대하여 다시 채권압류 및 추심명령을 받아 을 등을 상대로 추심금 청구의 소를 제기한 사안에서, 병이 선행 추심소송에서 패소판결을 회피할 목적 등으로 종국판결 후 소를 취하하였다거나 정 등이 소송제도를 남용할 의도로 소를 제기하였다고 보기 어려운 사정 등을

감안할 때, 정 등은 선행 추심소송과 별도로 자신의 갑 회사에 대한 채권의 집행을 위하여 위 소를 제기한 것이므로 새로운 권리보호이익이 발생한 것으로 볼 수 있어 재소금지 규정에 반하지 않는다고 본 원심판결이 정당하다고 한 사례(대판 2021.05.07. 2018다259213).

ㄹ. (X) 화해권고결정에 '원고는 소를 취하하고, 피고는 이에 동의한다.'는 화해조항이 있고, 이러한 화해권고결정에 대하여 양 당사자가 이의하지 않아 확정되었다면, 화해권고결정의 확정으로 당사자 사이에 소를 취하한다는 내용의 소송상 합의를 하였다고 볼 수 있다. 따라서 본안에 대한 종국판결이 있은 뒤에 이러한 화해권고결정이 확정되어 소송이 종결된 경우에는 소취하한 경우와 마찬가지로 민사소송법 제267조 제2항의 규정에 따라 같은 소를 제기하지 못한다(대판 2021.07.29. 2018다230229).

ㅁ. (X) 소의 취하는 원고가 제기한 소를 철회하는 법원에 대한 단독적 소송행위로서 소송물을 이루는 실체법상의 권리를 포기하는 것과 같은 처분행위와는 다르고 본안에 대한 종국판결이 있은 후 소를 취하한 자가 동일한 소를 제기하지 못하는 이른바 재소금지의 효과는 소송법상의 효과임에 그치고 실체법상의 권리관계에 영향을 주는 것은 아니므로 재소금지의 효과를 받는 권리관계라고 하여 실체법상으로도 권리가 소멸하는 것은 아니다(대판 1989.07.11. 87다카2406).

정답 ①

문 59

기판력에 관한 설명 중 옳은 것은? (다툼이 있는 경우 판례에 의함)

① 화해권고결정이 확정되면 기판력이 발생하는데 그 기준시는 당사자 모두에게 화해권고결정이 송달된 때로 소급한다.

② 당사자가 확정된 승소판결이 있는 소송물에 대해 예외적으로 시효중단을 위하여 신소를 제기할 수 있는 경우라면, 후소 법원은 그 확정된 권리를 주장할 수 있는 모든 요건이 구비되어 있는지 여부를 심리할 수 있다.

③ 전소의 사실심 변론종결 전에 존재한 공격방어방법을 당사자가 알지 못하여 전소에서 주장하지 못한 경우라면, 이는 알고서도 이를 주장하지 않은 경우와 구별하여야 하므로, 당사자는 전소 사실심 변론종결 이후에 위 공격방어방법을 들어 후소를 제기할 수 있다.

④ 동일한 채권에 대해 복수의 채권자들이 압류·추심명령을 받은 경우 어느 한 채권자가 제기한 추심금소송에서 확정된 판결의 기판력은 그 소송의 변론종결일 이전에 압류·추심명령을 받았던 다른 추심채권자에게 미친다.

⑤ X토지의 소유자 甲이 무단점유자 乙을 상대로 부당이득반환청구의 소를 제기하여 장래이행판결을 받고 확정된 경우, 위 소송의 변론종결 후에 X토지의 소유권을 취득한 丙이 乙을 상대로 자신의 소유권 취득일 이후의 부당이득반환청구의 소를 제기하더라도 기판력에 저촉되지 않는다.

MGI Point **기판력** ★★★

■ 화해권고결정 기판력 기준시 ⇨ 확정시 ○, 화해권고결정 송달시 ×
■ 시효중단을 위한 신소 ⇨ 확정된 권리를 주장할 수 있는 모든 요건이 구비되어 있는 여부를 심리할 수 없음
■ 전소 표준시 이전에 존재한 공격방어방법을 들어 후소 제기시 ⇨ 당사자가 알지 못하였는지 여부는 무관함
■ 추심소송 확정판결의 기판력은 다른 추심채권자에 미치지 않음
■ 토지소유자의 무단점유자에 대한 부당이득반환청구소송 확정시 ⇨ 전소 변론종결 후 토지소유권을 취득한 자의 부당이득 반환청구의 후소가 제기되어도 기판력에 저촉되지 않음

① (X) 민사소송법 제231조는 "화해권고결정은 결정에 대한 이의신청 기간 이내에 이의신청이 없는 때, 이의 신청에 대한 각하결정이 확정된 때, 당사자가 이의신청을 취하하거나 이의신청권을 포기한 때에 재판상 화해와 같은 효력을 가진다."라고 정하고 있으므로, 확정된 화해권고결정은 당사자 사이에 기판력을 가진 다. 그리고 화해권고결정에 대한 이의신청이 적법한 때에는 소송은 화해권고결정 이전의 상태로 돌아가므 로(민사소송법 제232조 제1항), 당사자는 화해권고결정이 송달된 후에 생긴 사유에 대하여도 이의신청을 하여 새로운 주장을 할 수 있고, 화해권고결정이 송달된 후의 승계인도 이의신청과 동시에 승계참가신청 을 할 수 있다고 할 것이다. 이러한 점 등에 비추어 보면, 화해권고결정의 기판력은 그 확정시를 기준으로 하여 발생한다고 해석함이 상당하다(대판 2012.05.10. 2010다2558). 따라서, 화해권고결정이 송달된 때 로 소급하는 것은 아니다.

② (X) 확정된 승소판결에는 기판력이 있으므로 당사자는 확정된 판결과 동일한 소송물에 기하여 신소를 제기할 수 없는 것이 원칙이나, 시효중단 등 특별한 사정이 있는 경우에는 예외적으로 신소가 허용되는데, 이러한 경우에 신 소의 판결이 전소의 승소확정판결의 내용에 저촉되어서는 아니 되므로, 후소 법원으로서는 그 확정된 권리를 주 장할 수 있는 모든 요건이 구비되어 있는지에 관하여 다시 심리할 수 없다(대판 2018.04.24. 2017다293858).

③ (X) 확정판결의 기판력은 소송물로 주장된 법률관계의 존부에 관한 판단에 미치는 것이므로 동일한 당사 자 사이에서 전소와 동일한 소송물에 대한 후소에서 전소 변론종결 이전에 존재하고 있던 공격방어방법을 주장하여 전소 확정판결에서 판단된 법률관계의 존부와 모순되는 판단을 구하는 것은 확정판결의 기판력 에 반하는 것이고, 전소에서 당사자가 그 공격방어방법을 알고서 주장하지 못하였는지 또는 알지 못한 데 에 과실이 있는지 여부는 묻지 아니한다(대판 2014.03.27. 2011다79968).

④ (X) 동일한 채권에 대해 복수의 채권자들이 압류·추심명령을 받은 경우 어느 한 채권자가 제기한 추심금 소송에서 확정된 판결의 기판력은 그 소송의 변론종결일 이전에 압류·추심명령을 받았던 다른 추심채권 자에게 미치지 않는다(대판 2020.10.29. 2016다35390).

⑤ (○) 전소판결의 소송물은 채권적 청구권인 부당이득반환청구권이므로 원고가 전소판결 소송 변론종결 뒤 에 이 사건 토지의 소유권을 취득하였다는 사정만으로는 전소판결의 기판력이 미치는 변론을 종결한 뒤의 승계인에 해당할 수 없다(대판 2016.06.28. 2014다31721 등 참조). 나아가 전소판결의 소송물인 부당이 득반환청구권은 소외 1의 이 사건 토지 소유를 요건으로 하므로 이 사건 토지 소유권이 소외 1에서 다른 사람으로 이전된 이후에는 더 이상 발생하지 않고, 그에 대한 양도도 있을 수 없다. 따라서 이 사건 소에서 자신이 이 사건 토지의 소유권을 취득한 이후의 부당이득반환을 구하는 원고로서는 전소판결 소송의 소송 물을 양수한 변론을 종결한 뒤의 승계인에도 해당하지 않는다(대판 2023.06.29. 2021다206349).

정답 ⑤

문 60

청구의 병합에 관한 설명 중 옳은 것은? (다툼이 있는 경우 판례에 의함)

① 등기의 원인무효를 이유로 한 말소등기청구소송에서 등기원인의 무효를 뒷받침하는 개개의 사유는 별개의 청구원인을 구성하므로 그 사유가 여러 개인 경우 청구의 병합에 해당한다.

② 이혼 및 재산분할청구를 하면서 부부간의 명의신탁해지를 원인으로 한 소유권이전등기청구를 병합할 수 있다.

③ 제1심법원이 주위적 청구는 기각하고 예비적 청구만을 인용하는 판결을 선고한 데 대하여 피고만이 항소한 경우, 항소제기에 의한 이심의 효력은 주위적 청구 부분에는 미치지 않는다.

④ 논리적으로 양립할 수 없는 여러 개의 청구는 선택적 병합이 허용되지 않는다.

⑤ 재심의 소에 새로운 청구를 병합하는 것은 허용되므로 원고가 재심의 소를 제기하면서 청구취지를 확장한 것은 적법하다.

| MGI Point | **청구의 병합** | ★★ |

- 말소등기청구소송의 개개의 사유는 공격방어방법일 뿐 ⇨ 여러 개인 경우 청구병합이 아님
- 이혼 및 재산분할청구와 부부간 명의신탁해지를 원인으로 한 소유권이전등기청구소송 ⇨ 동종절차가 아니어서 병합 불가
- 주위 기각·예비 인용 판결에 피고만 항소한 경우 ⇨ 전체가 이심 ○
- 논리적으로 양립할 수 없는 여러 개의 청구 ⇨ 선택적 병합 불가
- 재심의 소에 새로운 청구를 병합하는 것 ⇨ 병합 불가

---

① (X) 말소등기 청구사건의 소송물은 당해 등기의 말소등기청구권이고, 그 동일성 식별의 표준이 되는 청구원인, 즉 말소등기청구권의 발생원인은 당해 '등기원인의 무효'라 할 것이며, 무효를 뒷받침하는 개개의 사유는 독립된 공격방어방법에 불과하여 별개의 청구원인을 구성한다고 볼 수 없다(대판 1999.09.17. 97다54024). 따라서, 개개의 사유가 여러 개라 하여 청구의 병합에 해당한다고 할 수 없다.

② (X) 가사소송법 제2조 제1항 소정의 나류 가사소송사건과 마류 가사비송사건은 통상의 민사사건과는 다른 종류의 소송절차에 따르는 것이므로, 원칙적으로 위와 같은 가사사건에 관한 소송에서 통상의 민사사건에 속하는 청구를 병합할 수는 없다. 기록에 의하면, 원고는 당초 나류 가사소송사건 및 마류 가사비송사건인 이혼청구 및 재산분할청구를 병합한 가사소송을 서울가정법원에 제기하였다가 제1심에서 원고 패소판결이 선고되자 원심에 이르러, 주위적으로 위와 같은 취지의 청구를 유지하는 한편, 부부간의 명의신탁약정의 해지에 관한 법리에 의하거나 민법 제829조 제3항의 부부 공유의 재산분할청구권에 관한 규정이 혼인 전 부부재산약정이 없는 경우에도 유추 적용될 수 있음을 전제로 하여, 제1차 예비적 청구로, 피고 명의의 부동산들 중 1/2 지분에 관하여 명의신탁해지를 원인으로 한 소유권이전등기절차의 이행을 구하고, 제2차 예비적 청구로, 부부 공유재산인 피고 명의의 부동산들을 경매에 붙여 그 대금을 원·피고에게 1/2씩 분할할 것을 구하는 추가적·예비적 청구변경신청을 한 사실을 알 수 있다. 그런데 부부간의 명의신탁해지를 원인으로 한 소유권이전등기청구나 민법 제829조 제2항에 의한 부부재산약정의 목적물이 아닌 부부 공유재산의 분할청구는 모두 통상의 민사사건으로, 그 소송절차를 달리하는 나류 가사소송사건 또는 마류 가사비송사건인 이혼 및 재산분할청구와는 병합할 수 없다(대판 2006.01.13. 2004므1378).

③ (X) 제1심 법원이 원고의 주위적 청구와 예비적 청구를 병합심리한 끝에 주위적 청구는 기각하고 예비적 청구만을 인용하는 판결을 선고한 데 대하여 피고만 항소를 하더라도, 항소의 제기에 의한 이심의 효력은 피고의 불복신청의 범위와는 관계없이 사건 전부에 미쳐 주위적 청구에 관한 부분도 항소심에 이심되는 것(대판 1992.06.09. 92다12032).이다.

④ (○) 청구의 선택적 병합이란 양립할 수 있는 수개의 경합적 청구권에 기하여 동일 취지의 급부를 구하거나 양립할 수 있는 수개의 형성권에 기하여 동일한 형성적 효과를 구하는 경우에 그 어느 한 청구가 인용될 것을 해제 조건으로 하여 수개의 청구에 관한 심판을 구하는 병합형태이므로 논리적으로 양립할 수 없는 수개의 청구는 성질상 선택적 병합으로 동일소송절차내에서 동시에 심판될 수 없다(대판 1982.07.13. 81다카1120).

⑤ (X) 재심의 소에 병합하여 새로운 청구를 제기하는 것은 허용될 수 없으므로(대판 2009.09.10. 2009다41977), 원고가 재심의 소를 제기하면서 청구취지를 확장한 것은 적법하지 않다.

정답 ④

문 61

다음 설명 중 옳은 것을 모두 고른 것은? (다툼이 있는 경우 판례에 의함)

> ㄱ. 甲이 乙, 丙을 상대로 순차로 이전된 각 소유권이전등기의 말소를 구하는 소를 제기한 경우, 甲의 소유권이 다른 법률원인으로 소멸되었다는 주장을 丙만이 하였더라도 이를 근거로 甲의 乙에 대한 청구를 기각할 수 있다.
>
> ㄴ. 집합건물의 구분소유자들이 관리단 甲과 관리인 乙을 피고로 하여 관리인해임의 소를 제기하여 제1심에서 승소판결을 선고받았는데 乙만이 항소한 경우, 甲에 대한 제1심판결은 확정된다.
>
> ㄷ. 민법상 조합인 A(조합원 甲, 乙)의 조합재산인 X부동산에 관한 소유권이전등기가 丙에게 경료되었는데, 丙명의 등기에 대한 말소청구 여부에 관하여 甲과 乙 사이에 다툼이 있는 경우, 甲이 단독으로 丙에게 제기한 그 소유권이전등기말소청구의 소는 부적법하다.
>
> ㄹ. 민법상 조합인 A(조합원 甲, 乙)의 채권자 丙이 각 조합원의 개인적 책임에 기하여 당해 채권을 행사하는 경우에는 甲, 乙 각자를 상대로 그 이행의 소를 제기할 수 있다.
>
> ㅁ. A종중이 그 소유 재산에 관한 권리를 행사하지 아니하고 있어 그 종중의 채권자가 A종중의 총유재산에 관한 권리를 대위행사하는 경우, A종중총회의 결의와 같은 내부적 의사결정절차를 거칠 필요가 없다.

① ㄱ, ㄴ, ㄷ   ② ㄱ, ㄴ, ㄹ
③ ㄱ, ㄹ, ㅁ   ④ ㄴ, ㄷ, ㅁ
⑤ ㄷ, ㄹ, ㅁ

MGI Point **공동소송** ★★

- 순차 이전된 각 소유권이전등기말소청구의 소 ⇨ 통상공동소송이므로, 주장공통원칙 적용 ×
- 집합건물의 관리인해임의 소는 관리단과 관리인을 공동피고로 하는 고유필수적 공동소송 ○ ⇨ 어느 1인의 항소시 다른 공동소송인 부분도 전부 이심 ○
- 민법상 조합의 등기말소청구 여부에 관한 다툼이 있는 경우 보존행위라 할 수 없어 조합원 1인의 소제기는 부적법
- 조합채권자가 조합원 개인적 책임에 기하여 각자를 상대로 이행의 소 제기 可
- 비법인사단의 채권자가 총유재산에 관한 권리 대위행사 ⇨ 총회결의 등 내부적 의사결정절차 거칠 필요 ×

ㄱ. (X) 순차 이전된 각 소유권이전등기의 말소를 구하는 소를 제기하는 것은 통상공동소송에 해당하고, 통상 공동소송이라 하더라도 실질적인 관련이 있는 경우에는 공동소송인 독립의 원칙의 수정론으로 주장공통의 원칙을 인정할 수 있는지가 문제되나 판례는 민사소송법의 명문의 규정과 우리 민사소송법이 취하고 있는 변론주의 소송구조 등에 비추어 볼 때, 통상의 공동소송에 있어서 이른바 주장공통의 원칙은 적용되지 아니한다 (대판 1994.05.10. 93다47196). 따라서, 다른 법률원인으로 소멸되었다는 주장을 丙만이 한 경우, 이를 근거로 乙에 대한 청구를 기각할 수는 없다.

ㄴ. (X) 집합건물의 구분소유자들이 관리인 갑에게 부정한 행위나 그 밖에 그 직무를 수행하기에 적합하지 아니한 사정이 있다는 이유로 집합건물의 소유 및 관리에 관한 법률 제24조 제3항에 근거하여 갑과 관리단을 상대로 갑의 해임을 청구하여 제1심에서 승소 판결을 선고받았는데 이후 갑만이 항소한 사안에서, 고유필수적 공동소송에서 집합건물 구분소유자들의 갑과 관리단에 대한 청구는 전체가 당연히 항소심의 심판대상이 되어야 하므로 원심으로서는 관리단도 당사자로 취급하여 하나의 전부판결을 선고하였어야 한다고 하며, 집합건물 구분소유자들과 갑만을 당사자로 취급하여 판단한 원심판결을 파기한 사례 (대판 2011.06.24. 2011다1323).

ㄷ. (O) 공유물의 보존행위는 공유물의 멸실 훼손을 방지하고 그 현상을 유지하기 위하여 하는 사실적 법률적 행위로서 이러한 공유물의 보존행위를 각 공유자가 단독으로 할 수 있도록 한 취지는 그 보존행위가 긴급을 요하는 경우가 많고 다른 공유자에게도 이익이 되는 것이 보통이기 때문이므로 어느 공유자가 보존권을 행사하는 때에 그 행사의 결과가 다른 공유자의 이해와 충돌될 때에는 그 행사는 보존행위로 될 수 없다고 보아야 한다(대판 1995.04.07. 93다54736).

ㄹ. (O) 조합의 채권자가 조합원에 대하여 조합재산에 의한 공동책임을 묻는 것이 아니라 각 조합원의 개인적 책임에 기하여 당해 채권을 행사하는 경우에는 조합원 각자를 상대로 하여 그 이행의 소를 제기할 수 있다(대판 1991.11.22. 91다30705).

ㅁ. (O) 비법인사단이 총유재산에 관한 소를 제기할 때에는 정관에 다른 정함이 있는 등의 특별한 사정이 없는 한 사원총회의 결의를 거쳐야 하지만(대판 2011.07.28. 2010다97044 판결 등 참조), 이는 비법인사단의 대표자가 비법인사단 명의로 총유재산에 관한 소를 제기하는 경우에 비법인사단의 의사결정과 특별수권을 위하여 필요한 내부적인 절차이다. 채권자대위권은 채무자가 스스로 자기의 권리를 행사하지 아니하는 때에 채권자가 채무자에 대한 채권을 보전하기 위하여 채무자의 의사와는 상관없이 채무자의 권리를 대위하여 행사할 수 있는 권리로서 그 권리행사에 채무자의 동의를 필요로 하는 것은 아니므로, 비법인사단이 총유재산에 관한 권리를 행사하지 아니하고 있어 비법인사단의 채권자가 채권자대위권에 기하여 비법인사단의 총유재산에 관한 권리를 대위행사하는 경우에는 사원총회의 결의 등 비법인사단의 내부적인 의사결정절차를 거칠 필요가 없다(대판 2014.09.25. 2014다211336).

정답 ⑤

문 62

甲은 乙의 대여금채권자이고, 丙은 乙의 보증금채권자이다. 한편 乙은 丁에 대하여 양수금채권을 갖고 있다. 다음 설명 중 옳은 것을 모두 고른 것은? (다툼이 있는 경우 판례에 의함)

> ㄱ. 甲과 乙은 공동원고로서 丁을 상대로 양수금청구의 소를 적법하게 제기할 수 있다.
> ㄴ. 甲과 丙이 공동원고로서 乙을 대위하여 丁을 상대로 양수금청구의 소를 제기하였고 乙이 대위소송의 제기사실을 알았는데, 소송 계속 중 甲이 소를 취하하는 경우에 丙의 동의는 필요로 하지 않는다.
> ㄷ. 甲이 乙을 대위하여 丁을 상대로 제기한 양수금청구소송에서 甲은 丙의 동의를 얻어 제1심 변론종결시까지 丙을 원고로 추가할 수 있다.
> ㄹ. 甲이 乙을 대위하여 丁을 상대로 제기한 양수금청구소송에 丙은 공동소송참가를 할 수 있다.

① ㄱ, ㄴ
② ㄱ, ㄷ
③ ㄴ, ㄷ
④ ㄴ, ㄹ
⑤ ㄷ, ㄹ

MGI Point **채권자대위소송과 공동소송** ★★★

- 채권자와 채무자가 공동원고가 되어 제기하는 소 ⇨ 부적법
- 채권자들이 공동원고가 되어 대위소송 중 어느 한 채권자가 소를 취하하는 경우 ⇨ 유사필수적 공동소송에서 일부가 소취하시 다른 공동소송인의 동의는 불요
- 채권자대위소송 중 다른 채권자에 대한 필수적 공동소송인의 추가신청을 할 수 없음
- 채권자대위소송 중 다른 채권자는 공동소송참가 가능 ○

ㄱ. (X) 채권자대위권의 행사요건으로 채무자의 권리불행사의 요건은 소송법적으로는 원고적격의 문제로 소송요건으로 봄이 채권자대위소송의 법적 성질을 법정소송담당으로 보는 통설 및 판례의 태도이고, 소송요건의 구비여부에 대한 판단은 변론종결시를 기준으로 하므로, 변론종결시 현재, 채무자도 공동소송을 한다면 채권자는 원고적격을 인정받을 수 없게 된다. 그렇다면 채권자 甲과 채무자 乙은 공동원고로 소를 적법하게 제기할 수 없다.

ㄴ. (O) 각 채권자대위권에 기하여 공동하여 채무자의 권리를 행사하는 다수의 채권자들은 유사필요적 공동소송관계에 있다 할 것이다(대판 1991.12.27. 91다23486). 따라서, 甲과 丙 모두 乙에 대한 다수의 채권자들이고, 이들이 공동원고가 되었다면 유사필수적 공동소송이며, 유사필수적 공동소송에서는 어느 1인의 청구 부분만의 소취하가 가능하다. 그리고 유사필수적 공동소송에서는 원고들 중 일부가 소를 취하하는 경우에 다른 공동소송인의 동의를 받을 필요가 없다(대판 2013.03.28. 2011두13729). 따라서 甲이 소를 취하하는 경우 丙의 동의는 필요로 하지 않는다.

ㄷ. (X) 고유필수적 공동소송이 아닌 사건에서 소송 도중에 당사자를 추가하는 것은 허용될 수 없다(대판 2009.05.28. 2007후1510). 따라서, 위 ㄴ. 해설에서와 같이 유사필수적 공동소송관계인 복수채권자들 중의 1인인 甲이 대위소송 중 다른 채권자 丙을 민사소송법 제68조에 의한 필수적 공동소송인 추가제도를 통하여 추가할 수는 없다.

> 민사소송법 제68조(필수적 공동소송인의 추가) ① 법원은 제67조제1항의 규정에 따른 공동소송인 가운데 일부가 누락된 경우에는 제1심의 변론을 종결할 때까지 원고의 신청에 따라 결정으로 원고 또는 피고를 추가하도록 허가할 수 있다. 다만, 원고의 추가는 추가될 사람의 동의를 받은 경우에만 허가할 수 있다.
> ② 제1항의 허가결정을 한 때에는 허가결정의 정본을 당사자 모두에게 송달하여야 하며, 추가될 당사자에게는 소장부본도 송달하여야 한다.
> ③ 제1항의 규정에 따라 공동소송인이 추가된 경우에는 처음의 소가 제기된 때에 추가된 당사자와의 사이에 소가 제기된 것으로 본다.
> ④ 제1항의 허가결정에 대하여 이해관계인은 추가될 원고의 동의가 없었다는 것을 사유로 하는 경우에만 즉시항고를 할 수 있다.
> ⑤ 제4항의 즉시항고는 집행정지의 효력을 가지지 아니한다.
> ⑥ 제1항의 신청을 기각한 결정에 대하여는 즉시항고를 할 수 있다.

ㄹ. (O) 채권자대위소송이 계속 중인 상황에서 다른 채권자가 동일한 채무자를 대위하여 채권자대위권을 행사하면서 공동소송참가신청을 할 경우, 양 청구의 소송물이 동일하다면 민사소송법 제83조 제1항이 요구하는 '소송목적이 한쪽 당사자와 제3자에게 합일적으로 확정되어야 할 경우'에 해당하므로 참가신청은 적법하다. 이때 양 청구의 소송물이 동일한지는 채권자들이 각기 대위행사하는 피대위채권이 동일한지에 따라 결정되고, 채권자들이 각기 자신을 이행 상대방으로 하여 금전의 지급을 청구하였더라도 채권자들이 채무자를 대위하여 변제를 수령하게 될 뿐 자신의 채권에 대한 변제로서 수령하게 되는 것이 아니므로 이러한 채권자들의 청구가 서로 소송물이 다르다고 할 수 없다. 여기서 원고가 일부 청구임을 명시하여 피대위채권의 일부만을 청구한 것으로 볼 수 있는 경우에는 참가인의 청구금액이 원고의 청구금액을 초과하지 아니하는 한 참가인의 청구가 원고의 청구와 소송물이 동일하여 중복된다고 할 수 있으므로 소송목적이 원고와 참가인에게 합일적으로 확정되어야 할 필요성을 인정할 수 있어 참가인의 공동소송참가신청을 적법한 것으로 보아야 한다(대판 2015.07.23. 2013다30301, 30325).

  정답 ④

문 63

독립당사자참가에 관한 설명 중 옳지 않은 것은? (다툼이 있는 경우 판례에 의함)

① 편면적 독립당사자참가가 허용된 이상, 독립당사자참가인이 수 개의 청구를 병합하여 독립당사자참가를 하는 경우에도 어느 하나의 청구에 대하여만 본소청구와 양립불가능하면 족하고, 각 청구별로 독립당사자참가의 요건을 갖추어야 하는 것은 아니다.

② 원고의 피고에 대한 청구의 원인행위가 사해행위라는 이유로 원고에 대하여 사해행위취소를 청구하는 사해방지참가는 허용되지 않는다.

③ 독립당사자참가소송에서 본소가 취하 또는 각하되면, 참가인이 종전 원고 및 피고에게 제기한 소송은 공동소송 형태로 잔존한다.

④ 독립당사자참가소송은 동일한 권리관계에 관하여 원고, 피고 및 참가인 상호간의 다툼을 하나의 소송절차로 한꺼번에 모순 없이 해결하려는 소송형태로서 두 당사자 사이의 소송행위는 나머지 1인에게 불이익이 되는 한 두 당사자 간에도 효력이 발생하지 않는다.

⑤ 독립당사자참가인이 화해권고결정에 대하여 이의한 경우, 이의의 효력이 원·피고 사이에도 미친다.

MGI Point **독립당사자참가** ★★★

- 편면적 독립당사자참가가 허용된다 하더라도 각 청구별로 독립당사자참가의 요건은 갖추어야 함
- 사해행위취소를 구하는 사해방지참가는 불허
- 독립당사자참가소송에서 본소가 취하 또는 각하된 경우 ⇨ 일반 공동소송 형태로 잔존 ○
- 독립당사자참가소송에서 두 당사자 사이의 소송행위는 나머지 1인에게 불이익이 되는 한 그 두 당사자 사이에서도 효력이 없음
- 독립당사자참가인이 화해권고결정에 이의한 경우 ⇨ 본소 원·피고에도 미침

---

① (X) 원심은 독립당사자참가인(이하 '참가인'이라 한다)이 들고 있는 대판 2007.06.15. 2006다80322, 80339은 '참가하려는 소송에 수개의 청구가 병합되어 있는 경우'에 그중 어느 하나의 청구라도 참가인의 주장과 양립되지 않는 관계에 있으면 그러한 본소청구에 독립당사자참가가 허용된다는 취지이므로, 이와 달리 '참가인이 독립당사자참가를 하면서 참가의 요건을 갖추지 못한 청구를 병합하겠다는 경우'에 해당하는 이 사건에는 위 대법원 판례를 적용할 수 없고, 편면적 독립당사자참가의 경우에도 독립당사자참가의 요건을 갖추어야 하므로 참가인이 독립당사자참가의 요건을 갖추지 못한 청구를 추가하는 것은 허용되지 않는다고 판단하였다. 관련 법리에 비추어 살펴보면 원심의 위와 같은 판단은 정당하고, 거기에 상고이유에서 주장하는 바와 같이 권리주장참가의 요건에 관한 법리를 오해한 위법이 없다(대판 2014.08.26. 2013다49404, 49411).

② (O) 채권자가 사해행위의 취소와 함께 수익자 또는 전득자로부터 책임재산의 회복을 명하는 사해행위취소의 판결을 받은 경우 취소의 효과는 채권자와 수익자 또는 전득자 사이에만 미치므로, 수익자 또는 전득자가 채권자에 대하여 사해행위의 취소로 인한 원상회복 의무를 부담하게 될 뿐, 채권자와 채무자 사이에서 취소로 인한 법률관계가 형성되거나 취소의 효력이 소급하여 채무자의 책임재산으로 복구되는 것은 아니다. 이러한 사해행위취소의 상대적 효력에 의하면, 원고의 피고에 대한 청구의 원인행위가 사해행위라는 이유로 원고에 대하여 사해행위취소를 청구하면서 독립당사자참가신청을 하는 경우, 독립당사자참가인의 청구가 그대로 받아들여진다 하더라도 원고와 피고 사이의 법률관계에는 아무런 영향이 없고, 따라서 그러한 참가신청은 사해방지참가의 목적을 달성할 수 없으므로 부적법하다(대판 2014.06.12. 2012다47548, 47555).

③ (O) 독립당사자참가소송에서 본소가 적법하게 취하된 경우에는 삼면소송관계는 소멸하고, 그 이후부터는 당사자참가인의 원·피고들에 대한 청구가 일반 공동소송으로 남아 있게 되므로, 당사자참가인의 원·피고에 대한 소가 독립의 소로서의 소송요건을 갖춘 이상, 그 소송계속은 적법하며, 종래의 삼면소송 당시에 필요하였던 당사자 참가요건의 구비여부는 가려 볼 필요가 없다(대판 1991.01.25. 90다4723). 이는 본소가 각하된 경우에도 마찬가지이다.

④ (O) 민사소송법 제79조에 의한 소송은 동일한 권리관계에 관하여 원고, 피고 및 참가인 상호간의 다툼을 하나의 소송절차로 한꺼번에 모순 없이 해결하려는 소송형태로서 두 당사자 사이의 소송행위는 나머지 1인에게 불이익이 되는 한 두 당사자 간에도 효력이 발생하지 않는다고 할 것이므로, 원·피고 사이에만 재판상 화해를 하는 것은 3자 간의 합일확정의 목적에 반하기 때문에 허용되지 않는다(대판 2005.05.26. 2004다25901, 25918).

⑤ (O) 독립당사자참가인이 화해권고결정에 대하여 이의한 경우, 이의의 효력이 원·피고 사이에도 미친다(대판 2005.05.26. 2004다25901, 25918).

정답 ①

문 64

소송승계에 관한 설명 중 옳은 것은? (다툼이 있는 경우 판례에 의함)

① 인수승계에서 피승계인은 승계인의 승낙을 받아 소송에서 탈퇴할 수 있다.

② 법원이 인수참가한 승계인의 청구를 기각하거나 소를 각하하는 판결을 선고하여 확정되면 피승계인이 제기한 최초의 재판상 청구로 인한 시효중단의 효력은 소멸한다.

③ 승계참가가 부적법함에도 원고인 피참가인의 소송탈퇴가 허용되어 승계참가인과 상대방 사이의 소송에 대해서만 제1심판결이 이루어졌다면, 항소심법원은 제1심판결을 취소하고 피참가인의 청구에 대하여 심리·판단하여야 한다.

④ 원고가 승계참가인의 승계 여부에 대해 다투지 않으면서도 소송탈퇴, 소 취하 등을 하지 않고 소송에 남아 있다면, 승계로 인해 중첩된 원고와 승계참가인의 청구 사이는 통상공동소송의 관계에 있다.

⑤ 부적법한 승계참가신청을 각하하는 판결은 반드시 원래의 당사자 사이의 소송에 대한 판결과 함께 하여야 한다.

MGI Point **소송승계** ★★★

■ 인수승계시 피승계인의 소송탈퇴 ⇨ 상대방의 승낙 ○, 승계인의 승낙 ×
■ 인수승계인의 청구를 기각 또는 소각하하는 판결 확정시 ⇨ 피승계인이 제기한 최초 재판상 청구로 인한 시효중단효력은 소멸 ○
■ 승계참가가 부적법한 경우 소송탈퇴 불허 ○ ⇨ 그럼에도 소송탈퇴가 되어 승계참가인과 상대방 사이의 판결이 내려진 경우 피승계인의 청구는 여전히 1심에 계속 중이므로 항소심은 이 부분을 심리해서는 안됨
■ 원고가 승계참가인의 승계를 다투지 않고 소송탈퇴, 소취하 등을 하지 않고 있는 경우 ⇨ 필수적 공동소송 ○
■ 승계참가신청각하판결을 반드시 원래의 소송에 대한 판결과 함께 하여야 하는 것은 아님

---

① (X) 소송목적인 권리를 양도한 원고는 법원이 소송인수 결정을 한 후 피고의 승낙을 받아 소송에서 탈퇴할 수 있다(민사소송법 제82조 제3항, 제80조)(대판 2017.07.18. 2016다35789). 설문에서 승계인의 승낙이라 하여 옳지 않다.

> **민사소송법 제82조(승계인의 소송인수)** ① 소송이 법원에 계속되어 있는 동안에 제3자가 소송목적인 권리 또는 의무의 전부나 일부를 승계한 때에는 법원은 당사자의 신청에 따라 그 제3자로 하여금 소송을 인수하게 할 수 있다.
> ② 법원은 제1항의 규정에 따른 결정을 할 때에는 당사자와 제3자를 심문하여야 한다.
> ③ 제1항의 소송인수의 경우에는 제80조의 규정 가운데 탈퇴 및 판결의 효력에 관한 것과, 제81조의 규정 가운데 참가의 효력에 관한 것을 준용한다.
> **민사소송법 제80조(독립당사자참가소송에서의 탈퇴)** 제79조의 규정에 따라 자기의 권리를 주장하기 위하여 소송에 참가한 사람이 있는 경우 그가 참가하기 전의 원고나 피고는 상대방의 승낙을 받아 소송에서 탈퇴할 수 있다. 다만, 판결은 탈퇴한 당사자에 대하여도 그 효력이 미친다.

② (O) 소송목적인 권리를 양도한 원고는 법원이 소송인수 결정을 한 후 피고의 승낙을 받아 소송에서 탈퇴할 수 있는데(민사소송법 제82조 제3항, 제80조), 그 후 법원이 인수참가인의 청구의 당부에 관하여 심리한 결과 인수참가인의 청구를 기각하거나 소를 각하하는 판결을 선고하여 판결이 확정된 경우에는 원고가 제기한 최초의 재판상 청구로 인한 시효중단의 효력은 소멸한다. 다만 소송탈퇴는 소취하와는 성질이 다르며, 탈퇴 후 잔존하는 소송에서 내린 판결은 탈퇴자에 대하여도 효력이 미친다(민사소송법 제82조 제3항, 제80조 단서). 이에 비추어 보면 인수참가인의 소송목적 양수 효력이 부정되어 인수참가인에 대한 청

구기각 또는 소각하 판결이 확정된 날부터 6개월 내에 탈퇴한 원고가 다시 탈퇴 전과 같은 재판상의 청구 등을 한 때에는, 탈퇴 전에 원고가 제기한 재판상의 청구로 인하여 발생한 시효중단의 효력은 그대로 유지된다(대판 2017.07.18. 2016다35789).

③ (X), ⑤ (X) 민사소송법 제81조에 의하면, 소송이 법원에 계속되어 있는 동안에 제3자가 소송 목적인 권리 또는 의무의 전부 또는 일부를 승계한 경우 그 제3자는 소송이 계속된 법원에 승계참가신청을 할 수 있는바, 이러한 승계참가신청은 일종의 소의 제기에 해당하고 참가요건은 소송요건에 해당하므로 참가요건에 흠이 있는 때에는 변론을 거쳐 판결로 참가신청을 각하하여야 하고(대결 2007.08.23. 2006마1171 참조), 이때 승계참가인의 부적법한 참가신청을 각하하는 판결을 반드시 원래의 당사자 사이의 소송에 대한 판결과 함께 하여야 하는 것은 아니다.(⇨ **따라서 설문 ⑤는 옳지 않음**) 한편 소송 계속 중에 승계참가인에게 소송목적인 권리나 의무를 양도한 피참가인은 상대방의 승낙을 받아 소송에서 탈퇴할 수 있고, 탈퇴한 당사자에 대하여도 판결의 효력이 미치는바(민사소송법 제80조), 이러한 소송의 탈퇴는 승계참가가 적법한 경우에만 허용되는 것이므로, 승계참가가 부적법한 경우에는 피참가인의 소송 탈퇴는 허용되지 않고 피참가인과 상대방 사이의 소송관계가 유효하게 존속한다. 따라서 승계참가인의 참가신청이 부적법함에도 불구하고 법원이 이를 간과하여 승계참가인의 참가신청과 피참가인의 소송 탈퇴가 적법함을 전제로 승계참가인과 상대방 사이의 소송에 대해서만 판결을 하였는데 상소심에서 승계참가인의 참가신청이 부적법하다고 밝혀진 경우, 피참가인과 상대방 사이의 소송은 여전히 탈퇴 당시의 심급에 계속되어 있으므로 상소심법원은 탈퇴한 피참가인의 청구에 관하여 심리·판단할 수 없다(⇨ **따라서 설문 ③은 옳지 않음**) (대판 2012.04.06. 2011다85789).

④ (X) 승계참가에 관한 민사소송법 규정과 2002년 민사소송법 개정에 따른 다른 다수당사자 소송제도와의 정합성, 원고 승계참가인(이하 '승계참가인'이라 한다)과 피참가인인 원고의 중첩된 청구를 모순 없이 합일적으로 확정할 필요성 등을 종합적으로 고려하면, 소송이 법원에 계속되어 있는 동안에 제3자가 소송목적인 권리의 전부나 일부를 승계하였다고 주장하며 민사소송법 제81조에 따라 소송에 참가한 경우, 원고가 승계참가인의 승계 여부에 대해 다투지 않으면서도 소송탈퇴, 소 취하 등을 하지 않거나 이에 대하여 피고가 부동의하여 원고가 소송에 남아 있다면 승계로 인해 중첩된 원고와 승계참가인의 청구 사이에는 필수적 공동소송에 관한 민사소송법 제67조가 적용된다(대판 2019.10.23. 2012다46170 (전합)).

정답 ②

문 65

항소에 관한 설명 중 옳지 <u>않은</u> 것은? (다툼이 있는 경우 판례에 의함)

① 구체적인 사건의 소송 계속 중 그 소송 당사자 쌍방이 판결선고 전에 미리 상소하지 아니하기로 합의하였다면 제1심판결은 선고와 동시에 확정되는 것이므로, 그 판결에 대한 항소는 이미 확정된 판결에 대하여 제기된 것이어서 부적법하다.

② 가집행선고가 붙지 않은 제1심판결에 대하여 피고만이 항소한 경우, 항소심법원이 항소를 기각하면서 가집행선고를 붙인 것은 불이익변경금지의 원칙에 위배된다.

③ 항소인이 제출기간 내에 항소이유서를 제출하지 아니한 때에는 항소심법원은 결정으로 항소를 각하하여야 한다.

④ 소송비용 및 가집행에 관한 재판에 대하여는 독립하여 항소를 제기할 수 없다.

⑤ 주소보정명령(1차)의 보정기간이 경과하여 항소장 각하명령을 할 수 있음에도 항소심재판장이 항소장 각하명령을 하지 아니하고 다시 보정기간을 정하여 주소보정명령(2차)을 하였

다면, 다시 한 주소보정명령(2차)의 보정기간이 경과하기 전에는 종전 주소보정명령(1차) 의 보정기간 내에 보정의무를 이행하지 않았음을 이유로 항소장 각하명령을 할 수 없다.

MGI Point **항소** ★★

- 판결선고 전 불상소합의시 판결선고와 동시에 판결확정 ⇨ 이후 항소를 제기한다면 부적법
- 가집행선고가 붙지 않은 1심 판결의 항소심이 가집행선고를 붙인 것 ⇨ 불이익변경금지원칙 위반 아님
- 항소이유서 미제출 ⇨ 결정으로 항소 각하
- 소송비용 및 가집행 재판 ⇨ 독립 항소 불가
- 1차 주소보정명령의 보정기간 경과 후 2차 주소보정명령이 내려져 아직 보정기간 경과 전인 경우
  ⇨ 1차 보정기간 경과를 이유로 한 항소장각하명령은 불가

---

① (○) 구체적인 사건의 소송 계속중 그 소송 당사자 쌍방이 판결선고 전에 미리 상소하지 아니하기로 합의 하였다면 그 판결은 선고와 동시에 확정되는 것이다(대판 2007.11.29. 2007다52317,52324). 따라서, 그 판결에 대한 항소는 이미 확정된 판결에 대한 것으로 부적법하다.

② (✗) 가집행선고는 재산권의 청구에 관한 판결의 경우 상당한 이유가 없는 한 당사자의 신청 유무와 관계없 이 선고하게 되어 있는 것으로 법원의 직권판단사항이어서 처분권주의를 근거로 하는 민사소송법 제385조 의 적용을 받지 않는 것이므로 가집행선고가 붙지 않은 제1심판결에 대하여 피고만이 항소한 항소심에서 법원이 항소를 기각하면서 가집행선고를 붙였다 하여 제1심 판결을 피고가 신청한 불복의 한도를 넘어 불 이익하게 변경한 것이라 할 수 없다(대판 1991.11.08. 90다17804).

③ (○) 민사소송법 제402조의3 제1항 본문 참조(2024. 1. 16. 신설). ▶ 직권조사 사유 등 예외 주의.

> **민사소송법 제402조의3(항소이유서 미제출에 따른 항소각하 결정)** ① 항소인이 제402조의2제1항에 따른 제출기 간(같은 조 제2항에 따라 제출기간이 연장된 경우에는 그 연장된 기간을 말한다) 내에 항소이유서를 제출하지 아니한 때에는 항소법원은 결정으로 항소를 각하하여야 한다. 다만, 직권으로 조사하여야 할 사유가 있거나 항 소장에 항소이유가 기재되어 있는 때에는 그러하지 아니하다.
> ② 제1항 본문의 결정에 대하여는 즉시항고를 할 수 있다.
> [본조신설 2024.1.16]

④ (○) 민사소송법 제391조 참조.

> **민사소송법 제391조(독립한 항소가 금지되는 재판)** 소송비용 및 가집행에 관한 재판에 대하여는 독립하여 항소 를 하지 못한다.

⑤ (○) 주소보정명령의 보정기간이 경과하여 항소장 각하명령을 할 수 있음에도 항소심재판장이 항소장 각 하명령을 하지 아니하고 다시 보정기간을 정하여 주소보정명령을 하였다면, 다시 한 주소보정명령의 보정 기간이 경과하기 전에는 종전 주소보정명령의 보정기간 내에 보정의무를 이행하지 않았음을 이유로 항소 장 각하명령을 할 수 없다고 보아야 한다(대결 2024.11.14. 2024마7117).

정답 ②

문 66

재심에 관한 설명 중 옳지 않은 것은? (다툼이 있는 경우 판례에 의함)

① 항소심에서 사건에 대하여 본안판결을 하였을 때에는 제1심판결에 대하여 재심의 소를 제기하지 못한다.

② 판결의 기본이 되는 재판에 재심사유가 있을 때에는 그 재판에 대하여 독립된 불복방법이 있는 경우라도 그 사유를 재심의 이유로 삼을 수 있다.

③ 본안의 변론과 재판은 재심청구이유의 범위 안에서 하여야 하며 재심의 이유는 바꿀 수 없다.

④ 공시송달에 의하여 판결이 선고되고 판결정본이 송달되어 확정된 이후에 추완항소의 방법이 아닌 재심의 방법을 택한 경우에는 추완항소기간이 도과하였다 하더라도 재심기간 내에 재심의 소를 제기할 수 있다.

⑤ 원래의 확정판결을 취소한 재심판결에 대한 재심의 소에서 원래의 확정판결에 대하여 재심사유를 인정한 종전 재심법원의 판단에 재심사유가 있어 종전 재심청구에 관하여 다시 심리한 결과 원래의 확정판결에 재심사유가 인정되지 않을 경우에는 재심판결을 취소하고 종전 재심청구를 기각하여야 한다.

MGI Point **재심**　★★

- 항소심 본안판결시 제1심 판결에 대한 재심 ×
- 판결의 기본이 되는 재판에 재심사유가 있을 때 독립된 불복방법이 있어도 그 사유를 재심의 이유로 삼을 수 있음
- 본안의 변론과 재판은 재심청구이유의 범위 안에서 하여야 함
- 재심이유는 바꿀 수 있음
- 추완항소기간이 도과하였어도 재심기간 내라면 재심소 제기 가능
- 원래의 확정판결① → 위 판결에 대한 재심소송② → 위 판결을 취소한 재심판결③ → 위 재심판결에 대한 재심소송④ → 위 재심판결③에 재심사유 인정되어 위 재심소송②를 다시 심리 → 원래의 확정판결①에 재심사유가 없음 ⇨ 재심판결③ 취소 및 종전 재심청구②를 기각해야 함 ⇨ 원래의 확정판결 사건의 본안심리를 하여서는 안됨

---

① (○) 민사소송법 제451조 제3항.

> **민사소송법 제451조(재심사유)** ③ 항소심에서 사건에 대하여 본안판결을 하였을 때에는 제1심 판결에 대하여 재심의 소를 제기하지 못한다.

② (○) 민사소송법 제452조.

> **민사소송법 제452조(기본이 되는 재판의 재심사유)** 판결의 기본이 되는 재판에 제451조에 정한 사유가 있을 때에는 그 재판에 대하여 독립된 불복방법이 있는 경우라도 그 사유를 재심의 이유로 삼을 수 있다.

③ (X) 재심의 이유는 바꿀 수 있다. 민사소송법 제459조 참조.

> **민사소송법 제459조(변론과 재판의 범위)** ① 본안의 변론과 재판은 재심청구이유의 범위안에서 하여야 한다.
> ② 재심의 이유는 바꿀 수 있다.

④ (○) 민사소송법 제451조 제1항 단서에 의하면 당사자가 상소에 의하여 재심사유를 주장하였거나 이를 알고 주장하지 아니한 때에는 재심의 소를 제기할 수 없는 것으로 규정되어 있는데, 여기에서 '이를 알고도 주장하지 아니한 때'란 재심사유가 있는 것을 알았음에도 상소를 제기하고도 상소심에서 그 사유를 주장하지

아니한 경우뿐만 아니라, 상소를 제기하지 아니하여 판결이 그대로 확정된 경우까지도 포함하는 것이라고 해석하여야 할 것이다. 그런데 위 단서 조항은 재심의 보충성에 관한 규정으로서, 당사자가 상소를 제기할 수 있는 시기에 재심사유의 존재를 안 경우에는 상소에 의하여 이를 주장하게 하고 상소로 주장할 수 없었던 경우에 한하여 재심의 소에 의한 비상구제를 인정하려는 취지인 점, 추완상소와 재심의 소는 독립된 별개의 제도이므로 추완상소의 방법을 택하는 경우에는 추완상소의 기간 내에, 재심의 방법을 택하는 경우에는 재심기간 내에 이를 제기하여야 하는 것으로 보이는 점을 고려하면, 공시송달에 의하여 판결이 선고되고 판결정본이 송달되어 확정된 이후에 추완항소의 방법이 아닌 재심의 방법을 택한 경우에는 추완상소기간이 도과하였다 하더라도 재심기간 내에 재심의 소를 제기할 수 있다고 보아야 한다(대판 2011.12.22. 2011다73540).

⑤ (○) 민사소송법 제454조 제1항은 "재심의 소가 적법한지 여부와 재심사유가 있는지 여부에 관한 심리 및 재판을 본안에 관한 심리 및 재판과 분리하여 먼저 시행할 수 있다."고 규정하고, 민사소송법 제459조 제1항은 "본안의 변론과 재판은 재심청구이유의 범위 안에서 하여야 한다."고 규정하고 있는데, 확정된 재심판결에 대한 재심의 소에서 재심판결에 재심사유가 있다고 인정하여 본안에 관하여 심리한다는 것은 재심판결 이전의 상태로 돌아가 전 소송인 종전 재심청구에 관한 변론을 재개하여 속행하는 것을 말한다. 따라서 원래의 확정판결을 취소한 재심판결에 대한 재심의 소에서 원래의 확정판결에 대하여 재심사유를 인정한 종전 재심법원의 판단에 재심사유가 있어 종전 재심청구에 관하여 다시 심리한 결과 원래의 확정판결에 재심사유가 인정되지 않을 경우에는 재심판결을 취소하고 종전 재심청구를 기각하여야 하며, 그 경우 재심사유가 없는 원래의 확정판결 사건의 본안에 관하여 다시 심리와 재판을 할 수는 없다(대판 2015.12.23. 2013다17124).

[정답] ③

문 67
25년 10월 모의시험

농기계 대리점을 운영하는 甲은 비법인사단 乙종중에 1억 원의 물품대금채권(변제기 2019. 10. 1.)을 가지고 있다. 丙은 2024. 3. 7. 乙종중의 재산 5억 원을 훔쳤고, 이로 인해 乙은 무자력이 되었으며, 그 후 丙은 절도죄의 유죄확정판결을 받았다. 이에 甲은 2025. 10. 17. 乙을 대위하여 丙을 상대로 불법행위에 기한 손해배상청구의 소를 제기하였다. 이에 관한 설명 중 옳은 것을 모두 고른 것은? (다툼이 있는 경우 판례에 의함)

ㄱ. 丙은 甲의 물품대금채권이 시효로 소멸하였음을 항변으로 원용할 수 있다.
ㄴ. 만약 甲이 2021. 10. 1. 乙을 상대로 물품대금청구를 하여 승소판결이 확정되었다면, 丙은 甲의 乙에 대한 물품대금청구권의 존재를 다툴 수 없다.
ㄷ. 만약 乙이 2024. 4. 7. 丙을 상대로 불법행위로 인한 손해배상청구의 소를 제기하여 패소의 본안판결을 받았고 이 판결이 2025. 9. 7. 확정되었다면, 甲의 대위소송은 각하된다.
ㄹ. 만약 乙이 2024. 4. 7. 丙을 상대로 불법행위로 인한 손해배상청구의 소를 제기하였다면, 비록 종중총회의 결의가 없었다는 이유로 소각하판결이 선고되고 확정되었다 하더라도, 乙이 스스로 丙을 상대로 권리를 행사한 것으로 볼 수 있다.
ㅁ. 만약 乙의 다른 채권자 丁이 이미 2024. 5. 5. 乙을 대위하여 丙을 상대로 같은 손해배상청구의 소를 제기하여 패소판결을 받고 2025. 10. 2. 확정되었는데 乙이 그 사실을 몰랐다면 이 판결의 기판력은 甲의 대위소송에 미치지 않는다.

① ㄱ, ㄴ, ㄷ   ② ㄱ, ㄹ, ㅁ

③ ㄴ, ㄷ, ㄹ   ④ ㄴ, ㄷ, ㅁ

⑤ ㄷ, ㄹ, ㅁ

MGI Point   **채권자대위소송**   ★★

- 채권자대위소송에서 제3채무자는 피보전채권의 소멸시효를 원용 ×
- 채권자가 채무자를 상대로 승소판결이 확정된 경우 제3채무자는 피보전채권의 존재를 다툴 수 없음
- 채무자가 제3채무자를 상대로 소를 제기하여 패소판결을 받아 확정된 경우, 이후 제기된 채권자대위소송은 부적법 각하
- 채무자인 비법인사단의 제3채무자에 대한 소가 총결의 없음을 이유로 각하판결로 확정된 경우 ⇨ 채무자인 비법인사단이 스스로 권리를 행사한 것으로 볼 수 없음
- 채권자대위소송의 기판력은 채무자가 대위소송 사실을 알았던 경우에 다른 채권자에 미침

ㄱ. (X) 채권자가 채권자대위권을 행사하여 제3자에 대하여 하는 청구에 있어서, 제3채무자는 채무자가 채권자에 대하여 가지는 항변으로 대항할 수 없고, 채권의 소멸시효가 완성된 경우 이를 원용할 수 있는 자는 원칙적으로는 시효이익을 직접 받는 자뿐이고, 채권자대위소송의 제3채무자는 이를 행사할 수 없다(대판 2008.01.31. 2007다64471). 따라서 채권자 甲의 제3채무자 丙에 대한 대위소송에서 丙은 甲의 피보전채권인 물품대금채권이 시효로 소멸하였음을 항변으로 원용할 수 없다.

ㄴ. (O) 채권자대위권을 재판상 행사하는 경우에 있어서도 채권자인 원고는 그 채권의 존재사실 및 보전의 필요성, 기한의 도래 등을 입증하면 족한 것이지, 채권의 발생원인사실 또는 그 채권이 제3채무자인 피고에게 대항할 수 있는 채권이라는 사실까지 입증할 필요는 없으며, 따라서 채권자가 채무자를 상대로 하여 그 보전되는 청구권에 기한 이행청구의 소를 제기하여 승소판결이 확정되면 제3채무자는 그 청구권의 존재를 다툴 수 없다(대판 2003.04.11. 2003다1250). 따라서, 丙은 甲의 乙에 대한 물품대금청구권의 존재를 더 이상 다툴 수 없다.

ㄷ. (O) 채권자대위권은 채무자가 제3채무자에 대한 권리를 행사하지 아니하는 경우에 한하여 채권자가 자기의 채권을 보전하기 위하여 행사할 수 있는 것이어서 채권자가 대위권을 행사할 당시는 이미 채무자가 권리를 재판상 행사하였을 때에는 설사 패소의 본안판결을 받았더라도 채권자는 채무자를 대위하여 채무자의 권리를 행사할 당사자적격이 없다(대판 1992.11.10. 92다30016). 따라서 채무자 乙이 제3채무자 丙을 상대로 소를 제기하여 패소판결을 받고 확정된 경우, 채권자 甲의 대위소송은 부적법 각하된다.

ㄹ. (X) 채권자대위권은 채무자가 스스로 제3채무자에 대한 권리를 행사하지 아니하는 경우에 한하여 채권자가 자기의 채권을 보전하기 위하여 행사할 수 있는 것이어서, 채권자가 대위권을 행사할 당시에 이미 채무자가 그 권리를 재판상 행사하였을 때에는 채권자는 채무자를 대위하여 채무자의 권리를 행사할 수 없다. 그런데 비법인사단이 사원총회의 결의 없이 제기한 소는 소제기에 관한 특별수권을 결하여 부적법하고, 그 경우 소제기에 관한 비법인사단의 의사결정이 있었다고 할 수 없다. 따라서 비법인사단인 채무자 명의로 제3채무자를 상대로 한 소가 제기되었으나 사원총회의 결의 없이 총유재산에 관한 소가 제기되었다는 이유로 각하판결을 받고 그 판결이 확정된 경우에는 채무자가 스스로 제3채무자에 대한 권리를 행사한 것으로 볼 수 없다(대판 2018.10.25. 2018다210539).

ㅁ. (O) 어느 채권자가 채권자대위권을 행사하는 방법으로 제3채무자를 상대로 소송을 제기하여 판결을 받은 경우, 어떠한 사유로든 채무자가 채권자대위소송이 제기된 사실을 알았을 경우에 한하여 그 판결의 효력이 채무자에게 미치므로, 이러한 경우에는 그 후 다른 채권자가 동일한 소송물에 대하여 채권자대위권에 기한 소를 제기하면 전소의 기판력을 받게 된다고 할 것이지만, 채무자가 전소인 채권자대위소송이 제기된 사실을 알지 못하였을 경우에는 전소의 기판력이 다른 채권자가 제기한 후소인 채권자대위소송에 미치지 않는다(대판 1994.08.12. 93다52808).

정답 ④

문 68

甲은 乙에 대한 3억 원의 확정판결에 의한 대여금채권을 집행채권으로 하여 乙이 丙에 대해 가지고 있는 3억 원의 물품대금채권(변제기 2024. 6. 15.)에 대하여 2025. 4. 20. 압류 및 추심명령을 받았고, 이 명령은 2025. 4. 28. 丙에게 송달되었으며, 甲은 2025. 5. 15. 丙에게 추심금의 지급을 요구하였고, 그럼에도 丙의 지급이 없자 甲은 2025. 9. 26. 丙을 상대로 추심의 소를 제기하였다. 이에 관한 설명 중 옳지 **않은** 것을 모두 고른 것은? (다툼이 있는 경우 판례에 의함)

> ㄱ. 추심명령으로 인해 乙은 丙을 상대로 물품대금청구의 소를 제기할 당사자적격을 상실한다.
> ㄴ. 丙이 甲에게 피압류채권액에 관한 지체책임을 지는 것은 추심명령을 송달받은 다음날인 2025. 4. 29.부터이다.
> ㄷ. 만약 乙이 甲에게 대여금을 모두 변제한 경우, 丙은 추심의 소에서 이를 항변사유로 주장하여 추심금 지급을 거절할 수는 없다.
> ㄹ. 만약 丙이 乙에 대하여 3억 원의 손해배상채권(변제기 2025. 6. 15.)을 가지고 있는 경우, 丙은 이를 자동채권으로 하여 乙의 물품대금채권과 대등액에서 상계할 수 있다.
> ㅁ. 만약 甲이 추심의 소에서 승소확정판결을 받았다면, 그 후에 甲이 그 집행에 의한 변제를 받기 전에 압류명령의 신청을 취하하더라도 추심권능과 소송수행권이 乙에게 복귀하는 것은 아니다.

① ㄱ, ㄴ, ㄷ   ② ㄴ, ㄷ, ㄹ
③ ㄴ, ㄷ, ㅁ   ④ ㄴ, ㄹ, ㅁ
⑤ ㄷ, ㄹ, ㅁ

MGI Point **압류 및 추심명령과 추심의 소**   ★★★

- 추심명령 이후 추심채무자의 당사자적격 상실
- 추심명령에 대하여 제3채무자가 지체책임 발생시기 ⇨ 추심명령 송달 다음날 ×, 추심금 청구를 받은 다음 날 ○
- 추심의 소에서 채무자가 추심채권자에게 피보전채권을 변제하였다는 항변 ×
- 압류 및 추심명령이 있는 경우의 제3채무자의 상계 ⇨ 압류명령 송달시 ① 이미 상계적상 또는 ② 자동채권이 수동채권의 변제기와 동시 또는 먼저 변제기가 도래하여야 상계 가능
- 추심명령 집행에 의한 변제를 받기 전 압류명령 신청 취하시 ⇨ 추심권능과 소송수행권은 채무자에게 복귀 ○

ㄱ. (○->X) 채권에 대한 압류 및 <u>추심명령</u>이 발령되면 제3채무자에 대한 이행의 소는 추심채권자만이 제기할 수 있고 채무자는 피압류채권에 대하여 이행소송을 제기할 당사자적격을 상실한다(대판 2023.04.13. 2022다299683). 시험 시행(2025. 10. 20.) 당시에는 정답이었다. 그러나, 2025. 10. 23. 판례가 변경되었다(아래 2021다252977 (전합)).

비교판례 채무자의 제3채무자에 대한 채권에 관하여 추심명령이 있더라도 채무자가 제3채무자를 상대로 피압류채권에 관한 이행의 소를 제기할 당사자적격을 상실하지 않는다고 보아야 한다. 이러한 법리는 국가가 국세징수법에 의한 체납처분으로 채무자의 제3채무자에 대한 채권을 압류한 경우에도 마찬가지이다.

1) 채무자가 제3채무자를 상대로 피압류채권에 관한 이행의 소를 제기하는 것은 추심명령에 위반되지 않고, 추심명령이 있다는 이유만으로 채무자가 이행의 소를 제기할 당사자적격을 상실한다고 볼 법률적 근거가 없다.
2) 채무자가 피압류채권에 관한 이행의 소를 제기할 당사자적격을 상실하지 않는다고 보더라도 추심채권자에게 부당한 결과가 생긴다고 보기 어렵다.
3) 채무자가 피압류채권에 관한 이행의 소를 제기할 당사자적격을 상실하지 않는다고 보더라도 제3채무자에게 불리하지 않고 오히려 응소 부담을 최소화할 수 있다.
4) 추심명령에 따라 채무자가 당사자적격을 상실한다고 보면 분쟁의 일회적 해결과 소송경제에 반하고 추심채권자의 이익에도 부합하지 않는 결과가 발생할 수 있다.

대판 2025.10.23. 2021다252977 (전합)

ㄴ. (X) 추심명령은 압류채권자에게 채무자의 제3채무자에 대한 채권을 추심할 권능을 수여함에 그치고, 제3채무자로 하여금 압류채권자에게 압류된 채권액 상당을 지급할 것을 명하거나 그 지급 기한을 정하는 것이 아니므로, 제3채무자가 압류채권자에게 압류된 채권액 상당에 관하여 지체책임을 지는 것은 집행법원으로부터 추심명령을 송달받은 때부터가 아니라 추심명령이 발령된 후 압류채권자로부터 추심금 청구를 받은 다음날부터라고 하여야 한다(대판 2012.10.25. 2010다47117). 즉, 2025. 5. 16.부터 지체책임이 발생한다.

ㄷ. (O) 집행채권의 부존재나 소멸은 집행채무자가 청구에 관한 이의의 소에서 주장할 사유이고, 추심의 소에서 제3채무자인 피고가 이를 항변으로 주장하여 채무의 변제를 거절할 수 없다. 그러나 제3채무자인 피고는 압류된 채권에 관하여는 채무자에 대하여 주장할 수 있는 실체법상의 모든 항변으로 추심채권자에게 대항할 수 있다(대판 2023.05.18. 2020다8432). 따라서, 추심채무자 乙이 추심채권자 甲에게 대여금을 모두 변제한 경우라 하더라도 추심의 소에서 제3채무자 丙이 이를 항변사유로 지급을 거절할 수 없다.

ㄹ. (X) 민법 제498조는 "지급을 금지하는 명령을 받은 제3채무자는 그 후에 취득한 채권에 의한 상계로 그 명령을 신청한 채권자에게 대항하지 못한다"라고 규정하고 있다. 위 규정의 취지, 상계제도의 목적 및 기능, 채무자의 채권이 압류된 경우 관련 당사자들의 이익상황 등에 비추어 보면, 채권압류명령 또는 채권가압류명령(이하 채권압류명령의 경우만을 두고 논의하기로 한다)을 받은 제3채무자가 압류채무자에 대한 반대채권을 가지고 있는 경우에 상계로써 압류채권자에게 대항하기 위하여는, 압류의 효력 발생 당시에 대립하는 양 채권이 상계적상에 있거나, 그 당시 반대채권(자동채권)의 변제기가 도래하지 아니한 경우에는 그것이 피압류채권(수동채권)의 변제기와 동시에 또는 그보다 먼저 도래하여야 한다(대판 2012.02.16. 2011다45521 (전합)). 따라서, 2025. 4. 28. 압류 및 추심명령이 제3채무자 丙에게 송달된 시점을 기준으로, 丙의 자동채권의 변제기는 2025. 6. 15.이므로 아직 변제기가 도래하지 않아 상계적상이었던 것은 아니고, 수동채권인 乙의 丙에 대한 채권의 변제기인 2024. 6. 15.보다 먼저 변제기가 도래하는 것도 아니므로, 결국, 丙은 상계할 수 없다.

ㅁ. (X) 채권에 대한 압류 및 추심명령이 있으면 제3채무자에 대한 이행의 소는 추심채권자만이 제기할 수 있고 채무자는 피압류채권에 대한 이행소송을 제기할 당사자적격을 상실한다. 그러나 채권자는 현금화절차가 끝나기 전까지 압류명령의 신청을 취하할 수 있고, 이 경우 채권자의 추심권도 당연히 소멸하게 되며, 추심금청구소송을 제기하여 확정판결을 받은 경우라도 그 집행에 의한 변제를 받기 전에 압류명령의 신청을 취하하여 추심권이 소멸하면 추심권능과 소송수행권이 모두 채무자에게 복귀한다(대판 2009.11.12. 2009다48879).

정답 정답없음(시험 당시 ④)

문 69

甲은 乙주식회사를 상대로 주주총회결의취소의 소를 제기하였다. 다음 설명 중 옳지 않은 것은? (다툼이 있는 경우 판례에 의함)

① 甲이 이사 지위에 기하여만 위 소를 제기하였고 소송 계속 중에 사망하였다면 그 소송은 그 대로 종료된다.

② 甲이 이사 지위에 기하여만 위 소를 제기하였다가 사실심 변론종결 후에 사망하였다면 그 소송은 중단된다.

③ 甲이 주주 지위에 기하여만 위 소를 제기하였다가 자발적으로 주주 지위를 상실하면 甲은 취소를 구할 원고적격을 상실한다.

④ 甲이 주주 지위에 기하여만 위 소를 제기하였다가 비자발적으로 주주 지위를 상실하면 甲은 취소를 구할 원고적격을 상실한다.

⑤ 甲이 위 소를 제기할 때 피고적격은 乙에만 있다.

MGI Point   주주총회결의 취소소송   ★

- 이사가 소를 제기하여 계속 중 사망시 ⇨ 소송종료 ○, 소송중단 × ⇨ 이는 사실심 변론종결 후 사망한 경우도 마찬가지
- 주주가 원고가 되어 주주총회결의 취소소송을 제기한 경우 ⇨ 비자발적이건 자발적이건 주주 지위 상실시 원고적격 상실 ○
- 주주총회결의 취소소송의 피고적격 ⇨ 회사만 ○

---

① (O), ② (X) 이사가 그 지위에 기하여 주주총회결의 취소의 소를 제기하였다가 소송 계속 중에 사망하였거나 사실심 변론종결 후에 사망하였다면, 그 소송은 이사의 사망으로 중단되지 않고 그대로 종료된다(⇨ **따라서 설문 ①은 옳음**). 이사는 주식회사의 의사결정기관인 이사회의 구성원이고, 의사결정기관 구성원으로서의 지위는 일신전속적인 것이어서 상속의 대상이 되지 않기 때문이다. 기록에 편철된 기본증명서의 기재에 의하면, 선정자 3은 원심 변론종결 후인 2015. 9. 23. 사망한 사실을 알 수 있으므로, 위 선정자의 이 사건 주주총회결의 취소의 소 부분은 위 선정자의 사망으로 중단됨이 없이 종료되었다(⇨ **따라서 설문 ②는 옳지 않음**)(대판 2019.02.14. 2015다255258).

③ (O), ④ (O) 주주총회결의 취소소송의 계속 중 원고가 주주로서의 지위를 상실하면 원고는 상법 제376조에 따라 그 취소를 구할 당사자적격을 상실하고(③), 이는 원고가 자신의 의사에 반하여 주주의 지위를 상실하였다 하여 달리 볼 것은 아니다(④)(대판 2016.07.22. 2015다66397).

⑤ (O) 주주총회결의 취소와 결의무효확인판결은 대세적 효력이 있으므로 그와 같은 소송의 피고가 될 수 있는 자는 그 성질상 회사로 한정된다(대판 1982.09.14. 80다2425 (전합)).

정답 ②

문 70

甲은 2025. 4. 29. 개최된 乙주식회사의 임시주주총회에서 이루어진 여러 안건에 대한 결의 중 丙을 이사로 선임한 결의에 대하여만 2025. 5. 15. 주주총회결의 무효확인의 소를 제기하였다. 甲은 위 임시주주총회에서 이루어진 정관변경결의에 대한 주주총회결의 무효확인의 소를 2025. 7. 17. 추가적으로 병합하였다. 甲은 2025. 8. 1. 위 각 결의에 대한 주주총회결의 무효확인의 소를 주주총회결의 취소의 소로 변경하였다. 이에 관한 설명 중 옳은 것은? (다툼이 있는 경우 판례에 의함)

① 위 소 중 정관변경결의 취소에 관한 부분은, 위 주주총회결의 무효확인의 소가 추가적으로 병합될 때에 주주총회결의 취소의 소가 제기된 것으로 볼 수 있다.

② 법원은 위 정관변경결의 취소에 관한 부분도 주주총회결의 무효확인의 소 제기시 병합하여 제기된 것으로 보고 본안 판결을 하여야 한다.

③ 乙은 丙을 이사로 선임한 결의에 대한 청구를 인낙할 수 있다.

④ 甲과 乙은 정관변경결의 무효를 확인하는 내용의 화해를 할 수 있다.

⑤ 甲은 2025. 4. 29. 개최된 乙의 임시주주총회에서 이루어진 안건에 대한 결의의 날부터 1월 내에 결의취소의 소를 제기하여야만 상법상 제소기간을 준수할 수 있으므로, 丙을 이사로 선임한 결의 부분은 제소기간을 준수하였다.

| MGI Point | 주주총회결의 무효확인의 소와 취소의 소 및 제소기간 | ★★ |

- 주주총회 결의 취소소송 ⇨ 결의의 날부터 2개월 이내에 제기하여야 함
- 취소소송 제소기간 내 결의무효확인의 소를 제기한 후 제소기간 지난 후 취소소송으로 변경한 경우 ⇨ 제소기간 준수 ○
- 취소소송 제소기간 도과 후 결의무효확인의 소를 제기하였으나 취소소송으로 변경한 경우 ⇨ 제소기간 도과한 부적법한 소
- 주주총회결의 하자를 다투는 소에서 청구의 인낙, 화해 등은 불가

---

① (○), ② (X) 임시주주총회에서 이루어진 여러 안건에 대한 결의 중 이사선임결의에 대하여 그 결의의 날로부터 2개월 내에 주주총회결의 무효확인의 소를 제기한 뒤, 위 임시주주총회에서 이루어진 정관변경결의 및 감사선임결의에 대하여 그 결의의 날로부터 2개월이 지난 후 주주총회결의 무효확인의 소를 각각 추가적으로 병합한 후, 위 각 결의에 대한 주주총회결의 무효확인의 소를 주주총회결의 취소의 소로 변경한 경우, 위 정관변경결의 및 감사선임결의 취소에 관한 부분은 위 각 주주총회결의 무효확인의 소가 추가적으로 병합될 때에 주주총회결의 취소의 소가 제기된 것으로 볼 수 있으나(⇨ **따라서 설문 ①은 옳음**), 위 추가적 병합 당시 이미 2개월의 제소기간이 도과되었으므로 부적법하다(⇨ **따라서 설문 ②는 옳지 않음**) (대판 2010.03.11. 2007다51505).

③ (X), ④ (X) 주주총회결의의 부존재·무효를 확인하거나 결의를 취소하는 판결이 확정되면 당사자 이외의 제3자에게도 그 효력이 미쳐 제3자도 이를 다툴 수 없게 되므로, 주주총회결의의 하자를 다투는 소에 있어서 청구의 인낙이나 그 결의의 부존재·무효를 확인하는 내용의 화해·조정은 할 수 없고, 가사 이러한 내용의 청구인낙 또는 화해·조정이 이루어졌다 하여도 그 인낙조서나 화해·조정조서는 효력이 없다(대판 2004.09.24. 2004다28047). * 특히, 설문 ④와 관련하여, 정관변경결의 무효확인의 소는 2025. 7. 17. 추가적으로 병합하였고 이 때 주주총회결의 취소소송을 제기한 것으로 볼 수 있으나 제소기간은 도과된 상태이다. 따라서, 이 경우에는 이후 2025. 8. 1. 취소소송으로 변경하더라도 제소기간을 도과하여 부적법한 소가 되므로 본안판결에 나아갈 수 없다. 이 경우 甲과 乙이 정관변경결의 무효를 확인하는 내용의 화해를

할 수 있는지가 문제인데, 제소전 화해가 인정되므로 소송요건을 갖추지 못한 경우라도 화해는 인정되므로 제소기간을 도과한 것은 문제가 되지 않지만, 역시 주주총회결의 하자를 다투는 소에서는 청구의 인낙, 화해, 조정 등은 할 수 없다는 판례의 태도에 비추어 결국 이도 할 수 없다.

⑤ (X) 주주총회결의취소의 소는 상법 제376조에 따라 결의의 날로부터 2월 내에 제기하여야 하나, 동일한 결의에 관하여 무효확인의 소가 상법 제376조 소정의 제소기간 내에 제기되어 있다면, 동일한 하자를 원인으로 하여 결의의 날로부터 2월이 경과한 후 취소소송으로 소를 변경하거나 추가한 경우에도 무효확인의 소 제기시에 제기된 것과 동일하게 취급하여 제소기간을 준수하였다고 보아야 한다(대판 2007.09.06. 2007다40000). 따라서, 2025. 4. 29. 이사선임결의 부분은 무효확인의 소가 2025. 5. 15. 제기된 후 취소소송으로 변경되었으므로 제소기간을 준수하였다. 그러나, 설문에서 주주총회결의 취소의 소를 '결의의 날부터 1월 내'라고 한 부분이 옳지 않다. '2월 내'라 하여야 한다.

정답 ①

MEMO

MEMO

MEMO

MEMO